PLUS MATHEMATISCHES UNTERRICHTSWERK

Herausgegeben von:

Prof. Jürgen Schönbeck, Päd. Hochschule Heidelberg
Prof. Dr. Hans Schupp, Universität Saarbrücken

PLUS

5. Schuljahr

Bearbeitet von:

Joachim Jäger, Saarbrücken
Lothar Kramer, Schönenberg
Reinhard Mauve, Heidelberg
Wolfram Meibaum, Linden
Axel Petry, Darmstadt
Hans Peter Reiffert, Darmstadt
Jürgen Schönbeck, Heidelberg
Hans Schupp, Saarbrücken
Wilfried Schupp, Darmstadt
Klaus Schwarz, Hornbach
Hellmar Weber, Schwäbisch Hall

32250

FERDINAND SCHÖNINGH · PADERBORN

Zeichenerklärung

Hervorhebung wichtiger Sachverhalte durch

Kasten oder Balken

Regeln und Hilfen in nicht immer exakter, aber einprägsamer Formulierung

Typische Beispiele

▶ Zentralfrage, die einen offenen Unterrichtsabschnitt einleiten kann

◯ Relativ schwierige Übung

Umschlagentwurf und Illustrationen: Gerhard Sander, Paderborn

Graphik: Renate Ramsel, Paderborn, Sabine Schulenburg, Paderborn

Bildquellennachweis:
ADAC (70) — Globus Kartendienst (109) — Hessisches Fernsehen (115) — L. Kramer (18, 146) — G. Sander (18, 56, 54, 72, 74, 92) — W. Schupp (26, 128, 132) — Verlagsarchiv (46, 66, 69, 74, 130, 133, 138).

Gesamtherstellung: Ferdinand Schöningh, Paderborn.

 1. 2. 3. 4. 5. Druck 81 82 83 84 85

ISBN 3-506-32250-8

Inhaltsverzeichnis

Mengen und Zahlen

Körper und Flächen

Zahlen und Zahldarstellungen

Addition und Subtraktion

Sachen und Größen

Figuren und Symmetrien

Multiplikation und Division

Daten und Darstellungen

Flächeninhalt und Rauminhalt

Sachprobleme und Lösungswege

Mengen und Zahlen

1. Kartenraten

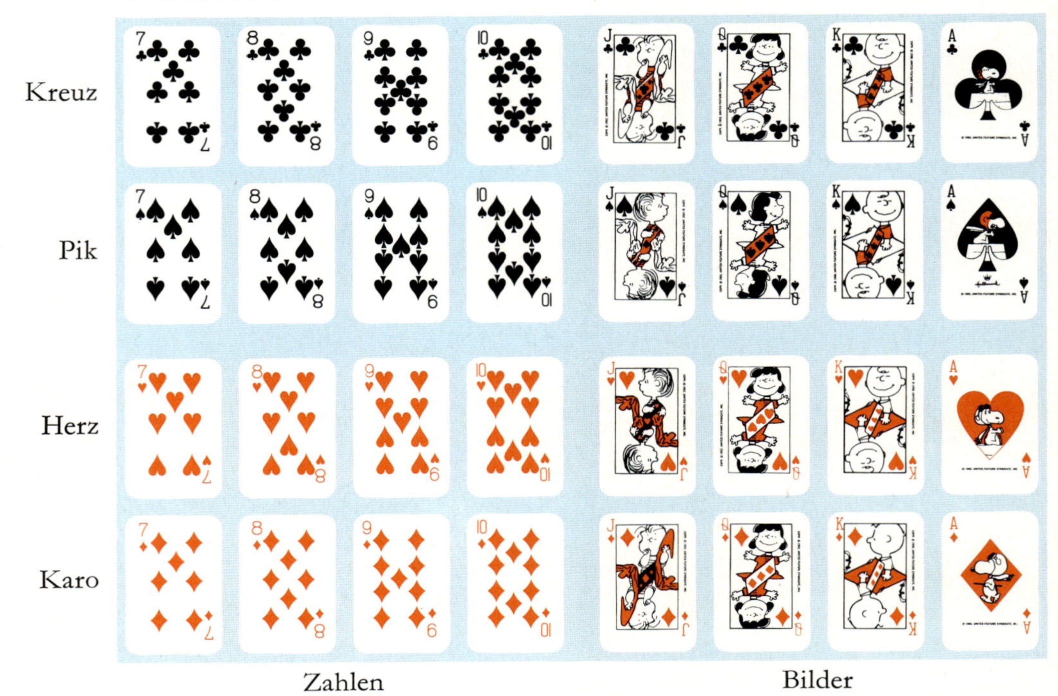

Foto 1

Ralf denkt sich eine Karte, Anja soll sie erraten. Aber Ralf antwortet nur mit „ja“ oder „nein“. Nach jeder Frage faßt Anja die noch möglichen Karten zu einer **Menge** zusammen.

So geht's kurz

1. Frage: Ist es eine Karte mit einem Bild?
   Antwort: Nein
   Menge: {♣7; ♣8; ♣9; ♣10; ♠7; ♠8; ♠9; ♠10; ♥7; ♥8; ♥9; ♥10; ♦7; ♦8; ♦9; ♦10}
2. Frage: Ist es eine rote Karte?
   Antwort: Ja
   Menge: {♥7; ♥8; ♥9; ♥10; ♦7; ♦8; ♦9; ♦10}
3. Frage: Ist es eine Karo-Karte?
   Antwort: Nein
   Menge: {♥7; ♥8; ♥9; ♥10}
4. Frage: Ist der Wert der Karte kleiner als 9?
   Antwort: Nein
   Menge: {♥9; ♥10}
5. Frage: Ist es Herz 9?
   Antwort: Ja
   Menge: {♥9}

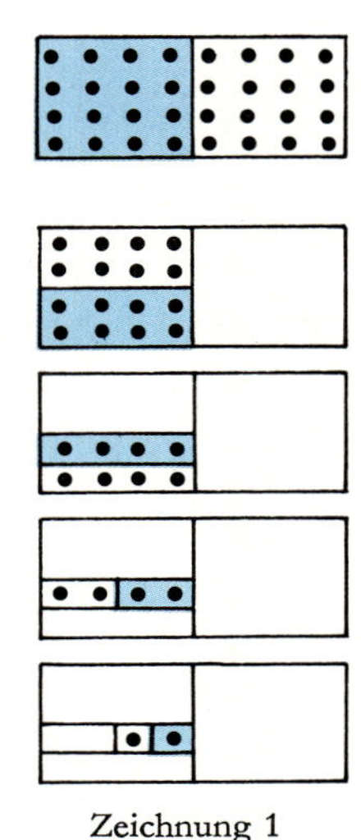

Zeichnung 1

▶ Schaffst auch du es mit 5 Fragen?
Versuche, jedesmal die Hälfte der Karten auszuscheiden.

Übungen

1. Im Ratespiel wurden folgende Fragen gestellt:

Ist es eine Karte mit einem Bild?
Ist es eine rote Karte?
Ist es eine Karo-Karte?

a) Welche Karten kommen in Frage, wenn die Antworten „ja", „ja", „ja" lauten?
b) Welche Karten kommen in Frage, wenn die Antworten „ja", „ja", „nein" lauten?
c) Welche Karten kommen in Frage, wenn die ersten beiden Antworten „nein" lauten?

Hinweis: Kürze ab. Kreuz durch Kr, Pik durch P, Herz durch H und Karo durch Ka.

2. Suche passende Fragen und Antworten. Schreibe die zugehörigen Mengen auf.

a) 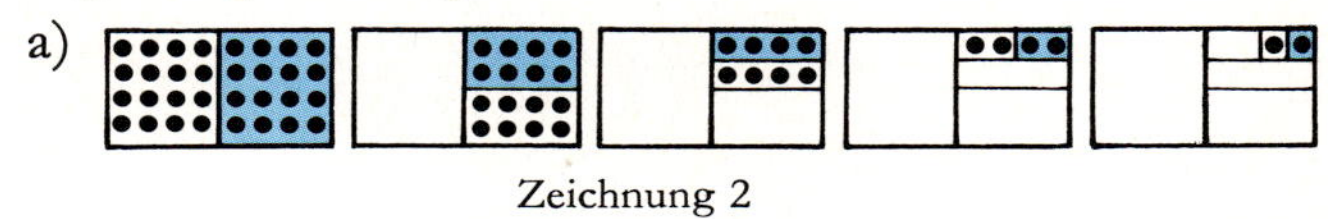

Zeichnung 2

b) 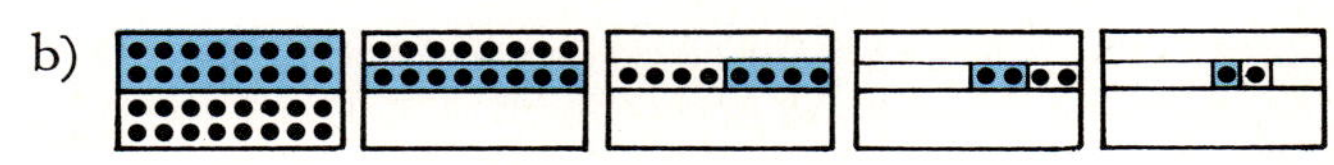

Zeichnung 3

3. Suche passende Fragen und Antworten. Zeichne die zugehörigen Punktbilder.

a) {♥7; ♥8; ♥9; ♥10; ♥B; ♥D; ♥K; ♥A; ♦7; ♦8; ♦9; ♦10; ♦B; ♦D; ♦K; ♦A}
{♥B; ♥D; ♥K; ♥A; ♦B; ♦D; ♦K; ♦A}
{♦B; ♦D; ♦K; ♦A}
{♦B; ♦D}
{♦D}

b) {♣A; ♠A; ♥A; ♦A}
{♣A; ♠A}
{♣A}

4. 

Foto 2

Vertausche die neun Karten so, daß in jeder Zeile und in jeder Spalte nur verschiedene Farben (Kreuz, Pik, Herz) und verschiedene Bilder (As, König, Dame) liegen.

5. Christiane und Nicole wollen sich im Park (Zeichnung 4) treffen. Sie haben sich aufgeschrieben, wie sie vom Eingang zu ihrem Treffpunkt kommen.

a) Auf Nicoles Zettel steht l (links), r (rechts), l, l. Zu welchem Platz gelangt Nicole?

b) Christiane hat versehentlich l, l, r, l aufgeschrieben. Wohin gelangt sie?

c) Was müßte auf Nicoles Zettel stehen, wenn der Treffpunkt bei O (M, I) wäre?

d) Vergleiche alle Punkte, zu denen man gelangt, wenn man insgesamt zweimal links und zweimal rechts abbiegt.

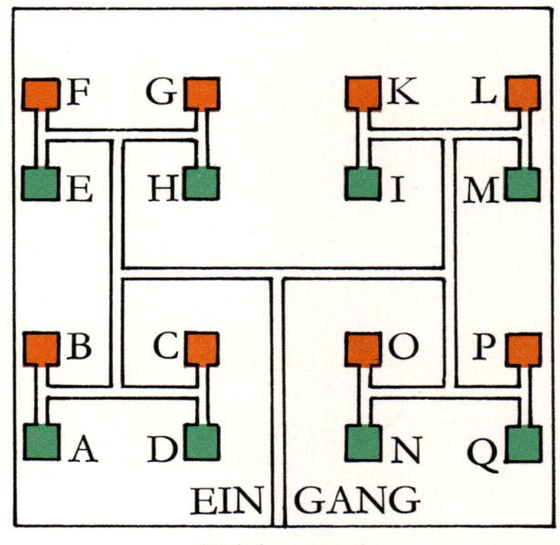

Zeichnung 4

6. Ralf denkt sich eine der Zahlen 1, 2, ..., 16. Anja will sie raten. Wieder antwortet Ralf nur mit „ja" oder „nein".

a) Welche Fragen hat Anja gestellt, wenn jeweils folgende Mengen übrig blieben?
{9; 10; ...; 16}, {9; 10; 11; 12}, {9; 10}, {10}
Wie hat Ralf geantwortet?

b) Anja zeichnet Punktbilder. Wie lauteten ihre Fragen und wie Ralfs Antworten?

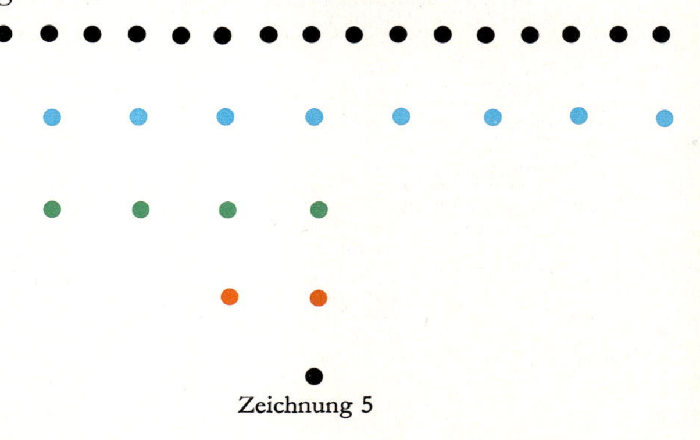

Zeichnung 5

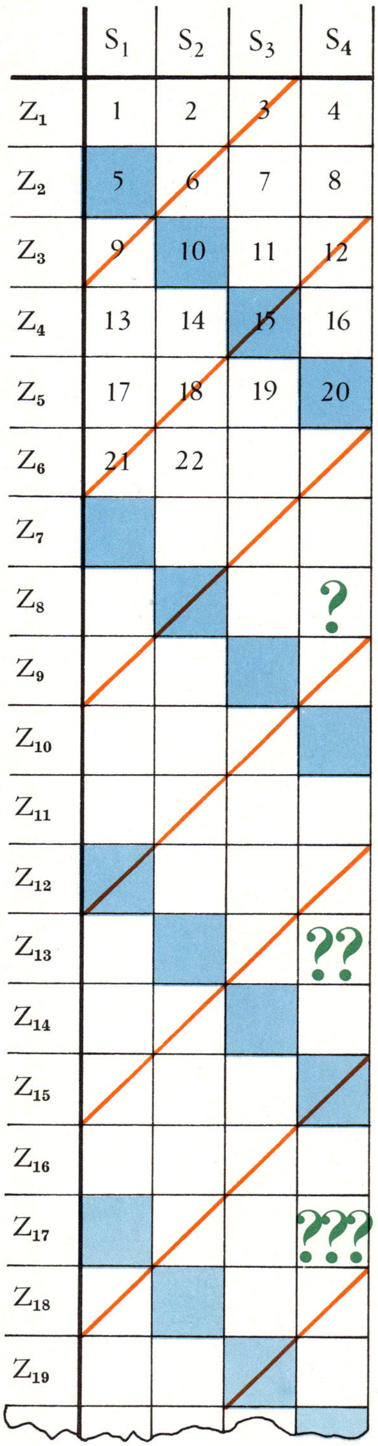

	S_1	S_2	S_3	S_4
Z_1	1	2	3	4
Z_2	5	6	7	8
Z_3	9	10	11	12
Z_4	13	14	15	16
Z_5	17	18	19	20
Z_6	21	22		
Z_7				
Z_8				?
Z_9				
Z_{10}				
Z_{11}				
Z_{12}				
Z_{13}				??
Z_{14}				
Z_{15}				
Z_{16}				
Z_{17}				???
Z_{18}				
Z_{19}				

Zeichnung 1

2. Das Viererband

Zeilen und Spalten

In Zeichnung 1 werden die Zahlen 1, 2, 3, 4, 5, ... auf Zeilen und Spalten verteilt. In der letzten Spalte stehen die **Vielfachen** von 4:
$4 = 1 \cdot 4,\ 8 = 2 \cdot 4,\ 12 = 3 \cdot 4,\ 16 = 4 \cdot 4, \ldots$

Fragen:
Welche Zahl gehört in das Kästchen [?] ? Welche in [??] ? Welche in [???] ?
In welche Zeile gehört 28? In welche 88? In welche 444? In welche 40004?
Welches sind die Zahlen in der 7., der 12., der 200. Zeile? Ergänze.

$Z_7 = \{25; 26; \_\_; \_\_\}$
$Z_{12} = \{\_\_; \_\_; \_\_; 48\}$
$Z_{200} = \{\_\_; \_\_; \_\_; \_\_\}$

Welches sind die nächsten Zahlen in der 1., 2., 3. und 4. Spalte? Ergänze.

$S_1 = \{1; 5; 9; 13; 17; 21; \_\_; \_\_; \_\_; \ldots\}$
$S_2 = \{2; 6; 10; 14; 18; 22; \_\_; \_\_; \_\_; \ldots\}$
$S_3 = \{3; \_\_; \_\_; \_\_; \_\_; \_\_; \_\_; \_\_; \_\_; \ldots\}$
$S_4 = \{\_\_; 8; \_\_; \_\_; \_\_; \_\_; \_\_; \_\_; \_\_; \ldots\}$

Wir sprechen und schreiben:

„4 ist ein Element der Menge S_4." Kurz: $4 \in S_4$.
„9 ist nicht Element von S_4." Kurz: $9 \notin S_4$.

1. Aufgabe

Ergänze passend.

a) $12 \square S_4$, $15 \square S_4$, $27 \square S_4$, $36 \square S_4$

b) $13 \square Z_4$, $17 \square Z_6$, $29 \square Z_8$, $28 \square Z_7$

c) $\square \in S_3$, $\square \notin S_2$, $\square \notin S_1$, $\square \in S_2$

d) $\square \in Z_5$, $\square \notin Z_3$, $\square \in Z_{11}$, $\square \in Z_8$

2. Aufgabe

Ergänze passend.

a) $64 \square S_4$, $64 \square Z_{16}$, $65 \square S_2$, $65 \square Z_{17}$

b) $52 + \square \in S_3$, $52 + \square \in Z_{14}$, $52 + \square \notin S_3$, $52 + \square \notin Z_{14}$

c) $\square + 1 \in S_4$, $\square + 3 \in S_4$, $\square + 4 \notin S_4$, $\square + 7 \in S_3$

d) $100 \square S_4$, $101 \square Z_{19}$, $104 \square S_3$, $105 \square Z_{21}$

3. Aufgabe

Ergänze jeweils in beiden Fällen durch dieselbe Zahl.

a) $\square \in S_3$, $\square \in Z_2$ b) $\square \in S_3$, $\square \in Z_4$ c) $\square \in S_4$, $\square \in Z_4$
d) $\square \in S_4$, $\square \in Z_{21}$ e) $\square \in S_2$, $\square \in Z_{21}$ f) $\square \in S_3$, $\square \in Z_{22}$

Übungen

1.

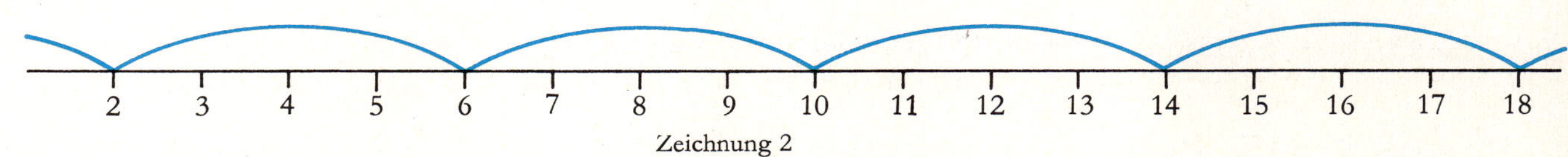

Zeichnung 2

a) In Zeichnung 2 werden die Elemente von S_2 durch blaue ‚Brückenbögen' verbunden. Übertrage die Zeichnung in dein Heft und stelle dar:
S_1 durch schwarze Brückenbögen
S_3 durch grüne Brückenbögen
S_4 durch rote Brückenbögen.

b) Ergänze durch Brückenbögen in allen vier Farben.

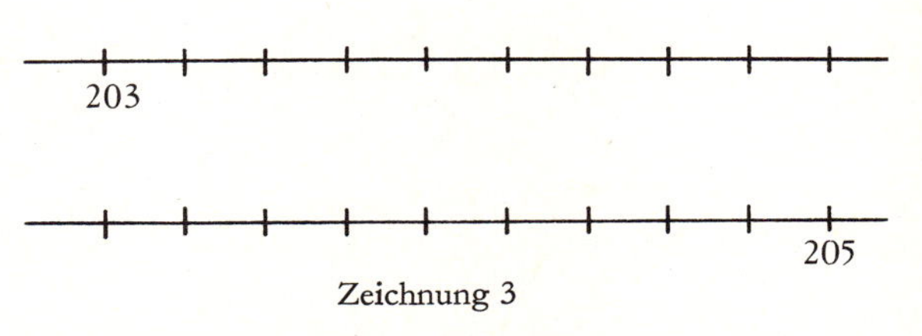

Zeichnung 3

c) Ergänze durch passende Zahlen. Die Zahl 72 soll dabei sein.

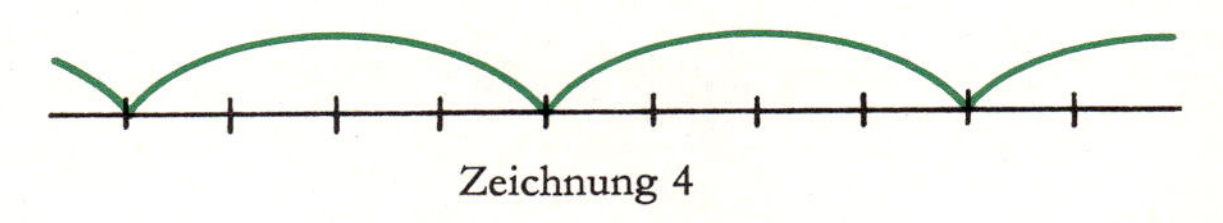

Zeichnung 4

2. a) Ergänze passend durch $\in$ oder $\notin$.
9 □ S_1, 29 □ S_3, 29 □ Z_8, 31 □ Z_8

b) Ergänze passend durch S_1 oder S_2 oder S_3 oder S_4.
18 $\in$ □, 83 $\in$ □, 84 $\in$ □, 85 $\in$ □

c) Ergänze passend durch Z_1 oder Z_2 oder Z_3 oder ...
21 $\in$ □, 42 $\in$ □, 45 $\in$ □, 44 $\in$ □

d) Ergänze passend durch 91 oder 92 oder 93 oder 94.
□ $\in S_4$, □ $\in Z_{23}$, □ $\in Z_{24}$, □ $\in S_1$

3. Ergänze jeweils in beiden Fällen durch dieselbe Zahl.

a) □ $\in S_4$, □ $\in Z_{11}$ b) □ $\in S_3$, □ $\in Z_{11}$
c) □ $\in S_3$, □ $\in Z_{12}$ d) □ $\in S_2$, □ $\in Z_{25}$

4. a) Wie viele Zahlen aus S_1 sind kleiner als 100?
b) Wie viele Zahlen aus S_4 sind kleiner als 100?
c) Wie viele Zahlen aus S_4 sind kleiner als 50?
d) Wie viele Zahlen aus S_1 sind kleiner als 50?

5. a) Welche der Mengen S_1, S_2, S_3 enthält die wenigsten Zahlen, die kleiner als 50 sind?
b) Wie viele zweistellige Zahlen enthalten S_1, S_2, S_3?

6. Im Viererband (Zeichnung 1) sind einige Zahlen durch blaue Farbe oder durch Schrägstriche hervorgehoben.
a) Welche gemeinsame Eigenschaft haben die blau unterlegten Zahlen?
b) Welche gemeinsame Eigenschaft haben die Zahlen mit einem Schrägstrich?
c) Versuche weitere Regelmäßigkeiten am Viererband zu entdecken.

7. Peter fährt um einen quadratischen Platz (Zeichnung 5). Er zählt an jeder Ecke um eins weiter.

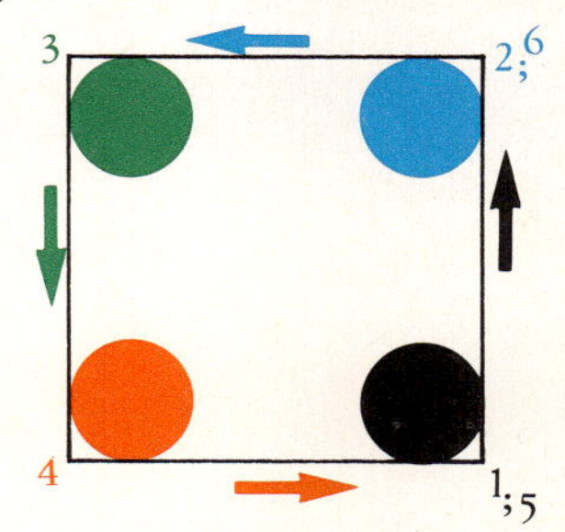

Zeichnung 5

a) An welcher Ecke befindet sich Peter, wenn er 49 (321, 123, 312, 132) zählt?
b) In der wievielten Runde befindet er sich dann jeweils?

8. Im ‚Dreierband' sind die Zahlen 1, 2, 3, ... auf drei Spalten verteilt.
a) Zeichne einen Anfang des Dreierbandes.
b) In welche Zeile und welche Spalte des Dreierbandes gehört 15 (28, 22, 121)?
c) Welche Schachfigur ‚beherrscht' die Vielfachen von 5 im Dreierband?

Flohmarkt

Wie geht's weiter?

$$1 \cdot 9 + 2 = 11$$
$$12 \cdot 9 + 3 = 111$$
$$123 \cdot 9 + 4 = 1111$$

3. Domino

Julia und Peter spielen Domino. Auf dem Tisch liegt bereits:

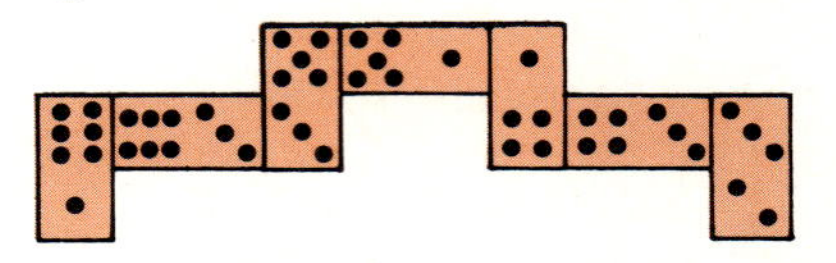
Zeichnung 1

Welchen Dominostein kann man links anlegen? Wie viele Möglichkeiten gibt es dazu?
Welchen Dominostein kann man rechts anlegen? Wie viele verschiedene?
Gibt es auch einen Dominostein, der an beiden Seiten paßt? Wie viele?
Welche Dominosteine können überhaupt angelegt werden? Wie viele?

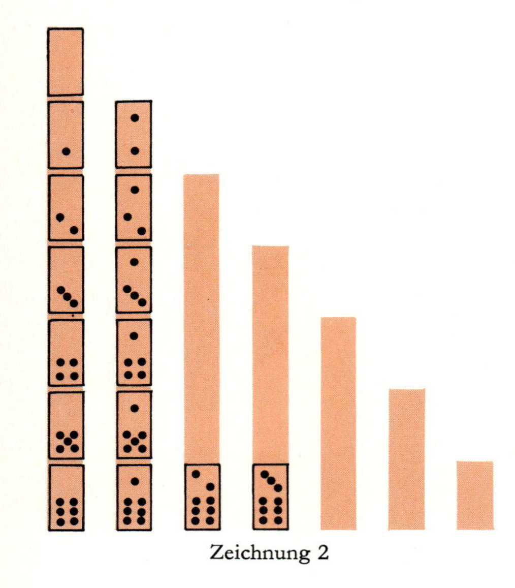
Zeichnung 2

Hilfen

1. Verschaffe dir zunächst einen Überblick über alle Dominosteine: Übertrage Zeichnung 2 in dein Heft und vervollständige sie. (Notiere [⁘ ·] als [4 1].)
2. Ergänze dann Zeichnung 3 und beantworte schließlich die Fragen. Achtung: Julia und Peter haben einige Steine bereits ‚verbaut'.

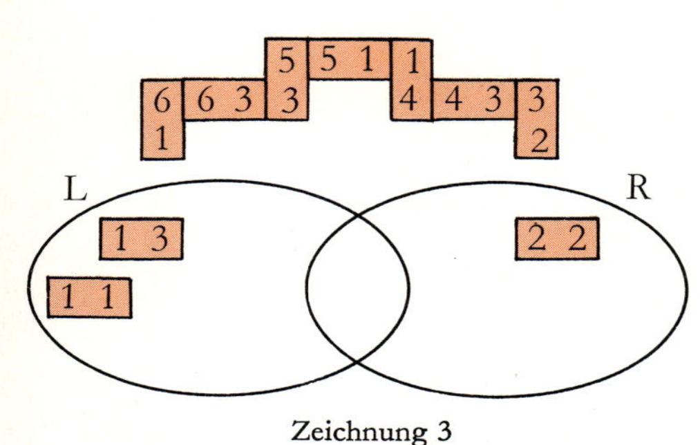

Zeichnung 3

Ergebnis

Links passen noch folgende Steine: [1 0], [1 1], [1 2], [1 3]. Sie bilden die Menge L. L enthält 4 Elemente.
Rechts passen noch folgende Steine: [2 0], [2 1], [2 2], [2 4], [2 5], [2 6].
Sie bilden die Menge R. R hat sechs Elemente.
An beiden Seiten paßt der Stein [1 2]. Auch er bildet eine Menge, die einelementige Menge S.
Insgesamt passen folgende Steine: [1 0], [1 1], [1 2], [1 3], [2 0], [2 2], [2 5], [2 6].
Sie bilden eine Menge V mit acht Elementen.

Zusammenhänge

Die Menge S ergibt sich, wenn man die gemeinsamen Elemente von L und R zusammenfaßt.

> Wenn man die *gemeinsamen* Elemente einer Menge A und einer Menge B zusammenfaßt, so erhält man die **Schnittmenge** $A \cap B$.
> $A \cap B$ wird „A geschnitten B" gelesen.

Die Menge V ergibt sich, wenn man alle Elemente von L und R zusammenfaßt.

> Wenn man *alle* Elemente einer Menge A und einer Menge B zusammenfaßt, so erhält man die **Vereinigungsmenge** $A \cup B$.
> $A \cup B$ wird „A vereinigt B" gelesen.

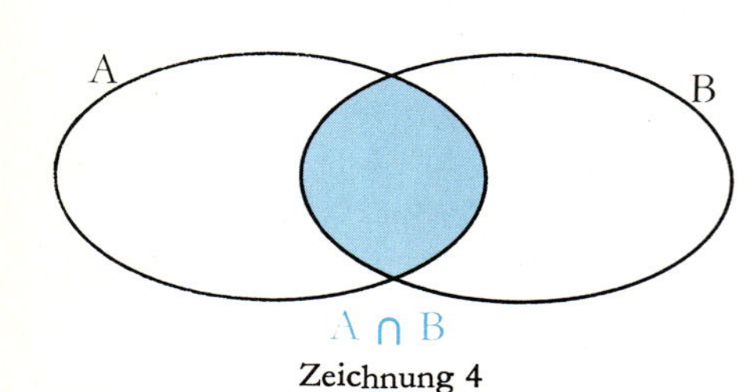

Zeichnung 4

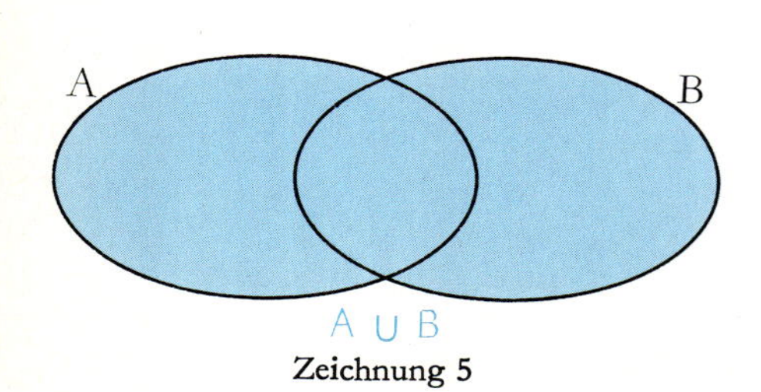

Zeichnung 5

In Zeichnung 4 ist die Schnittmenge von A und B, in Zeichnung 5 ist die Vereinigungsmenge von A und B dargestellt. Solche Zeichnungen heißen **Mengendiagramme**.

Aufgabe

Bestimme jeweils L, R, V ($= L \cup R$), S ($= L \cap R$). Wie viele Steine gehören zu jeder Menge?

a) [4 5] [5 1] [1 1] [1 2] [2 3]

b) [4 6] [6 1] [1 5] [5 4] [4 1] [1 1] [1 2] [2 3]

c) [0 6] [6 6] [6 3] [3 1] [1 0]

d) [4 4]

Übungen

1. Bestimme für die folgenden Mengen A, B, C jeweils $A \cap B$, $A \cap C$, $B \cap C$ und $A \cup B$, $A \cup C$, $B \cup C$. Veranschauliche jede dieser Mengen in einem Mengendiagramm.
a) $A = \{1; 3; 5; 7\}$, $B = \{2; 3; 4; 5\}$, $C = \{2; 4; 6\}$
b) $A = \{7; 8; 9; 10\}$, $B = \{5; 7; 8; 13\}$, $C = \{3; 8; 10; 11\}$
c) $A = \{a; b; d; e; p; q; r\}$, $B = \{c; e; f; r\}$, $C = \{a; c; p\}$

2. Für die Spielkarten (S. 6) kürzen wir ab:
P = Menge der Pik-Karten
H = Menge der Herz-Karten
Z = Menge der Karten mit einer Zahl
B = Menge der Karten mit einem Bild
a) Ergänze $P \cap Z = \{P7; P8; \_\_; \_\_\}$
$P \cup Z = \{P7; P8; \_\_; \_\_; \ldots\}$
b) Bestimme ebenso $H \cap B$ und $H \cup B$.
c) Bestimme $H \cup P$. Äußere dich zu $H \cap P$.

3. Bestimme jeweils L, R, $L \cap R$, $L \cup R$.
(L, R haben dieselbe Bedeutung wie in der Aufgabe auf S. 10.) Zähle die Elemente aller Mengen.
a) [5 3] [3 1] [1 1] [1 2] [2 4]
b) [5 5] [5 3] [3 3] [3 1] [1 2] [2 2] [2 4] [4 4]
c) [2 1] [1 3] [3 2]
d) [2 1] [1 3] [3 3]
e) [3 2]

4. a) Peter hat folgende Steine
[1 6], [2 5], [5 6], [1 3], [4 1], [5 3], [1 5]
Er sagt: „Meine Steine passen alle."
Wie kann die auf dem Tisch liegende Dominoschlange aussehen?
Bestimme jeweils L, R, $L \cup R$, $L \cap R$.

b) Julia hat die Steine
[3 4], [2 6], [5 3], [0 4].
Sie sagt: „Ich kann nicht anlegen."
Suche eine dazu passende Schlange.
Bestimme dann L, R, $L \cup R$, $L \cap R$.

5. Beschreibe L, R, $L \cap R$ für folgende Dominoschlangen:
a) [5 3] [3 4] [4 5] [5 1] [1 4]
b) [5 3] [3 4] [4 5] [5 5] [5 1] [1 2] [2 5] [5 6]
c) [6 1] [1 5] [5 4] [4 1] [1 3] [3 2] [2 1] [1 1]
In a), b) und c) treten Mengen auf, die kein Element enthalten.
Enthält eine Menge kein Element, so heißt sie die **leere Menge**. Zeichen für die leere Menge: { }.

6. In (Tabelle 1) sind die Zahlen 0; 1; ...; 11 auf Zeilen und Spalten verteilt.

	S_1	S_2
Z_1	0; 4; 8	1; 5; 9
Z_2	2; 6: 10	3; 7; 11

Tabelle 1

a) Ergänze:
$S_1 = \{0; 2; 4; 6; 8; 10\}$
S_2 = ______________
Z_1 = ______________
Z_2 = ______________
b) Bestimme $S_1 \cup Z_1$, $S_1 \cup Z_2$, $S_1 \cup S_2$
c) Bestimme $S_1 \cap Z_1$, $S_1 \cap Z_2$, $S_1 \cap S_2$

7. Beim ‚Kardinalsdomino' gelten folgende Regeln: Jeder Spieler hat so anzulegen, daß aneinanderstoßende Halbfelder zusammen 7 Augen zeigen (z. B. [4 1][6 0]). Der Nullstein [0 0] und alle Steine mit der Augensumme 7 (z. B. [1 6] oder [2 5]) dürfen überall angelegt werden. Diese Steine heißen Kardinäle.
a) Zähle alle Kardinäle eines Dominospiels auf.
b) Lege eine Schlange aus möglichst vielen Steinen nach den Regeln des Kardinalsdomino.
c) Bestimme L, R, $L \cup R$, $L \cap R$ beim Kardinalsdomino für [6 6][1 2][5 3].

Flohmarkt

Ergänze zunächst, ohne zu rechnen.
Überprüfe dann durch Rechnen.

$1\,000\,000 = 142\,857 \cdot 7 + 1$
$3\,000\,000 = 428\,571 \cdot 7 + 3$
$2\,000\,000 = 285\,714 \cdot 7 + \_\_$
$6\,000\,000 = \_\_\_\_ \cdot 7 + 6$
$4\,000\,000 = \_\_\_\_ \cdot 7 + \_\_$
$5\,000\,000 = \_\_\_\_\_\_$
$7\,000\,000 = \_\_\_\_\_\_$

4. Welche und wie viele?

Ziffern und Quersumme

Zeichnung 1

Die zweistellige Zahl 14 hat die **Ziffern** 1 und 4. Die Summe 5 von 1 und 4 heißt die **Quersumme** von 14. Welche Quersumme haben 51, 23, 51 und 78?

Welche zweistelligen Zahlen haben die Quersumme 9?
In welchen zweistelligen Zahlen kommt die Ziffer 1 vor?
Welche zweistelligen Zahlen haben die Quersumme 9, aber keine 1 als Ziffer?
Welche zweistelligen Zahlen haben eine 1 als Ziffer, aber nicht die Quersumme 9?

Übertrage das Mengendiagramm (Zeichnung 1) in dein Heft und ergänze es.
Ergebnisse:

A = Menge der zweistelligen Zahlen mit Quersumme 9
B = Menge der zweistelligen Zahlen mit 1 als Ziffer
A = {18; 27; 36; 45; 54; 63; 72; 81; 90}
B = {10; 11; 12; 13; 14; 15; 16; 17; 18; 19; 21; 31; 41; 51; 61; 71; 81; 91}

Menge der Elemente, die zu A, aber nicht zu B gehören
= {27; 36; 45; 54; 63; 72; 90}
Menge der Elemente, die zu B, aber nicht zu A gehören
= {10; 11; 12; 13; 14; 15; 16; 17; 19; 21; 31; 41; 51; 61; 71; 91}

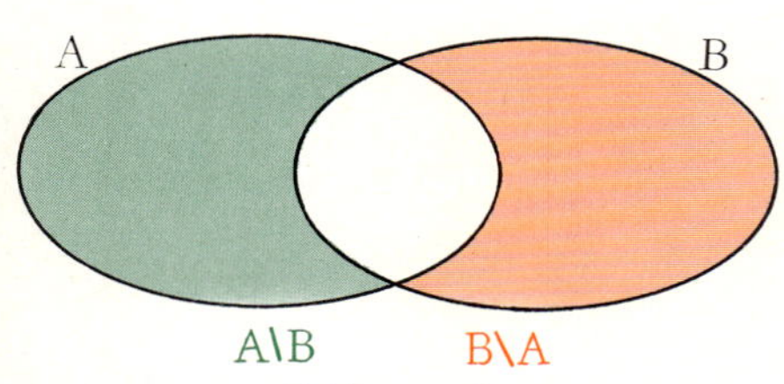

Zeichnung 2

Wenn man *die* Elemente einer Menge A zusammenfaßt, die *nicht* zu einer Menge B gehören, so erhält man die **Differenzmenge** A\B.
A\B wird „A ohne B" gelesen.

1. Aufgabe

C = Menge der zweistelligen Zahlen mit Quersumme 6
D = Menge der zweistelligen Zahlen mit gleichen Ziffern
Bestimme die Elemente von C, D, $C \cap D$, $D \cap C$, $C \cup D$, $D \cup C$, $C \setminus D$, $D \setminus C$.

Sportler in der 5b

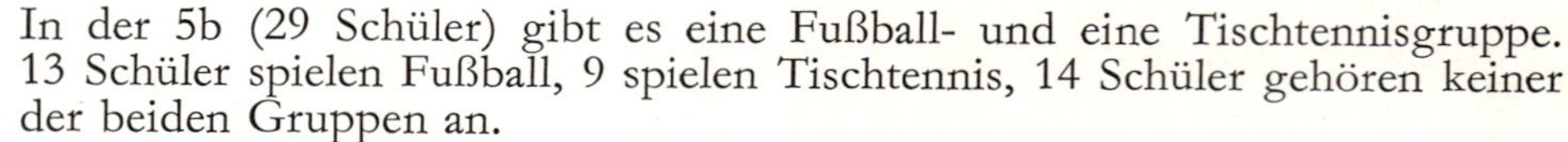

In der 5b (29 Schüler) gibt es eine Fußball- und eine Tischtennisgruppe. 13 Schüler spielen Fußball, 9 spielen Tischtennis, 14 Schüler gehören keiner der beiden Gruppen an.
Wie viele Schüler spielen Fußball, aber nicht Tischtennis?
Wie viele Schüler spielen Tischtennis, aber nicht Fußball?
Wie viele Schüler spielen Fußball und Tischtennis?
Hilfe:
Christian vermutet: „Einige müssen beides spielen, denn sonst wären es 36 Schüler. Ich schätze, es sind 3 oder 4, die beides spielen."
Er zeichnet und trägt Zahlen ein. Dann stellt er fest: „3 stimmt nicht."
Begründe seine Feststellung. Prüfe ebenso die Anzahlen 4, 5, 6, ...

2. Aufgabe

Am Schuljahresende haben sich die Interessen in der 5b geändert:
10 Schüler spielen Fußball und Tischtennis.
5 Schüler spielen nur Tischtennis.
7 Schüler treiben keinen Sport.
Wie viele Schüler spielen Tischtennis, wie viele Fußball, wie viele Fußball aber nicht Tischtennis?

Übungen

1. A = Menge der zweistelligen Zahlen, deren Ziffern sich um 2 unterscheiden
B = Menge der zweistelligen Zahlen mit Quersumme 8
a) Bestimme die Elemente der Mengen
$A, B, A \cup B, B \cup A, A \cap B, B \cap A, A \setminus B, B \setminus A$.
b) Übertrage sie in ein Mengendiagramm und zähle ihre Elemente.

2. Q = Menge der zweistelligen Zahlen, die Vielfache von drei sind
R = Menge der zweistelligen Zahlen mit Quersumme 7
a) Schreibe alle zweistelligen Zahlen auf:
10 11 12 13 14 15 16 17 18 19
20 21 22 . . .
⋮
b) Unterstreiche alle Elemente von Q rot und alle Elemente von R blau.
c) Wie sind die Elemente von $Q \cap R$, $Q \cup R$, $Q \setminus R$, $R \setminus Q$ gekennzeichnet?
Welche Zahlen sind nicht unterstrichen?

3. Wenn man bei einer zweistelligen Zahl die Ziffern vertauscht, erhält man ihre Spiegelzahl. Spiegelzahl zu 21 ist 12; zu 93 ist 39 die Spiegelzahl.
Subtrahiere von 21, 93, 81, 63, 32 jeweils die zugehörige Spiegelzahl.
Was haben die Ergebnisse gemeinsam?
Gilt das auch für andere Zahlen und ihre Spiegelzahlen?

4. Zu Beginn des nächsten Schuljahres gibt es in der 6b 33 Schüler. Es spielen
8 Schüler nur Tischtennis,
6 Schüler nur Fußball,
7 Schüler weder Fußball noch Tischtennis.
Wie viele Tischtennisspieler, wie viele Fußballer gibt es in der 6b?
Wie viele Schüler spielen Tischtennis und Fußball?

5. Dominosteine haben eine ‚Augensumme'.
hat die Augensumme 5.
a) Ergänze.

	Augensumme 6	nicht Augensumme 6
paßt an 3 1	1 5	1 1
paßt nicht an 3 1	4 2	2 2

Tafel 1

b) Bezeichne mit A die Menge der Dominosteine mit der Augensumme 6 und mit B die Menge der Steine, die an 3 1 passen.
Wo findet man in der Tafel 1 die Mengen $A \cup B$, $B \cap A$, $A \setminus B$, $B \setminus A$?

6. Von der 4b in Neustadt (17 Mädchen, 15 Jungen) gehen im nächsten Schuljahr:
9 Schüler in die Realschule, davon 3 Mädchen
12 Schüler ins Gymnasium, davon 5 Mädchen.
Ergänze:

	Hauptschule	Realschule	Gymnasium
Mädchen		3	5
Jungen			

Tafel 2

7. Sportlehrer Stenger vergleicht seine Klasse 5a (33 Schüler) mit der Klasse 5b (35 Schüler). In der 5a sind doppelt so viele Schwimmer wie in der 5b. In der 5b sind 20 Nichtschwimmer.
Wie viele Schwimmer gibt es in der 5a?

8. A und B sind Mengen einstelliger Zahlen. $A \setminus B$ und $B \setminus A$ haben jeweils 4 Elemente.
Wie viele Elemente kann $A \cap B$ haben?

Flohmarkt

Peer und Inga knobeln. Jeder hat drei Münzen und versteckt hinter dem Rücken einige davon (3, 2, 1 oder 0) in seiner rechten Hand. Dann raten beide, wie viele Münzen sie nun zusammen in ihren rechten Händen haben. Peer beginnt. Welche Zahlen kann Inga vernünftigerweise noch raten? Ergänze und begründe:

Peer rät	0				1				2				3				4				5				6			
Inga hat	0	1	2	3	0	1	2	3	0	1	2	3	0	1	2	3	0	1	2	3	0	1	2	3	0	1	2	3
Inga kann raten	0	1	2	3	0 1	1 2	2 3	3 4		1 2 3						3 4 5 6			3 4 5			3 4			3			

5. Rollende Vielecke

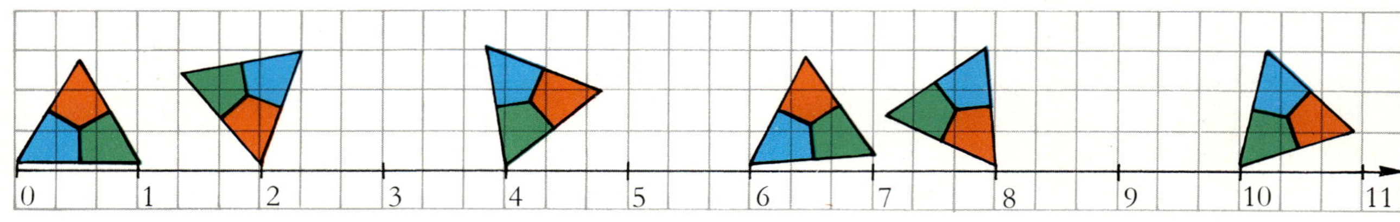

Zeichnung 1

Grün	Rot	Blau
1	2	3
4		

Tafel 1

Das rollende Dreieck

Ein Dreieck ‚rollt' über den **Zahlenstrahl**. Jede Zahl wird dabei von einer Ecke getroffen.

Die grüne Ecke trifft in 1, die rote in 2, die blaue in 3, die grüne dann in 4. Ergänze Tafel 1.

In der dritten Spalte stehen die Elemente der **Vielfachenmenge** von 3: $V_3 = \{3; 6; 9; 12; \ldots\}$.

1					6

Tafel 2

Das rollende Sechseck

In Zeichnung 2 (Seite 15) rollt ein Sechseck über den Zahlenstrahl. Ergänze Tafel 2.

In der sechsten Spalte stehen die Elemente der Vielfachenmenge von 6: $V_6 = \{6; 12; 18; 24; \ldots\}$.

▶ Vergleiche die Spalten in Tafel 1 mit den Spalten in Tafel 2.

Ergebnisse:

Alle Zahlen aus der 6. Spalte von Tafel 2 gehören auch zur 3. Spalte von Tafel 1.
Alle Zahlen aus der 3. Spalte von Tafel 2 gehören auch zur 3. Spalte von Tafel 1.
Jede Zahl aus der 3. Spalte von Tafel 1 gehört zur 3. oder zur 6. Spalte von Tafel 2.

Dieselben Zusammenhänge bestehen zwischen anderen Spalten von Tafel 1 und Tafel 2.

Insbesondere gilt: Jedes Element von V_6 ist auch ein Element von V_3.
Wir sagen: V_6 ist **Teilmenge** von V_3.

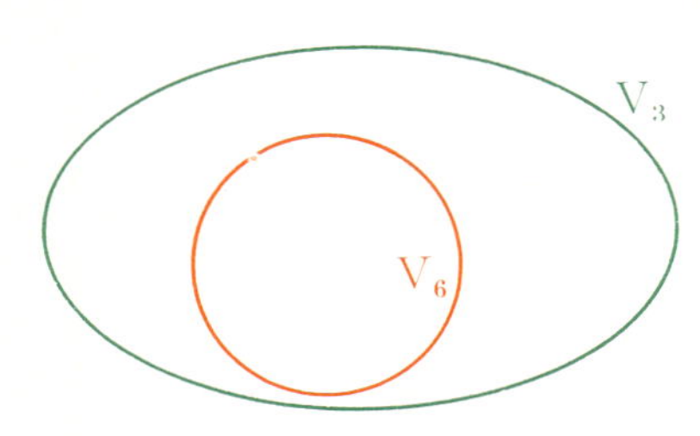

Zeichnung 3

A heißt **Teilmenge** von B, wenn jedes Element von A auch Element von B ist.
Wir schreiben: $A \subseteq B$.
$A \subseteq B$ wird „A ist Teilmenge von B" gelesen.

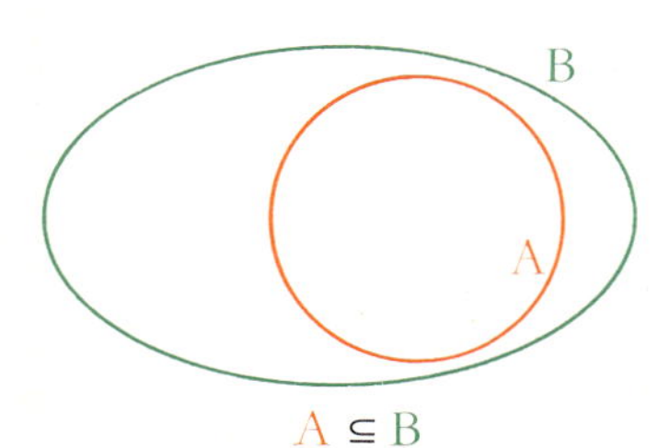

$A \subseteq B$
Zeichnung 4

Aufgabe

Entscheide, ob $C \subseteq D$ oder $D \subseteq C$ oder keins von beiden gilt.

a) $C = \{2; 3; 5; 7\}$, $D = \{1; 2; 3; 4; 5; 6; 7; 8; 9; 10\}$
b) $C = \{1; 3; 5; 7; 9\}$, $D = \{3; 5; 7\}$
c) $C = \{1; 11; 21; 31; 41\}$ $D = \{1; 11; 12; 13; 14\}$
e) C = Menge der Zahlen unter 100 D = Menge der zweistelligen Zahlen

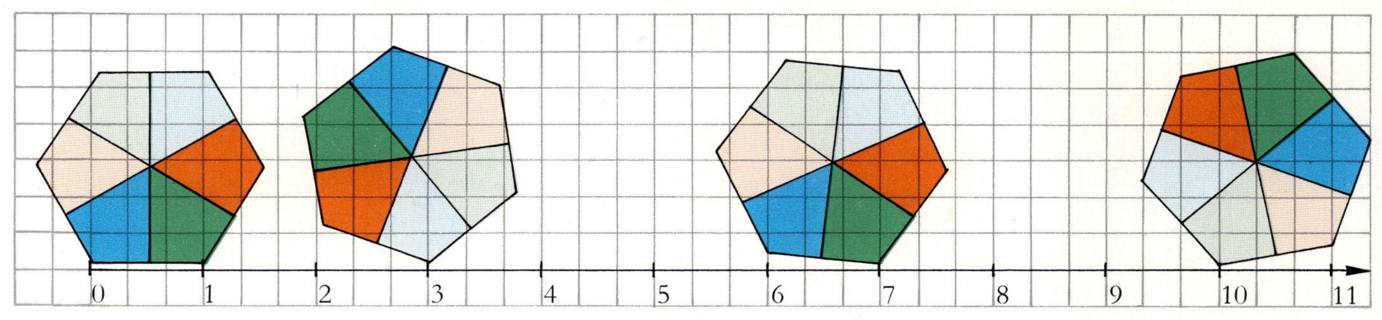

Zeichnung 2

Übungen

1. Entscheide, ob $A \subseteq B$ oder $B \subseteq A$ oder keins von beiden gilt.

a) A = Menge der einstelligen Zahlen
   B = Menge der Zahlen kleiner als 8
b) $A = \{5; 4; 3; 2; 1\}$ $B = \{2; 3; 4; 5; 6\}$
c) $A = \{2; 7\}$ $B = \{0; 2; 4; 6; 7\}$
d) $A = \{a; b; e; f; g; h\}$ $B = \{a; b; c; d; e; f; g; h; i\}$
e) $A = \{u; v; w; x; y; z\}$ $B = \{u; z\}$
f) $A = \{e; m; i; l\}$ $B = \{m; a; r; t; i; n\}$

2. Bestimme Teilmengen von $\{1; 2; 3; 4\}$ mit

a) 3 Elementen
b) 2 Elementen
c) einem Element.

3. Trage in Tafel 3 alle noch fehlenden Zahlen von $\{0; 1; 2; \ldots; 40\}$ ein.

	Element von V_8	nicht Element von V_8
Element von V_4	8; 16;	4; 12;
nicht Element von V_4		

Tafel 3

4. a) Gib eine Teilmenge A von $\{1; 2; \ldots; 32\}$ mit 16 Elementen an.
b) Gib eine Teilmenge B von A mit 8 Elementen an.
c) Gib eine Teilmenge C von B mit 4 Elementen an.
d) Gib eine Teilmenge D von C mit 2 Elementen an.
e) Gib eine Teilmenge E von D mit einem Element an.

5. Hat $\{7; 8; 9; 10\}$ eine Teilmenge mit 4 Elementen? (Schaue genau nach, was eine Teilmenge ist.)

6. Gib drei verschiedene Mengen an, die $\{2; 4; 6\}$ als Teilmenge haben.

7. a) Suche eine Teilmenge B von $A = \{1; 2; \ldots; 9\}$ mit vier Elementen.
b) Bilde die **Restmenge** $A \setminus B$.
c) Was gilt für $A \cap B$, $B \cup A$, $B \setminus A$?

Ist B eine Teilmenge von A, so heißt die Differenzmenge $A \setminus B$ auch **Restmenge** von B in A.

8. Ein Dominostein rollt ein Stück über den Zahlenstrahl bis 43.

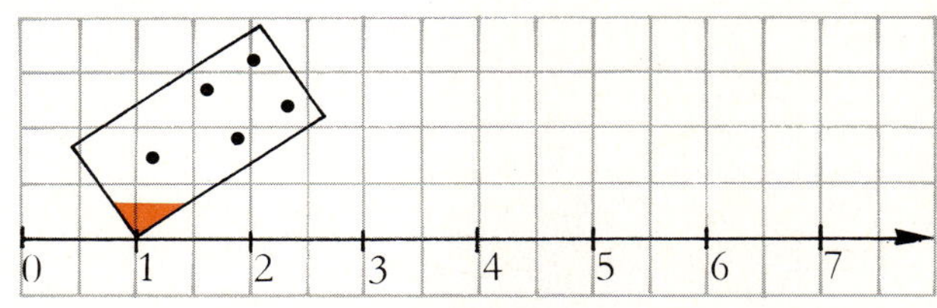

Zeichnung 5

a) Auf welche Zahlen treffen die Ecken des Steines?
b) Auf welche Zahlen trifft die rote Ecke?

9. Paul stellt Behauptungen für die Mengen $A = \{1; 2; 4; 6\}$ und $B = \{1; 2; 4; 8\}$ auf. Überprüfe:

a) $A \subseteq B$ b) $A \cap B \subseteq A$ c) $A \cap B \subseteq A \cup B$
d) $A \subseteq A \cap B$ e) $B \subseteq A \cup B$ f) $A \subseteq A$

10. A = Menge der zweistelligen Zahlen mit Quersumme 6
B = Menge der zweistelligen Zahlen mit Quersumme 9
Ergänze durch $\subseteq$ oder durch $\nsubseteq$ (dabei bedeutet $\nsubseteq$ ‚ist nicht Teilmenge von'):

a) $A \_\_ B$ b) $B \_\_ V_3$ c) $A \_\_ V_3$
d) $B \_\_ A$ e) $B \_\_ V_9$ f) $A \_\_ V_9$

11. Egon hat 50 DM in der Tasche. Welche Beträge kann er bezahlen, wenn er nur

a) Zweimarkstücke
b) Fünfmarkstücke

hat und ihm nichts herausgegeben werden kann?

6. Ein paar Paare

Schachbrett

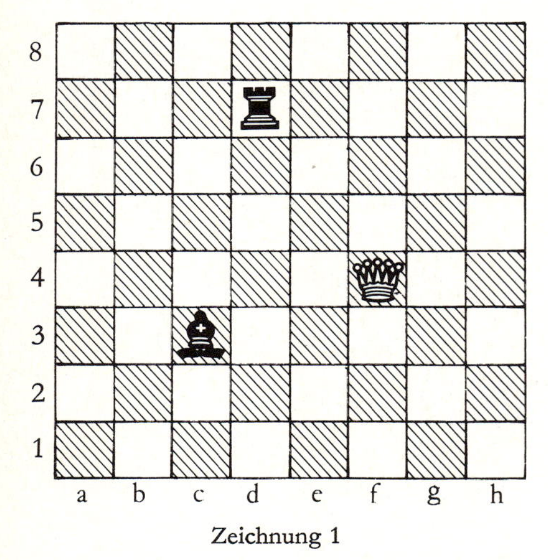

Zeichnung 1

Auf welchem Feld des Schachbretts (Zeichnung 1) steht die weiße Dame?
Wo steht der schwarze Läufer, wo der schwarze Turm?
Wie findet man sich auf einem Schachbrett zurecht?

Zeichne ein Schachbrett in dein Heft.
Bezeichne die Zeilen mit 1, 2, ..., 8 und die Spalten mit a, b, ..., h.
Stelle den Turm auf das Feld a5 (c7, g6, d8).
Wie viele Felder hat ein Schachbrett?

Würfel und Glücksrad

Peter würfelt. Inga dreht das Glücksrad (Zeichnung 2). Beim ersten Mal erhält Peter eine 5 und Inga eine 3. Peter schreibt beide Ergebnisse auf.
Er notiert: (5|3)

Welche Ergebnisse können Peter und Inga erhalten? Wie viele?

Hinweis:

Gehe vor wie Peter und beschreibe alle möglichen Ergebnisse durch Paare.
Versuche alle Paare übersichtlich aufzuschreiben.
Wodurch unterscheiden sich die Ergebnisse (2|3) und (3|2)?

Zeichnung 2

(1|4)	(2|4)	(3|4)	(4|4)	(5|4)	(6|4)
(1|3)	(2|3)	(3|3)	(4|3)	(5|3)	(6|3)
(1|2)	(2|2)	(3|2)	(4|2)	(5|2)	(6|2)
(1|1)	(2|1)	(3|1)	(4|1)	(5|1)	(6|1)

Zeichnung 3

Gemeinsamkeiten

Die Felder des Schachbretts wurden durch Buchstaben und Zahlen beschrieben.
Die Ergebnisse bei Würfel und Rad wurden durch zwei Zahlen beschrieben (Zeichnung 3).
In beiden Fällen wurden Paare gebildet.

> Wenn man für zwei Mengen A und B die Menge aller Paare (a|b) mit $a \in A$ und $b \in B$ bildet, so erhält man die **Paarmenge** von A und B.
> Wir schreiben: $A \times B$
> $A \times B$ wird „A kreuz B" gelesen.

Beispiel: $A = \{1; 3; 5\}$ $B = \{2; 4\}$
$A \times B = \{(1|2); (1|4); (3|2); (3|4); (5|2); (5|4)\}$

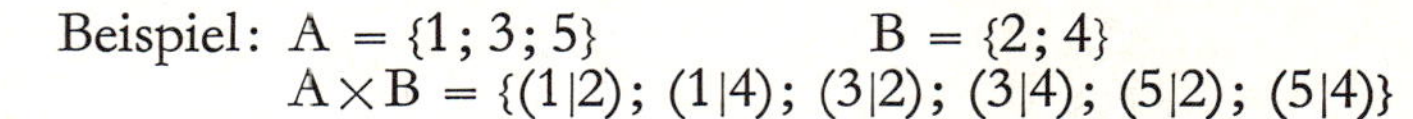

1. Aufgabe

Bestimme jeweils die Paarmenge $A \times B$.

a) $A = \{1; 2\}$ $B = \{3; 4\}$
b) $A = \{1; 2\}$ $B = \{1; 2; 3\}$
c) $A = \{x; y\}$ $B = \{5; 7\}$
d) $A = \{a; b; c\}$ $B = \{n; m\}$

2. Aufgabe

Für welche Mengen A und B sind hier die Elemente von $A \times B$ übersichtlich aufgeschrieben?

a) (6|1) (7|1) (8|1)
(6|2) (7|2) (8|2)

b) (a|a) (a|b) (a|c)
(b|a) (b|b) (b|c)
(c|a) (c|b) (c|c)

Übungen

1. Bestimme jeweils die Paarmenge $A \times B$.

a) $A = \{2; 4; 6\}$ $B = \{1; 4\}$
b) $A = \{5; 7; 9\}$ $B = \{5; 7; 9\}$

2. Bestimme jeweils die Paarmenge $E \times F$.

a) $E = \{4; 3; 7\}$ $F = \{a; c\}$
b) $E = \{a; c\}$ $F = \{4; 3; 7\}$

3. $A = \{1; 2; 3; 4\}$ $B = \{5; 6; 7\}$
$C = \{8; 9\}$

Welche der Paarmengen $A \times A$, $A \times B$, $A \times C$, $B \times B$, $B \times C$, $C \times C$ passen zu folgenden Rechtecken? Zeichne ab und trage ein.

a) 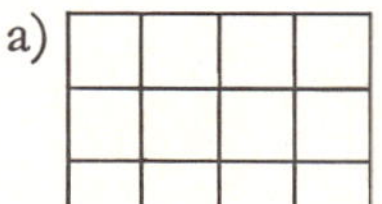 b) 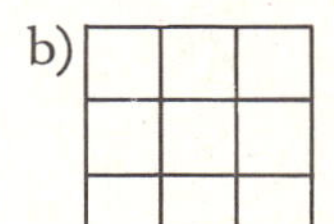 c) 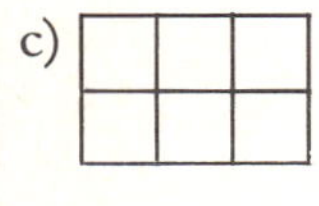

4. Gib alle Elemente der Menge $\{5; 6\} \times \{6; 7\}$ an.

5. Es gilt
$X \times Y = \{(a|a); (a|b); (a|c); (b|a); (b|b); (b|c)\}$.
Bestimme X und Y.

6. a) Ein Springer steht beim Schachspiel auf dem Feld d4. Welche Felder kann er mit einem Zug erreichen?
b) Ein Turm steht auf e3. Welche Felder kann er mit einem Zug erreichen?
c) Der König steht auf a7. Welche Felder kann er mit einem Zug erreichen?

7. Die vier Farben Kreuz (Kr), Pik (P), Herz (H) und Karo (Ka) bilden die Menge $F = \{Kr; P; H; Ka\}$. Die vier Bilder Bube (B), Dame (D), König (K) und As (A) bilden zusammen mit den Zahlen 7; 8; 9; 10 die Menge $G = \{7; 8; 9; 10; B; D; K; A\}$.
Zähle die Elemente von $F \times G$ auf und stelle diese Menge übersichtlich dar.

8. Aus jeder zweistelligen Zahl kann man ein Paar einstelliger Zahlen machen.
Beispiel: Aus 21 wird (2|1) und aus 89 wird (8|9).
Es ergibt sich so eine Paarmenge $A \times B$.
Welches sind die Mengen A und B?

9. Das Sporthotel TRIMM hat 5 Stockwerke (einschließlich Erdgeschoß). In jedem Stockwerk gibt es 14 Gästezimmer.
a) Im Erdgeschoß findet man die Zimmernummern 01; 02; . . .; 010; 011; 012; 013; 014. Welche Zimmernummern kann man in den anderen Stockwerken erwarten?
b) Welche dreistelligen Zahlen tauchen nicht als Zimmernummern auf?
c) Welche Paarmenge wurde zur Kennzeichnung der Zimmer benutzt?

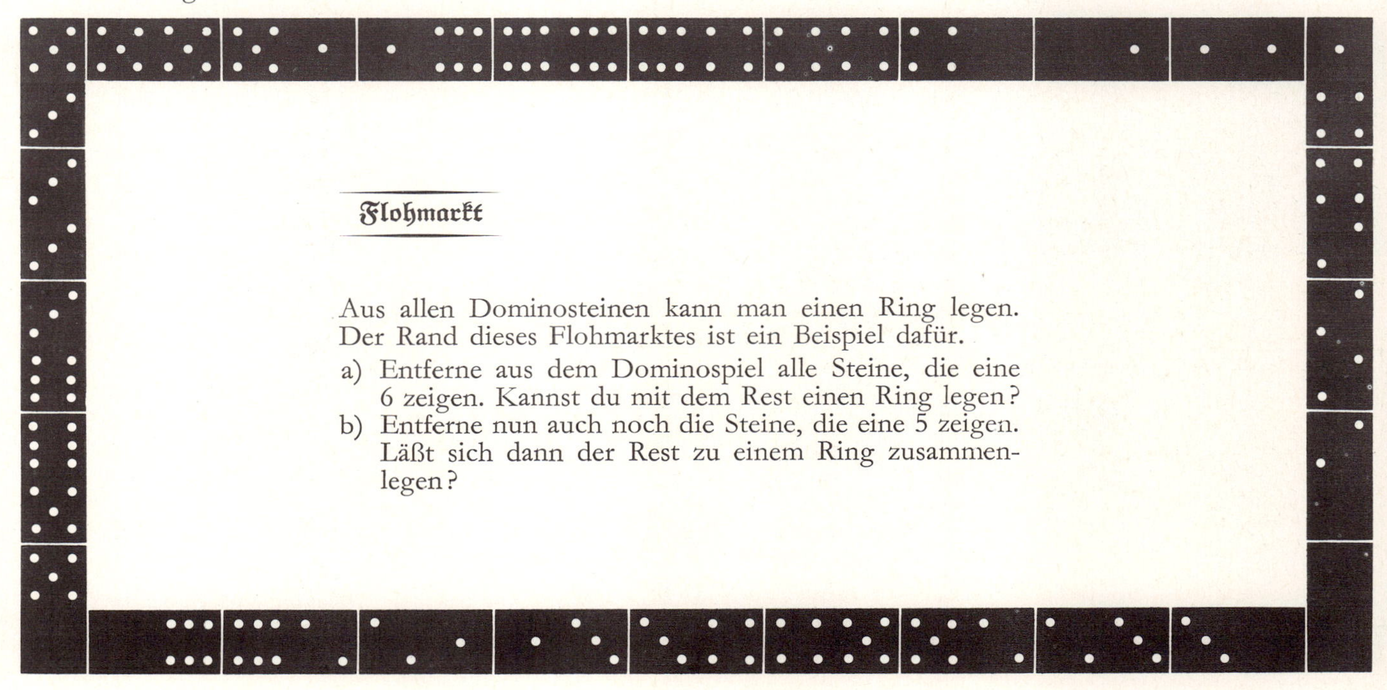

Flohmarkt

Aus allen Dominosteinen kann man einen Ring legen. Der Rand dieses Flohmarktes ist ein Beispiel dafür.

a) Entferne aus dem Dominospiel alle Steine, die eine 6 zeigen. Kannst du mit dem Rest einen Ring legen?
b) Entferne nun auch noch die Steine, die eine 5 zeigen. Läßt sich dann der Rest zu einem Ring zusammenlegen?

7. Freizeitbeschäftigung

Foto 1

Foto 2

Foto 3

	Springer	Werfer	Kurz-streckler	Mittel-streckler	Lang-streckler
Peter B.	×	×	×		
Heiner D.				×	×
Olav F.	×		×	×	
Walter F.	×	×	×	×	
Jochen K.		×			×
Rainer L.	×			×	
Martin M.		×			
Dieter P.	×		×		
Thomas S.	×	×	×	×	×

Tabelle 1

Lehrer Schäfer bereitet die Mannschaftswettkämpfe der Leichtathleten vor. Für die Aufstellung der Schulmannschaft macht er sich eine Tabelle seiner ‚besten‘ Schüler und kreuzt an, für welche Wettkampfarten er sie einsetzen kann.

Fragen

a) Welche Schüler kann Herr Schäfer als Springer und als Werfer einsetzen? Welche als Kurz- und Langstreckler? Welche als Springer und als Kurzstreckler?
b) Wen kann Lehrer Schäfer für wenigstens eine der Sportarten Lang- oder Mittelstrecke (Wurf oder Sprung) einsetzen?
c) Wen kann er als Werfer, aber nicht als Mittelstreckler gebrauchen? Wen als Kurzstreckler, aber nicht als Langstreckler?
d) Welche Schüler kann er als Springer (Werfer) nicht einsetzen?
e) Jeder Schüler soll in höchstens drei Disziplinen starten. Welche Mannschaftsaufstellung könnte Herr Schäfer wählen?

Hobbies

Lehrer Keßler befragt die Schüler seiner Klasse (29 Schüler) nach ihren Hobbies.
Ergebnis:
In der Klasse gibt es 16 Leseratten (Menge L), 12 Sportfans (Menge S) und 10 Musiknarren (Menge M). Nur 3 Schüler gehören zu keiner dieser Gruppen. 4 Schüler gehören zu allen drei Gruppen. 2 Leseratten sind auch Sportfans, aber keine Musiknarren.
Ergänze Zeichnung 1 und bestimme, wie viele Schüler zu den folgenden Mengen gehören:

a) $L \cap M$, $L \cup M$, $L \setminus M$, $M \setminus L$
b) $S \cap M$, $S \cup M$, $S \setminus M$, $M \setminus S$
c) $M \setminus (S \cup L)$, $S \setminus (M \cup L)$, $L \setminus (M \cup S)$

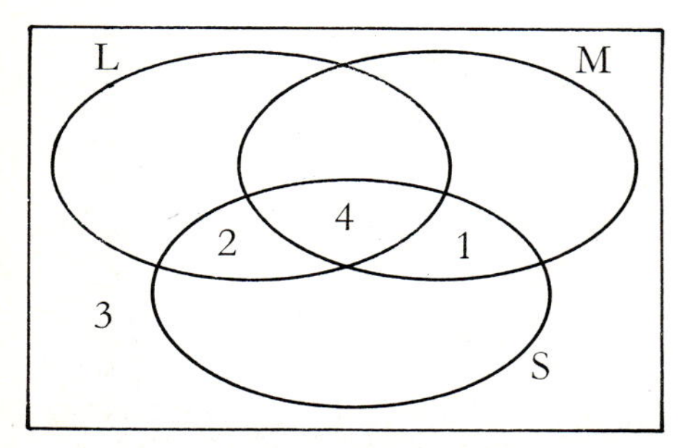

Zeichnung 1

Übungen

1. Die Mengen $\{0\}$, $\{0; 1\}$; $\{0; 1; 2\}$, ... werden mit $A_0, A_1, A_2, \ldots$ bezeichnet.
Es gilt also $A_{50} = \{0; 1; 2; \ldots; 50\}$.

a) Veranschauliche die Mengen $A_0, A_1, A_2, \ldots$ auf dem Zahlenstrahl.

b) Bestimme die Elemente von $A_1 \cap A_2$, $A_2 \cap A_3$, $A_2 \cap A_5$, $A_{10} \cap A_{20}$.

c) Bestimme die Elemente von $A_1 \cup A_2$, $A_2 \cup A_3$, $A_2 \cup A_5$, $A_{10} \cup A_{20}$.

d) Bestimme die Elemente von $A_2 \setminus A_1$, $A_3 \setminus A_2$, $A_5 \setminus A_2$, $A_{20} \setminus A_{10}$.

e) Gib zu allen Mengen in b), c), d) die Anzahl der Elemente an.

f) Welche Teilmengenbeziehungen treffen zu?
$A_3 \subseteq A_5$, $A_9 \subseteq A_8$, $A_{51} \subseteq A_{15}$, $A_{17} \subseteq A_{22}$

2. Frank spielt an einem ‚Glücksautomaten' mit zwei Rädern. Beim ersten Mal zeigt das erste Rad eine 7 und das zweite eine 3.

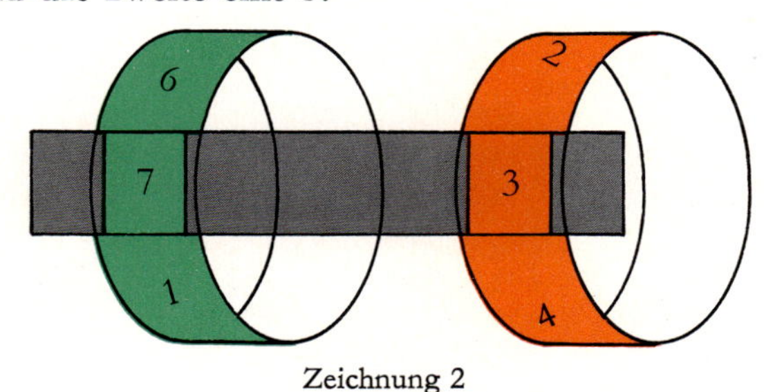

Zeichnung 2

Nach einigen Spielen bemerkt Frank:
Auf dem ersten Rad sind die Zahlen 1; 2; ...; 7 und auf dem zweiten die Zahlen 1; 2; 3; 4.

a) Welche Ergebnisse kann Frank erhalten?
Wie viele verschiedene gibt es?
Schreibe alle Paare auf.

b) Wodurch unterscheiden sich die Ergebnisse (3|2) und (2|3)?

c) Wie oft treten gleiche Zahlen auf? Wie oft verschiedene?

3. Bestimme die Anzahl der Elemente von A, B, $A \times B$.

a) $A = \{1; 3; 9\}$ $\quad B = \{s; t\}$
b) $A = \{d; e; f; g\}$ $\quad B = \{1; 2\}$
c) $A = \{7; 10; 21\}$ $\quad B = \{3; 4; 5\}$
d) $A = \{2; 9; 11\}$ $\quad B = \{0\}$

4. a) F hat 3 Elemente und G hat 5 Elemente.
Wie viele Elemente hat $F \times G$?

b) M hat 30 Elemente und N hat 40 Elemente.
Wie viele Elemente hat $M \times N$?
Wie viele Elemente hat $N \times M$?

c) Erläutere den zweiten Namen **Produktmenge** für Paarmenge.

5. Übertrage Zeichnung 3 in dein Heft und zeichne jeweils drei weitere Bögen.

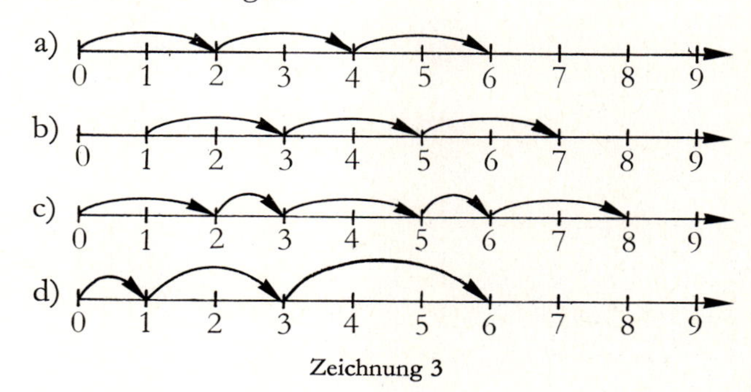

Zeichnung 3

6. $M = \{60; 61; \ldots; 80\}$
B = Menge der zweistelligen Zahlen mit einer Ziffer 7
C = Menge der zweistelligen Zahlen mit Quersumme 9

Bestimme

a) B, C $\quad$ b) $M \cap B$, $C \cap M$, $B \cap C$
c) $M \cup B$, $B \cup C$, $M \cup C$ $\quad$ d) $M \setminus B$, $B \setminus M$, $B \setminus C$

7. a) Schreibe dir jeweils 10 Elemente der Vielfachenmengen V_2, V_3, V_4, V_6, V_{12} auf.

b) Ergänze durch Pfeile („→" heißt „ist Teilmenge von"):

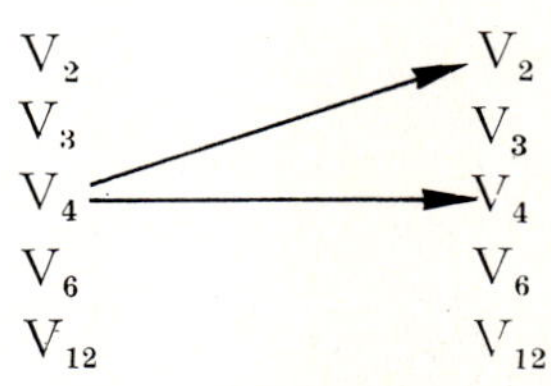

Zeichnung 4

8. Petra hat sechs Geschwister. Zwei Schwestern sind älter als Petra und zwei Brüder sind jünger als sie. Von allen Geschwistern ist Max der älteste und Julia die jüngste. Wie viele Mädchen gibt es in der Familie?

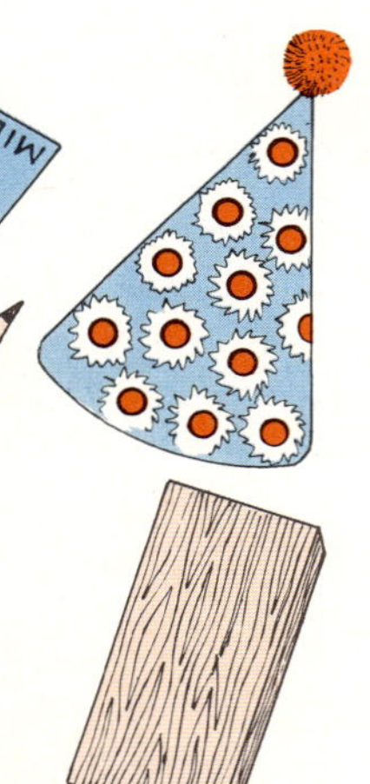

Zeichnung 1

1. Allerlei Sachen

Auftrag

Schau dir Zeichnung 1 an. Wodurch unterscheiden sich die dargestellten Gegenstände voneinander? Suche Gegenstände mit gemeinsamen Eigenschaften:

1. Welche haben die gleiche Farbe?
2. Welche bestehen aus dem gleichen Material?
3. Welche haben die gleiche Form?

Fünf verschiedene Formen

Uns geht es in den nächsten Stunden um die Form der Gegenstände. In Zeichnung 2 sind fünf verschiedene Formen dargestellt. Sicherlich hast du schon einige davon in Zeichnung 1 entdeckt.

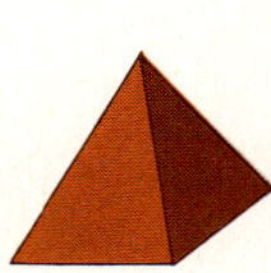

Quader Kugel Zylinder Kegel Pyramide

Zeichnung 2

Quader, Kugel, Zylinder, Kegel und **Pyramide** sind **geometrische Körper**. Später wirst du noch andere geometrische Körper kennenlernen.

1. Aufgabe

a) Welche Gegenstände in Zeichnung 1 sind Quader, welche sind Kugeln, Zylinder, Kegel, Pyramiden?

b) Worin unterscheidet sich die Kugel von den anderen geometrischen Körpern?

Ecken, Kanten und Flächen

Zeichnung 3 soll dir klarmachen, daß an einem geometrischen Körper besondere Teile auftreten.

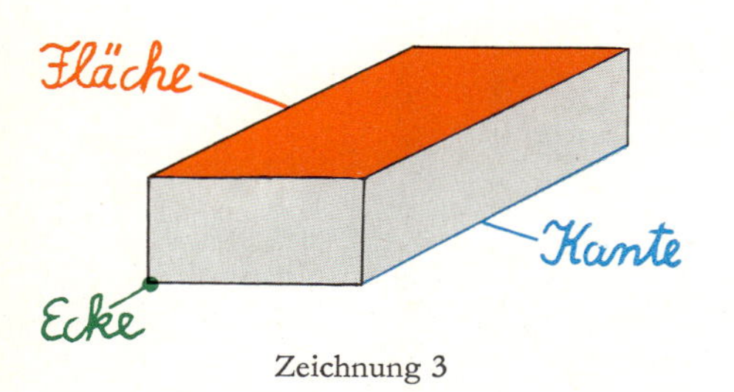

Zeichnung 3

> Geometrische Körper werden von **Flächen** begrenzt.
> Flächen treffen sich in **Kanten**.
> Kanten treffen sich in **Ecken**.

2. Aufgabe

a) Wie viele Flächen hat eine Pyramide (Zylinder, Kugel)? Zeige sie.
b) Wie viele Kanten hat eine Pyramide (Zylinder, Kugel)? Zeige sie.
c) Wie viele Ecken hat eine Pyramide (Zylinder, Kugel)? Zeige sie.

Übungen

1. Nenne je drei Beispiele für:

a) Quader b) Kugel c) Zylinder
d) Kegel e) Pyramide f) andere Körper

2. Beklebe eine Streichholzschachtel mit weißem Papier und bemale jede Fläche mit einer anderen Farbe.

Wie viele verschiedenen Farben brauchst du? Welche Farben treffen in einer Kante zusammen? Welche Farben treffen in einer Ecke zusammen? Schreibe alle Möglichkeiten auf.

3. Forme aus Knetmasse eine Kugel, einen Kegel und einen Zylinder.

4. Baue aus Drahtstücken und aus Knetkügelchen eine Pyramide.

Wie viele Kügelchen und wie viele Drahtstücke benötigst du dazu?
Wie viele Flächen treffen sich in einer Kante?
Wie viele Kanten treffen sich in einer Ecke?
Ist deine Zahl bei allen Ecken gleich?

5. Schneide aus einer Kartoffel einen Quader und eine Pyramide.

6. Welche Form haben folgende Gegenstände?

a) Trichter e) Zigarrenkiste
b) Trinkhalm f) Konservendose
c) Schultüte g) Regalbrett
d) Zauberhut h) Tischtennisball

7. a) Du sollst mit dem Finger die Kanten eines Quaders nacheinander ‚abfahren'. Dabei darfst du weder absetzen noch eine Kante auslassen. Geht das?

b) Wie ist das bei einer Pyramide?
c) Und bei dem Turm in Zeichnung 1?

8. Die Pyramide in Zeichnung 4 wird von 5 Flächen begrenzt. Ihre acht Kanten sind mit a, b, c, d, e, f und g bezeichnet. Die Ecken haben die Namen A, B, C, D und E.

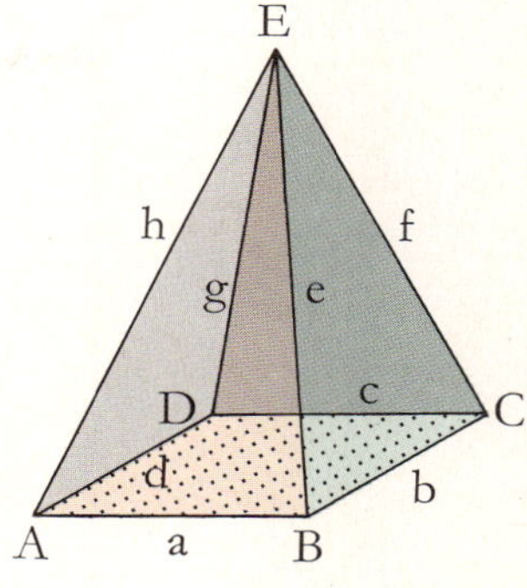

Zeichnung 4

Beantworte folgende Fragen:
a) In welcher Kante stoßen die untere und die hintere Fläche zusammen?
b) Welche Flächen treffen sich in der Ecke A?
c) Welche Kanten treffen sich in der Ecke C?
d) Wie viele Flächen bilden jeweils eine Ecke? Prüfe dein Ergebnis für alle Ecken nach. Was fällt dir auf?
e) Stelle dir selbst weitere Fragen und beantworte sie.

9. Nadines kleiner Bruder Jan hat aus den Bausteinen seines Holzbaukastens ein kleines Dorf gebaut.
Welche der dabei verwendeten Körper kennst du schon?
Nenne und zeige sie.

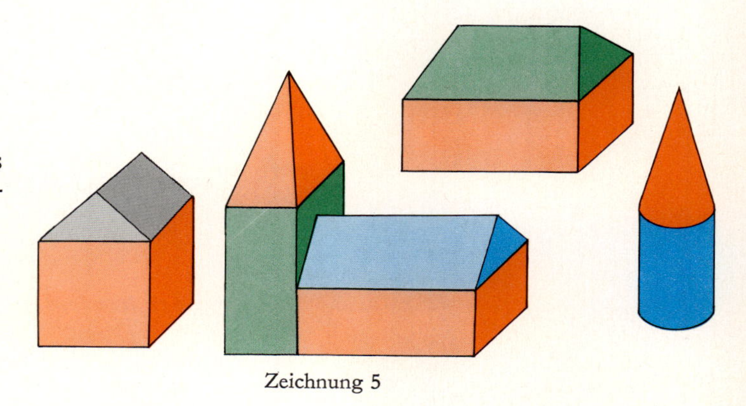

Zeichnung 5

Flohmarkt

Michael und Sabine haben zwei gleich große Trinkgläser. Beide Gläser sind halb voll. In Michaels Glas befindet sich Limonade, in Sabines Glas Cola. Nun schüttet Michael die Hälfte seiner Limonade in Sabines Glas. Dann mischt Sabine die beiden Getränke miteinander und gießt anschließend so viel in Michaels Glas zurück, daß beide Gläser wieder halb voll sind.
Jetzt behauptet Sabine: „In meinem Glas ist mehr Limonade als in Michaels Glas Cola." Was meinst du dazu?

2. Bausteine

Quader

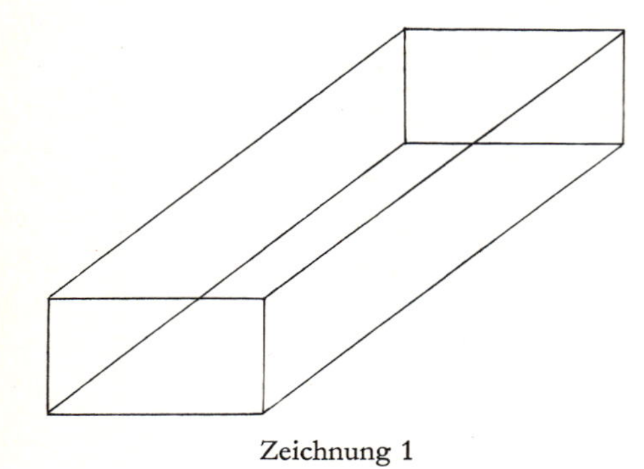
Zeichnung 1

Gegenstände, die dieselbe Form wie Ziegelsteine, Streichholzschachteln, Pakete oder Regalbretter haben, nennen wir **Quader** (Zeichnung 1). Solche Quader kann man sich aus Draht und Knetkügelchen leicht selbst herstellen.

Aufträge

Nimm einen Quader und stelle ihn auf den Tisch.

1. Zeige die **Grundfläche**, die **Deckfläche** und die vier **Seitenflächen**. Wähle eine andere Fläche des Quaders als Grundfläche und mache dasselbe noch einmal.
   Wie viele Flächen hat ein Quader? Gibt es gleich große Flächen?
2. Zähle die Kanten des Quaders. Wie viele Kanten hat die Grundfläche, wie viele Kanten hat die Deckfläche? Wie viele Kanten sind dazwischen? Wie viele Kanten hat ein Quader? Gibt es gleich lange Kanten?
3. Zähle die Ecken des Quaders. Wie viele sind es?
4. Wie viele Kanten und wie viele Ecken hat jede Fläche?
5. Wie viele Ecken verbindet eine Kante miteinander? Wie viele Flächen stoßen in einer Kante zusammen?
6. Wie viele Kanten und wie viele Flächen treffen an jeder Ecke zusammen?
7. Treffen gleich lange Kanten zusammen? Treffen gleich große Flächen zusammen?
8. Wie kommst du über die Kanten von einer Ecke auf kürzestem Wege zur gegenüberliegenden Ecke?
   Wie viele solcher Wege gibt es? Was haben sie gemeinsam?

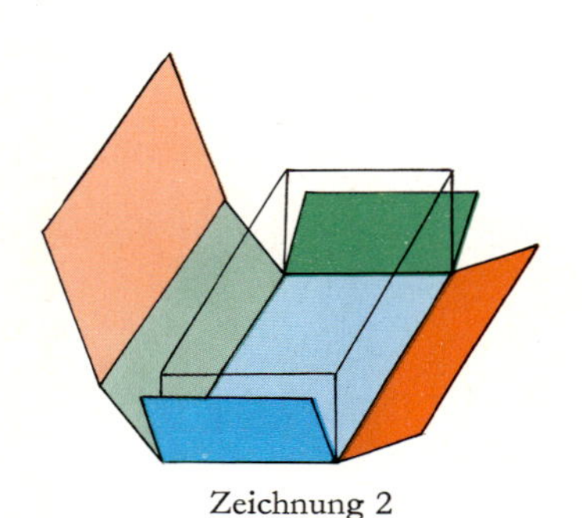
Zeichnung 2

Ein **Quader** hat 6 Flächen, 12 Kanten und 8 Ecken.
Gegenüberliegende Flächen sind gleich groß.
Je 4 Kanten sind gleich lang.
Jede Fläche hat 4 Ecken und 4 Kanten.
An jeder Ecke stoßen 3 Kanten und 3 Flächen zusammen.

Netz des Quaders

Beate hat einen Quader aus Pappe. Sie schneidet mit einem scharfen Messer den Quader längs einiger Kanten vorsichtig auf und erhält das in Zeichnung 3 dargestellte **Netz des Quaders**.

Zeichnung 3

Aufgabe

Pause das Netz auf ein Blatt Papier ab. Falte es zu einem Quader zusammen. Kennzeichne gleiche Kanten des Quaders im Netz mit demselben Buchstaben.

Übungen

1. a) Nenne 5 Beispiele für Quader.
b) Nenne 5 Gegenstände, die keine Quader sind.

2. Baue einen Quader
a) aus Draht und Knetmasse,
b) allein aus Knetmasse.

3. Der in Zeichnung 4 dargestellte Quader ist 6 m lang, 2 m breit und 1 m hoch.

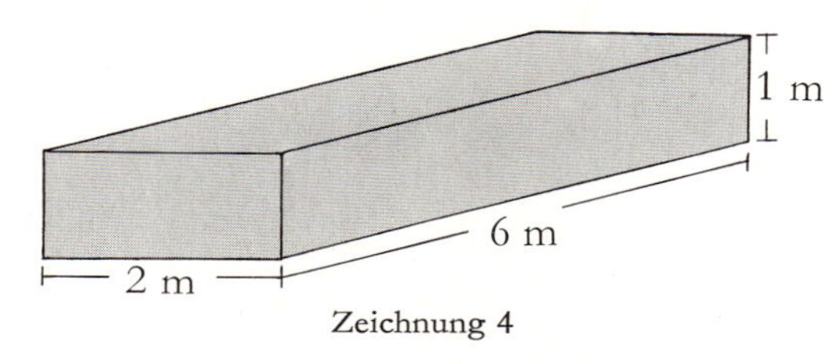

Zeichnung 4

Miß Länge, Breite und Höhe von 3 anderen Quadern.

4. Miß Länge, Breite und Höhe eines Ziegelsteins. Vergleiche die Höhe mit der Breite und mit der Länge. Was fällt dir auf? Weshalb ist das bei Ziegelsteinen so?
Gibt es auch Bausteine anderer Art?

5. Schneide dir aus einer Kartoffel einen Quader. Halbiere den Quader in seiner Länge und Breite. Wie viele Quader erhältst du?

6. Hanno hat 6 Streichholzschachteln. Jede Schachtel ist 13 mm hoch, 36 mm breit und 52 mm lang.
Welche Quader kann er aus den 6 Schachteln bauen? Gib jeweils Länge, Breite und Höhe des Quaders an.

7. Baue aus mehreren Streichholzschachteln einen Quader.
a) Er soll doppelt so lang, aber genau so breit und hoch wie eine Streichholzschachtel sein.
b) Er soll doppelt so lang und doppelt so breit, aber genau so hoch wie eine Streichholzschachtel sein.
c) Er soll doppelt so lang, doppelt so breit und doppelt so hoch wie eine Streichholzschachtel sein.
d) Wie viele Streichholzschachteln benötigst du jeweils?

8. Zu demselben Quader gibt es verschiedene Netze. Hier sind zwei Möglichkeiten gezeichnet.

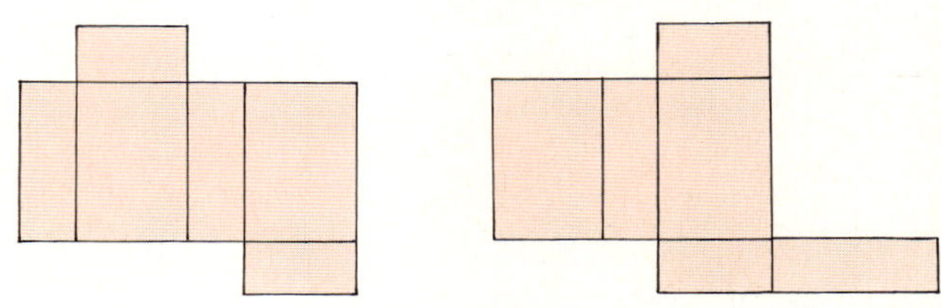
Zeichnung 5

a) Pause die beiden Netze ab und kennzeichne gleiche Kanten im Netz mit demselben Buchstaben.
b) Zeichne zwei andere Netze desselben Quaders.

9. Die Quadernetze in Zeichnung 5 haben 6 Flächen, aber 19 ‚Kanten' und 14 Ecken. Wie kommt das?

10. Der Quader in Zeichnung 4 soll in 2 gleich große Teilquader zerschnitten werden. Es gibt 3 Möglichkeiten. Welche Abmessungen haben die Teilquader?

11. Kannst du einen Quader auch so halbieren, daß die beiden Quaderhälften keine Quader mehr sind? Gib mehrere Möglichkeiten an. Beschreibe jeweils die Teilkörper.

Flohmarkt

In Zeichnung 6a) gilt:

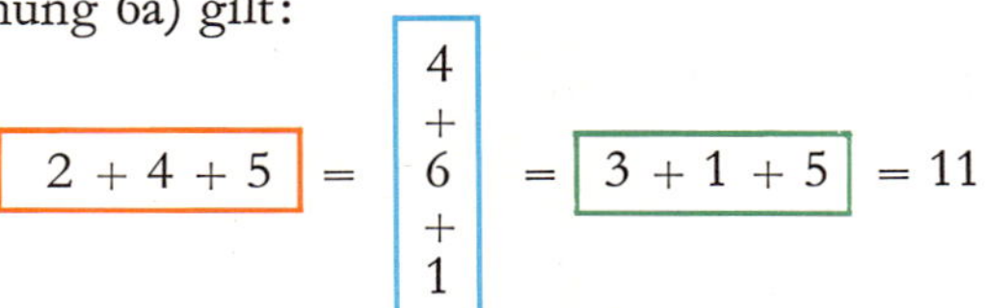

1. Ergänze auch b) zu einer ‚11er-Figur'.
2. Ergänze c) zu einer ‚12er-Figur'.
3. Ergänze d) zu einer ‚13er-Figur'. Es gibt zwei Mögkeiten.

a) 2 4 5 / 6 / 3 1 7
b) 2 / 6 / 1
c) 3 / 5
d) 2

Zeichnung 6

3. So’ne und solche

Streit

Silke und Claudia streiten sich: Silke sollte einen Quader herstellen und hat aus gleich langen Trinkhalmen und Knetmasse den in Zeichnung 1 dargestellten geometrischen Körper gebaut.

Zeichnung 1

Claudia: „Du hast ja gar keinen Quader gebaut.“
Silke: „Hab’ ich doch!“
Claudia: „Hast du nicht! Das ist ja ein Würfel.“
Silke: „Mein Modell ist doch ein Quader. Zähl doch mal die Ecken, Kanten und Flächen.“

▶ Was meinst du dazu? Wer von beiden hat recht?

Wir sehen uns Silkes Modell näher an. Es hat 8 Ecken, 12 Kanten und 6 Flächen. In jeder Ecke treffen sich 3 Kanten und 3 Flächen. Schließlich hat jede Fläche auch 4 Ecken und 4 Kanten. Danach hat Silkes Modell alle Eigenschaften, die wir beim Quader gefunden haben. Aber auch Claudia hat nicht ganz unrecht. Ihr ist nämlich aufgefallen, daß bei Silkes Modell alle Kanten gleich lang sind. Sie weiß, daß ein Körper, der so aussieht, ein **Würfel** ist.
Auch die Würfel zählt man zu den Quadern.

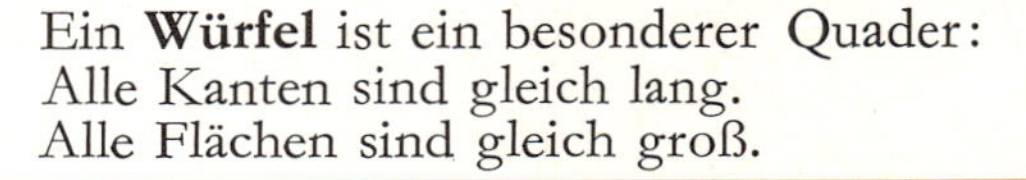

Ein **Würfel** ist ein besonderer Quader:
Alle Kanten sind gleich lang.
Alle Flächen sind gleich groß.

1. Aufgabe

Auch zu einem Würfel kann man Netze zeichnen. Das geht sogar besonders einfach, weil alle Flächen gleich groß und alle Kanten gleich lang sind.
In Zeichnung 2 sind drei Netze desselben Würfels gezeichnet.

a) Übertrage eines der Netze auf Karopapier. Nimm für jede der 6 Flächen 16 Karos.
b) Schneide es aus.
c) Knicke das Papier längs der Kanten.
d) Falte das Netz zu einem Würfel.
e) Versuche möglichst viele verschiedene Netze desselben Würfels zu zeichnen und falte sie jeweils zu einem Würfel zusammen.

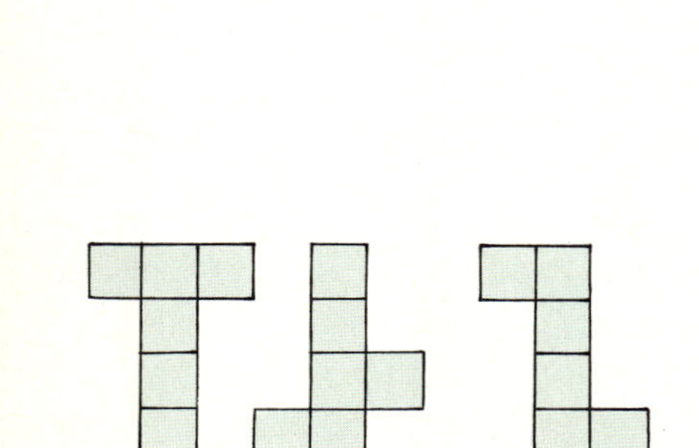

Zeichnung 2

2. Aufgabe

a) Übertrage nochmals ein Netz aus Zeichnung 2 in dein Heft und markiere alle Linien mit derselben Farbe, welche dieselbe Kante darstellen.
b) Gehe auch bei den Netzen so vor, die du selbst gefunden hast.

Übungen

1. Nenne Beispiele für Würfel.

2. Baue einen Würfel aus Trinkhalmen und Knetkügelchen.

3. Sabine besitzt Würfel, deren Kanten alle 2 cm lang sind.

a) Wie viele dieser Würfel braucht sie, um einen Würfel mit 4 cm Kantenlänge zusammenzusetzen?
b) Reichen 25 Würfel aus, um damit einen Würfel mit 6 cm Kantenlänge zu bauen?
c) Wie viele Würfel wären nötig, um einen 20 cm langen Würfel zu bauen?

4. Schneide aus einer großen Kartoffel einen Würfel.

5. Aus 12 Würfeln mit je 1 cm Kantenlänge sollen verschiedene Quader gebaut werden. Man soll stets alle Würfel verwenden.

Welche verschiedenen Quader kann man bauen? Gib jeweils die Kantenlängen an.

6. Frank sagt: „Jeder Würfel ist ein Quader."
Stefan behauptet: „Jeder Quader ist ein Würfel."
Haben beide recht?

7. a) Welche Figuren in Zeichnung 3 sind Würfelnetze?
b) Übertrage die Würfelnetze in dein Heft und kennzeichne gleiche Würfelkanten im Netz mit demselben Buchstaben.

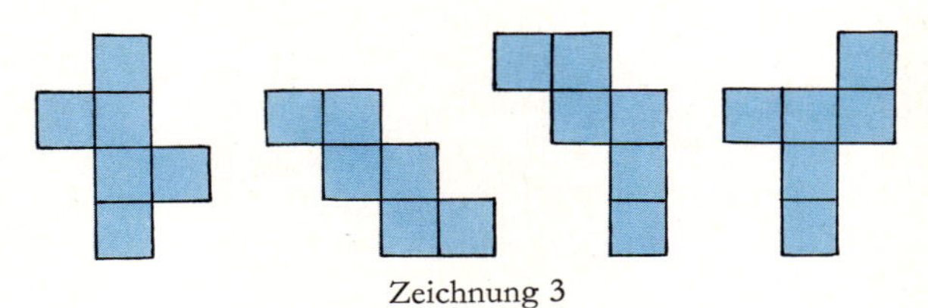

Zeichnung 3

8. Zeichne das Netz eines Würfels und markiere alle Ecken, die im Modell einander gegenüberliegen, mit der gleichen Farbe. (Hinweis: In Zeichnung 5 liegen einander gegenüber A und G, B und H, C und E, D und F.)

9. a) Nimm ein Würfelnetz und trage in ihm die Augen eines Spielwürfels ein. Was mußt du dabei beachten?
b) Wie viele Möglichkeiten gibt es in a), die Augenzahlen richtig einzutragen?

10. Michaela hält einen Würfel (Kantenmodell aus Draht) in die Sonne. Ihre Freundin fängt den Schatten auf einem großen Bogen Papier auf. Michaela bringt den Würfel in verschiedene Lagen.
Auf dem Papier beobachten die beiden folgende Schattenbilder (Zeichnung 4):

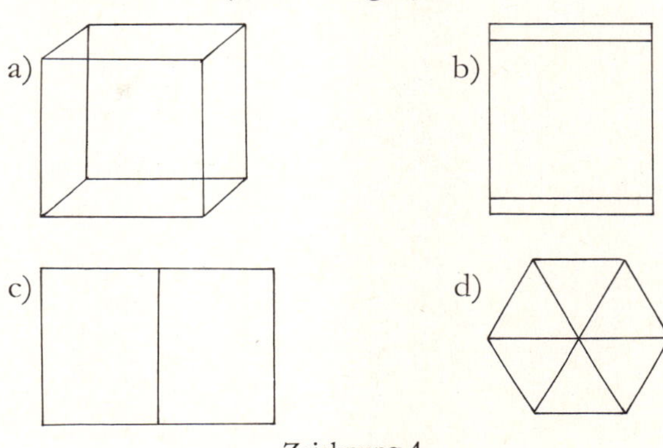

Zeichnung 4

Führe das Experiment selbst durch.

11. a) Verbinde an einem Kantenmodell eines Würfels je zwei einander gegenüber liegende Ecken mit Fäden.
b) Wie viele solcher Fäden kannst du spannen?
c) Was fällt dir auf?

(Hinweis: In Zeichnung 5 liegen einander gegenüber A und G, B und H, C und E, D und F.)

12. In Zeichnung 5 sind die Ecken eines Würfels mit A, B, C, D, E, F, G und H bezeichnet.

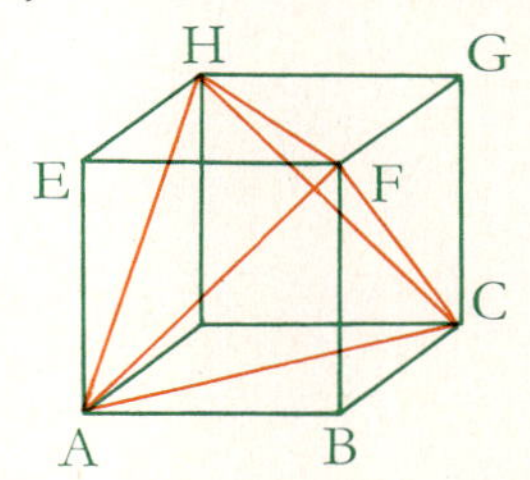

Zeichnung 5

Verbinde die Ecke A mit den Ecken C, F und H. Verbinde außerdem die Ecke F mit den Ecken C und H sowie die Ecke C mit der Ecke H. Die Verbindungen bilden die Kanten eines geometrischen Körpers. Beschreibe ihn.

13. Zerschneide einen Kartoffelwürfel (Knetwürfel) in zwei gleiche Teile. Die Hälften sollen aber keine Quader sein.

4. Vom Körper zur Figur

Foto 1

Flächen

In Foto 1 siehst du, wie man mit Hilfe eines Quaders ebene Figuren zeichnen kann: Man legt den Quader auf ein Blatt Papier und fährt mit einem Bleistift an den unteren Kanten entlang. Auf diese Weise erhält man ein **Rechteck**.

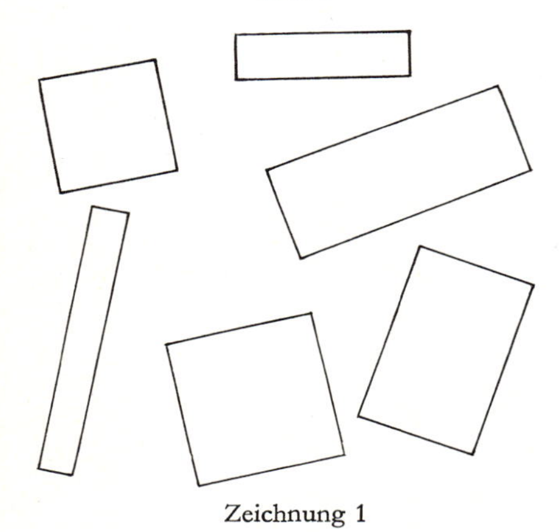

Zeichnung 1

Aufträge und Fragen

1. Nimm einige Quader und übertrage ihre Begrenzungsflächen in dein Heft.
2. Welche Eigenschaften haben die in Zeichnung 1 dargestellten Rechtecke?
3. Welche dieser Rechtecke haben eine besondere Eigenschaft? Wie heißen solche Rechtecke?
4. Die Begrenzungslinien eines Rechtecks heißen **Seiten**. Miß bei einem Rechteck die Länge jeder Seite. Was fällt dir auf? Mache dasselbe auch bei **Quadraten**.

> Ein **Rechteck** hat 4 Ecken und 4 Seiten.
> Einander gegenüberliegende Seiten sind gleich lang.
> Ein **Quadrat** ist ein besonderes Rechteck:
> Alle Seiten sind gleich lang.

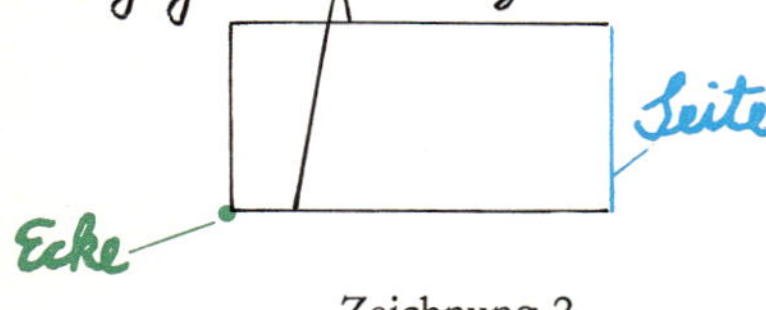

Zeichnung 2

Rechtecke im Mathe-Heft

Auch auf dem Karopapier deines Mathe-Heftes kann man Rechtecke zeichnen (Foto 2).

1. Zeichne ein Rechteck, das 5 Kästchen lang und 3 Kästchen breit ist.
2. Ein anderes Rechteck soll 8 Kästchen lang und 6 Kästchen breit sein. Zeichne.
3. Zeichne zwei ganz verschiedene Rechtecke, die aus 8 Kästchen bestehen.
4. Zeichne ein Quadrat, das 25 Kästchen enthält.
5. Zeichne ein Rechteck und dann ein Quadrat, das mit dem Rechteck 6 Kästchen gemeinsam hat.

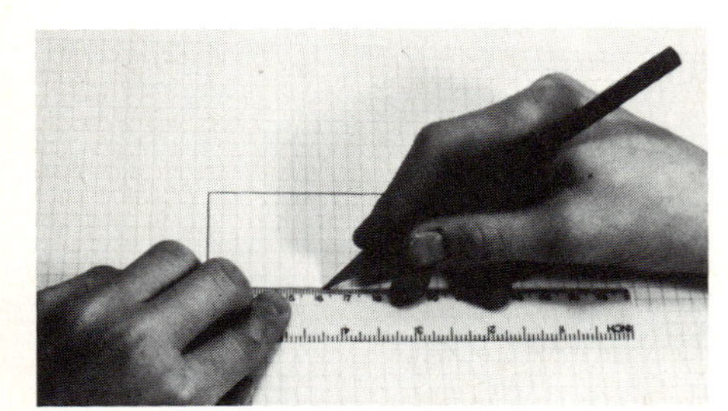

Foto 2

Aufgabe

In Zeichnung 3 sind die 2 verschiedenen Begrenzungsflächen eines Körpers dargestellt. Er hat insgesamt 6 Flächen.

a) Zeichne das Netz des Körpers.
b) Um welchen Körper handelt es sich?
c) Welche besondere Eigenschaft hat dieser Körper?
d) Kennst du Gegenstände, die so aussehen?

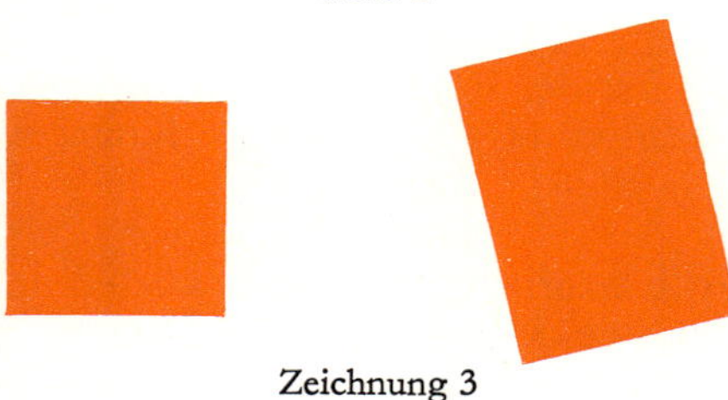

Zeichnung 3

Übungen

1. Nimm einen Quader und übertrage eine Begrenzungsfläche in dein Heft. Pause das entstandene Rechteck mehrfach durch und schneide die Rechtecke mit einer Schere aus.

a) Lege mit deinen Rechtecken ein doppelt so langes, aber genau so breites Rechteck.
b) Lege ein doppelt so langes und doppelt so breites Rechteck. Wie viele Teilrechtecke benötigst du dazu?

2. Stelle dir wie in der 1. Übung 12 gleiche Quadrate her.

a) Welche verschiedenen Rechtecke kannst du mit den 12 Quadraten legen?
b) Ein Rechteck ist 3 mal so lang und 5 mal so breit wie eines deiner Quadrate.
Wie viele Quadrate benötigt man, um es auszulegen?

3. Halbiere bei einem Rechteck zwei einander gegenüberliegende Seiten. Verbinde die Halbierungspunkte durch eine gerade Linie. Zerschneide das Rechteck längs dieser Linie. Welche Teilfiguren entstehen?

4. Verbinde bei einem Rechteck die gegenüberliegenden Ecken miteinander. Diese Linien heißen die **Diagonalen** des Rechtecks. Vergleiche die beiden Diagonalen miteinander.

5. Zeichne folgende Rechtecke. Benutze dabei die Kästchen in deinem Mathematikheft.

a) Das Rechteck soll 6 Kästchen lang und 2 Kästchen breit sein.
b) Das Rechteck soll 10 Kästchen lang und 8 Kästchen breit sein.
c) Das Rechteck soll 8 Kästchen lang und 8 Kästchen breit sein. Wie heißt ein solches Rechteck?

6. Was meinst du zu folgenden Aussagen?

a) Alle Quadrate sind auch Rechtecke.
b) Alle Rechtecke sind auch Quadrate.

7. a) Zeichne auf Karopapier ein Quadrat, das quer zu den Kästchen liegt.
b) Zeichne auch ein solches Rechteck.

8. Lege mit gleichen Rechtecken die folgenden Parketts. Bei welcher **Parkettierung** müssen die verwendeten Rechtecke eine besondere Eigenschaft haben?

Zeichnung 4

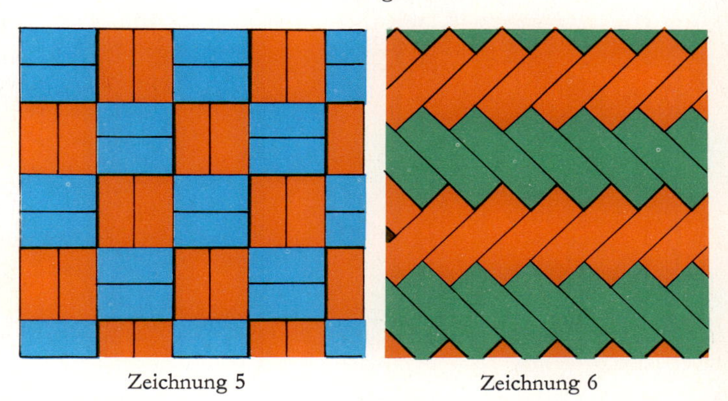

Zeichnung 5 Zeichnung 6

9. Stelle dir einen Würfel aus einer Kartoffel oder aus Knetmasse her. Zerschneide den Würfel so, daß die Schnittfläche

a) ein Quadrat
b) ein Rechteck
c) ein **Dreieck** (Zeichnung 7)

ist.

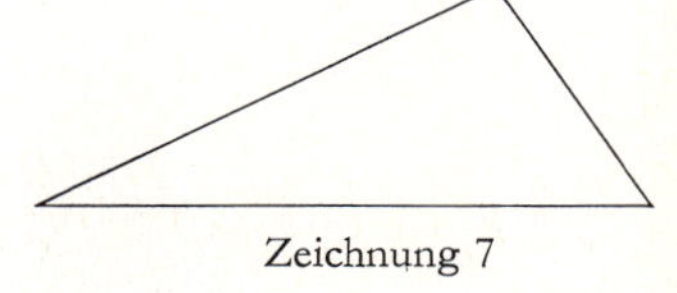

Zeichnung 7

10. a) Nimm eine Pyramide und übertrage die Begrenzungsflächen in dein Heft.
b) Beschreibe die gezeichneten Figuren.
c) Weißt du, wie sie heißen?

11. Zerlege ein Rechteck durch geeignete Linien in

a) 2 b) 3 c) 4 Dreiecke.

12. Zeichne ein Quadrat und dazu ein weiteres

a) mit halb so großer Seite
b) mit halb so vielen Kästchen.

5. Ohne Ecken und Kanten

Kneten und Schneiden

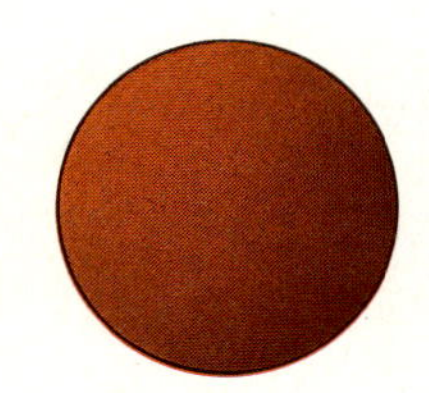

Zeichnung 1

Bei den Kantenmodellen von Quader und Würfel haben wir für die Ecken Knetmasse genommen. Selbstverständlich lassen sich Körper auch ganz aus Knetmasse basteln.
Wir wollen uns jetzt eine **Kugel** aus einem Klumpen Knetmasse oder Plastilin herstellen und mit ihr experimentieren.

1. Knete die Masse zunächst weich und rolle sie dann zwischen deinen Handflächen zu einer Kugel.

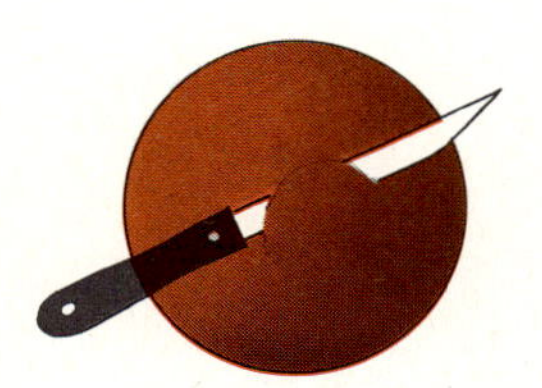

Zeichnung 2

2. Schneide mit einem scharfen Messer vorsichtig ein Stück von deiner Kugel ab (Zeichnung 2). Achte darauf, daß eine ebene Schnittfläche entsteht.

3. Lege den abgeschnittenen Teil mit der Schnittfläche auf das Zeichenpapier und fahre mit einem Stift vorsichtig an der Schnittkante entlang (Zeichnung 3). Es entsteht ein **Kreis**.

4. Schneide von dem Rest der Kugel noch ein Stück so ab, daß wieder ein Kreis entsteht. Wodurch unterscheidet sich dieser Kreis von dem ersten? Wie groß kann ein Schnittkreis höchstens werden? Solche Kreise heißen **Großkreise** der Kugel.

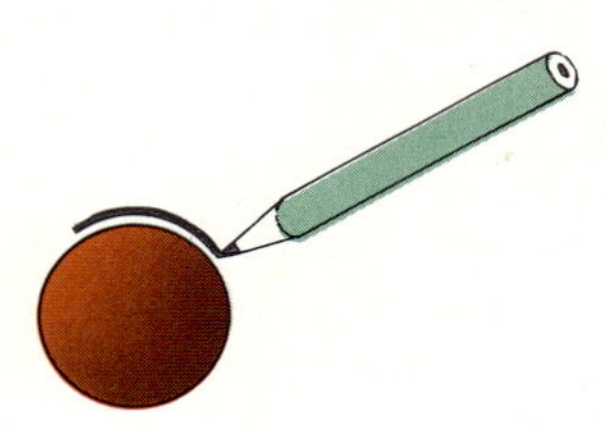

Zeichnung 3

5. Knete eine neue Kugel. Teile sie durch einen ebenen Schnitt in zwei gleiche Teile (Zeichnung 4).

Eine **Kugel** hat weder Kanten noch Ecken. Sie ist überall gleichmäßig rund. Beim Halbieren einer Kugel entstehen zwei **Halbkugeln**.

Großkreis der Kugel

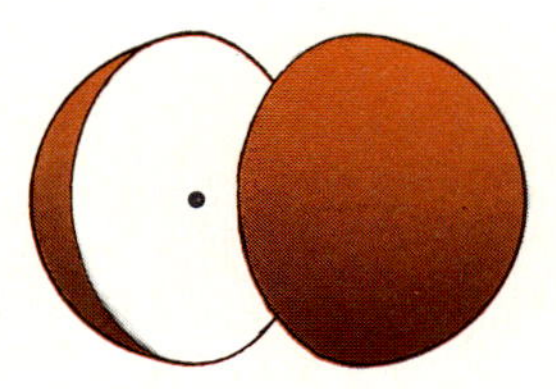

Zeichnung 4

Eine Kugel hat viele Großkreise. Alle Schnittflächen, die zu Großkreisen führen, haben einen gemeinsamen Punkt. Er heißt der **Mittelpunkt der Kugel** (Zeichnung 4).

Partnerarbeit

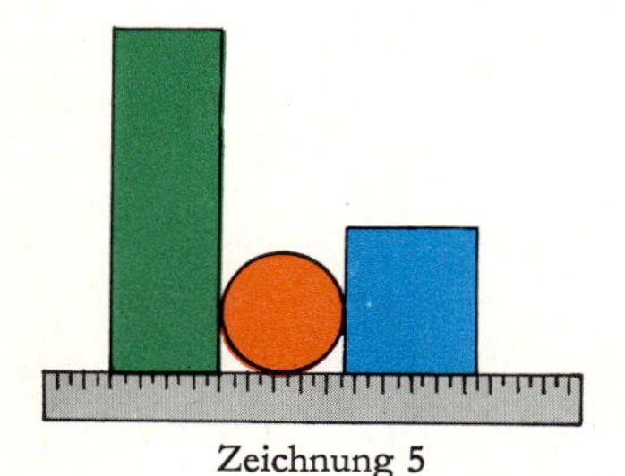

Zeichnung 5

Du sollst jetzt mit deinem Nachbarn zusammenarbeiten: Nehmt eine Kugel aus Eisen, Holz oder Kunststoff (z. B. einen Tischtennisball) und bestimmt die Breite der Kugel, wir sagen: den **Durchmesser der Kugel**.
Ihr geht dabei folgendermaßen vor: Legt die Kugel auf den Tisch und schiebt von rechts und von links einen Quader so an die Kugel heran, daß beide die Kugel berühren (Zeichnung 5). Von vorn legt ihr jetzt an die beiden vorderen Quaderflächen ein Lineal.
Meßt, wie weit die beiden Quader voneinander entfernt sind. Dreht die Kugel und wiederholt das Verfahren. Was fällt euch auf?

Übungen

1. Nenne Beispiele für Kugeln.

2. Nenne Beispiele für Halbkugeln.

3. Eine Kugel hat einen Durchmesser von 2 cm. Welche der folgenden Kreise können Schnittflächen dieser Kugel sein?

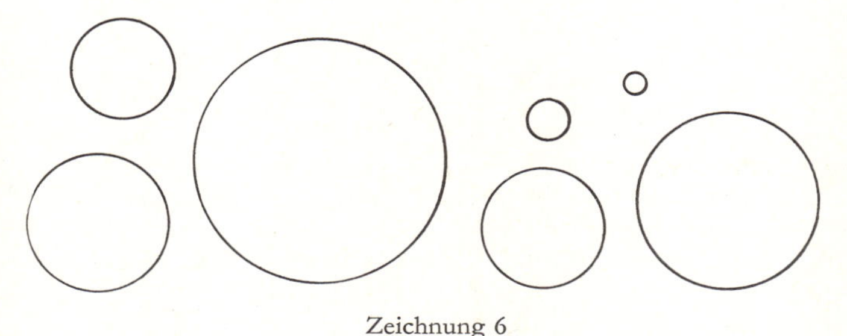

Zeichnung 6

4. Halbiere eine Halbkugel. Wie viele Ecken und wie viele Kanten haben die beiden entstehenden Körper?

5. Zerschneide eine Knetkugel durch zwei Schnitte so, daß

a) 3 Teilkörper
b) 4 Teilkörper
c) 4 gleiche Teilkörper entstehen.

6. Wie viele Schnitte sind notwendig, um eine Apfelsine in 8 gleiche Teile zu zerschneiden?

7. Wie muß man Gummiringe um eine Kugel legen, damit sie nicht abrutschen?

8. Wie viele Tischtennisbälle (Durchmesser 38 mm) passen in einen Würfel (Kantenlänge 10 cm)?

9. Forme aus Knetmasse einen Zylinder und zerschneide ihn so, daß die Schnittfläche ein Kreis ist.

10. Unsere Erde hat ungefähr die Form einer Kugel. Um einen Ort auf der Erde angeben zu können, denkt man sich um die Erde ein Netz von Kreisen gezogen (Zeichnung 7).

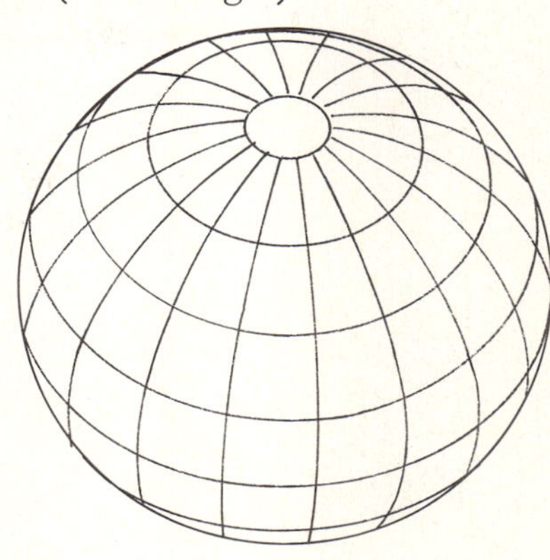

Zeichnung 7

Die Kreise durch den Nord- und Südpol heißen Längenkreise. Die anderen gezeichneten Kreise heißen Breitenkreise.

a) Beschreibe die Längenkreise.
b) Beschreibe die Breitenkreise.
c) Wodurch unterscheiden sich die Breitenkreise von den Längenkreisen?
d) Gibt es Breitenkreise, die gleich groß sind?
e) Zeige in Zeichnung 7 den Äquator der Erde. Welche Eigenschaften hat dieser Kreis?

11. a) Halte einen Quader (z. B. eine Streichholzschachtel) so, daß du möglichst viele seiner Flächen zugleich sehen kannst. Wie viele sind es?

b) Wie viele Flächen kann man bei einem Würfel zugleich sehen? Welcher Teil seiner Oberfläche ist das?

c) Welchen Teil der Fläche einer Kugel kann man höchstens zugleich sehen?

Flohmarkt

Welche Körper stimmen überein?

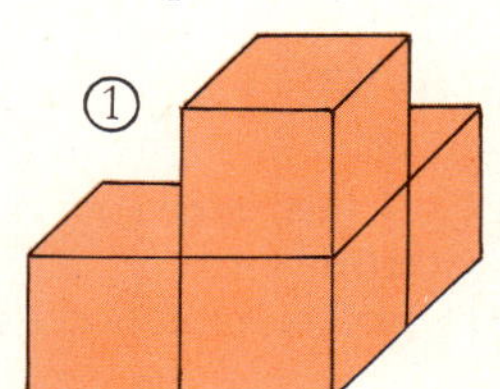

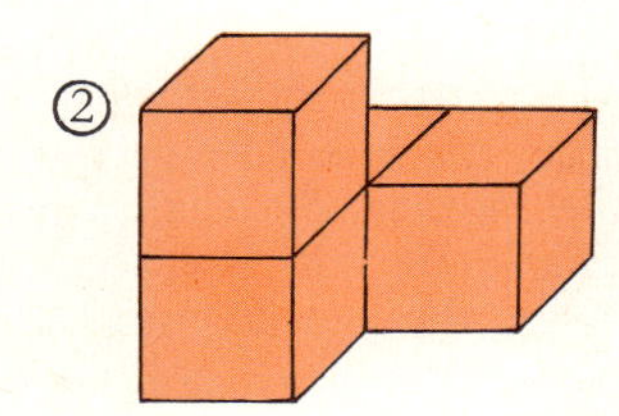

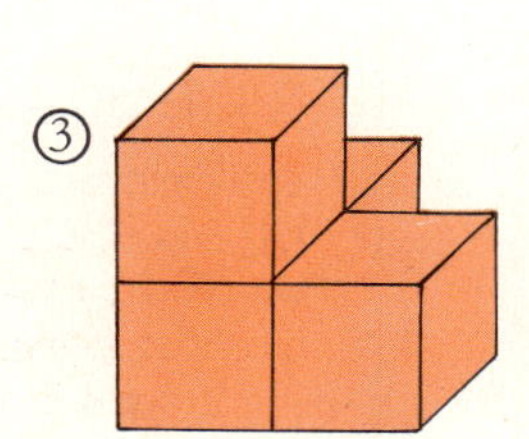

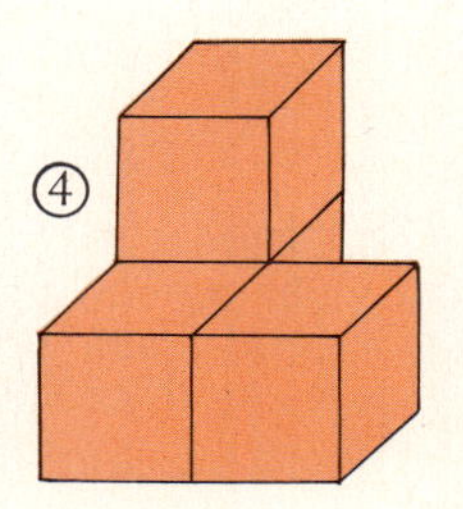

6. Figur ohne Ecken

Problem

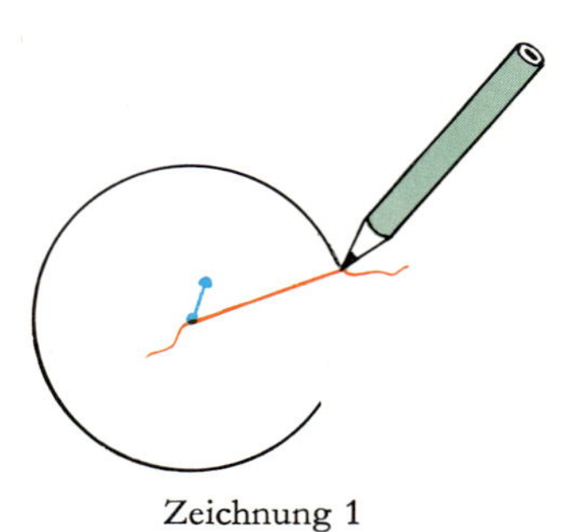

Zeichnung 1

Petra will einen Kreis zeichnen, der 72 mm ‚breit' ist. Sie versucht, eine Kugel von 72 mm Durchmesser zu kneten. Sie versucht es mit Münzen, Dosen, Tassen, Gläsern. Aber alle haben nicht die richtige Größe.

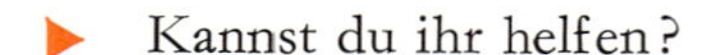

▶ Kannst du ihr helfen?

1. Möglichkeit: Fadenmethode

Man macht in einen Zwirnsfaden 2 kleine Knoten. Diese müssen 36 mm voneinander entfernt sein, wenn man den Faden spannt. Den einen Knoten befestigt man mit einer Nadel auf dem Zeichenblatt und durch den anderen steckt man die Mine eines gut gespitzten Bleistiftes. Bei gespanntem Faden fährt man jetzt mit dem Bleistift über das Zeichenpapier, bis sich die Kreislinie schließt (Zeichnung 1).
Dieses Verfahren erfordert einiges Geschick.

Zeichnung 2

2. Möglichkeit: Zirkel

Man nimmt einen Zirkel (Zeichnung 2) und stellt die beiden Schenkel so ein, daß zwischen Zirkelspitze und Spitze der Zeichenmine eine Spanne von 36 mm entsteht. Schließlich setzt man den Zirkel mit der Spitze auf das Zeichenblatt und zeichnet mit der Mine den Kreis.

> Mit dem Zirkel zeichnet man einen **Kreis.**
> Die Einstichstelle der Zirkelspitze heißt **Mittelpunkt des Kreises.**
> Die Zirkelspanne heißt **Radius des Kreises.**

Fragen und Aufträge

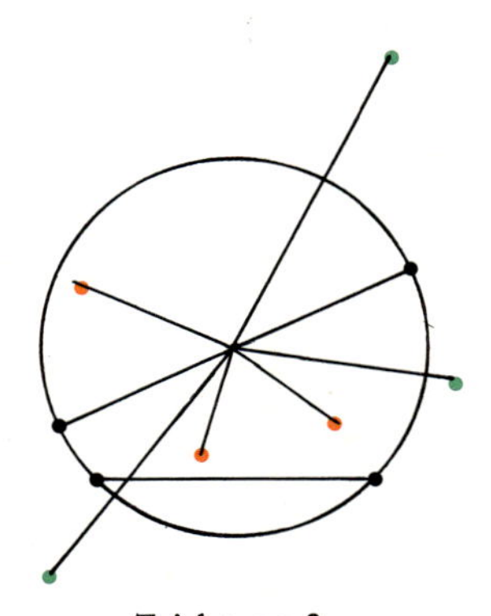

Zeichnung 3

1. Für Radius sagt man auch Halbmesser. Warum wohl?
2. Verbinde den Mittelpunkt eines Kreises mit drei Punkten
   a) *auf* dem Kreis   b) *innerhalb* des Kreises   c) *außerhalb* des Kreises
   Miß jedesmal die Längen der entstandenen **Strecken.** Was fällt dir auf?
3. Zeichne einen Kreis mit einem Radius von 3 cm. Nimm ein Lineal und verbinde irgend zwei Punkte auf dem Kreis. Wie lang kann eine solche Strecke höchstens werden?
   Diese größtmögliche Länge heißt **Durchmesser des Kreises** (Zeichnung 3). Vergleiche den Durchmesser mit dem Halbmesser.

Aufgabe

Wähle dir auf deinem Zeichenblatt einen beliebigen Punkt M.

a) Zeichne alle Punkte, die von M 4 cm entfernt sind.
b) Markiere dann alle Punkte, die von M weniger als 4 cm entfernt sind.
c) Wo liegen die Punkte, die von M mehr als 4 cm entfernt sind?
d) Markiere alle Punkte, die von M weniger als 4 cm und zugleich mehr als 2 cm entfernt sind.

Übungen

1. Zeichne Kreise mit dem Durchmesser

a) 3 cm b) 38 mm c) 45 mm d) 5 cm
e) 4 cm f) 61 mm g) 2 cm h) 18 mm

2. Zeichne fünf Kreise mit verschiedenen Radien, aber gemeinsamem Mittelpunkt.

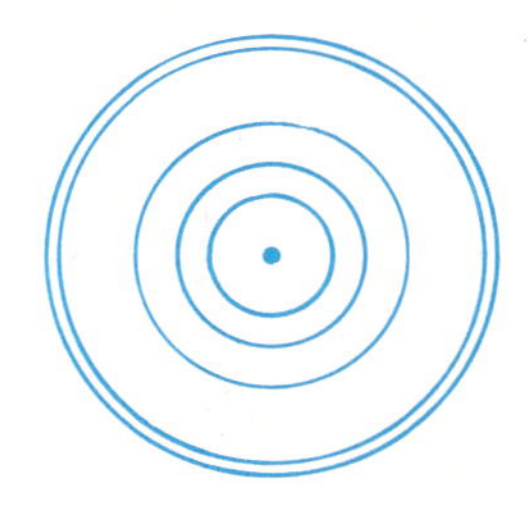

Zeichnung 4

3. Zeichne zwei Kreise, die sich

a) in keinem Punkt treffen,
b) in einem Punkt treffen (berühren),
c) in zwei Punkten treffen (schneiden),
d) in drei Punkten treffen.

4. Zeichne Kreise in den Sand. Gehe nach der Fadenmethode vor.

5. Zeichne einen Kreis und schneide ihn aus.

a) Falte ihn zu einem Halbkreis.
b) Falte ihn dann zu einem Viertelkreis.
c) Falte das Papier wieder auseinander. Fahre mit einem Stift die Faltlinien entlang und bemale die entstandenen Teilflächen mit verschiedenen Farben.
d) Falte so, daß ein Kreis in 8 gleiche Teile geteilt wird.

6. Zeichne einen Kreis und schneide ihn aus. Erzeuge durch Falten und Zeichnen ein einbeschriebenes Quadrat (Zeichnung 5).

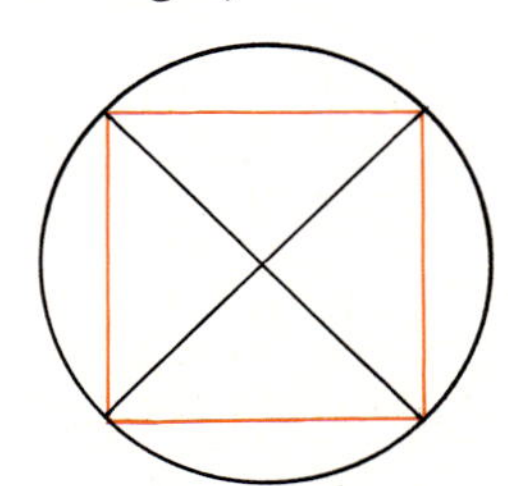

Zeichnung 5

7. Zeichne ein Quadrat. Zeichne um das Quadrat einen Kreis, so daß die in Zeichnung 5 dargestellte Figur entsteht.
Mache dasselbe für ein Rechteck.
Überlege jedesmal, wie du den Mittelpunkt des Kreises bekommst.

8. Zeichne ein Quadrat und dann den größten Kreis, der in das Quadrat hineinpaßt.
Wie findest du den Mittelpunkt, wie den Radius?

9. Zeichne einen Kreis und markiere alle Punkte

a) innerhalb des Kreises (rot),
b) auf dem Kreis (blau),
c) außerhalb des Kreises (grün).

Bei welchem Aufgabenteil gibt es Schwierigkeiten?

10. a) Zeichne einen Kreis.

b) Verfahre mehrmals wie in Zeichnung 6 dargestellt. Was fällt dir auf?

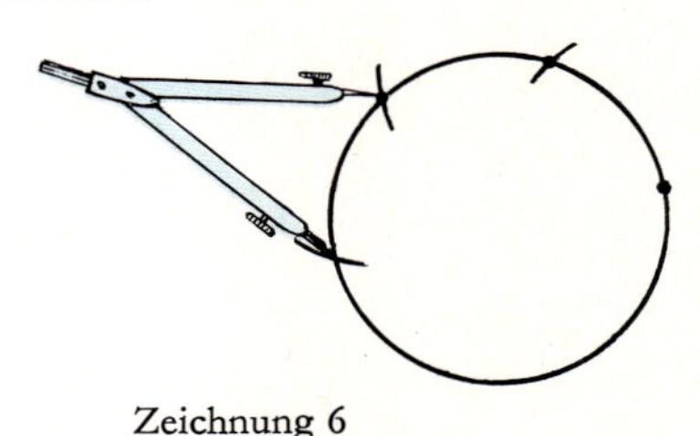

Zeichnung 6

11. Zeichne folgende Figuren:

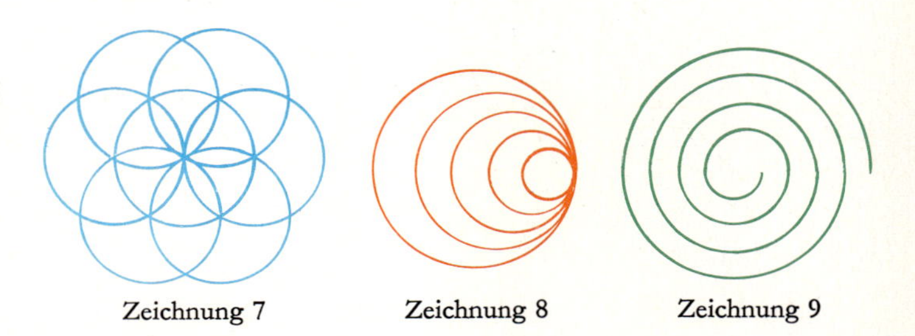

Zeichnung 7 Zeichnung 8 Zeichnung 9

12. Zeichne zwei gleich große Kreise, die sich berühren. Zeichne einen weiteren Kreis, der die beiden ersten berührt.

7. Offen oder geschlossen

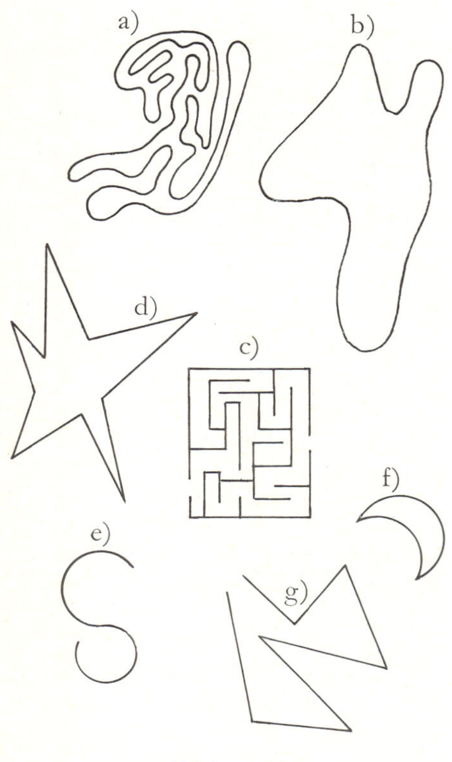

Zeichnung 1

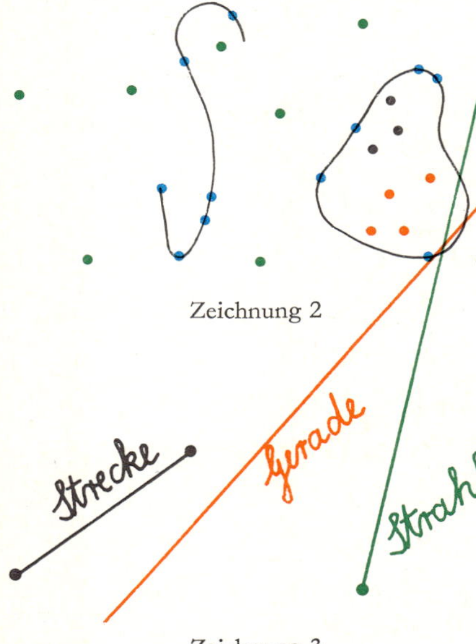

Zeichnung 2

Zeichnung 3

Fragen

1. Bei welchen Figuren in Zeichnung 1 kann man **Inneres** und **Äußeres** (wie bei einem Kreis) unterscheiden?
   Pause diese Zeichnungen ab und färbe sie ein.
2. Beim Abpausen hast du Linien nachgefahren. Aber auch die anderen Figuren bestehen aus Linien. Was unterscheidet diese Linien von den abgepausten Linien?

Antworten

1. Bei den Figuren a), b), d), f) kann man ein **Inneres** und ein **Äußeres** unterscheiden.
2. Die Linien, die ein inneres Gebiet von einem äußeren Gebiet trennen, sind **geschlossene Linien**. Sie haben weder Anfang noch Ende. Die anderen Linien sind **offene Linien** mit zwei Endpunkten.

Ergänzung

Alle Figuren haben auch eine gemeinsame Eigenschaft: Es sind **Punktmengen**. Auch das Innere und das Äußere sind Punktmengen. In der Zeichnung 2 sind einige Elemente der Punktmengen durch kleine Kreise gekennzeichnet. Jede dieser Punktmengen hat (wie die Menge der natürlichen Zahlen) unendlich viele Elemente.

1. Aufgabe

Zerlege mit einer Strecke

a) ein Rechteck b) einen Kreis in zwei Teile.

▶ Kann man Strecken mit beliebiger Länge zeichnen?
Kann man Kreise mit beliebig großem Radius zeichnen?

Auf dem Zeichenblatt geht das nicht; denn es ist unten und oben und rechts und links begrenzt. Auch wenn man ein größeres Blatt nimmt, lassen sich keine beliebig langen Strecken und beliebig große Kreise zeichnen.
Um beliebig große Kreise und beliebig lange Strecken zeichnen zu können, denkt man sich das Zeichenblatt nach allen Seiten beliebig fortgesetzt. Ein solches unbegrenztes Zeichenblatt nennt man **Ebene**.

In der Ebene gibt es 3 Arten von geraden Linien:

Die **Strecke** hat zwei Begrenzungspunkte.
Der **Strahl** hat einen Begrenzungspunkt.
Die **Gerade** hat keinen Begrenzungspunkt.

2. Aufgabe

a) Wie kannst du dir einen Strahl aus einer Strecke entstanden denken?
b) Und wie eine Gerade?

Übungen

1. Welche der Buchstaben sind geschlossene Linien?

O S W M C D L I Z

Zeichnung 4

2. x, y und z sind die in Zeichnung 5 dargestellten Kreise.
Markiere:

a) $x \cup y$
b) $z \cap y$
c) $x \setminus z$

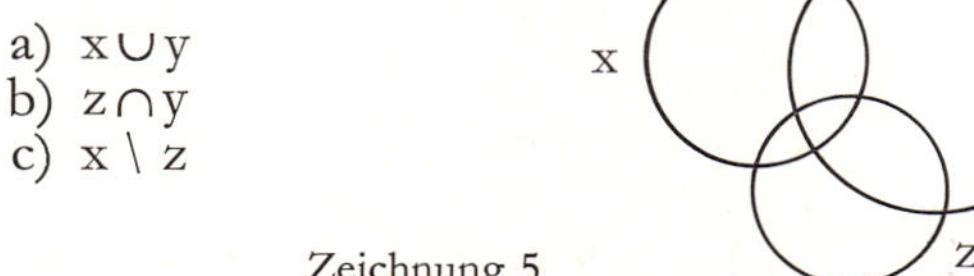

Zeichnung 5

3. Durch einen Punkt gehen 7 Geraden. In wie viele Gebiete wird die Ebene zerlegt?

4. Auf einer Geraden liegen die Punkte A, B, C und D. Wie viele Strecken erkennst du?

5. Zeichne 2 Geraden, die die Ebene

a) in 4 Gebiete b) in 3 Gebiete zerlegen.

6. Wie viele Geraden benötigt man mindestens, um die Ebene in 7 Gebiete einzuteilen?

7. a) Zeichne ein Quadrat, dessen Seiten 8 cm lang sind.
b) Verbinde die Mitte jeder Seite mit der Mitte der Nachbarseiten.
Welche Figur erhältst du?
c) Setze das Verfahren noch einige Male fort.

8. a) Zeichne drei Geraden, so daß möglichst viele **Schnittpunkte** entstehen.

b) Wie viele Schnittpunkte gibt es bei vier Geraden höchstens?
c) Wie viele gibt es bei 5, bei 6 Geraden?
Stelle eine Tabelle auf.

9. Markiere in der Ebene vier Punkte. Wie viele Verbindungsgeraden gibt es
a) höchstens b) mindestens?

10. Zwei Modellflugclubs haben Übungsfluggelände, die 8 km voneinander entfernt liegen. Beide Clubs verwenden Fernsteueranlagen mit bis zu 5 km Reichweite.
Fertige eine Zeichnung mit den beiden Übungsplätzen an und markiere den Bereich, in dem sich Sender gegenseitig stören können.

11. In Zeichnung 6 sind fünf Orte sowie die Verbindungsstraßen dargestellt. Ein Lieferwagen muß täglich von A aus die Orte B, C, D und F anfahren. Auf wie viele verschiedene Weisen ist das möglich?

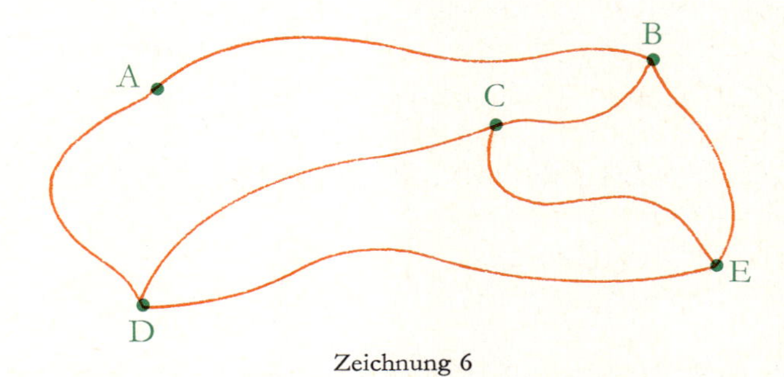

Zeichnung 6

12. Zeichne folgende Kreisfiguren in dein Heft:

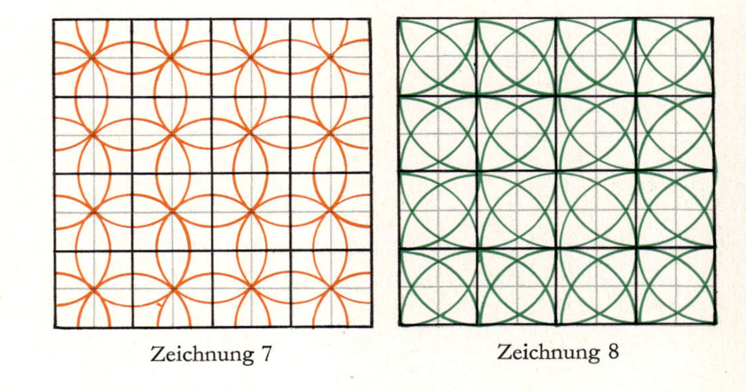

Zeichnung 7 Zeichnung 8

Flohmarkt

Claudia, Dirk, Hans, Heiko, Sabine und Sandra haben ihre Körpergröße miteinander verglichen und folgendes festgestellt:

Claudia ist größer als Heiko.
Dirk ist nicht so groß wie Sandra.
Heiko ist kleiner als Sabine, aber größer als Sandra.
Sabine ist größer als Claudia und auch größer als Hans.
Hans ist kleiner als Claudia und größer als Heiko.

Ordne die Kinder nach ihrer Körpergröße.

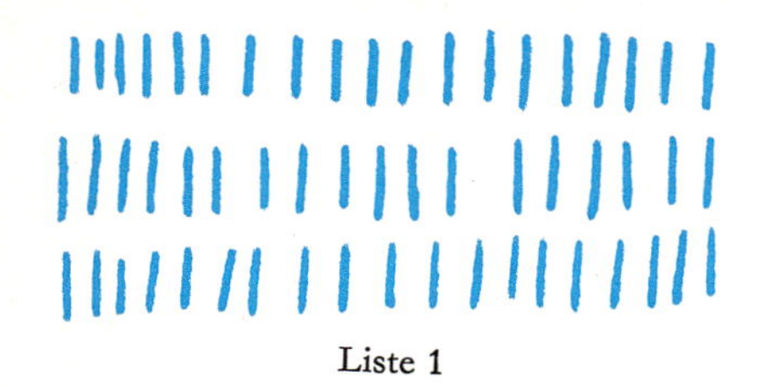
Liste 1

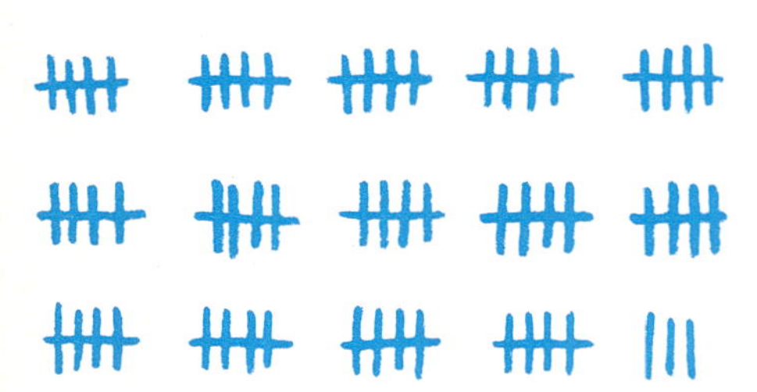
Liste 2

Zeichnung 1

Zeichnung 2

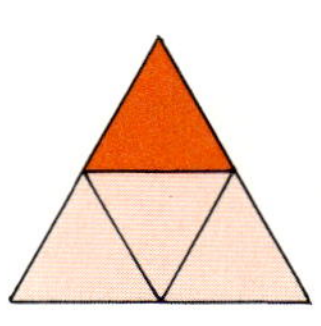
Zeichnung 3

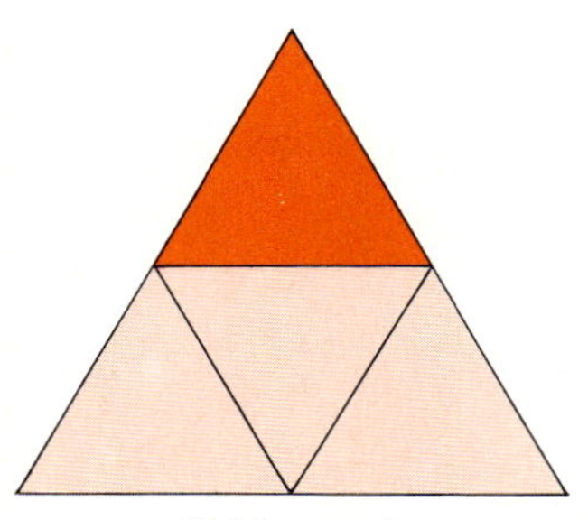
Zeichnung 4

1. Kurz und bündelig

Verkehrszählung

Carola und Katja zählen die Autos, die aus einer Nebenstraße in eine Hauptstraße einbiegen. Jedes Auto wird mit einem Strich auf einem Blatt Papier notiert. Carola zählt die Linksabbieger (Liste 1), Katja die Rechtsabbieger (Liste 2).

Auftrag

Zähle zuerst die Linksabbieger, dann die Rechtsabbieger. Wie hast du bei Liste 1 gezählt, wie bei Liste 2?

Vergleich

Carola hat jeden Strich ihrer Liste einzeln gezählt; sie kommt auf 56 Striche. Katja hat die Striche ihrer Liste besonders übersichtlich geordnet. Sie macht immer 4 Längsstriche und dann einen Querstrich. Katja faßt damit 5 Striche zu einem **Fünfer-Bündel** zusammen. Katja hat außerdem je 5 Fünfer-Bündel in einer Zeile untergebracht. Jede volle Zeile enthält demnach 25 Striche. Liste 2 hat 2 volle Zeilen, 4 Fünfer-Bündel und 3 einzelne Striche, also
$2 \cdot 25 + 4 \cdot 5 + 3 = 73$ Striche.

1. Aufgabe

Lege dir so wie Carola eine ungebündelte Liste an. Bündele die Striche deiner Liste, indem du immer 5 Striche wie in Zeichnung 1 mit einem Bleistift umfährst. Fasse je 5 Fünfer-Bündel durch Einkreisen zu einem **Fünfundzwanziger-Bündel** zusammen. Wie viele Fünfundzwanziger-Bündel, Fünfer-Bündel und einzelne Striche erhältst du? Wie viele Striche sind das?

Dreiecksbündel

Annegret besitzt eine Schachtel mit vielen kleinen Pappdreiecken (Zeichnung 2). Sie stellt fest, daß man aus 4 Dreiecken ein großes Dreieck zusammenkleben kann (Zeichnung 3). Aus je 4 großen Dreiecken klebt sie ein ganz großes Dreieck zusammen (Zeichnung 4). Annegret klebt solange zusammen, bis sie keine großen und ganz großen Dreiecke mehr bilden kann. Sie macht eine Übersicht.

ganz groß	groß	klein
3	2	2

Wie viele Dreiecke hatte Annegret anfangs?

Antwort: Jedes große Dreieck besteht aus 4 kleinen Dreiecken, jedes ganz große Dreieck aus 4 großen, also aus $4 \cdot 4 = 16$ kleinen Dreiecken. Annegret hatte demnach $3 \cdot 16 + 2 \cdot 4 + 2 = 58$ kleine Dreiecke.

2. Aufgabe

Gerald hat 50 Dreiecke. Wie viele ganz große, große und kleine Dreiecke erhält er durch Zusammenkleben?

Übungen

1. Eine Blumenfrau verkauft Astern auf dem Markt. Sie bindet immer 7 Astern zu einem Strauß zusammen und stellt je 7 Sträuße in einen Eimer.
Sie hat noch 3 volle Eimer und einen Eimer mit 6 Sträußen und 2 einzelnen Astern. Wie viele Astern hat sie noch?

2. Eva hat ein Jahr lang 1-Pfennig-Stücke für die Brautschuhe ihrer Schwester gesammelt. Sie zählt jetzt ihr Geld. Aus je 10 1-Pfennig-Stücken bildet sie einen Turm, aus je 10 Türmen eine Reihe. Eva bekommt 7 Reihen, 4 Türme und 6 einzelne Pfennige. Jetzt kann sie bequem feststellen, wieviel Geld sie hat.

3. Gudrun schneidet aus Pappe Winkelplättchen aus (Zeichnung 5). Aus je 4 Winkelplättchen legt sie einen großen Winkel (Zeichnung 6) und aus je 4 großen Winkeln einen ganz großen Winkel zusammen (Zeichnung 7).
Sie hat jetzt 2 ganz große, 3 große und ein kleines Plättchen. Wie viele Plättchen hatte sie?

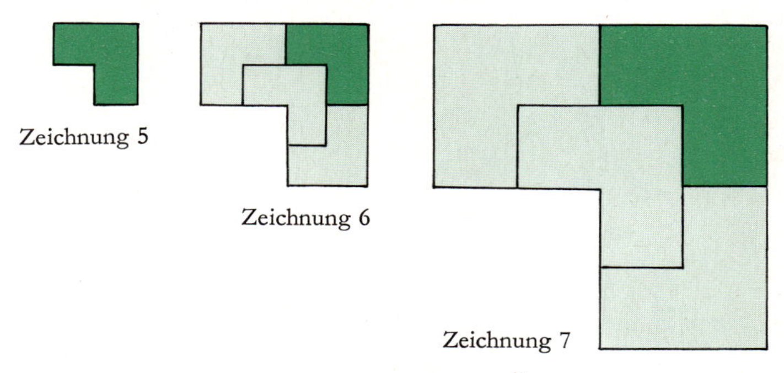
Zeichnung 5
Zeichnung 6
Zeichnung 7

4. Im Kornland wird mit Körnern, Ähren und Garben bezahlt. 12 Körner sind soviel wert wie eine Ähre und 20 Ähren soviel wie eine Garbe.

a) Wie viele Garben, Ähren und Körner erhält man für 989 Körner?

b) Wie viele Körner sind 5 Garben, 7 Ähren und 6 Körner wert?

5. Der Werbeleiter eines Supermarktes möchte wissen, wie viele Kunden aufgrund der Werbung und wie viele aus anderen Gründen kommen. Ein Angestellter führt daher eine Kundenbefragung durch und zählt mit Strichlisten. In jede Zeile der Strichliste gehen 6 Fünfer-Bündel von Strichen.

Hier das Ergebnis:

Werbung:	3 Reihen	3 Bündel	1 Strich
andere Gründe:	2 Reihen	3 Bündel	3 Striche

a) Sind mehr Kunden aufgrund der Werbung als aus anderen Gründen gekommen?

b) Wie groß ist der Unterschied?

6. Eine Minute hat 60 Sekunden, eine Stunde 60 Minuten.

a) Wie viele Sekunden hat eine Stunde?

b) Wie viele Stunden, Minuten und Sekunden sind 35 242 Sekunden?

c) Martin hat bei einer Klassenfahrt die genaue Fahrtzeit gestoppt. Er kommt auf 2 volle Stunden, 10 Minuten und 25 Sekunden. Wie viele Sekunden sind das?

7. Würfelzucker wird manchmal so verpackt: Ein Karton hat 4 Lagen, eine Lage 15 Reihen und eine Reihe 4 Stücke Würfelzucker.

a) Mutter hat noch einen vollen Karton und einen angebrochenen mit 3 Lagen, 2 Reihen und einem Stück. Wie viele Stücke Würfelzucker sind das?

b) Wie viele Kartons, Lagen, Reihen und einzelne Stücke erhält man aus 1000 Stücken Würfelzucker?

8. Wie sind die Seiten eines Buches gebündelt? Wie ist sein Inhalt gebündelt?

Suche weitere Beispiele für Bündelungen in deiner Umwelt.

Flohmarkt

Nimm einen Streifen Papier (etwa 5 cm breit und 30 cm lang). Zeichne auf beiden Seiten des Streifens die Mittellinie ein. Verdrehe den Streifen und klebe ihn dann zu einem Band zusammen. Rechts siehst du ein solches Band.
Wie viele Bänder erhältst du, wenn du dieses Band entlang der Mittellinie aufschneidest? Überlege zuerst.

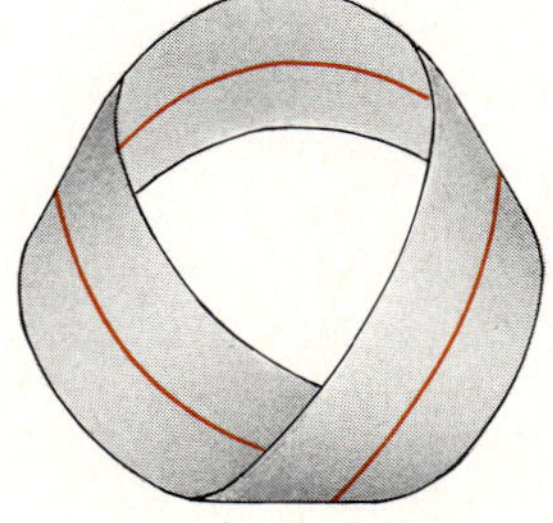

2. Vielfältiges

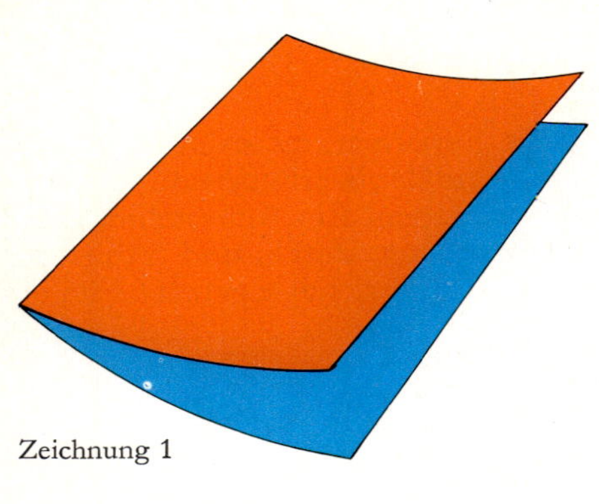

Zeichnung 1

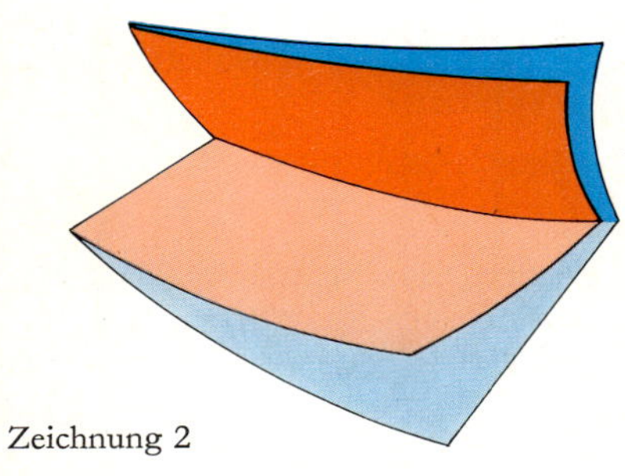

Zeichnung 2

Auftrag

Falte ein Blatt Papier in der Mitte zusammen (Zeichnung 1). Falte nun wie in Zeichnung 2 noch einmal. Falte jetzt noch dreimal.

▶ Wie viele Lagen hat das fünfmal gefaltete Blatt?

Lösung

Wenn du zum ersten Mal faltest, entstehen 2 Lagen. Beim zweiten Falten erhältst du doppelt so viele, also 4 Lagen. Bei jedem weiteren Falten verdoppelt sich die Anzahl der Lagen. Wenn du fünfmal faltest, erhältst du 32 Lagen. Tafel 1 zeigt dir, warum das so ist.

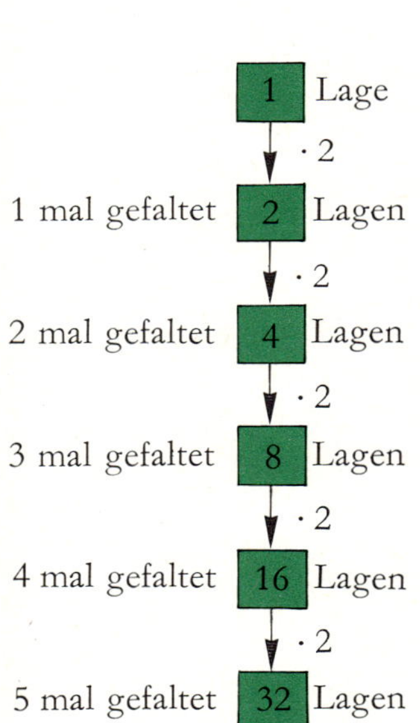

Tafel 1

$2^1 = 2$
$2^2 = 2 \cdot 2 = 4$
$2^3 = 2 \cdot 2 \cdot 2 = 8$
$2^4 = 2 \cdot 2 \cdot 2 \cdot 2 = 16$
$2^5 = 2 \cdot 2 \cdot 2 \cdot 2 \cdot 2 = 32$

Tafel 2

1. Aufgabe

a) Falte noch zweimal. Wie viele Lagen sind es dann?
b) Wie oft müßte man falten, um 1024 Lagen zu erhalten?
c) Und wie oft, um mehr als 10000 Lagen zu erhalten?

Lauter Zweier

Unsere ‚Faltzahlen' sind immer durch Verdoppeln entstanden. Du kannst sie deshalb mit lauter Zweiern schreiben.

1mal gefaltet: 2
2mal gefaltet: $4 = 2 \cdot 2$
3mal gefaltet: $8 = 2 \cdot 4 = 2 \cdot 2 \cdot 2$
4mal gefaltet: $16 = 2 \cdot 8 = 2 \cdot 2 \cdot 2 \cdot 2$
5mal gefaltet: $32 = 2 \cdot 16 = 2 \cdot 2 \cdot 2 \cdot 2 \cdot 2$

2. Aufgabe

Wie viele Lagen erhält man, wenn man achtmal faltet? Schreibe diese Zahl nur mit Zweiern. Wie viele Zweier sind es?

> Für $2 \cdot 2 \cdot 2 \cdot 2 \cdot 2$ schreiben wir kurz 2^5. Wir lesen: „zwei hoch fünf". Bei der **Potenz** 2^5 heißt 2 die **Basis** und 5 der **Exponent**.

Andere Potenzen

Es gibt nicht nur Potenzen mit der Basis 2, sondern auch mit andern Basen:

$3^4 = 3 \cdot 3 \cdot 3 \cdot 3 = 81$
$5^2 = 5 \cdot 5 = 25$
$10^3 = 10 \cdot 10 \cdot 10 = 1000$
$4^5 = 4 \cdot 4 \cdot 4 \cdot 4 \cdot 4 = 1024$

3. Aufgabe

a) Berechne 4^3, 3^2, 5^3
b) Schreibe als Potenz: 49, 64, 27

Übungen

1. Schreibe als Potenz.

a) $4 \cdot 4 \cdot 4$ b) $3 \cdot 3 \cdot 3 \cdot 3 \cdot 3$ c) $1 \cdot 1 \cdot 1 \cdot 1$
d) $2 \cdot 2 \cdot 2 \cdot 2 \cdot 2 \cdot 2$ e) $12 \cdot 12 \cdot 12 \cdot 12 \cdot 12 \cdot 12 \cdot 12$

2. Berechne.

a) 5^4 b) 2^{12} c) 3^5 d) 1^7
e) 20^2 f) 6^3 g) 4^4 h) 0^3

3. Gib bei den Potenzen der 2. Übung jeweils Basis und Exponent an.

4. Schreibe als Potenz.

a) 125 b) 121 c) 729 d) 36
e) 8 f) 128 g) 1296 h) 100

5. Wie viele Eltern, Großeltern, Urgroßeltern, Ururgroßeltern hast du?

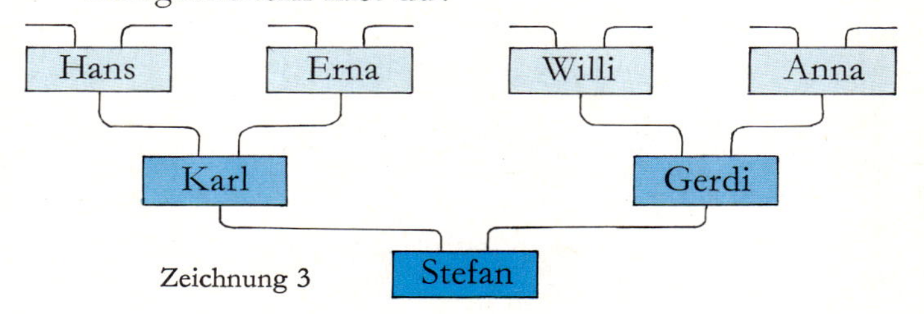

Zeichnung 3

6. Vergleiche.

a) 2^5 und 5^2 b) 7^3 und 3^7 c) 2^4 und 4^2

7. Die Zahl 64 kannst du auf verschiedene Weisen als Potenz schreiben: $64 = 2^6 = 4^3 = 8^2$. Schreibe auf verschiedene Weisen als Potenz:

a) 81
b) 625
c) 16

8. Potenzen wie 1^2, 2^2, 3^2, 4^2, ... heißen **Quadratzahlen**. Warum man sie so nennt, siehst du in Zeichnung 4.

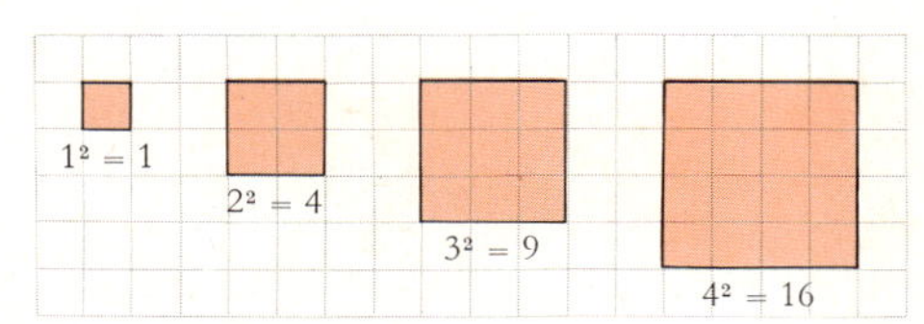

Zeichnung 4

Berechne die Quadratzahlen $1^2, 2^2, 3^2, \ldots, 20^2$ und lerne sie auswendig.

9. Vervollständige.

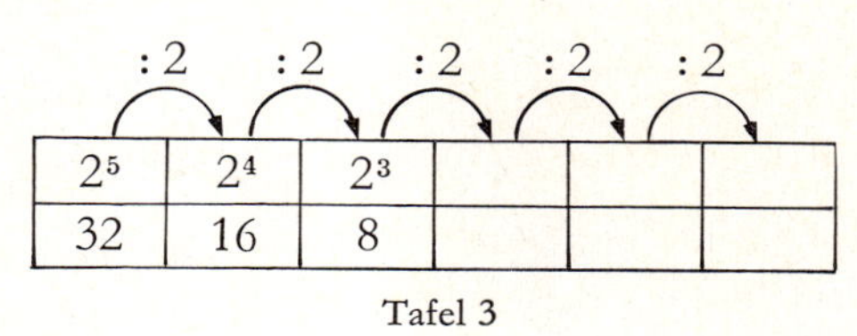

: 2	: 2	: 2	: 2	: 2	
2^5	2^4	2^3			
32	16	8			

Tafel 3

a) Was ist 2^1?
b) Was ist 2^0?
c) Bestimme auf dieselbe Weise 3^1 und 3^0, 5^1 und 5^0, 10^1 und 10^0.
d) Wie viele Lagen Papier hat ein gar nicht, also nullmal gefaltetes Blatt Papier?

10. Papier wird oft im Format DIN A hergestellt. Zeichnung 5 zeigt ein DIN A4-Blatt. Du siehst dort auch, wie man Blätter vom Format DIN A5 und DIN A6 herstellen kann.

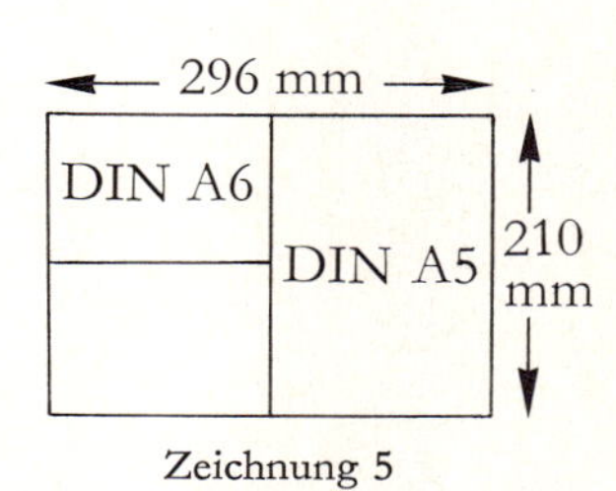

Zeichnung 5

Wie viele DIN A 6-Blätter kann man aus einem DIN A3-Blatt herstellen?

11. Setze passende Zahlen ein.

a) $7^\square = 2\,401$ b) $\square^5 = 3\,125$ c) $\square^\square = 729$
d) $\square^3 = 1\,331$ e) $11^\square = 11$ f) $\square^1 = 17$

12. Berechne folgende Potenzen von 10.

10^1, 10^2, 10^3, 10^4, 10^5.

Was fällt dir auf?

13. Bei einem Quiz erhält Rolf für die erste richtige Antwort 1 Pfennig, für die zweite richtige Antwort 2 Pfennige und für die dritte richtige Antwort 4 Pfennige. Für jede weitere richtige Antwort erhält er immer doppelt so viel, wie für die vorangegangene. Rolf beantwortet 9 Fragen richtig.
Wieviel Geld bekommt er?

103
102
101
100
44
43
42
41
40
34
33
32

Zeichnung 1

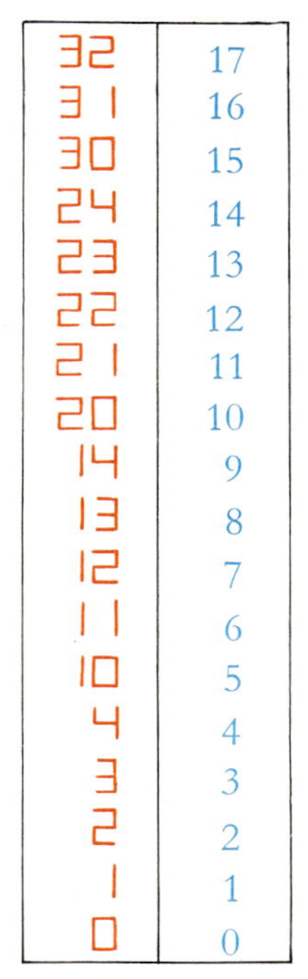

32	17
31	16
30	15
24	14
23	13
22	12
21	11
20	10
14	9
13	8
12	7
11	6
10	5
4	4
3	3
2	2
1	1
0	0

Tafel 1

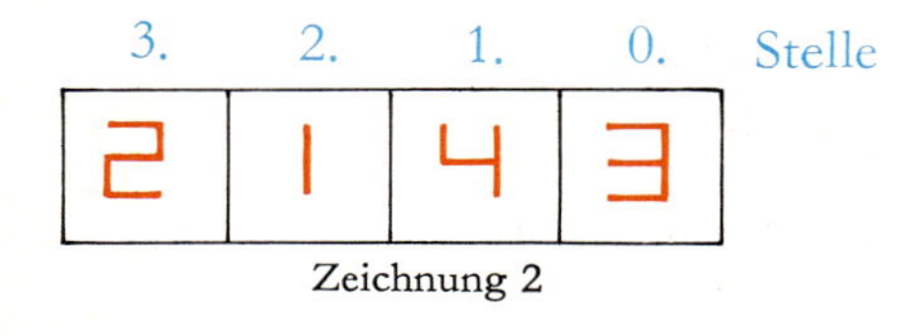

Zeichnung 2

3. Kauntdaun

Raketenstart im Fünferland

Im Fünferland wird eine Rakete gestartet. Der count-down läuft schon. Die Uhr im Kontrollzentrum zeigt Sekunde für Sekunde die Zeit bis zum Start an. Nacheinander leuchten die Zahlen von Zeichnung 1 auf. Jetzt steht die Uhr auf 32.

▶ Welche Zahlen kommen noch bis zum Start? Wie viele Sekunden sind es noch bis zum Start?

Lösung

Die Uhr im Kontrollzentrum zählt abwärts. Man braucht also nur weiter bis zur 0 zu zählen. Im Fünferland wird aber im **Fünfersystem** gezählt. Wie das geht, siehst du in der linken Spalte von Tafel 1. Du siehst nun, daß es noch 17 Sekunden bis zum Start sind.

Aufgabe

Wie viele Sekunden sind es noch bis zum Start, wenn die Uhr im Fünferland a) 44 b) 103 anzeigt?

Beobachtungen

1. Im Fünfersystem kommen nur die Ziffern 0, 1, 2, 3 und 4 vor.
2. Im Fünfersystem wird an jeder Stelle nur bis 4 gezählt.
3. Auf 14 (lies: „eins vier“) folgt beim Zählen im Fünfersystem 20 („zwei null“), auf 44 („vier vier“) folgt 100 („eins null null“).
4. Die Potenzen von 5 sind im Fünfersystem besonders einfach: 5 wird zu 10, 25 zu 100.

▶ Welche Zahl zeigt die Uhr in Zeichnung 2?

Lösung

Du kannst die Frage auch ohne zu zählen beantworten. Dazu werden die Stellen der Uhr wie in Zeichnung 2 numeriert. Im Fünfersystem gibt es nur Fünfer-Bündel. 5 Einer werden zu einem Fünfer, 5 Fünfer zu einem 25-er, 5 25-er zu einem 125-er. Deshalb stehen an der

0. Stelle die Einer: $1 = 5^0$ 2. Stelle die 25-er: $25 = 5^2$
1. Stelle die Fünfer: $5 = 5^1$ 3. Stelle die 125-er: $125 = 5^3$

Im Fünfersystem steht

2 1 4 3

für $2 \cdot 5^3 + 1 \cdot 5^2 + 4 \cdot 5^1 + 3 \cdot 5^0$
$= 2 \cdot 125 + 1 \cdot 25 + 4 \cdot 5 + 3 \cdot 1 = 298$

Welche Zahl schreibt man im Fünfersystem so: 1203?

Vereinbarung

Die neue Schreibweise von Zahlen kann zu Verwechslungen führen. Z. B. kann 14 sowohl „vierzehn“ als auch „eins vier“ im Fünfersystem bedeuten. Um solche Verwechslungen zu vermeiden, hängen wir an eine Zahl im Fünfersystem das Zeichen V an. Das ist das römische Zeichen für 5. 124_V bedeutet also: eins zwei vier im Fünfersystem.

Übungen

1. Zähle von 100 bis 130 im Fünfersystem.

2. a) Bestimme den **Nachfolger** von 230_V im Fünfersystem, d. h. die auf 230_V folgende Zahl.
b) Bestimme den **Vorgänger** von 230_V im Fünfersystem, d. h. die direkt vor 230_V stehende Zahl.
c) Bestimme Vorgänger und Nachfolger von 324_V.

3. Bestimme Vorgänger und Nachfolger. Schreibe die Zahlen im Fünfersystem.

a) 222_V b) 111_V c) 432_V d) 404_V
e) 330_V f) 144_V g) 300_V h) 444_V

4. Zähle von 1000_V ausgehend 10 Schritte aufwärts und 10 Schritte abwärts. Schreibe die Zahlen im Fünfersystem.

5. Schreibe die Zahlen 5, 10, 15, 20, 25, 30, 35, 40, 45, 50 im Fünfersystem. Was fällt dir auf?

6. Schreibe die Vielfachen von 6 im Fünfersystem. Was fällt dir auf?

7. Zähle in Fünferschritten abwärts bis zur 0. Beginne bei 220_V. Schreibe die Zahlen im Fünfersystem.

8. $143_V = 1 \cdot 5^2 + 4 \cdot 5^1 + 3 \cdot 5^0 = 48$

Schreibe auf die gleiche Weise und rechne aus:

a) 412_V b) 104_V c) 31_V d) $2\,103_V$
e) $1\,132_V$ f) $4\,444_V$ g) $1\,104_V$ h) $1\,000_V$
i) 214_V j) $4\,011_V$ k) 42_V l) $13\,104_V$

9. Welche Zahlen schreibt man im Fünfersystem so?

a) 10_V b) 100_V c) $1\,000_V$ d) $10\,000_V$
e) 1_V f) 11_V g) 111_V h) $1\,111_V$
i) 4_V j) 44_V k) 444_V l) $4\,444_V$

10. Bei der Zahl 2143_V steht die 3 an der 0. Stelle für $3 \cdot 5^0$, die 4 an der 1. Stelle für $4 \cdot 5^1$, die 1 an der 2. Stelle für $1 \cdot 5^2$ (Zeichnung 2). Man sagt: Der **Stellenwert** der 2. Stelle ist 5^2. Die anderen Stellenwerte findest du in Tafel 2.

Stelle	Stellenwert
0	$1 = 5^0$
1	$5 = 5^1$
2	$25 = 5^2$
3	$125 = 5^3$
4	$625 = 5^4$
⋮	⋮

Tafel 2

a) Welchen Stellenwert hat die 5., die 6. und die 7. Stelle im Fünfersystem? Schreibe die Zahlen als Potenzen und rechne sie aus.
b) Schreibe diese Zahlen im Fünfersystem.

11. Albert hilft bei einer Verkehrszählung. Er führt Strichlisten. Für jedes Auto notiert er einen Strich. Je 5 Striche ergeben ein Päckchen 𝍸. In eine Zeile eines Blattes gehen 5 Päckchen. Auf jedes Blatt passen 5 Zeilen. 5 Blätter bilden einen Block.

a) Wie viele Striche passen in eine Zeile, auf ein Blatt, auf einen Block?
b) Albert hat 3 Blöcke, 2 Blätter und 4 Zeilen bereits vollgeschrieben. In einer angefangenen Zeile stehen außerdem 2 Päckchen und 4 einzelne Striche. Wie viele Striche sind das insgesamt?

12. Vergleiche 144_V und 201_V. Welche Zahl ist die größere? Wie viele Zahlen liegen dazwischen?

13. Welche Zahl ist größer: 1234 oder 1234_V?

Flohmarkt

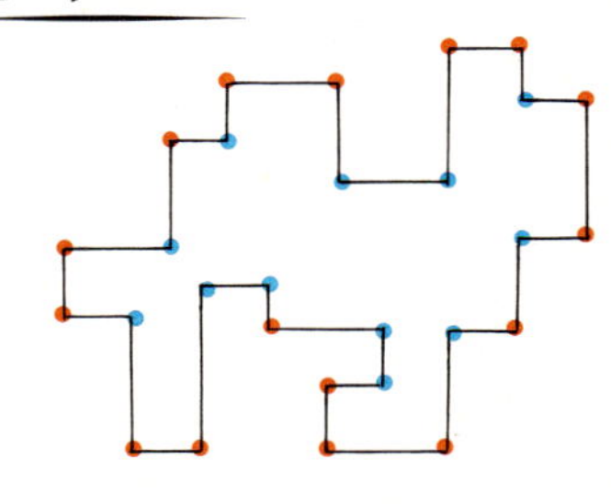

In der Zeichnung links sind einspringende Ecken blau und ausspringende Ecken rot markiert.

Vergleiche die Anzahl der einspringenden Ecken mit der Anzahl der ausspringenden Ecken.

Zeichne weitere solche Figuren und vergleiche ebenfalls.

4. Zurück und hin im Fünfersinn

Wiederholung

Welche Zahlen schreibt man im Fünfersystem so:

a) 1234_V b) 4321_V c) 1001_V?

▶ Wie schreibt man 538 im Fünfersystem?

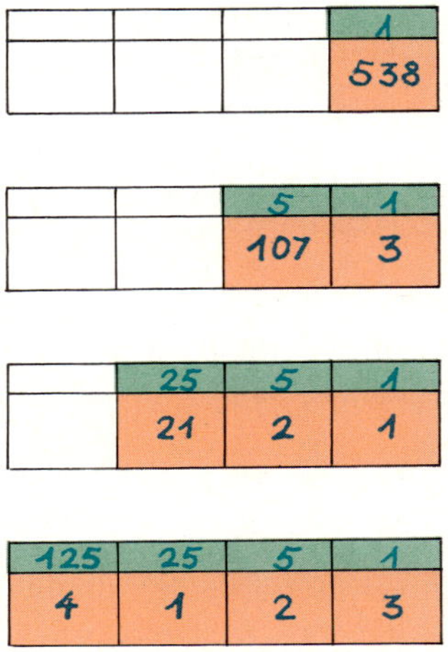

			1
			538

		5	1
		107	3

	25	5	1
	21	2	1

125	25	5	1
4	1	2	3

Zeichnung 1

1. Lösung

Du bildest schrittweise Fünferbündel. Die Rechentafeln in Zeichnung 1 helfen dir dabei.

1. 538 Einer bestehen aus 107 Fünfern und 3 Einern:
   $538 = 107 \cdot 5 + 3$
2. 107 Fünfer bestehen aus 21 Fünfundzwanzigern und 2 Fünfern:
   $107 = 21 \cdot 5 + 2$
3. 21 Fünfundzwanziger bestehen aus 4 125-ern und 1 Fünfundzwanziger:
   $21 = 4 \cdot 5 + 1$
4. Nun kann man nicht mehr weiter bündeln:
   $538 = 4 \cdot 125 + 1 \cdot 25 + 2 \cdot 5 + 3 \cdot 1 = 4123_V$

1. Aufgabe

Wandle auf die gleiche Weise in das Fünfersystem um:

a) 124 b) 417 c) 250

2. Lösung

$538 = 4 \cdot 125 + 38$

$38 = 1 \cdot 25 + 13$

$13 = 2 \cdot 5 + 3$

$538 = 4 \cdot 125 + 1 \cdot 25 + 2 \cdot 5 + 3 \cdot 1$

1. Suche die größte Fünferpotenz, die 538 nicht übersteigt. Das ist $5^3 = 125$. Bestimme, wie oft 125 in 538 steckt:
   $538 = 4 \cdot 125 + 38$
2. Nimm die nächstkleinere Fünferpotenz. Das ist $5^2 = 25$. Bestimme, wie oft 25 im Rest 38 steckt:
   $38 = 1 \cdot 25 + 13$
3. Nimm die nächstkleinere Fünferpotenz. Das ist $5^1 = 5$. Bestimme, wie oft 5 im Rest 13 steckt.
   $13 = 2 \cdot 5 + 3$
4. Nun hast du:
   $538 = 4 \cdot 125 + 1 \cdot 25 + 2 \cdot 5 + 3 \cdot 1 = 4123_V$

2. Aufgabe

Wandle auf die gleiche Weise in das Fünfersystem um:

a) 238 b) 396 c) 254

Vergleich

Welche Lösung gefällt dir besser? Warum?

Übungen

1. Schreibe folgende Zahlen im Fünfersystem.
a) 512 b) 244 c) 217 d) 87
e) 699 f) 813 g) 1 000 h) 11 111

2. Stelle folgende Zahlen mit Rechentafeln dar.
a) 221_v b) $3\,014_v$ c) $41\,034_v$ d) $124\,301_v$

3. Manche Zahlen kann man besonders einfach umwandeln:
$3001_v = 3 \cdot 125 + 1 = 376$
Wandle so einfach wie möglich um.
a) $4\,002_v$ b) $30\,001_v$ c) 144_v d) $2\,444_v$

4. Schreibe folgende Zahlen mit Fünferpotenzen und rechne aus.
a) $2\,034_v$ b) 141_v c) $1\,444_v$ d) 31_v
e) $3\,030_v$ f) $12\,341_v$ g) $20\,134_v$ h) $13\,240_v$
i) $14\,231_v$ j) $10\,101_v$ k) $40\,004_v$ l) $104\,321_v$

5. Paulchen wandelt 2304_v so um:

125	25	5	1
2	3	0	4

125	25	5	1
	13	0	4

125	25	5	1
		65	4

125	25	5	1
			329

Zeichnung 2

Paulchen stellt fest: $2\,304_v = 329$.
a) Erläutere seine Lösung.
b) Wandle auf die gleiche Weise um.
$2\,102_v$, $1\,424_v$, $32\,101_v$, $123\,412_v$.

6. Welches ist die größte 5-stellige und welches die kleinste 7-stellige Zahl im Fünfersystem?

7. Wie viele 2-stellige, 3-stellige, 4-stellige und 5-stellige Zahlen gibt es im Fünfersystem?

8. Wie viele 3-stellige Zahlen mit einer 4 in der Mitte gibt es im Fünfersystem?

9. Bestimme die größere Zahl. Wandle nicht um.
a) 213_v, 231_v b) 301_v, 143_v
c) 144_v, 441_v d) $24\,412_v$, $30\,012_v$
e) 301_v, $1\,021_v$ f) $44\,444_v$, $301\,010_v$
Wie findest du die größere Zahl?

10. Ordne folgende Zahlen der Größe nach.
a) 213_v, $1\,101_v$, 204_v, $14\,444_v$, $2\,000_v$
b) $1\,230_v$, $1\,230$, 987, $21\,04_v$, $1\,300$, $3\,000_v$

11. a) Welche Zahlen haben im Fünfersystem am Ende eine Null?
b) Wie schreibt man 10, 20, 30, . . ., 150 im Fünfersystem?

12. In Zeichnung 3 siehst du ein angefangenes Viererband.
a) Setze das Band bis zur Zahl 80 fort.
b) Die **Quersumme** von 132 ist $1 + 3 + 2 = 6$.
Bilde für jede Zahl der letzten Spalte des Bandes die Quersumme. Was fällt dir auf?

1_v	2_v	3_v	4_v
10_v	11_v	12_v	13_v
14_v	20_v	21_v	22_v
⋮	⋮	⋮	⋮

Zeichnung 3

Flohmarkt

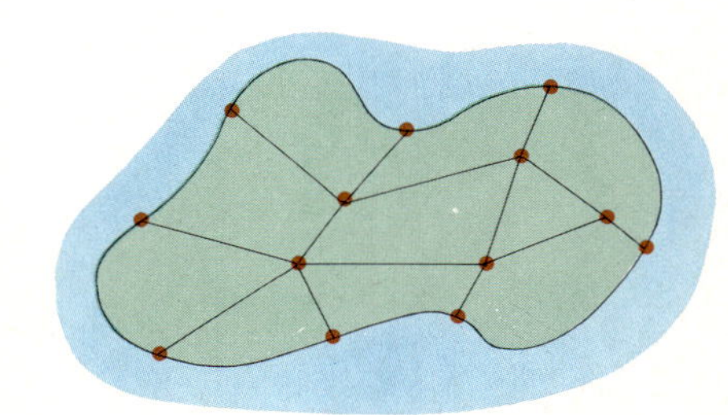

Eine Insel ist in Äcker aufgeteilt. Jeder Acker ist ganz von Dämmen umgeben. Die Stellen, an denen mehrere Dämme zusammenstoßen, heißen Eckpunkte.
a) Zähle die Äcker, die Dämme und die Eckpunkte.
b) Wie viele Dämme muß man unbedingt einreißen, damit jeder Acker vom Meer überflutet wird?
Vergleiche diese Zahl mit der Anzahl der Äcker.
c) Wie viele Dämme bleiben noch stehen?
Vergleiche diese Zahl mit der Anzahl der Eckpunkte.
d) Bestimme:
Anzahl der Eckpunkte + Anzahl der Äcker − Anzahl der Dämme.
Zeichne weitere solche Inseln und untersuche sie genauso.

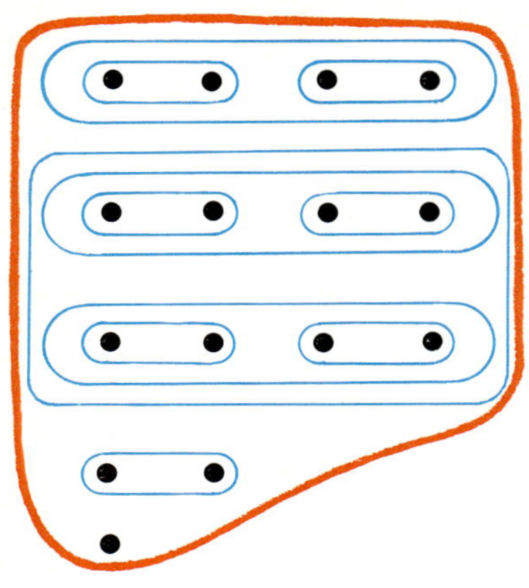

Zeichnung 1

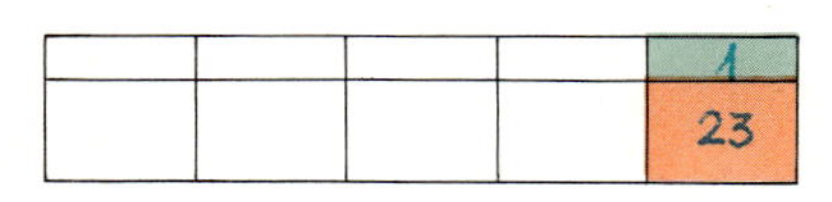

				1
				23

			2	1
			11	1

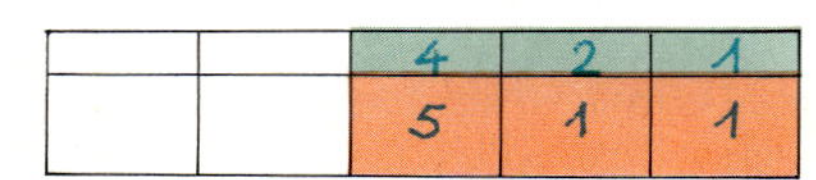

		4	2	1
		5	1	1

	8	4	2	1
	2	1	1	1

16	8	4	2	1
1	0	1	1	1

Zeichnung 2

Stelle	Stellenwert
0	2^0
1	2^1
2	2^2
3	2^3
4	2^4
⋮	⋮

Tafel 1

5. Zwei statt fünf

1. Aufgabe

Wenn man Zahlen im Fünfersystem schreiben will, muß man immer Fünferbündel machen. Schreibe nun 23 im **Zweiersystem.** Hier mußt du immer Zweierbündel machen. Für 15 siehst du das in Zeichnung 1.

Lösung

Die Bündelungen lassen sich auch mit Rechentafeln übersichtlich aufschreiben (Zeichnung 2). Wir bündeln schrittweise zu je 2.

1. 23 Einer bestehen aus 11 Zweiern und 1 Einer:
   $23 = 11 \cdot 2 + 1$
2. 11 Zweier bestehen aus 5 Vierern und 1 Zweier:
   $11 = 5 \cdot 2 + 1$
3. 5 Vierer bestehen aus 2 Achtern und 1 Vierer:
   $5 = 2 \cdot 2 + 1$
4. 2 Achter bestehen aus 1 Sechzehner und 0 Achtern:
   $2 = 1 \cdot 2 + 0$
5. Nun kann man nicht mehr weiter bündeln:
   $23 = 1 \cdot 16 + 0 \cdot 8 + 1 \cdot 4 + 1 \cdot 2 + 1 \cdot 1 = 10111_{II}$

II ist das römische Zeichen für 2. Wir hängen es an, wenn wir Zahlen im Zweiersystem schreiben.

Stellenwerte

Im Zweiersystem sind die Stellenwerte immer Zweierpotenzen. Die Stellenwerte findest du in Tabelle 1. Rechne sie aus.

> Im Zweiersystem steht
>
> 1 0 1 1 1_{II}
>
> für $1 \cdot 2^4 + 0 \cdot 2^3 + 1 \cdot 2^2 + 1 \cdot 2^1 + 1 \cdot 2^0$
> $= 1 \cdot 16 + 0 \cdot 8 + 1 \cdot 4 + 1 \cdot 2 + 1 \cdot 1 = 23$

2. Aufgabe

a) Wandle ins Zweiersystem um: 27, 14, 31, 50.

b) Welche Ziffern kommen im Zweiersystem vor?

3. Aufgabe

a) Schreibe mit Zweierpotenzen und rechne aus:
$10\,011_{II}$, 111_{II}, $1\,000_{II}$, $110\,110_{II}$.

b) Bestimme Vorgänger und Nachfolger dieser Zahlen.

c) Schreibe das Doppelte, das Vierfache, das Achtfache von 1101_{II} im Zweiersystem.

Übungen

1. Wandle ins Zweiersystem um.
a) 11 b) 17 c) 34 d) 50 e) 83
f) 120 g) 61 h) 127 i) 230 j) 94

2. Schreibe die Stellenwerte des Zweiersystems von der 0. bis zur 10. Stelle in einer Tafel auf.

3. Schreibe mit Zweierpotenzen und rechne aus.
a) $1\,110_{\text{II}}$ b) $11\,011_{\text{II}}$ c) $100\,101_{\text{II}}$
d) $1\,101\,000_{\text{II}}$ e) $10\,101\,010_{\text{II}}$ f) $11\,001\,100_{\text{II}}$
g) $10\,110\,001_{\text{II}}$ h) $1\,110\,111_{\text{II}}$ i) $1\,011\,101_{\text{II}}$

4. Mit Stellenwerten kannst du Zahlen leicht ins Zweiersystem umwandeln.
Beispiel: 59
$59 = \mathbf{1} \cdot 32 + 27$
$27 = \mathbf{1} \cdot 16 + 11$
$11 = \mathbf{1} \cdot 8 + 3$
$3 = \mathbf{0} \cdot 4 + 3$
$3 = \mathbf{1} \cdot 2 + 1$
$1 = \mathbf{1} \cdot 1 + 0$
Also ist $59 = 111\,011_{\text{II}}$
a) Wandle auf die gleiche Weise um:
47, 70, 113, 156, 211
b) Erkläre das Verfahren.

5. Wandle so einfach wie möglich um.
a) $1\,000\,000_{\text{II}}$ b) $10\,000\,001_{\text{II}}$ c) $111\,111_{\text{II}}$

6. Schreibe die Vorgänger und Nachfolger folgender Zahlen im Zweiersystem auf.
a) $1\,010\,111_{\text{II}}$ b) $1\,100\,000_{\text{II}}$ c) $10\,101\,100_{\text{II}}$
d) $1\,111\,111_{\text{II}}$ e) $1\,011\,101_{\text{II}}$ f) $1\,111\,110_{\text{II}}$

7. Lege dir eine Liste der Zahlen von 0 bis 128 im Zweiersystem an.

8. Wie viele Stellen haben folgende Zahlen im Zweiersystem?
a) 2 000 b) 4 000 c) 6 000 d) 10 000

9. Berechne die Summe ohne zu addieren:
$1 + 2 + 4 + 8 + 16 + 32 + 64 + 128$.

10. Zähle von folgenden Zahlen ausgehend in Zweierschritten jeweils 3 Schritte aufwärts und abwärts.
a) $11\,011_{\text{II}}$ b) $1\,011\,001_{\text{II}}$ c) $1\,111\,111_{\text{II}}$

11. Wie schreibt man das Zweifache, das Vierfache, das Achtfache folgender Zahlen im Zweiersystem?
a) 10_{II} b) 111_{II} c) 101_{II} d) $1\,001_{\text{II}}$

12. Stefan hat Holzklötze, die 5 cm, 10 cm, 20 cm und 40 cm hoch sind. Von jeder Sorte hat er nur einen. Stefan baut daraus Türme. Wie hoch können sie sein?

13. 13 Schüler wollen mit den Booten des Ruderclubs eine Wanderfahrt machen.
a) Der Club hat einen Einer, einen Zweier, einen Vierer und einen Achter. Mit welchen Booten gehen die Schüler auf Fahrt?
b) Der Club hat je zwei Einer, Zweier, Vierer und Achter. Wie können die Boote für die Fahrt ausgewählt werden?

14. Hans und Franz haben eine Geheimschrift entwickelt. Sie schreiben jeden Buchstaben mit + und −. Elke versucht, die Geheimschrift zu entziffern. Sie hat schon herausbekommen:

e: + − +
l: + + − −
k: + − + +

Sie versucht jetzt, folgende Botschaft zu entziffern:

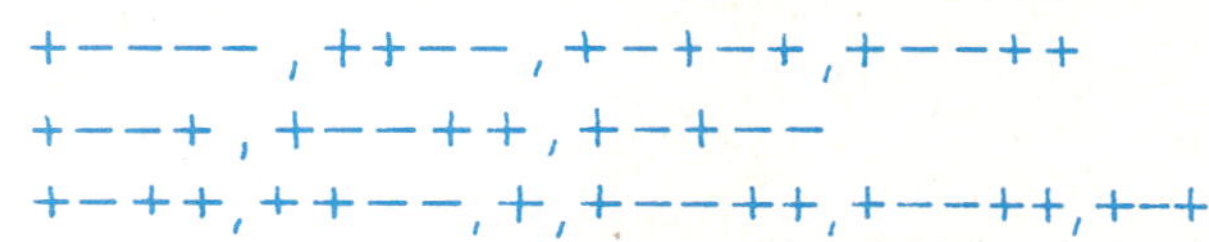

15. Ordne der Größe nach. Wandle vorher nicht um.
$11\,011_{\text{II}}$, $1\,110_{\text{II}}$, $11\,100_{\text{II}}$, $100\,001_{\text{II}}$.

16. Ordne der Größe nach.
111_{II}, 111, 111_{V}, 34_{V}, 34, $1\,000_{\text{II}}$.

17. Der König möchte dem Hofnarr ein Geschenk machen. Der Hofnarr zeigt ihm ein Brett.

Zeichnung 3

Er sagt: „Ich möchte nur ein paar Pfennige. Lege mir auf das Feld 0 einen Pfennig, auf das Feld 1 doppelt so viel, also 2 Pfennige, auf das Feld 2 doppelt so viel wie auf Feld 1, auf Feld 3 doppelt so viel wie auf Feld 2 usw."
Der König willigt ein. Wieviel Geld bekommt der Narr?

Stelle	Stellenwert
0	10^0
1	10^1
2	10^2
3	10^3
4	10^4
⋮	⋮

Tafel 1

6. Ein alter Hut

Wer hätte das gedacht?

Du kennst jetzt das Fünfersystem und das Zweiersystem. Weil dabei die Stellenwerte wichtig sind, nennt man sie **Stellenwertsysteme.**
Schon lange kennst du ein weiteres Stellenwertsystem: das **Zehnersystem.**
Gewöhnlich schreiben wir Zahlen in diesem System.

> Im Zehnersystem steht
> 2 3 5 6
> für $2 \cdot 10^3 + 3 \cdot 10^2 + 5 \cdot 10^1 + 6 \cdot 10^0$
> $= 2 \cdot 1000 + 3 \cdot 100 + 5 \cdot 10 + 6 \cdot 1$

Im Zehnersystem sind die Stellenwerte Zehnerpotenzen (Tafel 1).

Zungenbrecher

Schreibe mit Ziffern: fünfhundertdreiundsechzigtausendzweiunddreißig.
Man kann auch viel größere Zahlen als Wörter schreiben und lesen. Dazu braucht man aber neue Zahlennamen. Du findest sie in Zeichnung 1. Dort siehst du auch, wie diese Zahlen entstehen.
Die folgende Tafel hilft dir z. B. 210 304 187 662 013 zu lesen.

Billionen			Milliarden			Millionen			Tausender			Einer		
100	10	1	100	10	1	100	10	1	100	10	1	100	10	1
2	1	0	3	0	4	1	8	7	6	6	2	0	1	3

Tafel 2

Die Zahl in Tafel 2 liest man so: zweihundertzehn Billionen dreihundertvier Milliarden einhundertsiebenundachtzig Millionen sechshundertzweiundsechzigtausenddreizehn.

Aufgabe

a) Lies und schreibe in Worten: 501 146 178 900 753, 9 876 543 210, 3 211 234 567 890.
b) Schreibe mit Ziffern: fünf Billionen einhundertelf Milliarden siebenhundertsechsundfünfzig Millionen siebentausendeins,
eine Billion zehn Milliarden hundert Millionen tausendeinhundertundeins.

Astronomische Zahlen

Das Licht legt in der Sekunde etwa 300 000 Kilometer zurück. Die Sonne ist von der Erde ungefähr 150 000 000 Kilometer entfernt. Das Licht braucht daher von der Sonne zur Erde 500 Sekunden, also 8 Minuten und 20 Sekunden.
Ein Lichtjahr ist die Entfernung, die das Licht in einem Jahr zurücklegt. Ein Jahr hat $365 \cdot 24 \cdot 60 \cdot 60$ Sekunden, also 31 536 000 Sekunden. Ein Lichtjahr ist daher eine Entfernung von $31\,536\,000 \cdot 300\,000$ Kilometern; das sind 9 460 800 000 000 Kilometer. Lies diese Zahl.
Man kann Sterne fotografieren, die eine Milliarde Lichtjahre von uns entfernt sind.

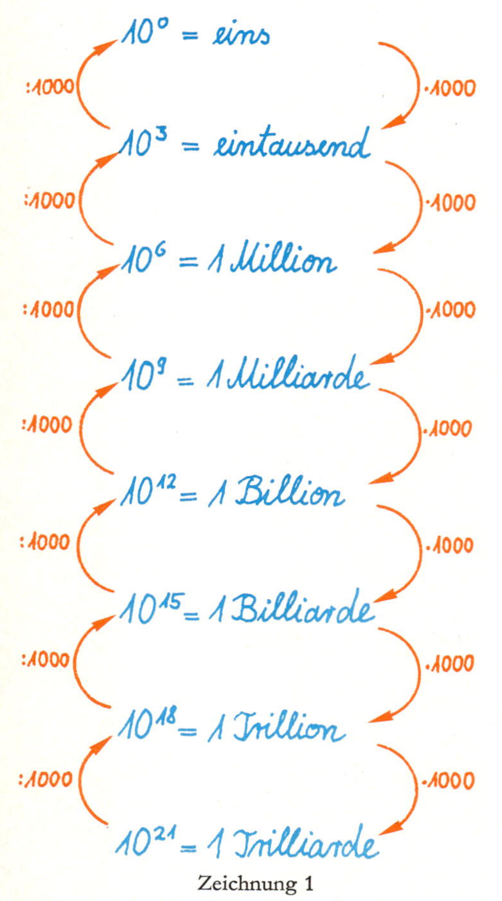

Zeichnung 1

Übungen

1. Schreibe folgende Zahlen in Worten auf.
a) 21 345 689 971 532 b) 8 765 102 300 047
c) 612 093 400 213 d) 123 123 123 123 123
e) 10 111 213 141 516 171
f) 1 000 000 000 000 000 000

2. Schreibe folgende Zahlen mit Ziffern
a) siebenunddreißig Billionen einhundertsiebenunddreißig Milliarden neunhundertsiebenunddreißig Millionen siebenhundertfünfzigtausendeinhundertzweiundzwanzig
b) einhundert Milliarden einhundertelftausendneunhundertneunundneunzig
c) acht Trillionen fünfhundertzweiundsechzig Billionen dreihundertvierundneunzig Millionen fünfhundertundsechs
d) elftausendhundertundelf

3. Wie viele Nullen haben 10^9, 10^{11}, 10^{20} im Zehnersystem?

4. 187 000 000 kannst du auch so schreiben: 187 mal 1 000 000; oder kurz: $187 \cdot 10^6$.
Schreibe auf dieselbe kurze Weise:
a) 90 000 000 b) 124 000 c) 791 000 000

5. Schreibe folgende Zahlen in Worten.
a) 10^5 b) 10^6 c) 10^9
d) 10^{11} e) 10^{14} f) 10^{16}

6. Die Quersumme von 231 867 ist $2 + 3 + 1 + 8 + 6 + 7$. Teile die Zahl und ihre Quersumme durch 9. Vergleiche die Reste. Untersuche weitere Zahlen.

7. Das Herz eines Menschen schlägt ungefähr 70 mal pro Minute. Wie oft schlägt es
a) in einer Stunde
b) an einem Tag
c) in einem Jahr
d) in einem Leben von 75 Jahren?

8. Die Bundesrepublik Deutschland hat ungefähr 60 Millionen Einwohner. Stelle dir vor, man könnte sie alle in einer Schlange aufstellen und jede Person brauchte 50 cm. Wie lang wäre diese Schlange? Vergleiche: Die Erde hat einen Umfang von 40 000 Kilometern.

9. Die Bürger der Bundesrepublik Deutschland haben im Jahr 1979 ungefähr 30 Milliarden DM für Auslandsreisen ausgegeben.
a) Wieviel ist das pro Kopf?
b) Ein DM-Stück ist ungefähr 2 mm dick. Wie hoch wäre ein Turm aus 30 Milliarden DM-Stücken?

10. Herr Müller fährt im Jahr ungefähr 20 000 km. Sein Auto braucht auf 100 km ungefähr 10 Liter Benzin. Ein Liter Benzin kostet etwa 1,20 DM. Wieviel muß Herr Müller jährlich für Benzin ausgeben?

11. Ein Stapel aus 100 Blatt Schreibmaschinenpapier ist 1 cm dick. Wie dick wäre ein Stapel aus einer Milliarde Blatt Papier?

12. Ein Erwachsener atmet in Ruhe bei jedem Atemzug etwa einen halben Liter Luft ein. Er atmet etwa 16 mal in der Minute.
a) Wieviel Luft atmet er an einem Tag ein?
b) In einem Schulsaal befinden sich ungefähr 200 000 Liter Luft. Vergleiche.

13. Die Entfernung Erde – Mond beträgt ungefähr 384 000 Kilometer.
a) Wie lange braucht das Licht für diese Entfernung?
b) Eine Weltraumrakete fliegt in der Stunde ungefähr 20 000 km. Wie lange braucht sie für diese Entfernung?
c) Ein Düsenflugzeug fliegt etwa 800 km pro Stunde. Wie lange würde es für diese Strecke brauchen?
d) Wie lange müßte ein Auto fahren, um diese Strecke zurückzulegen, wenn es in jeder Stunde 100 km fährt?

Flohmarkt

Die erste Figur läßt sich mit zwei Farben so färben, daß benachbarte Gebiete verschieden gefärbt sind.
Male ähnliche Figuren und färbe. Für die zweite Figur braucht man drei Farben, für die dritte Figur vier Farben. Kannst du eine Figur malen, für die man fünf Farben braucht?

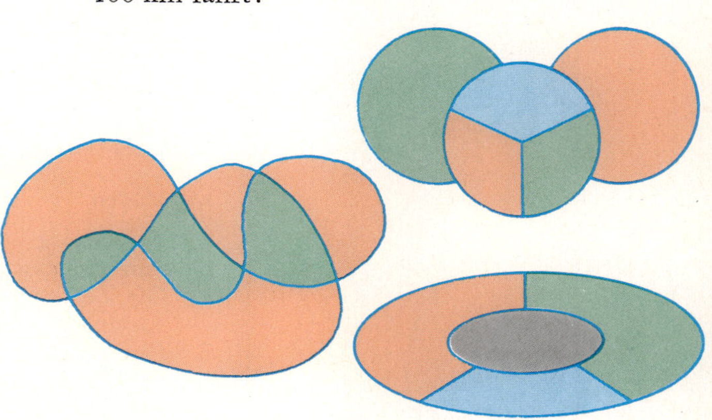

7. ... wie im alten Rom

Eine lange Geschichte

Unsere heutigen Ziffern stammen aus Indien. Von dort kamen sie in arabische Länder. Italienische und spanische Kaufleute haben sie vor ungefähr 1000 Jahren auf ihren Handelsreisen kennengelernt und nach Europa gebracht. Wie Ziffern im 12. Jahrhundert aussahen, siehst du in Zeichnung 1.
Die Schreibweise der Ziffern hat sich ständig geändert. Geblieben ist aber das Zehnersystem, das mit den Ziffern nach Europa kam. Vorher hat man in Europa römische Zahlzeichen verwendet. Du siehst sie auch heute gelegentlich noch, z. B. auf alten Uhren (Foto 1).

Zeichnung 1

Foto 1

▶ Lege dir eine Liste der römischen Zahlen von 1 bis 12 an. Wie sind die Zahlen aufgebaut?

System ohne (Stellen-)Wert

1. In Tafel 1 siehst du die römischen Ziffern. Aus ihnen werden die römischen Zahlen aufgebaut.

I	V	X	L	C	D	M
1	5	10	50	100	500	1000

Tafel 1

2. Viele römische Zahlen schreibt man als Summe:
   a) XII = 10 + 1 + 1 = 12
   b) LXXVI = 50 + 10 + 10 + 5 + 1 = 76
   c) DCXI = 500 + 100 + 10 + 1 = 611
   d) MMXI = 1000 + 1000 + 10 + 1 = 2011
   Dabei steht die größere Ziffer vor der kleineren Ziffer.
3. Das gleiche Zeichen wird nicht mehr als dreimal hintereinander geschrieben, sonst werden die Zahlen zu lang. Für 40 schreibt man nicht XXXX, sondern XL; das bedeutet soviel wie: 50 – 10 (Tafel 2). Weitere Beispiele:
   a) CM = 1000 – 100 = 900
   b) XLVI = 50 – 10 + 5 + 1 = 46
   c) CDXI = 500 – 100 + 10 + 1 = 411
   d) MCMXLIV = 1000 + 1000 – 100 + 50 – 10 + 5 – 1 = 1944

10	X
20	XX
30	XXX
40	XL
50	L
60	LX
70	LXX
80	LXXX
90	XC
100	C

Tafel 2

4. Eine Ziffer, die vor einer größeren Ziffer steht, muß subtrahiert werden.

Du siehst: Das römische System ist kein Stellenwertsystem.

1. Aufgabe

a) Schreibe im Zehnersystem:
   XVII, XIX, LXXI, CCCXVI, MDCIX, CMLXXXIX
b) Schreibe mit römischen Ziffern:
   81, 219, 428, 36, 501, 759, 1981, 3704

2. Aufgabe

Welches ist die größte Zahl, die du mit römischen Ziffern schreiben kannst?

Merkhilfen

1. Zeichnung 2 zeigt dir, wie die römischen Ziffern für 1 und 5 entstanden sein könnten. Das Zeichen X für 10 setzt sich aus 2 Zeichen für 5 zusammen.
2. Die Zeichen C für 100 (lat.: centum) und M für 1000 (lat.: mille) sind die Anfangsbuchstaben der zugehörigen Zahlwörter.
3. Damit du L und D nicht verwechselst: L ist die untere ‚Hälfte' von C (= 100) und D ähnelt der rechten ‚Hälfte' des M (= 1000), das man früher so schrieb: ₥.

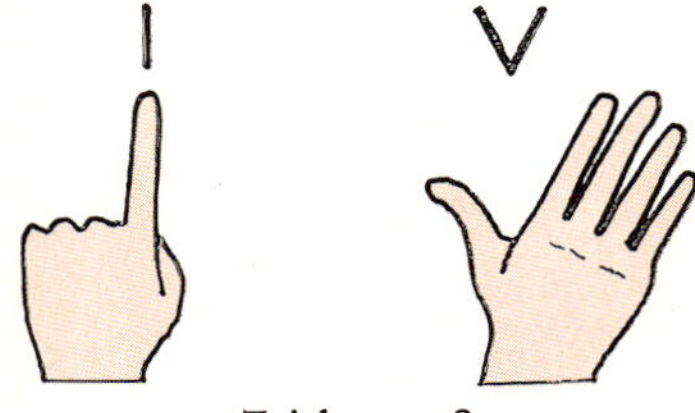

Zeichnung 2

Übungen

1. Schreibe im Zehnersystem:

a) XL	b) MC	c) MXX
d) CMXCIX	e) CCCIX	f) XCIX
g) CDLV	h) DXLIV	i) DCCCXIII
j) DCCIV	k) MMCML	l) MCDXCIV

2. Schreibe mit römischen Ziffern:

a) 24	b) 36	c) 44
d) 58	e) 69	f) 393
g) 589	h) 937	i) 722
j) 1523	k) 2901	l) 3625

3. Suche in deiner Umgebung römische Ziffern. Tip: Inschriften auf Gebäuden, Denkmälern, Grabsteinen, Numerierung von Kapiteln in Büchern.

4. Der General François ist im Jahr MDCCCLXXI in der Schlacht auf den Spicherer Höhen gefallen. Wann war das?

5. Schreibe folgende Daten mit römischen Ziffern.
a) deinen Geburtstag (Tag, Monat, Jahr)
b) den Geburtstag deines Mathematiklehrers
c) das heutige Datum

6. Welches ist die größte und welches die kleinste Zahl, die man mit den Ziffern
a) I, V, X
b) M, C, X
c) L, X, V
schreiben kann?

7. Welches ist die größte und welches die kleinste dreiziffrige Zahl in römischer Schreibweise mit I in der Mitte?

8. Welche der folgenden Zahlen sind falsch geschrieben? Schreibe sie richtig.

a) XXIV	b) XCX	c) MLIIII
d) XXC	e) VVV	f) CXLV

9. Welches ist die größte, welches die kleinste dreiziffrige Zahl in römischer Schreibweise?

10. Wie viele vierziffrige Zahlen mit den Ziffern
a) I, X, L
b) X, C, V
c) M, C, X
gibt es?

11. Welche Zahl kleiner als 1000 hat in römischer Schreibweise die meisten Ziffern?

12. Welche Zahlen kann man mit drei gleichen römischen Ziffern schreiben?

13. In einem Stellenwertsystem gilt immer: Die Zahl mit mehr Ziffern ist die größere Zahl. Gilt das auch im römischen System?

14. Untersuche folgende ‚Additionen'.

a)		b)	
	XXV		IX
	+ XI		+ VI
	XXXVI		XVII

15. Römische Zahlen kann man leicht mit Zündhölzern legen. In Zeichnung 3 siehst du drei falsche Gleichungen. Lege sie mit Zündhölzern nach. Korrigiere die Gleichungen durch Umlegen von Hölzern. Lege dabei möglichst wenig Hölzer um.

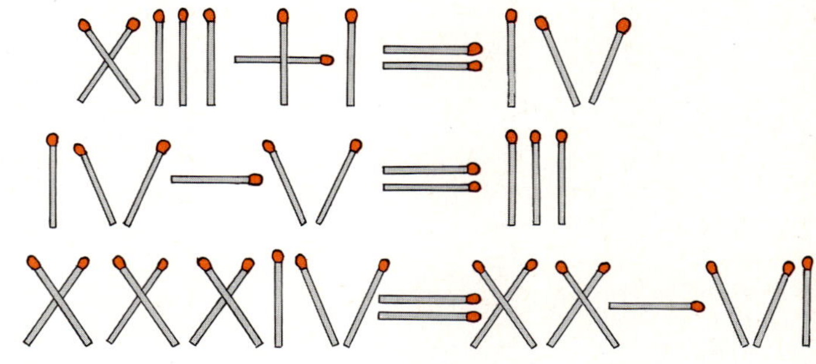

Zeichnung 3

Flohmarkt

Kommissar Gerecht hat den Dieb Pfiffig an sich gefesselt. Der Dieb kann sich befreien, ohne den Strick zu zerschneiden oder die Knoten zu lösen. Wie?

1. PLUS und minus

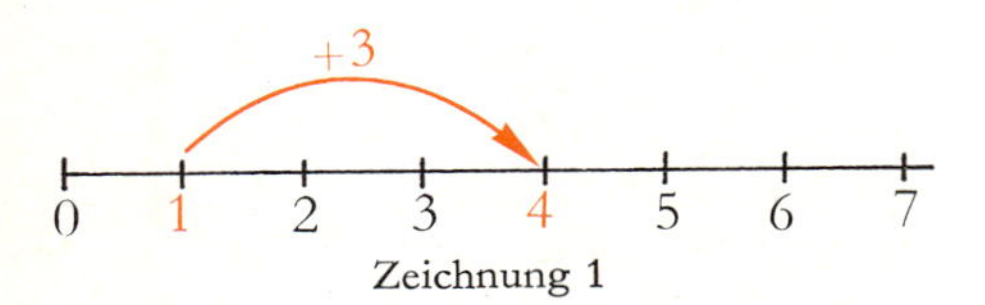

Zeichnung 1

Wiederholung

a) Welche Rechnung wird in Zeichnung 1 dargestellt?
Eine solche Rechnung heißt **Addition.**
Was ergibt sich, wenn du die Zahlen 11 und 14 addierst?
Das Ergebnis nennen wir die **Summe** von 11 und 14.

b) Was wird in Zeichnung 2 dargestellt?
Eine solche Rechnung heißt **Subtraktion.**
Was ergibt sich, wenn du von der Zahl 23 die Zahl 8 subtrahierst?
Das Ergebnis nennen wir die **Differenz** von 23 und 8.

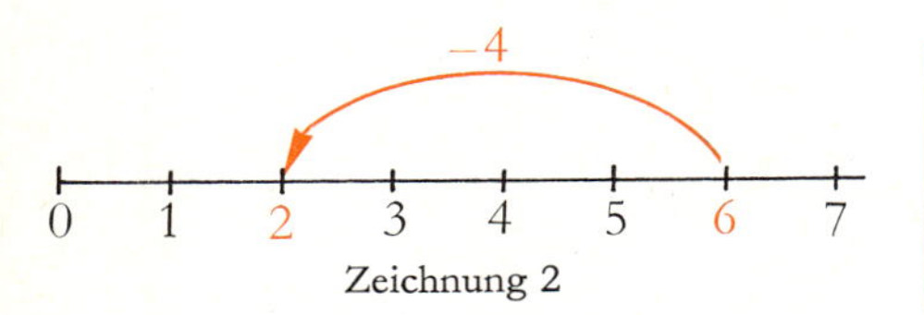

Zeichnung 2

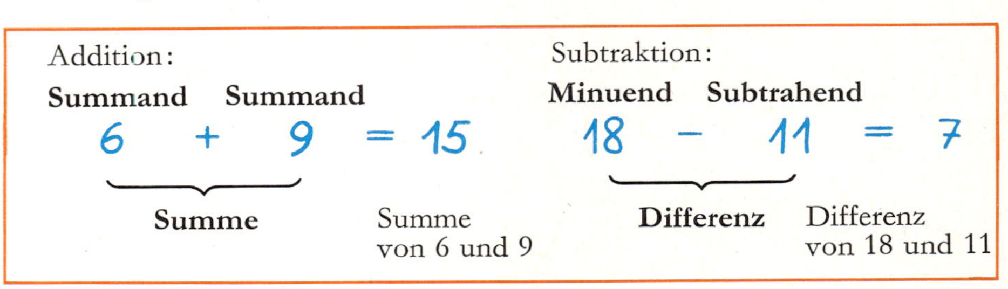

Aufgabe

a) Nenne zwei Summanden, deren Summe 21 ist.
b) Nenne zwei Zahlen, deren Differenz 21 ist. Welche dieser beiden Zahlen ist der Minuend, welche der Subtrahend?
c) Was kann man über die beiden Summanden sagen, wenn die Summe 0 ist?
d) Was kann man über Minuend und Subtrahend sagen, wenn die Differenz 0 ist?

Ansichtssache

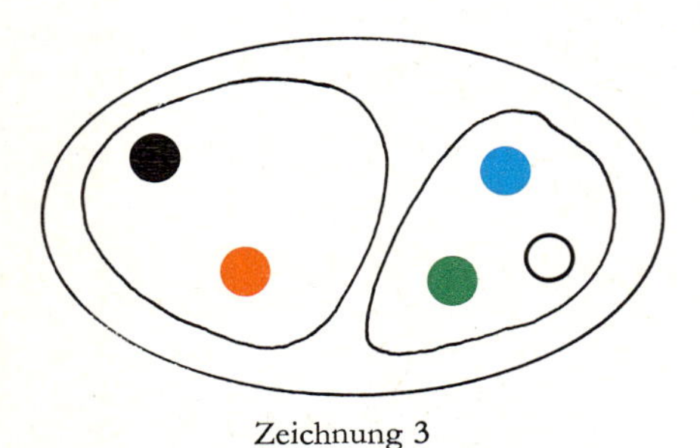
Zeichnung 3

Welche Rechnung wird in Zeichnung 3 dargestellt?

Helga: „Eine Menge mit 2 Elementen und eine mit 3 Elementen werden vereinigt. Dadurch entsteht eine Menge mit 5 Elementen."
Sie schreibt: $2 + 3 = 5$.

Peter: „Ich sehe noch eine andere Rechnung. Aus einer Menge mit 5 Elementen wird eine Teilmenge mit 3 Elementen entfernt. Dann bleibt eine Menge mit 2 Elementen übrig."
Er schreibt: $5 - 3 = 2$.

Heinz: „Ebensogut kann man auch die andere Teilmenge wegnehmen."
Er schreibt: $5 - 2 = 3$.

■ Jede Addition kannst du als Subtraktion schreiben und umgekehrt.

Übungen

1. Berechne die Summe von
a) 14 und 22 b) 19 und 13 c) 8 und 124

2. Berechne die Differenz von
a) 48 und 35 b) 19 und 6 c) 123 und 99

3. a)

+	182	512	98
14			
21			
35			

b)

−	83	65	14
203			
117			
95			

4. Schreibe als Subtraktion.
a) $8 + 9 = 17$ b) $108 + 65 = 173$
c) $57 + 35 = 92$ d) $79 + 97 = 176$

5. Schreibe als Addition.
a) $100 - 37 = 63$ b) $97 - 49 = 48$
c) $512 - 346 = 166$ d) $2\,345 - 1 = 2\,344$

6.

Zeichnung 4

Zeichne die Schnecke weiter, bis sie aus 10 Strecken besteht. Wie lang ist sie dann?

7. Rechne.
a) $(8 + 3) - 3$ b) $(15 + 24) - 24$
c) $(17 - 4) + 4$ d) $(48 - 19) + 19$
Was fällt dir auf?
Warum muß das so sein?
Du kannst bei deiner Antwort Zeichnung 5 benutzen.

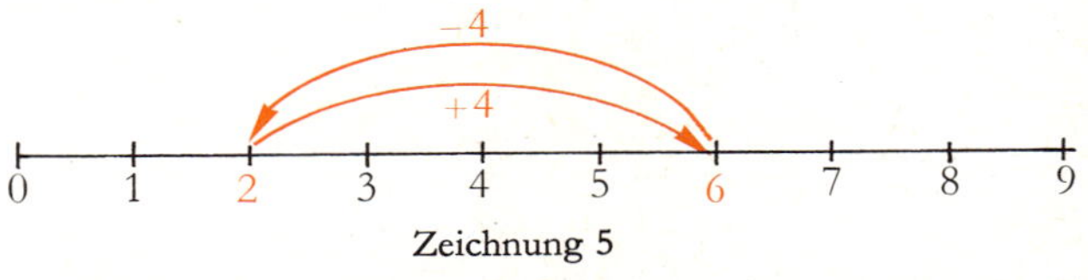

Zeichnung 5

8. Um wieviel unterscheiden sich die größte zweiziffrige und die kleinste vierziffrige Zahl?

9. Helmut hat 20 DM im Geldbeutel. Er kauft sich eine Taschenlampe zu 5,80 DM und ein Briefmarkenalbum für 9,90 DM.
Wieviel Geld hat er noch?
Rechne auf zwei verschiedene Weisen, damit du eine Kontrolle hast.

10. a) Welche Zahlen erreicht der Floh in Zeichnung 6, wenn er immer so weiterhüpft?

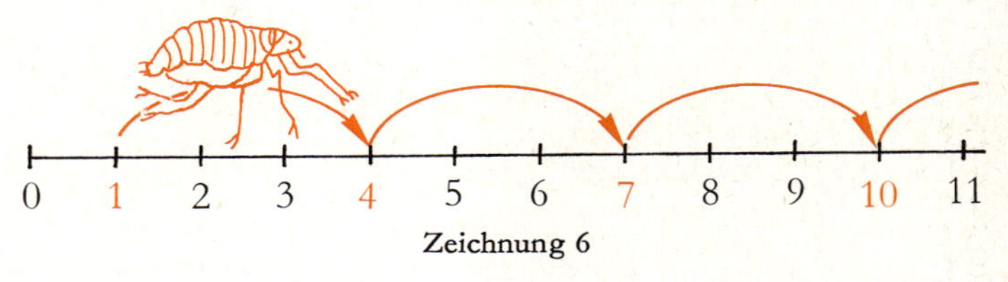

Zeichnung 6

b) Welche Zahlen erreicht er, wenn er bei 2 beginnt und immer Vierersprünge macht?
c) Wo muß er aufhören, wenn er bei 100 beginnt und mit Elfersprüngen zurückspringt?

11. 1; 1; 2; 3; 5; 8; 13; 21; . . .
Was muß man jedesmal tun, um eine neue Zahl zu erhalten?
Setze die Zahlen geeignet fort, bis du über 1000 kommst.

12. Subtrahiere von 1000 ab fortgesetzt die Zahl 99. Wie heißt die kleinste Zahl, die du so erreichst?

13. Welche Zahl ist um genau so viel größer als 78 wie 35 kleiner als 78 ist?

14. Stelle 10 als Summe dar
a) von zwei verschiedenen Summanden
b) von drei verschiedenen Summanden
c) von vier verschiedenen Summanden.
Wie viele Möglichkeiten gibt es jeweils?

15. a) Stelle 15 als Differenz dar.
b) Wie viele Möglichkeiten gibt es dazu?
c) Kann man Minuend und Subtrahend ändern, ohne daß sich die Differenz ändert?

16. Bei welcher Zahl ist es gleichgültig, ob man sie addiert oder subtrahiert?

Flohmarkt

In Matheland bezahlt man nicht mit DM, sondern mit Punkten (kurz: P). Es gibt dort nur 3P-Münzen und 5P-Münzen, aber keine Scheine. Welche Beträge kann man damit bezahlen, ohne daß herausgegeben werden muß?

2. Kniffe und Regeln

Vertauschungsgesetz

Wenn du im Kopf 3 + 99 ausrechnen sollst, gehst du wohl so vor:
Du vertauscht die beiden Summanden, rechnest also 99 + 3.
Denn diese Rechnung ist erheblich einfacher.

> Beim Addieren von zwei Zahlen kann man die Summanden vertauschen.
> $8+5=5+8$
> (Kommutativgesetz)

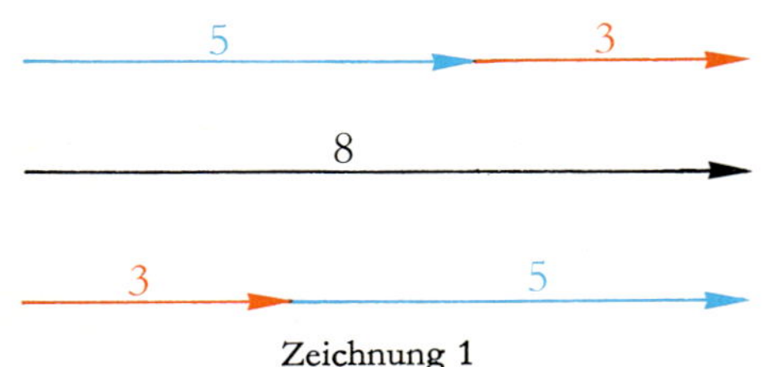

Zeichnung 1

1. Aufgabe

Zeichnung 1 veranschaulicht das Kommutativgesetz am Beispiel $3 + 5 = 5 + 3$. Erläutere diese Zeichnung. Wie sind in ihr die Zahlen dargestellt und wie geht das Addieren vor sich?

2. Aufgabe

Gibt es auch ein Kommutativgesetz für die Subtraktion?
Überlege am Beispiel 7 – 3. Eine Zeichnung kann dir helfen.

Zeichnung 2

Werners Antwort

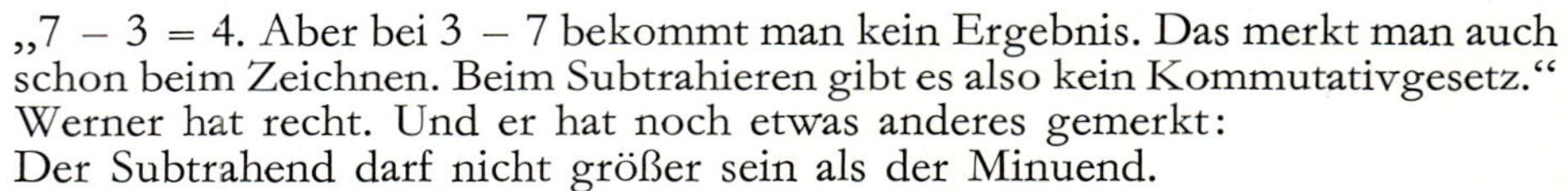

„7 – 3 = 4. Aber bei 3 – 7 bekommt man kein Ergebnis. Das merkt man auch schon beim Zeichnen. Beim Subtrahieren gibt es also kein Kommutativgesetz." Werner hat recht. Und er hat noch etwas anderes gemerkt:
Der Subtrahend darf nicht größer sein als der Minuend.

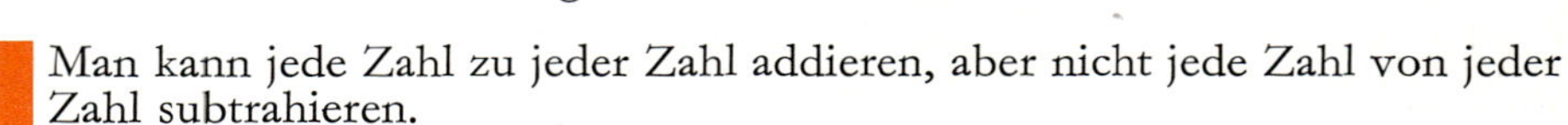

> Man kann jede Zahl zu jeder Zahl addieren, aber nicht jede Zahl von jeder Zahl subtrahieren.

Verbindungsgesetz

Auch bei der einfachen Kopfrechnung 99 + 3 wenden wir einen Kniff an, um es uns noch leichter zu machen. Das geht so schnell und sicher, daß es uns kaum noch auffällt.
Statt 3 zu addieren, addieren wir erst 1 und dann 2 (Zeichnung 3), weil wir dann mit der Zahl 100 bequem rechnen können.

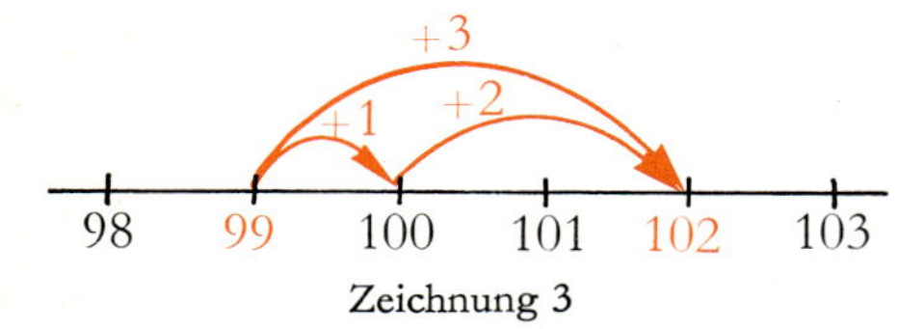

Zeichnung 3

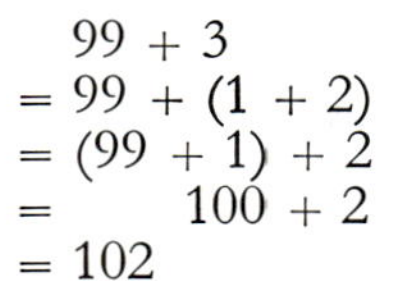

$99 + 3$	Wir schreiben 3 als Summe 1 + 2:
$= 99 + (1 + 2)$	Wir setzen die Klammern anders:
$= (99 + 1) + 2$	Was in der Klammer steht, wird zuerst gerechnet:
$= 100 + 2$	Wir addieren:
$= 102$	

3. Aufgabe

a) $48 + 85 + 15$
Da bei solchen Rechnungen von links nach rechts vorgegangen wird, ist eigentlich zu rechnen: $(48 + 85) + 15$. Statt dessen rechnet man günstiger $48 + (85 + 15)$. Wieso? Was ergibt sich bei beiden Rechnungen?
b) $17 + 36 + 64$ c) $(29 + 138) + 62$ d) $172 + (28 + 47)$

> Beim Addieren von drei Zahlen kann man mit den ersten beiden Summanden oder mit den letzten beiden Summanden beginnen.
> $(4+3)+8 = 4+(3+8)$
> (Assoziativgesetz)

Zeichnung 4

Übungen

1. Rechne vorteilhaft im Kopf. Es gibt manchmal mehrere Möglichkeiten.

a) $42 + 100$ b) $1 + 113$
c) $10 + 87$ d) $94 + 8$
e) $993 + 9$ f) $(28 + 16) + 14$
g) $(182 + 111) + 889$ h) $76 + 45 + 55$
i) $78 + 92$ j) $426 + 138$

Stelle jedesmal fest, welches Gesetz oder welche Gesetze du benutzt hast.

2. Gregor merkt sich:

Beim Addieren kann man Klammern setzen und weglassen, wie man will.

Zeige, daß er recht hat.

3. a) Axel rechnet:
$(254 + 378) + 46 = (254 + 46) + 378$
$= 300 + 378 = 678$
Welche Gesetze hat er beim ersten Schritt benutzt?

b) $47 + 95 + 3$ c) $512 + 219 + 188$

4. Gibt es auch ein Assoziativgesetz für die Subtraktion? Überlege am Beispiel $18 - 7 - 5$.

5. a) $8 + 0$ b) $127 + 0$ c) $0 + 18$
d) $0 + 257$ e) $0 + 1$ f) $0 + 0$

Was kann man über die Summe sagen, wenn ein Summand 0 ist?

6. a) In der Schneckenaufgabe von S. 49 war
$1 + 2 + 3 + \ldots + 8 + 9 + 10$
zu berechnen. Das geht ganz leicht, wenn man die Zahlen geeignet umstellt. Wie?

b) Gehe ebenso vor bei
$1 + 2 + 3 + \ldots + 98 + 99 + 100.$

c) Und bei $2 + 4 + 6 + \ldots + 56 + 58.$

7. Herr Müller ist Vertreter. An den sechs Werktagen einer Woche hat er mit dem Firmenwagen folgende Strecken zurückgelegt:
234 km, 48 km, 95 km, 5 km, 137 km, 66 km.

Berechne im Kopf die Gesamtstrecke.
Versuche Rechenvorteile auszunutzen.

8. In Zeichnung 4 ist das Assoziativgesetz veranschaulicht worden. Erläutere die Zeichnung.

9. Welche Zahlen gehören in die leeren Kästchen der Zeichnung 5? Was wird in ihr veranschaulicht?

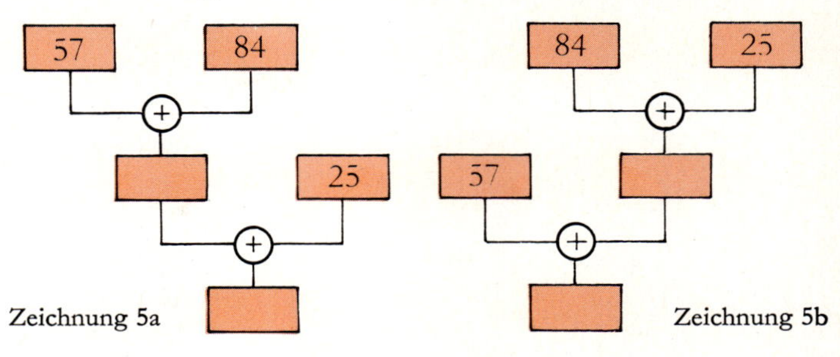

Zeichnung 5a Zeichnung 5b

10. Gegeben sind die Mengen $A = \{a; b; c\}$, $B = \{c; d; e\}$ und $C = \{c; e; f; g\}$. Bestimme die Mengen

a) $A \cap B$ und $B \cap A$
b) $A \cup B$ und $B \cup A$
c) $(A \cap B) \cap C$ und $A \cap (B \cap C)$
d) $(A \cup B) \cup C$ und $A \cup (B \cup C)$

Beachte, daß auch hier gilt: Klammern zuerst.
Welche Vermutungen liegen nahe?
Überprüfe sie mit anderen Mengen.

11. Karola behauptet:
„Ich weiß, wie man schnell feststellen kann, wie viele Elemente eine Vereinigungsmenge hat. Ich addiere einfach die Anzahlen der Elemente der Ausgangsmengen."
Stimmt das immer?
Anleitung: Betrachte die Mengen in Übung 10.

12. Franz hat am Dienstag Biologie, Deutsch, Mathe und Englisch. Am Montagnachmittag macht er seine Hausaufgaben. Er braucht für die vier Fächer nacheinander
eine Dreiviertelstunde, eine halbe Stunde, eine Viertelstunde und 20 Minuten.
Berechne im Kopf die Gesamtzeit. Mache es dir möglichst bequem.

13. Rechne im Kopf. Zunächst stur von links nach rechts und dann noch einmal mit Rechenvorteilen.

a) $33 + 28 + 72 + 67$
b) $86 + 49 + 77 + 14 + 51$
c) $129 + 68 + 532 + 171 + 244$
d) $25 + 27 + 29 + 31 + 33 + 35$

14. Welche beiden Zahlen haben die Summe 48 und die Differenz 10?

3. Schritt für Schritt

1. Aufgabe

Familie Wegner macht eine Busreise. An den 7 Tagen der Reisewoche legt der Bus folgende Strecken zurück: 527 km, 78 km, 183 km, 15 km, 239 km, 418 km und 1053 km. Wie lange ist der Reiseweg von Familie Wegner?

Lösungsweg

Solche umfangreichen Additionen führt man besser schriftlich durch. Wie man das macht, wollen wir uns am Beispiel 5146 + 297 noch einmal ansehen.

1. Schreibe die Summanden stellengerecht untereinander (Beispiel 1a)).
2. Addiere die Einerziffern und schreibe die Einerziffer der Summe (Beispiel 1b)).
   Wenn die Summe noch eine Zehnerziffer hat, so übertrage sie zur nächsten Stelle.
3. Gehe genau so bei den übrigen Stellen vor. Achte dabei stets auf den Übertrag von der vorherigen Stelle (Beispiel 1c)–e)).

Ob du die Überträge (wie die beiden Ziffern 1 im Beispiel 1) hinschreibst oder dir nur merkst, kannst du selbst entscheiden.

▶ Kann man auch im Fünfersystem schriftlich addieren?

Im Beispiel 2 siehst du eine solche Addition. Gehe sie Stelle für Stelle durch. Beginne wie im Zehnersystem bei der Einerstelle.
Vielleicht hilft dir das Rechenbrett in Zeichnung 1.

```
  5146      5146      5146      5146      5146
+  297    +  297    +  297    +  297    +  297
              1        11        11        11
          ------    ------    ------    ------
             3        43       5443      5443
```

Beispiel 1

```
  2341_V
  1423_V
  11
  ------
  4314_V
```

Beispiel 2

Stellenwert	...	$125 = 1000_V$	$25 = 100_V$	$5 = 10_V$	$1 = 1_V$
Summand		••	•••	••••	•
Summand		•	••••	••	•••
Summe		••• ←	(•••••) •• ←	(•••••) •	••••
		••••	•••	•	••••

Zeichnung 1

2. Aufgabe

Addiere schriftlich: a) $123_V + 201_V$ b) $2133_V + 1410_V$ c) $442_V + 1333_V$.

Gehe so vor wie im Zehnersystem.

Aber: Wann entsteht im Fünfersystem ein Übertrag?

Beispiel 3

3. Aufgabe

Beispiel 3 zeigt eine Addition im Zweiersystem. Überprüfe sie Stelle für Stelle von rechts nach links.

b) Zeichne ein Rechenbrett ähnlich dem in Zeichnung 1 und führe dort die Addition von Beispiel 3 durch.
c) Rechne: $101_{II} + 10_{II}$, $110_{II} + 1101_{II}$, $11_{II} + 111_{II}$.

Übungen

1. a) $\begin{array}{r} 4093 \\ +\ 626 \\ \hline \end{array}$ b) $\begin{array}{r} 1874 \\ +16285 \\ \hline \end{array}$ c) $\begin{array}{r} 53738 \\ +108273 \\ \hline \end{array}$

2. Addiere schriftlich.

a) 523 + 96 b) 7821 + 679 c) 186 + 60374
d) 5834 + 271 + 19329 e) 88 + 537 + 2565
f) 73604 + 1839 + 15786 + 237 + 58023

3. Berechne die Summe der Zahlen

403 517, 62 519, 84 777, 25 632 und 34 581

4. Addiere die Summe der Zahlen 584 und 293 zur Summe der Zahlen 1265 und 448.

5. a) $\begin{array}{r} 230_V \\ +124_V \\ \hline \end{array}$ b) $\begin{array}{r} 1423_V \\ +\ 331_V \\ \hline \end{array}$ c) $\begin{array}{r} 32044_V \\ +24130_V \\ \hline \end{array}$

6. Berechne die Summe der Zahlen

$2\,033_V$, 412_V, 340_V und $4\,123_V$.

Kontrolliere deine Rechnung, indem du alle Zahlen in Zehnerzahlen umwandelst und die Addition im Zehnersystem wiederholst.

7. a) $\begin{array}{r} 1011_{II} \\ +\ 100_{II} \\ \hline \end{array}$ b) $\begin{array}{r} 101_{II} \\ +1001_{II} \\ \hline \end{array}$ c) $\begin{array}{r} 10111_{II} \\ +\ 1010_{II} \\ \hline \end{array}$

8. $1011_{II} + 101_{II} + 1001_{II} + 110_{II}$

Kontrolliere deine Rechnung durch Umwandeln ins Zehnersystem.

9. $523 + 231_V + 1000_{II} + 263$

10. Stephan ‚addiert' römische Zahlen:
Was meinst du dazu? Kontrolliere im Zehnersystem. Versuche, deine Meinung zu begründen.

$\begin{array}{r} \text{X V III} \\ +\ \ \text{I X} \\ \hline \text{X VI X III} \end{array}$

11.

Land (Stand 1975)	Fläche in km²	Bevölkerung in 1000
Baden-Württemberg	35 751	9 197
Bayern	70 547	10 830
Berlin (West)	480	2 004
Bremen	404	721
Hamburg	753	1 726
Hessen	21 112	5 564
Niedersachsen	47 426	7 252
Nordrhein-Westfalen	34 057	17 177
Rheinland-Pfalz	19 835	3 678
Saarland	2 569	1 100
Schleswig-Holstein	15 678	2 584

Tafel 1

Bestimme die Fläche und die Einwohnerzahl der Bundesrepublik Deutschland.

12. 12 ist eine ‚Treppenzahl', denn sie ist die Summe aufeinanderfolgender Zahlen:

12 = 3 + 4 + 5

und läßt sich deshalb als Treppe darstellen (Zeichnung 2).

3 4 5

Zeichnung 2

Auch 3 und 22 sind Treppenzahlen:

3 = 1 + 2 22 = 4 + 5 + 6 + 7.

Welche der Zahlen 0, 1, 2, 3, ..., 50 sind Treppenzahlen?

Flohmarkt

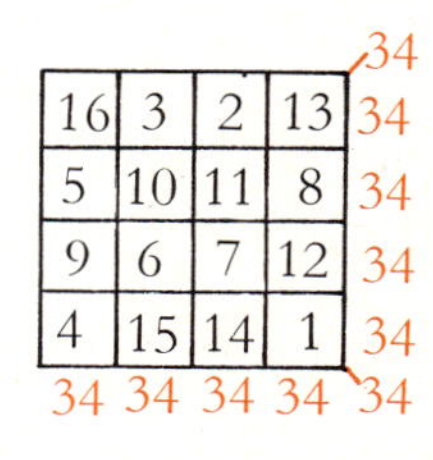

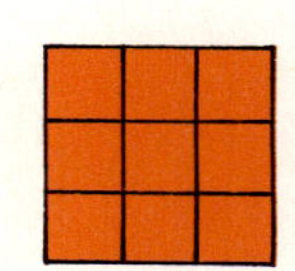

Quadrate, in denen die Zahlen 1, 2, 3, ... so stehen, daß sich in allen Zeilen, in allen Spalten und in beiden Diagonalen dieselbe Summe ergibt, heißen **Zauberquadrate**. Links siehst du ein solches Zauberquadrat. Vervollständige auch die anderen Quadrate zu Zauberquadraten. Viel Spaß!

4. Altes und Neues

Foto 1

Vergleich

1. Du hast auf einem Markt für 8,35 DM eingekauft und bezahlst mit einem 20 DM-Schein. Die Marktfrau muß dir herausgeben. Wie macht sie das?
2. Du sollst schriftlich subtrahieren: 7814 – 2372. Wie geht das?

Was haben die beiden Rechnungen in 1. und 2. miteinander gemeinsam?

Beobachtung

In beiden Fällen wird eigentlich nicht subtrahiert, sondern ergänzt.

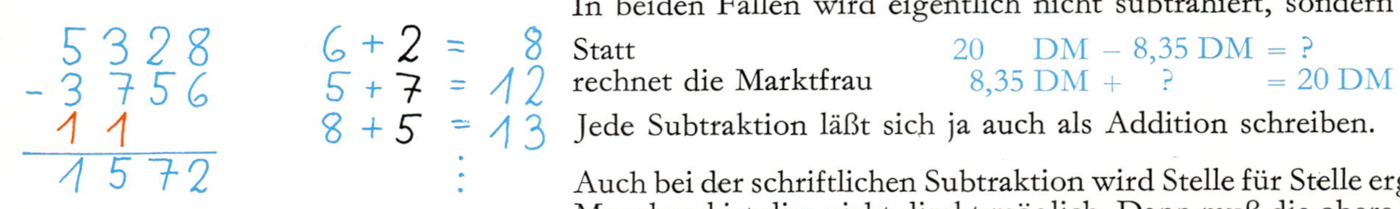

Beispiel 1

Statt 20 DM – 8,35 DM = ?
rechnet die Marktfrau 8,35 DM + ? = 20 DM
Jede Subtraktion läßt sich ja auch als Addition schreiben.

Auch bei der schriftlichen Subtraktion wird Stelle für Stelle ergänzt (Beispiel 1). Manchmal ist dies nicht direkt möglich. Dann muß die obere Ziffer um 10 vermehrt werden. Zum Ausgleich wird die linke Nachbarziffer um 1 vermindert oder aber die Ziffer darunter um 1 vermehrt.
Wie kann man eine schriftliche Subtraktion am besten und am schnellsten überprüfen? Erläutere deinen Vorschlag an Beispiel 1.

$$\begin{array}{r} 5376 \\ -2118 \\ -\;\;643 \\ \hline \end{array}$$

Beispiel 2

1. Aufgabe

Subtrahiere schriftlich: a) 748 – 513 b) 15 604 – 7 813.
Kontrolliere jedesmal durch Addition.

2. Aufgabe

Die Aufgabe in Beispiel 2 kannst du in zwei schriftliche Subtraktionen zerlegen. Es geht aber auch auf einen Schlag. Weißt du wie?

$$\begin{array}{r} 11001_{II} \\ -\;1100_{II} \\ 1\;\;\;\;\;\; \\ \hline 1101_{II} \end{array}$$

Beispiel 3

Zweiersystem

Selbstverständlich kann man auch in anderen Stellenwertsystemen schriftlich subtrahieren. Das geschieht wie im Zehnersystem durch geeignetes Ergänzen. Beispiel 3 zeigt eine schriftliche Subtraktion im Zweiersystem.

a) Überprüfe sie Stelle für Stelle.
b) Rechne: $1100_{II} - 100_{II}$, $1001_{II} - 11_{II}$, $11001_{II} - 110_{II}$.
c) Kontrolliere alle Rechnungen in b) durch entsprechende Addition.

$$\begin{array}{r} 4324_{V} \\ -1443_{V} \\ 11\;\;\;\;\;\; \\ \hline 2331_{V} \end{array}$$

Beispiel 4

Fünfersystem

Subtrahiere schriftlich: a) $2413_{V} - 2102_{V}$ b) $43021_{V} - 2041_{V}$.
In Beispiel 4 ist eine Subtraktion im Fünfersystem durchgeführt. Schaue sie dir genau an, wenn du mit a) oder b) Schwierigkeiten hast.

Übungen

1. a) $\begin{array}{r} 1783 \\ -\ 521 \\ \hline \end{array}$ b) $\begin{array}{r} 81503 \\ -\ 7814 \\ \hline \end{array}$ c) $\begin{array}{r} 210763 \\ -168544 \\ \hline \end{array}$

Kontrolliere jede Subtraktion durch die entsprechende Addition.

2. Rechne schriftlich.

a) 25 738 + 12 376 − 11 859
b) 137 512 − 68 413 − 12 458
c) 4 814 + 5 037 + 9 446 − 7 823 + 63 809
d) 389 − 247 + 919 − 771 + 943 − 318

3. a) Addiere die Summe der Zahlen 875 und 1437 zur Differenz der Zahlen 4 571 und 2 384.
b) Subtrahiere die Differenz der Zahlen 6 723 und 4 695 von der Summe der Zahlen 8 349 und 5 077.

4. a) Welche Zahl muß zu 16 871 addiert werden, damit die Summe 34 055 entsteht?
b) Wie groß muß der Subtrahend sein, wenn der Minuend 6 378 ist und die Differenz 3 456 sein soll?
c) Wie groß muß der Minuend sein, wenn der Subtrahend 804 ist und die Differenz 914 sein soll?

5. a) Wie verändert sich die Summe, wenn man einen Summanden vergrößert (verkleinert)?
b) Wie verändert sich die Differenz, wenn man den Minuend vermehrt (vermindert)?
c) Wie verändert sich die Differenz, wenn man den Subtrahend vermehrt (vermindert)?

6. a) $\begin{array}{r} 4321_{V} \\ -2311_{V} \\ \hline \end{array}$ b) $\begin{array}{r} 41302_{V} \\ -33231_{V} \\ \hline \end{array}$ c) $\begin{array}{r} 1111_{V} \\ -\ 444_{V} \\ \hline \end{array}$ d) $\begin{array}{r} 4023_{V} \\ -1343_{V} \\ \hline \end{array}$

Überprüfe jedesmal durch Addition oder durch Umwandeln ins Zehnersystem.

7. a) $\begin{array}{r} 101110_{II} \\ -\ 11001_{II} \\ \hline \end{array}$ b) $\begin{array}{r} 110011_{II} \\ -\ 10101_{II} \\ \hline \end{array}$ c) $\begin{array}{r} 1001110_{II} \\ -\ 110011_{II} \\ \hline \end{array}$

Überprüfe jedesmal durch Addition oder durch Umwandeln ins Zehnersystem.

8. a) XXIX + XVII b) XCIII − LIX c) CDV − CXII

9. Herr und Frau Brauer sind berufstätig. Nach Abzug aller Steuern und Abgaben bleibt ihnen ein Monatseinkommen von 3100 DM. Fest eingeplant sind bei Familie Brauer folgende Ausgaben:

Miete	400 DM	Auto	250 DM
Versicherungen	180 DM	Essen	1000 DM
Urlaubskasse	150 DM	Kleidung	300 DM

Was bleibt dann noch?

10. Herr Huber kauft sich ein neues Auto zu 12 700 DM. Das alte mußte er verschrotten lassen. Er bekam dafür 250 DM. Vorher hatte er aber noch die fast neuen Reifen zu insgesamt 320 DM verkauft.

11. Herr Weber notiert sich an jedem 1. Januar den Kilometerstand seines Autos.

1. 1. 1974	42 738 km	1. 1. 1977	98 726 km
1. 1. 1975	61 527 km	1. 1. 1978	17 512 km
1. 1. 1976	80 896 km	1. 1. 1979	33 947 km

In welchem Jahr hat er mit seinem Auto die größte Strecke zurückgelegt?

Floßmarkt

Wenn du dir aus Karton ein Quadrat herstellst und in der angegebenen Weise zerschneidest, so hast du ein *Tangram*, ein altes chinesisches Legespiel.

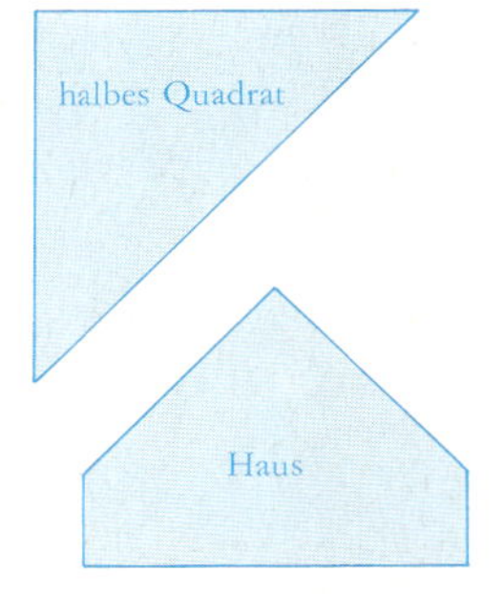

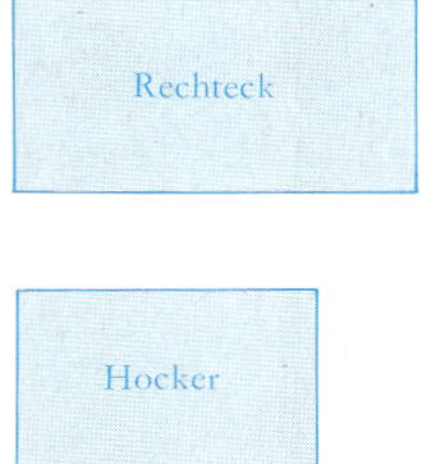

Lege mit den Tangram-Stücken die Figuren, die du rechts (in etwas verkleinerter Form) siehst. Bei jeder Figur sollst du alle 7 Stücke benutzen.

5. Klammer auf — Klammer zu

Du kennst Klammern aus deiner Umwelt. Meist halten sie etwas zusammen und helfen Ordnung schaffen.
Was sollen Klammern in der Mathematik?

1. Aufgabe

Frau Klein wünscht sich schon lange eine Handtasche. Heute sieht sie, daß sie jetzt nur noch 82,— DM kosten soll.
Sie hatte zwar 150,— DM dabei, aber sie hat bereits im Lebensmittelgeschäft für 38,— DM eingekauft. Außerdem muß sie noch ein Kleid von der Schneiderin abholen und dort 28,— DM an Änderungskosten bezahlen.

a) Was rechnet Frau Klein aus?
b) In welcher Reihenfolge rechnet sie?
c) Zu welchem Ergebnis kommt sie?

Lösungsmöglichkeiten

Für Frau Klein gibt es verschiedene Möglichkeiten. Zwei davon veranschaulichen wir in einem **Rechenbaum** (Zeichnung 1 und Zeichnung 2).

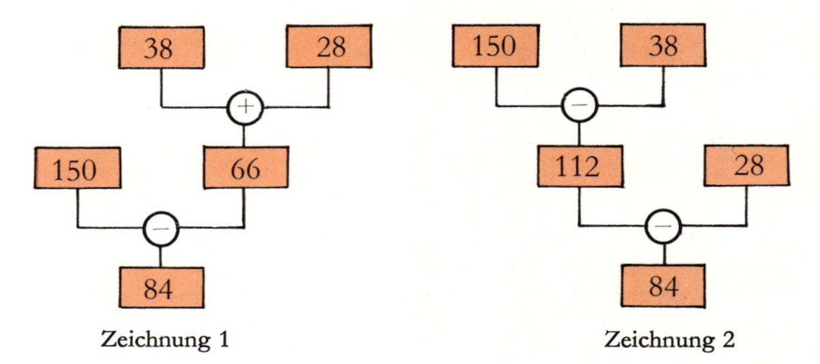

Zeichnung 1　　　Zeichnung 2

Jeder Rechenbaum schreibt eine Reihenfolge vor.
Eine solche Vorschrift über die Reihenfolge der Ausrechnung kann man einfacher auch durch Klammern darstellen.

$150 - (38 + 28) = 150 - 66 = 84$　　　$(150 - 38) - 28 = 112 - 28 = 84$

■ Was in der Klammer steht, wird zuerst gerechnet.

2. Aufgabe

Berechne und vergleiche dann:

a) $86 + (23 - 9)$ und $(86 + 23) - 9$
b) $86 - (23 - 9)$ und $(86 - 23) - 9$
c) $86 + (23 + 9)$ und $(86 + 23) + 9$
d) $86 - (23 + 9)$ und $(86 - 23) + 9$

3. Aufgabe

a) $(73 + 39) - 35$
b) $(85 - 47) + 138$
c) $152 - (82 - 37)$
d) $17 + (91 - 19)$
e) $(54 - 18) + (37 + 14)$
f) $(32 + 129) - (52 - 16)$

Übungen

1. Berechne.

a) $(573 - 235) - 107$ b) $4\,619 + (5\,231 - 4\,725)$
c) $(875 - 369) - (317 - 285)$
d) $9\,618 - (12\,583 - 8\,697)$ e) $(785 + 649) - 1\,277$
f) $(7\,315 - 2\,587) + 459$

2. In Zeichnung 3 ist Übung 1a) als Rechenbaum dargestellt.

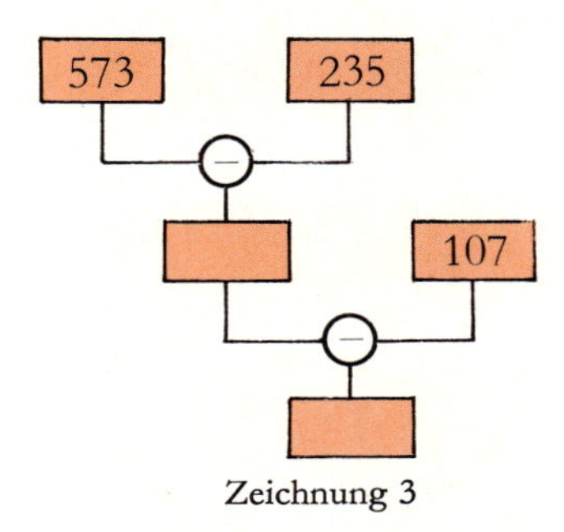

Zeichnung 3

Stelle die anderen Übungen ebenfalls als Rechenbaum dar.

3. Vervollständige den Rechenbaum zu
$3217 + (782 - 59) + (621 + 2018)$.

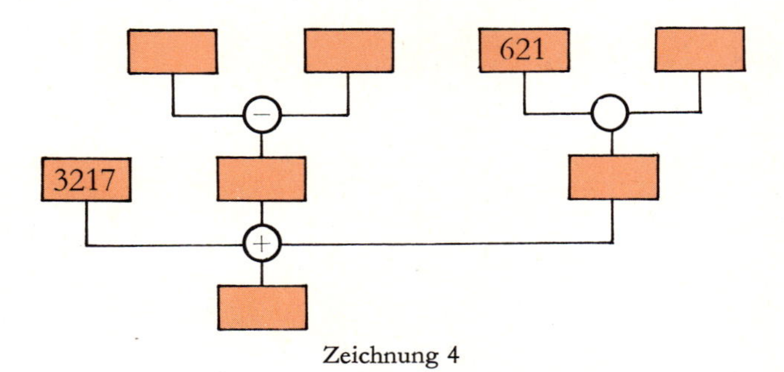

Zeichnung 4

4. Schreibe mit Klammern und rechne.

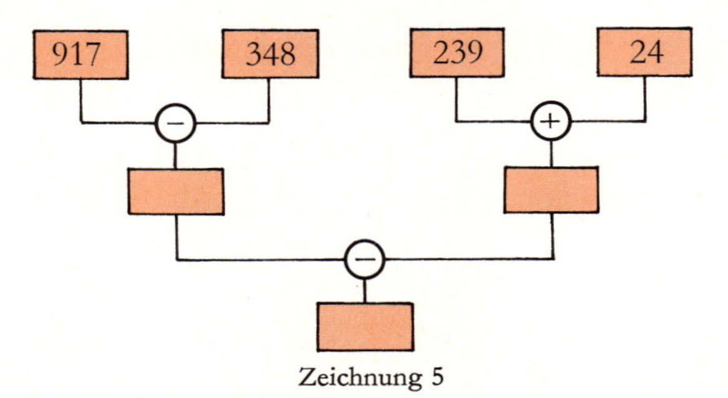

Zeichnung 5

5. Subtrahiere von 863

a) die Summe der Zahlen 192 und 219
b) die Differenz der Zahlen 192 und 57
c) die Summe der Zahlen 215, 87 und 549.

6. Schreibe mit Klammern und rechne.

a) Subtrahiere von der Summe der Zahlen 89 und 115 die Differenz der Zahlen 92 und 48.
b) Addiere zu der Differenz der Zahlen 2 391 und 1 517 die Summe der Zahlen 9 763 und 3 224.
c) Subtrahiere von der Differenz der Zahlen 6 000 und 1 298 die Differenz der Zahlen 293 und 257.
d) Addiere zur Summe der Zahlen 982 und 715 die Differenz dieser Zahlen.
e) Subtrahiere von der Zahl 3 098 die Summe der Zahlen 217, 385 und 748.

7. Die Übung 1a) fordert: Subtrahiere von der Differenz der Zahlen 573 und 235 die Zahl 107.
Wie lauten die Rechenbefehle in den Übungen 1b)-f)?

8. In Zeichnung 5 ist eine Klammeraufgabe als Rechenbaum dargestellt.

a) Wie lautet der Rechenbefehl?
b) Schreibe mit Klammern und rechne.

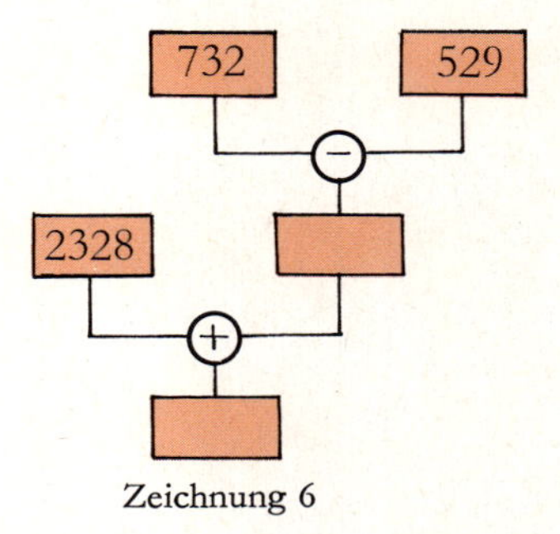

Zeichnung 6

9. Gerhard unternimmt eine dreitägige Radtour. Am ersten Tag legt er 72 km zurück, am zweiten Tag sind es 57 km und am dritten Tag 68 km. Sein Kilometerzähler zeigt jetzt 913 km an.
Schreibe mit Klammern und berechne:

a) die zurückgelegte Gesamtstrecke
b) den Kilometerstand bei Beginn der Radtour.

10. Von einem Ballen Stoff werden nacheinander verkauft: 3,50 m, 2,25 m, 4 m, 1,75 m und 1,50 m.
Der Ballen enthielt vorher noch 17,50 m Stoff.
Schreibe als Klammeraufgabe und berechne den noch verbliebenen Rest.

BIO-TEST

Die __________ verlassen uns jetzt wieder. Der __________ veranlaßt sie zu der weiten Reise. Sie richten sich auf dem Weg nach der __________ oder nach dem __________. Der Erforschung des Reiseweges dienen die __________.

6. Wahr oder falsch

Bio-Test

Bei einem Biologietest hat Uwe die Lücken ausgefüllt.

Die Zugvögel verlassen uns jetzt wieder.
Der Zugtrieb veranlaßt sie zu der weiten Reise.
Sie richten sich auf dem Weg nach der Sonne oder nach dem Sternenhimmel
Zur Erforschung des Reiseweges dienen die Futterstellen

Der Biologielehrer prüft, ob diese Aussagen richtig oder falsch sind.

Eine **Aussage** ist entweder wahr oder falsch.

Mathe-Heft

In Uwes Mathematikheft befinden sich folgende Eintragungen:

a) 2 ist eine gerade Zahl.
b) Die Summe von 1 und 7 ist größer als 8.
c) 21 ist das Doppelte von 42.
d) 7 ist eine ungerade Zahl.
e) Ist 49 durch 7 teilbar?
f) $71 + 39 = 100$

Welche Eintragungen sind wahr, welche falsch?
Die Eintragungen, die weder wahr noch falsch sind, sind keine Aussagen.

Test-Blatt

Das Testblatt in Biologie hatte ursprünglich leere Stellen.
Auf dem Blatt standen noch keine Aussagen; es waren **Aussageformen.**
Erst Uwes Eintragungen machen aus den Aussageformen wahre oder falsche Aussagen.

Aussageformen haben Leerstellen.
Füllt man die Leerstellen aus, entstehen **Aussagen.**

1. Aufgabe

Fülle die Leerstellen der Aussageformen so aus, daß wahre Aussagen entstehen.

a) ▭ liegt am Rhein.
b) ▭ ist größer als 25.
c) ▭ ist eine Hafenstadt.
d) 17 + ▭ = 47
e) Die ▭ ist ein Zugvogel.
f) Das ▭ hat vier Ecken.

2. Aufgabe

Erfinde selbst Aussageformen.
Lasse sie von deinem Nachbarn zu wahren Aussagen ergänzen.

3. Aufgabe

Entscheide jeweils:
Ist das eine Aussage, eine Aussageform oder keines von beiden?

a) Rudi rechnet laut.
b) $3\,275 + 8\,532 = 11\,807$
c) Wer rechnet nach?
d) $12\,707 - 8\,532 =$ __________
e) Du sollst nicht schummeln!
f) ____ + ____ = 14
g) $3\,275 + 8\,532 = 12\,707$
h) Herein!
i) Wer ist ______?
j) 7 ist eine Ziffer.

Übungen

1. Wo stehen Aussagen?

a) Paß gut auf!
b) Ein Quadrat hat vier Ecken und vier Seiten.
c) $1385 + 3000 + 7000 = 11385$
d) Wieso ist 13 eine Unglückszahl?
e) $231 - 199 + 27 - 38 = 115$
f) Köln ist eine Großstadt am Rhein.
g) $51 + 39 + (48 - 17) = 111$
h) Kommst du zurecht?
i) Warum brauchst du nicht zu rechnen?

2. Wo stehen Aussageformen?
Ergänze so, daß Aussagen entstehen.

a) $1753 + \square > 2000$
b) Der $\square$ ist ein Fluß in Afrika.
c) $15 - 6 = 9$
d) Karl ist noch größer.
e) $\square - 3 = 852$
f) $213 + 7 = 220$
g) x ist ein Buchstabe.
h) $\square$ lebt im Wald.
i) $4 < \square$
k) Vorsicht, Falle!
l) $3 - 5 = ?$ Das läßt sich nicht rechnen.
m) Hallo, wie geht's?

3. Gib drei Beispiele für

a) wahre Aussagen
b) falsche Aussagen.

4. Mache zu wahren Aussagen:

a) $\square + 4 = 7$
b) $\square - 17 = 4$
c) $8 + \square = 10$
d) $25 + \square = 74$
e) $93 - \square = 7$
f) $9 < \square$
g) $236 > \square$
h) $30 - \square > 19$
i) $27 + \square < 29$
j) $73 + 81 = \square$

5. Erfinde selbst Aussageformen, die durch Rechnen zu Aussagen werden.
Tausche sie mit deinem Nachbarn aus. Ergänze zu wahren Aussagen.

6. Löse die Aussageformen durch richtiges Einsetzen.

a) $403 + \square = 427$
b) $15 - \square > 13$
c) $\square < 100 - 98$
d) $119 + \square = 172$
e) $123 - \square = 90 + 5$
f) $51 + 17 = 83 - \square$
g) $65 + (17 - 4) = 92 - \square$
h) $74 - (43 - 24) = \square$

7. Was muß man für die Leerstellen einsetzen, damit folgende Aussageformen zu wahren Aussagen führen? Gib alle Möglichkeiten an.

a) $\square$ ist eine gerade Zahl und kleiner als 12.
b) $\square$ steht im Alphabet zwischen den Buchstaben i und n.
c) Das Doppelte von 24 ist $\square$
d) $\square$ ist eine ungerade Zahl, größer als 9 und kleiner als 23.
e) $\square$ ist die Hälfte von 18.
f) $\square$ ist die Summe aus 17, 18 und 19.
g) $\square$ ist die Differenz von 97 und 39.
h) $\square$ ist ein Buchstabe der im Alphabet nach o und vor z steht.
i) $\square$ ist größer als die um 7 vermehrte Differenz von 59 und 13 und kleiner als 60.
k) $\square$ ist eine ungerade Zahl, größer als das Doppelte von 27 und kleiner als die Hälfte von 132.
l) $\square$ ist die Treppenzahl aus 15, 16 und 17.
m) $\square$ ist um 15 kleiner als die Summe von 341 und 538, vermindert um 4.
n) $\square$ ist die Summe von 57 und 28, vermehrt um die Differenz dieser Zahlen.

8. Mache aus folgenden Aussagen Aussageformen.

a) $67 + 67 = 134$
b) $1\,823 + 5 < 1\,838 - 9$
c) $7 > 19$
d) $3 + 4 + 5 = 12$
e) z ist ein Buchstabe
f) $12 + 13 = 27 - 2$
g) $(5 + 5) - 2 = 4 + 4$
h) $3 + 6 = 75$

9. Wie lauten die wahren Aussagen?

a) $(512 + 37) - \square = 200$
b) $57 - \square < 1$
c) $327 - (18 + \square) = 300$
d) $\square + 98 < 99$
e) $\square - (39 - 17) = 25$
f) $3 \cdot \square < 2$

Flohmarkt

In 5 Säcken sind verschieden viele, aber gleichgroße Stahlkugeln. Jemand hat aus einem Sack eine der Kugeln herausgenommen. Durch höchstens zweimaliges Wiegen sollst du herausfinden, aus welchem der Säcke. Du darfst aber keine Gewichtsstücke benutzen.

7. Größer gleich kleiner

Annes 1. Wurf: 

Annes 2. Wurf: 

Berts 1. Wurf: 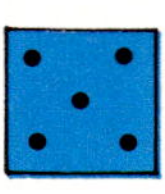

Würfelspiel

Anne und Bert haben sich ein Würfelspiel ausgedacht. Anne würfelt zweimal und addiert die Augenzahlen. Bert würfelt nun auch zweimal. Aber vor dem zweiten Wurf muß er raten, ob er eine größere oder die gleiche oder eine kleinere Augensumme als Anne erzielt.
Anne hat 6 und 3 gewürfelt. Berts 1. Wurf ist eine 5. Bert tippt darauf, eine größere Augensumme als Anne zu erreichen. Mit welchem Ergebnis für den 2. Wurf hat er richtig geraten? Wie hättest du an Berts Stelle getippt? Da Bert beim 2. Wurf eine 2 würfelt, ist seine Augensumme nur 7, und er verliert.

Gut getippt ist halb gewonnen

Nun darf Anne raten. Bert würfelt zunächst eine 3, dann eine 5; also ist die Augensumme 8. Anne würfelt eine 4. Bevor sie sich entscheidet, will sie alle Möglichkeiten notieren: ihre Augensumme kann größer, gleich oder kleiner sein.

▶ Wie macht sie das?

$4 + x > 8$
$L = \{5; 6\}$

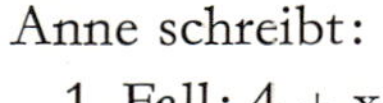

$4 + x = 8$
$L = \{4\}$

$4 + x < 8$
$L = \{1; 2; 3\}$

Anne schreibt:

1. Fall: $4 + x > 8$ Gewinnzahlen: 5,6
2. Fall: $4 + x = 8$ Gewinnzahl: 4
3. Fall: $4 + x < 8$ Gewinnzahlen: 1, 2, 3

Anne entscheidet sich für eine kleinere Augensumme. Warum?
Aussageformen, wie sie Anne im 1. und 3. Fall benutzt hat, nennt man **Ungleichungen**. Im 2. Fall tritt eine **Gleichung** auf. In allen drei Fällen zeigt der **Platzhalter** x eine Leerstelle an. Wenn man im 1. Fall den Platzhalter durch eine der Zahlen 5 oder 6 ersetzt, entsteht eine wahre Aussage. Diese Zahlen heißen dann **Lösungen** der Ungleichung $4 + x > 8$ und bilden zusammen ihre **Lösungsmenge** L. Beachte, daß bei all diesen Aussageformen nur die Einsetzungen 1, 2, 3, 4, 5, 6 erlaubt sind. Diese Zahlen bilden die **Grundmenge** G.

> Zu jeder Ungleichung und zu jeder Gleichung gehören eine Grundmenge und eine Lösungsmenge.
> Die **Grundmenge** ist die Menge der erlaubten Einsetzungen.
> Die **Lösungsmenge** ist die Menge der erlaubten Einsetzungen, die zu einer wahren Aussage führen.
> Die Lösungsmenge ist immer eine Teilmenge der Grundmenge.

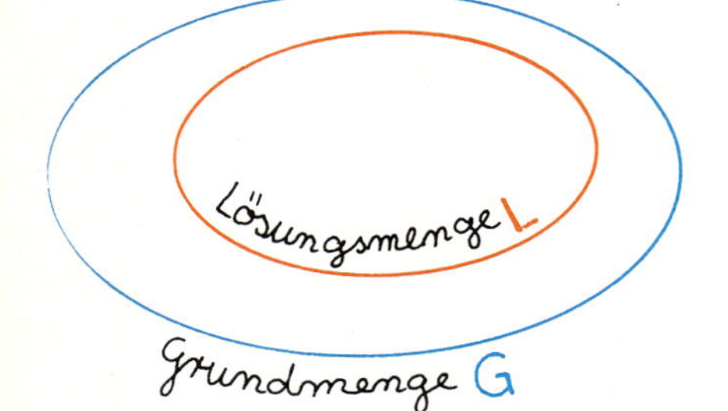

Zeichnung 1

Aufgabe

Anne und Bert haben ihr Spiel schwieriger gemacht. Sie würfeln jedesmal mit zwei Würfeln.
Welche Zahlen gehören jetzt zur Grundmenge?
Schreibe jedesmal die Gleichung und die Ungleichungen. Gib die Lösungsmengen an.

Anne würfelt die Augensumme	21	8	11	12	7	18	10
Berts 1. Wurf	11	7	6	5	7	12	8

Übungen

1. Untersuche, welche Zahlen aus der Grundmenge $G = \{1; 2; 3; 4; 5; 6\}$ Lösungen sind. Beachte: Die Buchstaben a, m, x, y, z sind Platzhalter für Leerstellen.

a) $5 + x = 8$ b) $y + 2 > 5$
c) $24 - 19 < x$ d) $(7 - 2) + u > 2$
e) $x - 1 = 4$ f) $88 + z < 94$
g) $51 > a + 48$ h) $(16 - m) + 2 = 13$

2. Bestimme zu den verschiedenen Grundmengen die Lösungen der Ungleichung $z + 17 > 31$.

a) $G = \{6; 7; 8; 9; 10; 11; 12; 13; 14; 15; 16\}$
b) $G = \{10; 11; 12; 13; 14; 15; 16; 17; 18; 19; 20\}$
c) $G = \{1; 2; 3; 4; 5; 6; 7; 8; 9; 10\}$
d) $G = \{20; 21; 22; 23; 24; 25; 26; 27; 28; 29; 30\}$
e) G = Menge der natürlichen Zahlen kleiner als 15

3. Suche die Lösungen folgender Gleichungen und Ungleichungen. Es ist G = Menge $\mathbb{N}$ der natürlichen Zahlen.
Schreibe so: $4 + x < 7$; $L = \{1; 2\}$

a) $x + 12 = 21$ b) $x + 83 < 92$
c) $76 - 59 > x$ d) $23 + x < 35$
e) $87 + x < 100$ f) $(17 - 9) + x = 39$
g) $(x + 32) - 18 = 25$ h) $(x + 5) - 8 < 7$

4. Bestimme zuerst die größtmögliche Grundmenge und dann die Lösungsmenge.

a) $x - 14 < 20$ b) $24 - x > 20$
c) $17 - 4 < x$ d) $18 + x = 55$
e) $17 - (20 - x) < 2$ f) $12 - (4 + x) < 5$

5. Peter hat mit Tinte gekleckst. Was stand da?

a) $G = \{1; 2; 3; 4; 5; \ldots\}$
$x <$ $L = \{1; 2; 3; 4\}$
b) $G = \{2; 4; 6; 8; 10; \ldots\}$
$< y$; $L = \{8; 10; 12; 14; \ldots\}$

6. Schreibe als Aussageform und bestimme die Lösungsmenge.

a) Wenn man zu einer Zahl 9 addiert, ergibt sich 25.
b) Wenn man von einer Zahl 5 subtrahiert, ist das Ergebnis kleiner als 7.
c) Wenn man von einer Zahl 18 subtrahiert, erhält man das Doppelte von 16.
d) Wenn man eine Zahl zu 15 addiert und die Summe von 21 subtrahiert, so erhält man wieder die gesuchte Zahl.
e) Wenn man 13 von einer Zahl subtrahiert, erhält man eine Zahl, die kleiner als 5 ist.

7. Peter hat von seinem Opa zum Jahrmarkt 10 DM erhalten. Er hat bereits 3,50 DM für die Geisterbahn und 2,75 DM für Süßigkeiten ausgegeben. Interesse hat er noch an einem Fußball (5,90 DM), an einer Dreierkarte für die Achterbahn (3 DM) und an einer Riesenbockwurst mit Senf (2,20 DM). Was kann Peter sich noch leisten?

8. Welches sind die Lösungen folgender Aussageformen?

a) $x + 17 < 20$; $G = \{10; 20; 30; 40; 50\}$
b) $8 - y = 2$; $G = \{0; 1; 2; 3; 4; 5\}$
c) $18 + z > 35$; $G = \{2; 4; 6; 8; 10\}$
d) $t - 40 = 20$; $G = \{100; 200; 300\}$

Es gibt also Gleichungen und Ungleichungen, die keine Lösungen haben. Die Lösungsmenge ist leer, es ist die **leere Menge**. Wir schreiben: $L = \{\ \}$.

9. Gib die Lösungsmengen an. Beachte: Für gleiche Platzhalter darf man nur gleiche Zahlen einsetzen.

a) $8 - x < 6 + x$; $G = \{0; 1; 2; 3; 4; 5; 6; 7; 8\}$
b) $3 \cdot x > 3 + x$; $G = \{0; 1; 2; 3; 4\}$
c) $x + 17 = 23 - x$; $G = \{0; 1; 2; 3; 4; 5; \ldots\}$
d) $x - 1 > 5 - x$; $G = \{1; 2; 3\}$
e) $2 - x < 2 + x$; $G = \mathbb{N}$
f) $2 - x > 2 + x$; $G = \mathbb{N}$

Flohmarkt

Der 4-Liter-Krug und der 5-Liter-Krug sind ganz mit Limonade gefüllt. In den jetzt noch leeren 7-Liter-Krug soll 1 Liter Limonade abgefüllt werden. Die beiden anderen Krüge sollen dann je 4 Liter enthalten.
Wie muß man vorgehen?

Zeichnung 1

Zeichnung 2

Zeichnung 3

1. Ellenlang

Gräfin Adelheidt kauft 3 Ellen Stoff.
Frau Amtsrätin kauft 3 Stablängen Stoff.
Frau Schulze kauft 3 Meter Stoff.

▶ Womit wird gemessen?
Was haben die Längenangaben gemeinsam?
Worin unterscheiden sie sich?

Gemeinsam: Der Verkäufer legt dreimal sein Maß an.

Unterschied: Zeichnung 1: Der Verkäufer mißt mit der Elle.
Zeichnung 2: Der Verkäufer mißt mit dem Schneiderstab.
Zeichnung 3: Der Verkäufer mißt an einer 1 m langen Tischkante mit dem Metermaß.

Wir stellen fest: 3 Ellen = 1 Elle + 1 Elle + 1 Elle
3 Stablängen = 1 Stablänge + 1 Stablänge + 1 Stablänge
3 Meter = 1 Meter + 1 Meter + 1 Meter

Ergebnis: Die **Maße** sind unterschiedlich: Elle, Stablänge, Meter.
Die **Maßzahl** ist jedesmal dieselbe. Sie ist 3, weil jeweils dreimal hintereinander das Maß abgetragen wird.

Früher hatte man als Maße die ‚Naturmaße' Spanne, Elle, Klafter, Fuß.
Heute benutzt man in der Regel Meter.
Ausnahmen: Zoll bei Rohren, Meile in den USA, Seemeile in der Schiffahrt.

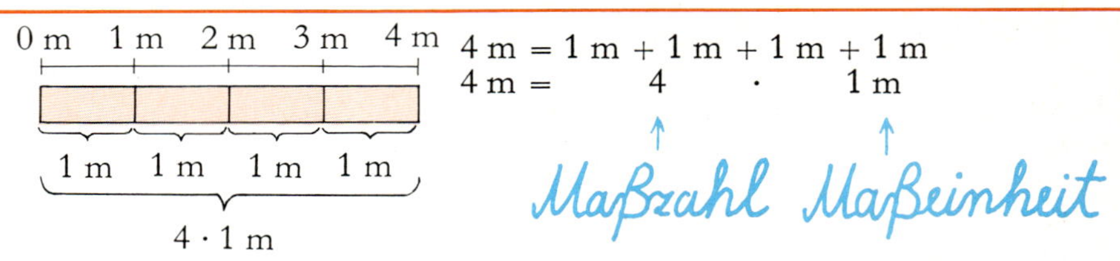

Eine Länge messen heißt vergleichen mit einem Längenmaß.

In Europa sind folgende Längenmaße gebräuchlich:

1 Kilometer;	Schreibweise:	1 km
1 Meter;	Schreibweise:	1 m
1 Dezimeter;	Schreibweise:	1 dm
1 Zentimeter;	Schreibweise:	1 cm
1 Millimeter;	Schreibweise:	1 mm

Aufgabe

Mit welcher Längeneinheit mißt man meist?

die Entfernung zwischen zwei Städten
die Abmessung einer Briefmarke
die Weite eines Hemdenkragens
den Durchmesser eines Rohres
die Länge eines Hauses
die Dicke einer Bleistiftmine
die Dicke eines Buches
die Höhe eines Zimmers

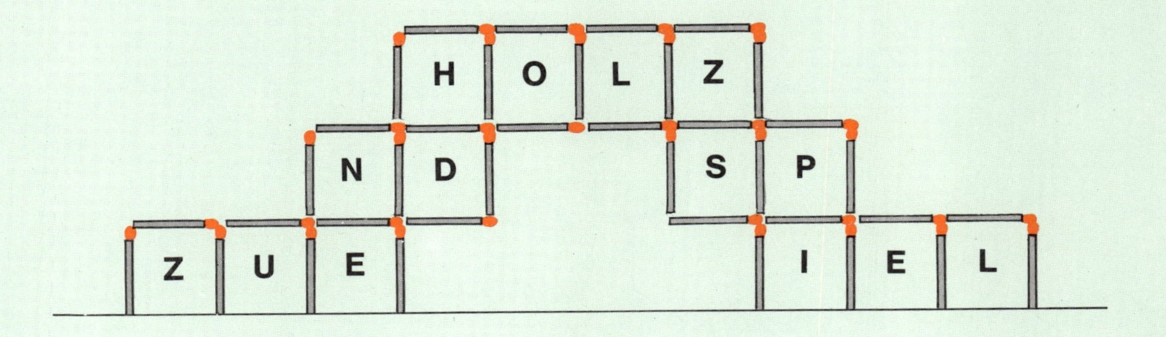

Du brauchst:

- einen *Spielpartner*
- farbige *Zündhölzer*
- ein *Spielfeld*

Das Spielfeld besteht aus einem Gitter mit roten Punkten und einem Gitter mit blauen Punkten. Als Spielsteine brauchst du ungefähr 40 Zündhölzer. Brich ihre Köpfe ab. Färbe 20 Hölzchen rot und 20 blau.

Die Regeln sind fast dieselben wie beim Wabenspiel.
Anders ist nur:

1. Eine *Brücke* besteht diesmal aus einer ununterbrochenen Kette von Zündhölzern, die von einem Rand des Spielfelds zum gegenüberliegenden Rand reicht.
2. Wer am Zug ist, verbindet mit einem Zündholz zwei Punkte der eigenen Farbe längs der eingezeichneten Linien.
3. Zündhölzer dürfen sich nicht kreuzen.

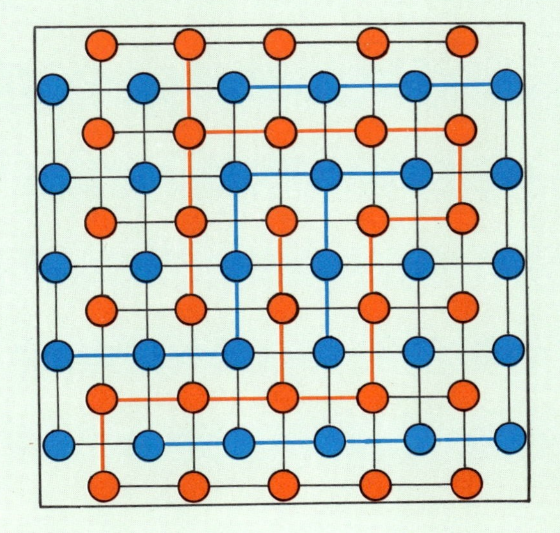

Dieses Spiel hat „rot" gewonnen.

Jetzt legt mal schön!

Jetzt setzt mal schön!

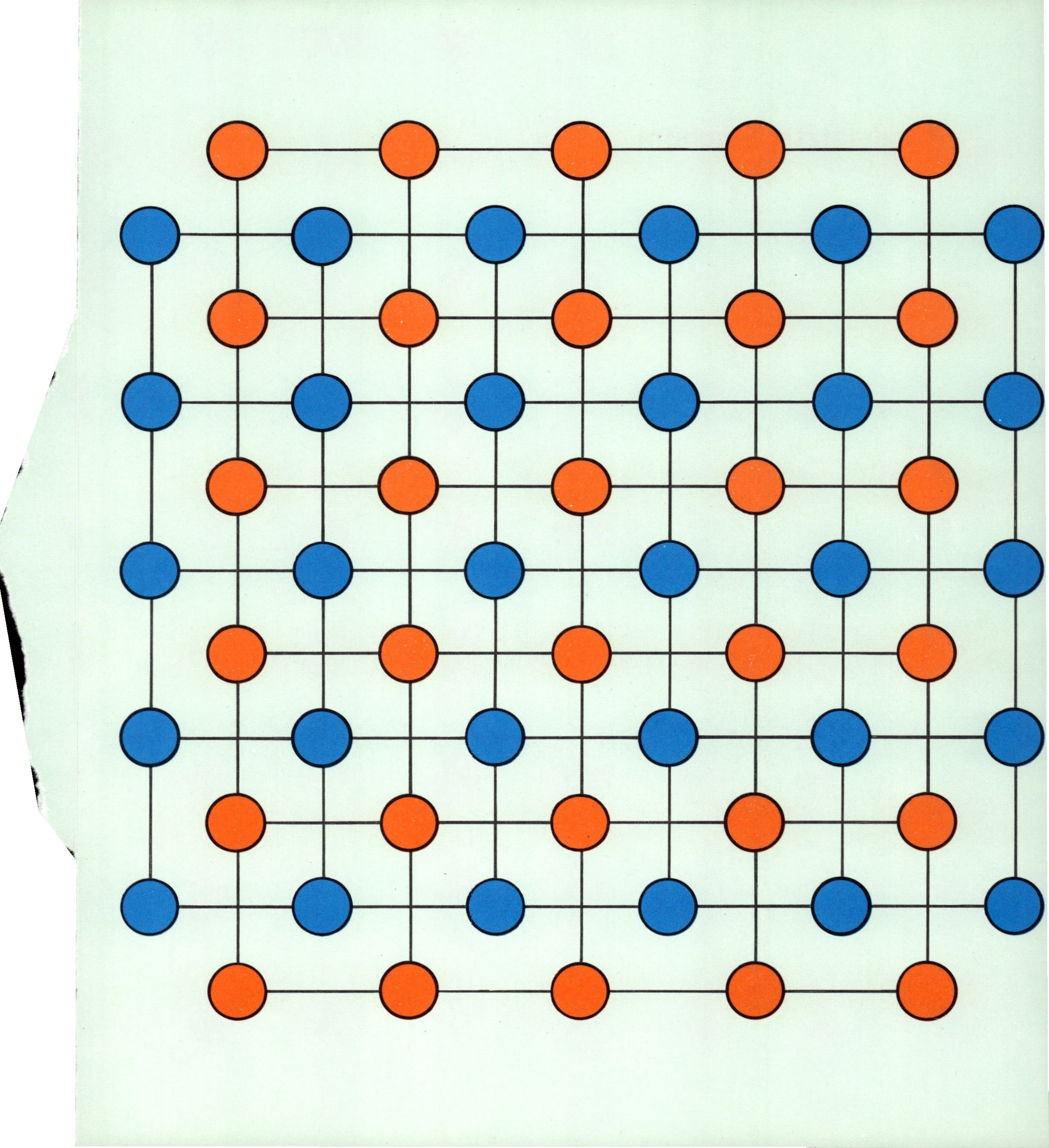

Übungen

1. Schreibe mit der nächstkleineren Einheit.
a) 3 cm b) 5 km c) 12 dm d) 8 m
e) 35 km f) 29 dm g) 127 cm h) 332 m
i) 279 km j) 456 cm k) 3 127 m l) 234 dm

2. Schreibe mit der nächstgrößeren Einheit.
a) 70 cm b) 345 mm c) 12 dm
d) 3 471 m e) 684 000 mm f) 280 cm
g) 532 dm h) 743 m i) 52 m
j) 5 932 cm k) 90 823 dm l) 7 654 m

3. Schreibe mit der nächstkleineren Einheit.
a) 9,2 m b) 4,7 cm c) 25,8 dm d) 3,75 km
e) 4123,4 m f) 842 m g) 74,4 dm h) 39,01 m
i) 2,265 km j) 9,9 dm k) 14,3 cm l) 15,75 dm

4. Schreibe mit der nächstgrößeren Einheit.
a) 8,9 dm b) 4,32 mm c) 11,1 cm d) 72,13 m
e) 84,213 cm f) 81,2 dm g) 717,3 mm h) 21, 5 m
i) 2,07 m j) 9,87 dm k) 1 783 cm l) 923 mm

5. Schreibe mit der kleinsten vorkommenden Einheit.
a) 3 m 4 cm b) 112 m 3 dm c) 4 km 70 m
d) 23 cm 2 mm e) 45 dm 90 mm f) 35 m 35 mm
g) 236 km 24 m h) 40 m 5 dm 6 cm

6. Schreibe mit der größten vorkommenden Einheit.
a) 5 dm 7 cm b) 2 m 6 cm c) 95 m 88 dm
d) 12 km 482 m e) 31 dm 31 cm
f) 18,3 m + 2,7 dm g) 3,73 dm – 37,3 cm

7. Wieviel Meter Zaun braucht man zum Einzäunen des Grundstücks (Zeichnung 4)?
Welche quadratische Fläche könnte man damit einzäunen?

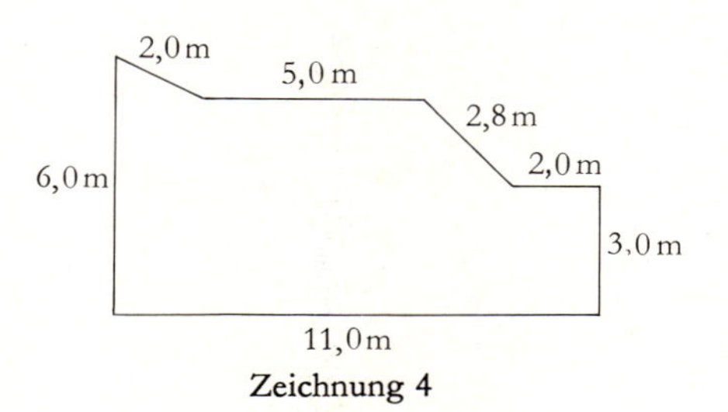

Zeichnung 4

8. Die höchste Erhebung der Erde ist der Mount Everest (8 848 m); die größte Tiefe liegt im Marianengraben (11 022 m).
Wie groß ist der Höhenunterschied?

9. Eine Rohrleitung von 40 m Länge soll gelegt werden. Es stehen Rohrstücke der Länge 3 m, 2 m und 1 m zur Verfügung.
a) Gib mehrere Möglichkeiten des Zusammensetzens an.
b) Wie muß die Rohrleitung verlegt werden, damit möglichst wenige Rohre gebraucht werden?

10. Zeichne eine Strecke der Länge
a) 4 · 3,8 cm b) 3 · 6,4 cm c) 8 · 0,9 cm d) 2 · 1,2 dm

11. a) 5 m 35 cm + 78 cm b) 3 km 118 m – 1359 m
c) 79 cm – 7 dm 4 cm d) 24 m – 24 dm
e) 25 cm + 3 dm + 89 mm f) 5 dm 18 cm – 429 mm

12. a) 4,2 dm + 7,9 dm b) 7,3 cm + 5,9 cm
c) 6,34 km – 6,6 m d) 12,04 m – 13,6 dm
e) 78,2 mm + 4,9 dm f) 3,3 km – 3,3 dm

13. In einem 7,10 m langen und 3,70 m breiten Raum wird die Fußbodenleiste erneuert. Es sind 3 Türen vorhanden (Breite jeweils 1,20 m).

14. Ergänze.

Kilometerstand vor der Fahrt	52812	18327	
Kilometerstand nach der Fahrt	53109		101411
zurückgelegte Strecke in km		594	3278

15. In einer Glasfabrik werden stündlich 827 Flaschen hergestellt. Berechne
a) die Tagesproduktion (Arbeitszeit 8 Stunden)
b) die Wochenproduktion (5 Arbeitstage)
c) die Monatsproduktion (21 Arbeitstage).

16. Berechne die benötigte Bindfadenlänge für jedes Paket-Set (Zeichnung 5). Rechne für jeden Knoten 5 mm, für jede Endverschnürung 6 cm.

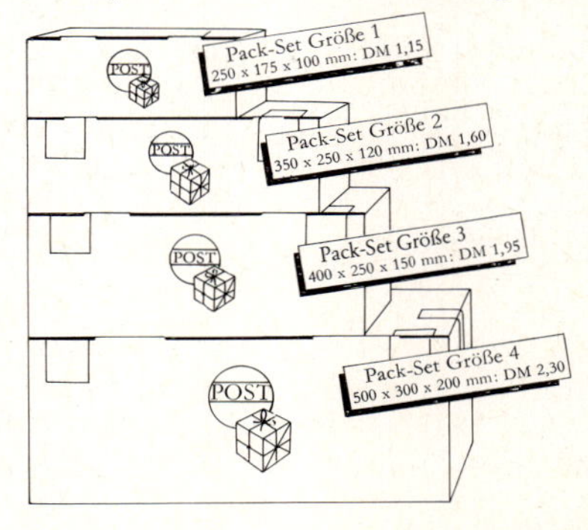

Zeichnung 5

5 Plus 5 Schülerbuch 32250

3. Gewichtiges

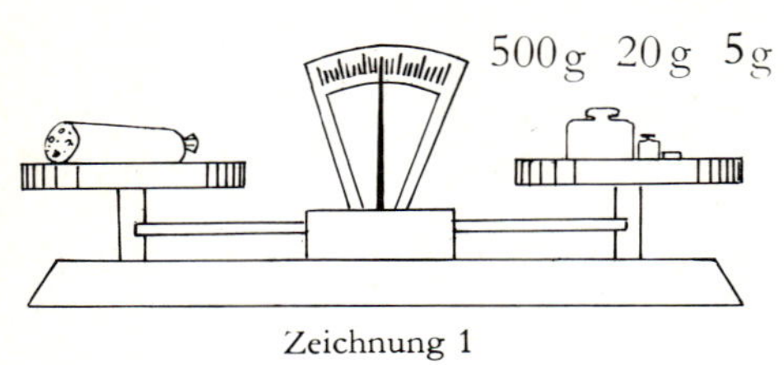

Zeichnung 1

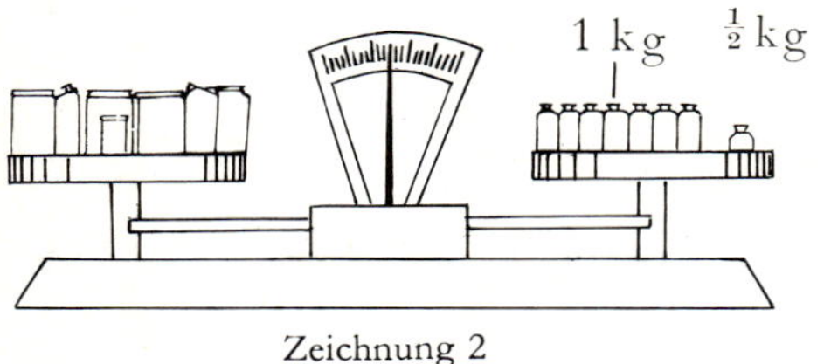

Zeichnung 2

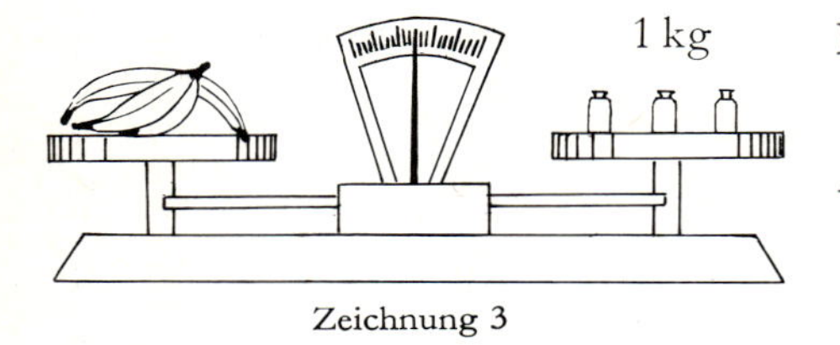

Zeichnung 3

1. Aufgabe

Wieviel wiegt die Salami (Zeichnung 1), wiegt der Zucker (Zeichnung 2), wiegen die Bananen (Zeichnung 3)?

Lösungen:
Die Salami wiegt 525 g.
Der Zucker wiegt $7\frac{1}{2}$ kg.
Die Bananen wiegen 3 kg.

Auftrag

Führe folgenden Versuch durch:

1. Wiege einen leeren 1-Liter-Meßbecher.
2. Fülle den Meßbecher bis zur 1-Liter-Markierung mit Wasser.
3. Wiege den gefüllten Meßbecher.

Fragen: Wie schwer ist 1 Liter Wasser?
Welche Gegenstände kennst du, die deiner Meinung nach genauso schwer sind. Überprüfe.

Antworten: 1 Liter Wasser wiegt 1 Kilogramm.
Jeder Gegenstand aus Metall, Stein, Holz, Pulver, . . ., der genauso schwer ist wie 1 Liter Wasser, wiegt 1 Kilogramm.

Gewichtsmaße

Zeichnung 3 entnimmst du:

3 kg = 1 kg + 1 kg + 1 kg
3 kg = 3 · 1 kg

Maßzahl *Maßeinheit*

Wiegen heißt vergleichen mit einem Gewichtsmaß.

Die gebräuchlichsten Gewichtsmaße sind:
1 Kilogramm (1 kg) und 1 Gramm (1 g).

Foto 1

Größere Gewichte wie z. B. das Gewicht eines LKW gibt man in Tonnen (t), geringe Gewichte wie z. B. das Gewicht eines Heilstoffs in einer Tablette in Milligramm (mg) an.

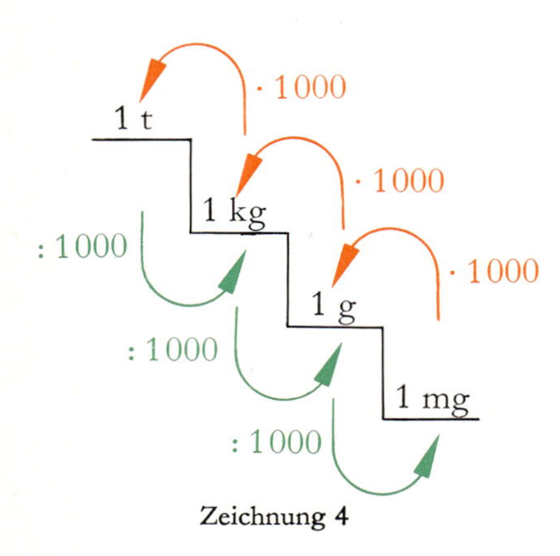

Zeichnung 4

Umwandeln

Du kennst folgende Zusammenhänge zwischen den Gewichtsmaßen (Zeichnung 4):

1 t = 1 000 kg	1 kg = 1 000 g	1 g = 1 000 mg
1 t = 1 000 000 g	1 kg = 1 000 000 mg	
1 t = 1 000 000 000 mg		

2. Aufgabe

Gib das Gewicht des Zuckers (Zeichnung 2) und der Bananen (Zeichnung 3) in Gramm an.

Übungen

1. Schreibe mit der nächstkleineren Einheit.

a) 5 kg b) 3 t c) 2 g d) 14 kg
e) 25 t f) 96 kg g) 171 t h) 22 kg
i) 11 t j) 325 g k) 219 kg l) 25 t
m) 909 g n) 240 kg o) 3925 t p) 98 g

2. Schreibe mit der kleinsten vorkommenden Einheit.

a) 2 kg 450 g b) 5 t 255 kg c) 32 g 111 mg
d) 25 t 25 kg e) 3 kg 3 g f) 24 t 4 kg
g) 791 kg 1 g h) 39 kg 52 g i) 235 t 4 kg 25 g

3. Schreibe mit der nächsthöheren Einheit.

a) 9 000 g b) 21 000 kg c) 521 000 mg
d) 30 000 kg e) 503 000 mg f) 1 000 000 g
g) 11 004 000 g h) 880 000 kg i) 84 000 t

4. Schreibe mit der nächstkleineren Einheit.

a) $\frac{1}{2}$ t b) $2\frac{1}{2}$ kg c) $1\frac{1}{4}$ g d) $\frac{1}{4}$ kg e) $1\frac{3}{4}$ t
f) $7\frac{1}{4}$ g g) $20\frac{1}{2}$ t h) $100\frac{1}{4}$ g i) $203\frac{3}{4}$ kg j) $84\frac{1}{4}$ kg

5. Berechne.

a) 225 g + 73 g + 101 g b) 23 kg + 96 kg + 435 kg
c) 1225 g + 311 g – 503 g d) 4721 g – 763 g – 219 g
e) 3 kg 747 g – 928 g f) 15 kg + 12 kg 47 g
g) 125 g + 7 kg 888 g h) 24 kg 8 g – 17 kg 45 g

6. Berechne.

a) 537 g + 2 kg – 39 g b) 7520 g – 3 kg – 431 g
c) 932 g + 7 kg – 852 g d) 1128 g + 11 kg – 5 329 g
e) 5 g + 82 kg – 923 g f) 8 kg – 38 g – 1888 g
g) 34 kg – 67 g + 2790 g h) 546 t + 75 kg – 52 kg

7. Gib das Gewicht der Wassermenge an.

a) 4 l b) 7 l c) $\frac{1}{2}$ l d) $5\frac{1}{2}$ l, e) $\frac{1}{4}$ l f) $11\frac{3}{4}$ l

3. Wieviel Liter Wasser wiegen

a) 5000 g b) 8 kg c) $\frac{1}{2}$ kg d) 250 g
e) 500 g f) 15 kg g) 1250 g h) $5\frac{3}{4}$ kg
i) $27\frac{1}{2}$ kg j) 8 750 g k) 2 t l) $\frac{1}{2}$ t ?

9. Aus einem alten Schulbuch:

Peter soll 3 Pfd (sprich: 3 Pfund) Kaffee holen. Das sind 1500 g.

a) Wieviel Gramm sind 1 Pfd?
b) Wieviel Gramm sind 4 Pfd, 11 Pfd, $5\frac{1}{2}$ Pfd, $3\frac{1}{4}$ Pfd?

10. a) Wie schwer ist ein Pfundskerl?
b) Was ist am schwersten? 1 kg Eisen, 1 kg Wasser, 1 kg Mehl.

11. Der Fahrer eines Lastwagens darf nur 70 Säcke Kartoffeln laden, denn das zulässige Ladegewicht beträgt $3\frac{1}{2}$ t.
Jeder Sack wiegt ein Zentner.
Wieviel Kilogramm wiegt ein Zentner?

12. Zucker wird in Doppelzentner (1 dz) abgewogen. Es gilt: 1 dz = 100 kg.
Wieviel kg wiegen

a) 5 dz b) 9 dz c) $4\frac{1}{2}$ dz d) $11\frac{1}{4}$ dz e) $39\frac{3}{4}$ dz?

13. 1977 hat ein Großunternehmen 450 t 800 kg Kohlen verbraucht. 1978 waren es 593 t 850 kg.
Um wieviel Tonnen ist der Verbrauch gestiegen?

14. Das Gesamtgewicht eines Lastwagens darf 7 t 500 kg nicht überschreiten. Sein Eigengewicht beträgt 2100 kg. Er hat eine Maschine von 1 t 325 kg und Betonrohre mit einem Gewicht von insgesamt 2376 kg geladen.
Kann er eine zweite solche Maschine laden, ohne das Gesamtgewicht zu überschreiten?

15. Ein Aquarium faßt 68 l Wasser. Das leere Becken wiegt 2 kg 320 g.
Wie schwer ist das gefüllte Aquarium?

16. Ein Schiff hat einen Ölvorrat von 1900 t an Bord. Für jede Seemeile verbraucht es 350 kg Öl.
Wieviel Treibstoff hat es nach 4263 Seemeilen Fahrt noch im Tank?

17. Ein Gewichtssatz (Foto 1) enthält 12 Gewichtssteine: 500g, 200g, 100g, 100g, 50g, 20g, 10g, 10g, 5g, 2g, 2g, 1g.
Gibt es ein Gewicht zwischen 1 g und 1000 g, das du nicht auf ein Gramm genau auswiegen kannst?

18. Von 27 äußerlich gleichen Kugeln ist eine schwerer, die übrigen wiegen gleich viel.
Wie muß man wiegen, damit man mit nur drei Wägungen die schwerere Kugel herausfindet?

19. a) Welche Gewichte kann man mit je einem Gewichtsstein von 1 kg, 2 kg, 4 kg, 8 kg, 16 kg, 32 kg, 64 kg abwiegen?
b) Ilja macht sich Gewichtssteine. Er möchte auf seiner Balkenwaage mit möglichst wenig Gewichtssteinen alle Gewichte bis 40 g messen. Welche braucht er?
Anleitung: Beachte, daß man die Steine auf beiden Seiten der Waage benutzen kann.

4. Tonnage

▶ Wieviel Kilogramm darf ein Fahrzeug wiegen, das an nebenstehendem Verkehrszeichen vorbeifährt?

Statt der Schreibweise 3 t 500 kg benutzt man häufig auch die Kurzschreibweise 3,500 t oder 3,5 t.
Die Maßzahlen zu den verschiedenen Gewichtseinheiten t und kg werden also durch ein Komma voneinander getrennt.

Weitere Beispiele:

4,100 kg = 4 kg 100 g = 4,1 kg	7,125 kg = 7 kg 125 g
3,022 t = 3 t 22 kg	2,42 kg = 2 kg 420 g
9,007 g = 9 g 7 mg	3,8 t = 3 t 800 kg
0,040 kg = 0 kg 40 g	0,006 g = 0 g 6 mg

Lösungshilfe:

Vor dem Umrechnen sorgt man immer dafür, daß drei Stellen nach dem Komma da sind. Das geschieht durch Anhängen von Nullen.

Aufgaben

1. Schreibe ohne Komma:
   a) 7,154 t b) 26,025 kg c) 95,001 t d) 18,013 g e) 15,2 kg
2. Schreibe mit Komma:
   a) 5 kg 213 g b) 40 kg 25 g c) 115 t 3 kg d) 34 g 15 mg e) 1 kg 9 g

Multiplikation

Das Eisenerz eines Güterzuges mit 37 Wagen wird in ein Schiff verladen.
Jeder Güterwagen enthält 12,3 t Erz.
Bestimme das Ladegewicht des Schiffes.

Zahl · Gewicht = Gewicht

Lösung: 37 · 12,3 t = 37 · 12 300 kg = 455 100 kg = 455 t 100 kg = 455,1 t

Multipliziert man ein Gewicht mit einer Zahl, so erhält man wieder ein Gewicht.

Division

1. Vier Familien haben gemeinsam ein Rind gekauft und lassen es schlachten. Sie erhalten 528 kg Fleisch und 216 kg Wurst.
   Wieviel erhält jede Familie bei gleichmäßiger Verteilung?

   Gewicht : Zahl = Gewicht

   Lösung: 528 kg : 4 = 132 kg
   216 kg : 4 = 54 kg

Dividiert man ein Gewicht durch eine Zahl, so erhält man wieder ein Gewicht.

2. Die zulässige Nutzlast eines Lastwagens beträgt 6,3 t.
   Wie viele Kartoffelsäcke (je 50 kg) kann er höchstens laden?

   Gewicht : Gewicht = Zahl

   Lösung: 6,3 t : 50 kg = 6 300 kg : 50 kg = 126

Dividiert man ein Gewicht durch ein Gewicht, so erhält man eine Zahl.
Dabei muß man die Gewichte in derselben Einheit schreiben.

Übungen

1. Schreibe mit der größten vorkommenden Einheit.

a) 3 kg 255 g	b) 177 t 500 kg	c) 350 kg 100 g
d) 1 kg 17 g	e) 4 t 4 kg	f) 5 kg 2 g
g) 17 g 46 mg	h) 1 g 1 mg	i) 8 kg 231 g
j) 117 t 4 kg	k) 1 kg 1 g	l) 1 kg 1 g 1 mg

2. Schreibe mit der nächstkleineren Einheit.

a) 3,521 t	b) 2,439 kg	c) 11,517 g	d) 7,34 kg
e) 5,03 t	f) 0,857 kg	g) 63,24 g	h) 18,4 kg
i) 25,1 g	j) 11,2 t	k) 0,09 g	l) 0,1 t

3. Schreibe mit der nächstgrößeren Einheit.

a) 3 194 kg	b) 479 g	c) 72 g	d) 1 kg
e) 1,1 g	f) 2,43 kg	g) 43,2 g	h) 74,32 kg
i) 10,03 g	j) 8,342 kg	k) 4 kg 4 g	l) 18g 1mg

4. Ein Lastwagen hat ein zulässiges Gesamtgewicht von 7,5 t. Sein Leergewicht beträgt 2 860 kg.
Wie viele Säcke Mehl kann er laden, wenn jeder Sack 50 kg wiegt?

5. Ein Spediteur holt mit seinem Lastzug (Leergewicht 3 500 kg) Kartoffeln von einer Sammelstelle ab.
Er lädt 260 Säcke zu jeweils 50 kg.

a) Wie schwer ist die Ladung?
b) Wie groß ist das so erreichte Gesamtgewicht?

6. Um 4,5 t Kohl aufladen zu können, fährt ein Gabelstapler 15 mal.

a) Wieviel kg Kohl transportiert er jedes Mal?
b) Wie viele Säcke zu je 75 kg sind das jeweils?

Foto 1

7. Ein Aufzug ist für vier Personen zugelassen.
Wieviel kg darf jede von vier gleichschweren Personen höchstens wiegen, wenn 300 kg nicht überschritten werden dürfen?

8. In einem Aufzug werden eingeladen:
eine Kiste (90,3 kg), ein Faß (88,9 kg), ein Paket (12 kg 475 g), zwei Behälter (2,5 kg und 3,234 kg).
Ist das zulässige Gewicht von 200 kg schon überschritten?

9. Was heißt eigentlich in einem Aufzug:
„Nur für 4 Personen oder 300 kg zugelassen.“?

10. Ein Lastkahn ist mit 9 555 t Kohlen beladen.

a) Es soll in sieben Tagen gelöscht werden.
Wieviel Tonnen müssen täglich abgeladen werden?
b) Nach drei Tagen fällt der Ladekran aus und wird durch einen anderen mit einer Tagesleistung von 910 kg ersetzt.
Wie viele Tage dauert das Entladen noch?

11. 57 kg Zucker werden in 125 g-Packungen verpackt.
Wie viele Packungen erhält man?

Foto 2

12. In einer Kaffeerösterei werden an einer Maschine 37 kg Kaffee in Tüten zu je 250 g verpackt.
Wie viele Tüten erhält man?

13. Die Karosserie eines Personenwagens wiegt 192 kg.
Wie viele Tonnen Stahlblech benötigt man, wenn 325 solche Karosserien hergestellt werden sollen?

14. Ein Tanklastzug hat 4 725 l Trinkwasser geladen. Sein Leergewicht beträgt 3,5 t.
Berechne das Gesamtgewicht des Lastwagens.

15. Auf einem Schiff befinden sich 564 Kisten zu je 32 kg und 813 Kisten zu je 27 kg.
Wie viele Kisten zu je 25 kg können noch hinzugeladen werden, damit das Schiff mit höchstens 42 t beladen ist?

16. Ein Sattelschlepper hat 138 Stahlmatten von jeweils 24 kg und 212 von jeweils 19 kg geladen.
Wie viele Matten von jeweils 28 kg können noch geladen werden, damit der Wagen mit höchstens 15 t beladen ist?

17. 6 t Zucker sollen verpackt werden in

a) 1 kg-Paketen b) $2\frac{1}{2}$ kg-Paketen c) 5 kg-Paketen.

Rechne möglichst bequem.

Foto 1

5. Jetzt wird's Zeit

Zeitspannen und Zeitpunkte

Bei einem Mofa-Geschicklichkeitsturnier muß man eine Slalom-Strecke auf dem Schulhof durchfahren. Wer unterwegs absteigt oder etwas umwirft, muß von vorn anfangen. Sieger ist, wer die Strecke am schnellsten zurücklegt. Paul stoppt die Zeit für Peter mit seiner Armbanduhr.

Uhrzeit am Start: 10 Uhr, 32 Minuten, 6 Sekunden
Uhrzeit am Ziel: 10 Uhr, 35 Minuten, 27 Sekunden
Dauer: 3 Minuten, 19 Sekunden

Paul hat eine Zeitspanne, die Dauer der Fahrt vom Anfangspunkt bis zum Zielpunkt, gemessen.

Eine **Zeitspanne** wird durch zwei **Zeitpunkte** begrenzt.

Weitere Beispiele für Zeitspannen zwischen Zeitpunkten:

1. Ein Intercity-Zug fährt um 5.30 Uhr in Hamburg ab und erreicht Basel um 15.12 Uhr.
2. Der Mathematiker C. F. Gauß wurde am 30.4.1777 geboren und verstarb am 23.2.1855.
3. Die Pause dauert von 11.10 Uhr bis 11.25 Uhr.
4. Zum Durchsägen eines Brettes braucht Karl von 14 Uhr 17 Minuten 58 Sekunden bis 14 Uhr 20 Minuten 3 Sekunden.

Berechne jeweils die Zeitspanne.

Zeiteinheiten

Du kennst bereits Zeiteinheiten: Jahr, Monat, Woche, Tag, Stunde, Minute, Sekunde.
Ein Jahr ist die Dauer eines Erdumlaufs um die Sonne.
Ein Monat ist die Dauer eines Mondumlaufs um die Erde.
Ein Tag ist die Dauer einer Erdumdrehung um die eigene Achse.

1 Jahr hat 12 Monate.
1 Monat hat 28, 29, 30 oder 31 Tage.
1 Woche hat 7 Tage.
1 Tag hat 24 Stunden.
1 Stunde hat 60 Minuten.
1 Minute hat 60 Sekunden.

Hinweis: Wir rechnen hier ein Jahr mit 12 Monaten, 52 Wochen oder 360 Tagen und einen Monat mit 30 Tagen.

Übliche Abkürzungen:
h – Stunde
min – Minute
s – Sekunde

Ortszeiten

Den Zeitpunkt, zu dem der Amerikaner Neil Armstrong als erster Mensch seinen Fuß auf den Boden des Mondes setzte, benannten Deutsche mit Montag 21. Juli 1969, 3.56 Uhr, Amerikaner dagegen mit Sonntag, 20. Juli 1969, 21.56 Uhr.
Während der Fußball-Weltmeisterschaft 1978 in Argentinien gab es bei uns Fußballnächte. Die Spiele wurden ‚life' übertragen. In Argentinien begannen sie spätnachmittags um 17 Uhr, doch bei uns erst nachts um 22 Uhr.
Derselbe Zeitpunkt wird also rund um die Erde mit unterschiedlichen Uhrzeiten (Ortszeiten) angegeben (Zeichnung 1).

San Franzisko

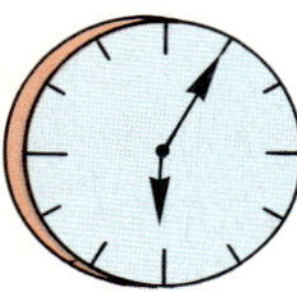

New York

Berlin

Derselbe Zeitpunkt – verschiedene Uhrzeiten

Karachi

Manila

Melbourne

Zeichnung 1

Übungen

1. Schreibe mit der nächstkleineren Einheit.
a) 4 h b) 7 Tage c) 3 Monate d) 13 min
e) 25 min f) 22 Tage g) 11 h h) 2 Jahre
i) 19 Tage j) 100 min k) 287 min l) 36 h

2. Schreibe mit der nächstkleineren Einheit.
a) $\frac{1}{2}$ Tag b) $3\frac{1}{2}$ Jahre c) $4\frac{1}{2}$ h d) $7\frac{1}{2}$ min
e) $2\frac{1}{2}$ Monat f) $\frac{3}{4}$ min g) $4\frac{1}{4}$ h h) $\frac{2}{3}$ Monat
i) $\frac{1}{3}$ Tag j) $10\frac{3}{4}$ h k) $11\frac{3}{4}$ h l) $3\frac{1}{4}$ Woche

3. Schreibe mit der kleinsten vorkommenden Einheit.
a) 5 Tage 4 h b) 2 min 18 s c) 14 h 14 min
d) 2 Jahre 7 Tage e) 5 Wochen 3 Tage
f) 8 Tage 11 min g) 3 h 2 min h) 7 Wochen 7 h

4. Berechne das jeweilige Alter.
a) Friedrich Schiller: *10. 11. 1759 †9. 5. 1805
b) Johann Wolfgang Goethe: *28. 8. 1749 †22. 3. 1832
c) Theodor Heuß: *31. 1. 1884 †12. 12. 1963
d) Leonhard Euler: *4. 4. 1707 †18. 9. 1783
e) Georg Cantor: *3. 3. 1845 †6. 1. 1918

5. Schreibe mit der nächstgrößeren Einheit.
a) 420 s b) 120 h c) 9 000 min
d) 98 Tage e) 260 Wochen f) 63 Tage
g) 960 min h) 1 500 s i) 336 h

6. Wie lange dauert jeweils die Fahrt?
a) Der Autoreisezug fährt um 7.26 Uhr (22.59 Uhr) in Villach ab und erreicht Düsseldorf um 23.04 Uhr (9.57 Uhr).
b) Der Gegenzug fährt um 17.38 Uhr (5.01 Uhr) in Düsseldorf ab und erreicht Villach um 8.05 Uhr (17.59 Uhr)

7. Peter hat einen Schulweg von 13 Minuten. Montag und Mittwoch hat er jeweils sechs Unterrichtsstunden, Dienstag und Donnerstag je fünf, Freitag vier und Samstag zwei. Nach jeder zweiten Stunde hat er 15 Minuten Pause, sonst Pausen von 5 Minuten Länge. Wie lang ist Peter täglich ‚außer Haus'?

8. Wie viele Umdrehungen macht der Sekundenzeiger einer Uhr
a) in einer Stunde b) an einem Tag c) in einer Woche?

9. Der Äquator ist etwa 40000 km lang.
Wie lange würde
a) ein Radfahrer mit einer Geschwindigkeit von 20 $\frac{km}{h}$
b) ein Autofahrer mit einer Geschwindigkeit von 80$\frac{km}{h}$
c) ein Flugzeug mit einer Geschwindigkeit von 2 000$\frac{km}{h}$
brauchen, um die Erde einmal zu umrunden?
(Hinweis: $\frac{km}{h}$ heißt Kilometer pro Stunde.)

10. In einer Möbelfabrik werden fortlaufend Platten gesägt. Zum Sägen einer Platte benötigt man 2 min 17 s, für das Ablegen der gesägten und das Herbeiholen der neuen Platte zusammen 1 min 29 s.
Wie viele solcher Platten werden in
a) 20 min b) 1 h c) 4 h fertig?

11. Ein Wasserbehälter, der 9 936 Liter faßt, wird gleichzeitig durch zwei Rohre gefüllt. Durch das eine Rohr fließen in jeder Sekunde 8 Liter, durch das andere 15 Liter.
In welcher Zeit ist der Behälter gefüllt?

12. Herr Bollmann fährt mit der Bahn von Grünberg nach Gießen 47 Minuten, von Gießen nach Frankfurt 1 h 25 min, von Frankfurt nach Basel 4 h 56 min. Zwischendurch hat er insgesamt 87 min Aufenthalt. Berechne die gesamte Fahrzeit.

13. Familie Keil plant ihre Urlaubsfahrt. Bis zum Urlaubsort sind es 546 km. In jeder Stunde will sie etwa 90 km zurücklegen. An Pausen rechnen sie zusammen 1 Stunde und 45 Minuten.
Wie lange ist Familie Keil insgesamt unterwegs?

14. Ein Busunternehmer erstellt einen Fahrplan. Der erste Bus fährt um 4.57 Uhr, die weiteren Busse alle halbe Stunde bis 6.27, bis 8.42 Uhr alle 15 Minuten, dann bis 15.42 Uhr stündlich, bis 18.12 Uhr alle 15 Minuten und bis 20.42 Uhr halbstündlich.

15. Die Öffnungszeiten eines Supermarktes sind wie folgt angegeben:
Montag bis Freitag 8.30 Uhr bis 13.15 Uhr und
13.45 Uhr bis 18.30 Uhr
Samstag 8.00 Uhr bis 14.30 Uhr
Ermittle die wöchentliche Öffnungszeit.

16. Erläutere Zeichnung 1. Erkläre, warum die Uhren anderswo anders gehen.

17. Erläutere die ‚Blumenuhr' (Zeichnung 2). Sind Zeitpunkte oder Zeitspannen gemeint?

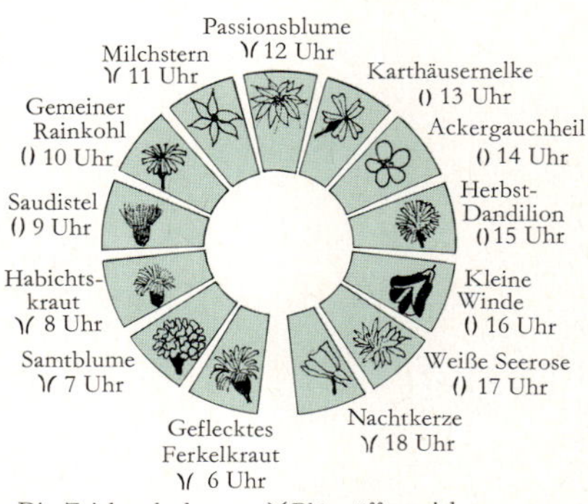

Zeichnung 2

6. Wer den Pfennig nicht ehrt ...

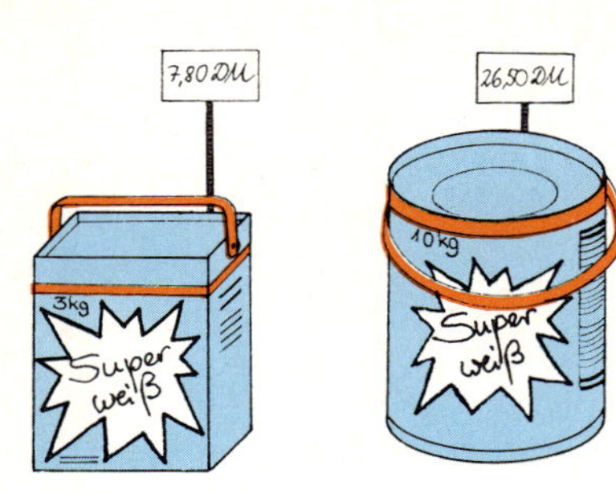

Zeichnung 1

▶ Welches Angebot (Zeichnung 1) ist günstiger?

1. Angebot

3 kg = 3 · 1 kg
3 kg kosten 7,80 DM oder 780 Pf.
1 kg kostet:
780 Pf : 3 = 260 Pf = 2,60 DM

2. Angebot

10 kg = 10 · 1 kg
10 kg kosten 26,50 DM oder 2650 Pf.
1 kg kostet:
2 650 Pf : 10 = 265 Pf = 2,65 DM

Ergebnis: Das erste Angebot ist günstiger.

1. Aufgabe

Ein $4\frac{1}{2}$ kg-Eimer des Waschmittels ‚Superweiß' kostet 10,80 DM.
Ist dieses Angebot noch günstiger?

Wiederholung

Die Währung in der Bundesrepublik Deutschland hat die Einheit Deutsche Mark (kurz: DM). Daneben gibt es noch die Maßeinheit Pfennig (kurz: Pf).

1 DM = 100 Pf

Geldbeträge werden meist mit Komma angegeben:

14,89 DM = 14 DM 89 Pf = 1400 + 89 Pf = 1489 Pf
5,07 DM = 5 DM 7 Pf = 500 Pf + 7 Pf = 507 Pf
0,93 DM = 0 DM 93 Pf = 0 Pf + 93 Pf = 93 Pf

Foto 1

2. Aufgabe

3 Ballen Torf (jeweils 20 kg) kosten 31,80 DM.
3 Ballen Torf (jeweils 25 kg) kosten 39,00 DM.

Welches Angebot ist günstiger?

Münzen und Scheine

Die in der Bundesrepublik Deutschland im Umlauf befindlichen Münzen siehst du in Foto 1, die Geldscheine in Foto 2.

Foto 2

Übungen

1. Schreibe mit DM und Pf.
a) 300 Pf b) 150 Pf c) 184 Pf d) 495 Pf
e) 901 Pf f) 2 700 Pf g) 8 901 Pf h) 4 350 Pf
i) 1 287 Pf j) 9 234 Pf k) 15 703 Pf l) 48 059 Pf

2. Schreibe mit Komma.
a) 4 DM 12 Pf b) 13 DM 80 Pf c) 25 DM 25 Pf
d) 84 DM 50 Pf e) 39 DM 70 Pf f) 6 DM 7 Pf
g) 121 DM 1 Pf h) 3 DM 3 Pf i) 5 DM
j) 86 Pf k) 40 Pf l) 1 Pf

3. Bezahle mit möglichst wenigen Münzen.
a) 0,25 DM b) 1,55 DM c) 5,02 DM
d) 0,39 DM e) 2,22 DM f) 7,77 DM
g) 8,69 DM h) 15,07 DM i) 0,08 DM
j) 6,03 DM k) 11,37 DM l) 19,01 DM

4. Bezahle mit möglichst wenigen Scheinen und Münzen.
a) 5,23 DM b) 13,85 DM c) 19,11 DM
d) 25,25 DM e) 110 DM f) 283,14 DM
g) 666,04 DM h) 7 497 DM i) 5 903 DM
j) 801,19 DM k) 3 081 DM l) 64,73 DM

5. Wechsle um in 50 Pf-Stücke.
a) 50 DM b) 240 DM c) 378 DM d) 62 DM
e) 798 DM f) 14 DM g) 444 DM h) 324 DM
Löse die Übung auch für 2 DM-Stücke.

6. Wechsle um in 2 Pf-Stücke.
a) 40 Pf b) 90 Pf c) 1,70 DM d) 0,80 DM
e) 10 DM f) 9,30 DM g) 15,40 DM h) 50 DM
Löse die Übung auch für 5 Pf-Stücke (10 Pf-Stücke).

7. Wechsle drei Hundertmarkscheine so, daß du gleichviele Zehnmarkscheine und Zwanzigmarkscheine erhältst.

8. Bezahle mit sechs Geldstücken.
a) 30 DM b) 0,85 DM c) 2,16 DM d) 18,05 DM
e) 7,66 DM

9. Vergleiche.

Zeichnung 2

10. Familie Schepp erhält 2 000 l Heizöl zum Preis von 1 150 DM, Familie Schmidt 3 000 l Heizöl für 2 070 DM. Vergleiche.

11. a) 42,13 DM + 5,09 DM b) 13,17 DM + 28 Pf
c) 23 DM 8 Pf + 85,30 DM d) 40,50 DM + 37,06DM
e) 0,21 DM + 132,37 DM f) 7 DM 38 Pf + 74 DM

12. a) 8 DM − 92 Pf
b) 78,22 DM − 25 DM
c) 345,45 DM − 86,12 DM
d) 1 507,12 DM − 146,37 DM
e) 242,13 DM − 84 Pf
f) 932,73 DM − 54,52 DM

13. a) 28,13 DM + 0,38 DM + 27 Pf + 12 DM
b) 11,87 DM + 120,09 DM + 0,04 DM + 63 Pf
c) 99 DM 9 Pf − 27,30 DM + 101 DM − 46,27 DM
d) 129,74 DM − 5 DM 2 Pf − 42,35 DM − 89 Pf
e) 167,26 DM + 70 DM − 13,51 DM − 37,38 DM
f) 482,12 DM − 399 DM + 1 234,08 DM − 7 Pf

14. Auf ihrem Konto erkennt Frau Fertig folgende Einzahlungen und Auszahlungen:

Einzahlung 3 425,71 DM, Auszahlung 431,25 DM
Auszahlung 1 002,88 DM, Einzahlung 11,07 DM

Berechne den jeweiligen Kontostand, wenn der ursprüngliche Kontostand 1 472,91 DM war.

15. Geldinstitute ‚bündeln' Münzen und Geldscheine.

a) 5 DM-Stücke werden in Rollen zu je 40 Münzen verpackt, die übrigen Münzenarten werden in Rollen zu je 50 Münzen verpackt.
Welchen Wert hat eine 5 DM-Rolle, eine 2 DM-Rolle, . . ., eine 1 Pf-Rolle?

b) 100 DM-Scheine, 20 DM-Scheine und 10 DM-Scheine werden jeweils zu 50 Stück gebündelt, 50 DM-Scheine zu je 20 Stück und 5 DM-Scheine zu je 100 Stück.
Bestimme den Wert eines 100 DM-Bündels, eines 50 DM-Bündels, . . ., eines 5 DM-Bündels.

16. Eine Jugendgruppe hat sich an der Jugendsammelwoche beteiligt. Sie schüttet den Inhalt ihrer Sammelbüchsen zusammen. Es sind 54 5 DM-Stücke, 93 2 DM-Stücke, 125 1 DM-Stücke, 75 50 Pf-Stücke, 23 10 Pf-Stücke, 45 5 Pf-Stücke, 11 2 Pf-Stücke und 37 1 Pf-Stücke.
Berechne das Sammelergebnis.

Foto 1

7. . . . ist des Riesen nicht wert

1. Aufgabe

Berechne die fehlenden Angaben.

Benzin in l	1	9	
Preis in DM	1,15		46,—

Lösung

a) Wenn 1 Liter Benzin 1,15 DM kostet, dann kosten 9 Liter das Neunfache, also $9 \cdot 1{,}15$ DM.
$9 \cdot 1{,}15 \text{ DM} = 9 \cdot 115 \text{ Pf} = 1\,035 \text{ Pf} = 10{,}35 \text{ DM}$
9 Liter Benzin kosten 10,35 DM

b) Wenn du für 1,15 DM einen Liter Benzin erhältst, dann bekommst du für 46 DM so viel Liter, wie 1,15 DM in 46 DM enthalten ist.
$46 \text{ DM} : 1{,}15 \text{ DM} = 4\,600 \text{ Pf} : 115 \text{ Pf} = 40$
Für 46 DM erhält man 40 Liter Benzin.

2. Aufgabe

Ergänze.

Benzin in Liter	1	2	3	4	5	8
Preis in DM	1,02					

Benzin in Liter					5	
Preis in DM	1,05	2,10	3,15	4,20	5,25	9,45

3. Aufgabe

Detlev geht zum Bäcker. Er kauft 16 Brötchen und 7 Kaffeestückchen.
Ein Brötchen kostet 19 Pf, ein Kaffeestückchen 45 Pf.
Wieviel DM muß Detlev bezahlen?
Wieviel DM erhält Detlev zurück, wenn er mit einem Zwanzigmarkschein bezahlt?

Foto 2

4. Aufgabe

Stefan erhält monatlich 38 DM Taschengeld, Ingrid 11 DM wöchentlich und Edith 120 DM im Vierteljahr.
Wer erhält am meisten? Wie groß sind die Unterschiede?

5. Aufgabe

Drei Skatbrüder spielen gemeinsam Loto. Jeder bezahlt den dritten Teil, jeder kassiert den dritten Teil beim Gewinn.
Sie gewinnen 1141,26 DM. Wieviel DM erhält jeder Skatbruder?

Übungen

1. Fülle aus.

a)

Benzin in Liter	1	2	3	5	6	7	8	9
Preis in DM	1,06							

b)

Milch in Liter	1	3	7	9	15	23	30	32
Preis in DM	0,96							

c)

Anzahl der Dosen	1	3	4	7	9	11	17	23
Preis in DM		3,39						

d)

Anzahl der Brötchen	3	5	11	17	21	29	43	47
Preis in DM				3,06				

2. Herr Röpke kauft eine Packung Gebäck (3,74 DM) und fünf Tafeln Schokolade (Stückpreis 89 Pf). Berechne den Gesamtpreis.

3. Andrea bringt für sich 200 g Schinken für 3,72 DM, für ihre Nachbarin 150 g desselben Schinkens vom Metzger mit.
Wieviel DM zahlt sie insgesamt?

4. Gudrun holt sieben Gläser Konfitüre für 8,75 DM, nimmt dann noch fünf dazu. Sie zahlt mit einem Zwanzigmarkschein.
Wieviel DM erhält sie zurück?

5. Heinz kauft 15 Äpfel im Sonderangebot für 2,25 DM. Drei Äpfel derselben Sorte haben sonst 51 Pf gekostet. Wieviel DM spart Heinz bei dem Sonderangebot?

6. Für eine Wochenendfahrt berechnet ein Busunternehmer für einen 50-Personen-Bus 1 500 DM, für einen 55-Personen-Bus 1 600 DM, für einen 38-Personen-Bus 1 200 DM.
Berechne den Fahrpreis pro Person für jeden der Busse.

7. Für einen Klassenausflug kostet der Bus 115,20 DM. In der Klasse sind 36 Schüler.
a) Am Ausflugstag sind vier Schüler krank. Wieviel DM zahlt jeder mitfahrende Schüler?
b) Wieviel DM hätte jeder Schüler bezahlen müssen, wenn kein Schüler krank gewesen wäre?

8. 32 Schüler einer Klasse bestellen zusammen Taschenrechner zum Preis von je 29,95 DM. Auf den gesamten Rechnungsbetrag erhält die Klasse einen Preisnachlaß von 23,36 DM.
Wieviel bezahlt jeder Schüler?

9. Herr Bollnbach zahlt jährlich 593,76 DM für seine Auto-Haftpflichtversicherung. Von seiner Firma erhält er einen monatlichen Zuschuß von 13,50 DM, weil er sein Auto als Dienstfahrzeug benutzt.
Wie groß ist seine monatliche Belastung?

10. Beim Totalausverkauf eines Bekleidungsgeschäftes kauft Familie Seifert groß ein. Herr Seifert erhält einen Anzug für 236,59 DM, fünf Hemden zum Stückpreis von 23,95 DM und sieben Krawatten (je 11,95 DM). Frau Seifert kauft ein Kleid für 178 DM, zwei Röcke für jeweils 79,10 DM, zehn Strumpfhosen (Stückpreis 4,95 DM) und einen Mantel für 368,95 DM.

11. Bei einem Fußballspiel wurden 12 386 Stehplatzkarten für 9 DM und 27 469 für 7 DM verkauft. 5 413 Tribünenplätze kosteten 13,50 DM und 1 229 Tribünenplätze 15 DM.
a) Berechne die Gesamteinnahme.
b) Dem Heimverein entstanden für das Spiel Unkosten in Höhe von 83 474 DM.
Wieviel DM erhält jeder der beiden Vereine, wenn zunächst die Unkosten von der Einnahme abgezogen werden und der Restbetrag halbiert wird?

12. Eine Gemeinde mit 8 000 Einwohnern hat einen Schuldenstand von 11 650 480 DM.
Berechne die Schuldenhöhe pro Kopf der Bevölkerung.

13. Der Stromverbrauch von Familie Banken betrug im Vorjahr 3 278 Kilowattstunden (kurz: kWh). Das Elektrizitätswerk bietet zwei Tarife an:
Tarif 1: Grundgebühr: 25 DM,
Preis für kWh: 11,5 Pf
Tarif 2: Grundgebühr: 37 DM,
Preis für 1 kWh: 10,5 Pf
Berechne die Kosten bei Tarif 1 und bei Tarif 2.

Flohmarkt

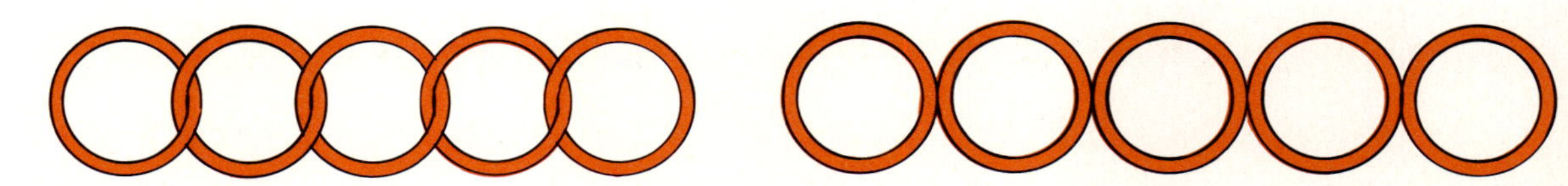

Die links ausgebreitete Kette ist 20,3 cm lang. Würde man die fünf Kettenglieder wie rechts dicht aneinanderlegen, so wäre diese ‚Kette' 27,5 cm lang. Wie dick ist der Draht, aus dem die Ringe gebogen sind?

1. Reißen bildet

Zeichnung 1

Pit möchte aus einem Fetzen Papier einen Flieger falten. Dazu muß er aus dem Papier ein Rechteck herausschneiden.

▶ Wie findet Pit die Schnittlinien?

Seine Schwester Klara macht es ihm vor (Zeichnungen 1–3):
„Zuerst faltest du irgendwo den Papierfetzen um. Diese Faltlinie ist dann ganz gerade. Jetzt faltest du nochmal. Dabei müssen die Teile der ersten Faltlinie ganz genau übereinander liegen. Die beiden Faltlinien stehen dann **senkrecht aufeinander**. Nun machst du das auf der dritten Seite genauso. Die dritte Faltlinie ist senkrecht zur zweiten. Zum Schluß brauchst du nur noch die vierte Seite entsprechend umzufalten. Wenn du das Papier aufklappst, kannst du die Linien mit dem Geodreieck nachziehen. Das sind deine Schnittlinien."

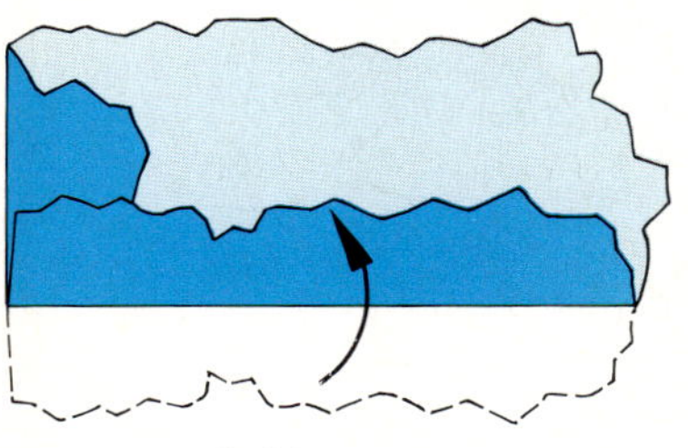

Zeichnung 2

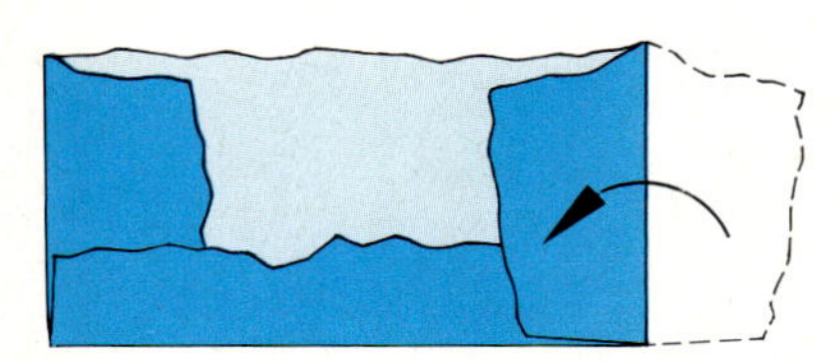

Zeichnung 3

Aufträge

1. Reiße dir einen Fetzen Zeitungspapier aus und falte nach Klaras Anweisung.
2. Suche am Geodreieck Linien, die senkrecht aufeinander stehen.
3. Suche im Klassenzimmer Linien, die zueinander senkrecht sind. Überprüfe mit dem Geodreieck und auch mit einer gefalteten Ecke.
4. Zeichne mit dem Geodreieck Geraden, die senkrecht zueinander sind. Überprüfe durch Falten. Zueinander senkrechte Geraden kann man mit dem Zeichen ⊾ markieren (Zeichnung 4).

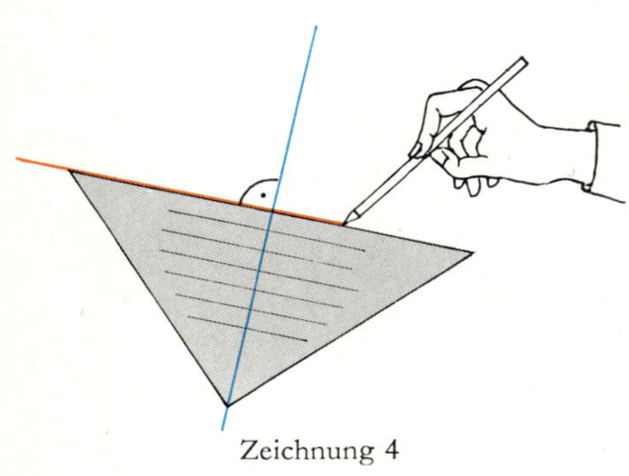

Zeichnung 4

Zwei Geraden stehen **aufeinander senkrecht**, wenn man sie durch Falten wie in Zeichnung 2 erhalten kann.
Jede dieser Geraden heißt **Senkrechte** zur anderen.

1. Aufgabe

Zeichne eine Gerade g und einen Punkt P.

a) Zeichne eine Senkrechte zur Geraden g durch den Punkt P.
b) Verbinde einige Punkte von g mit P.
c) Welcher Punkt der Geraden g hat von P die kürzeste Entfernung?

P

Q

g

Zeichnung 5

Die Strecke zwischen P und Q in Zeichnung 5 ist die kürzeste Verbindungsstrecke zwischen P und einem Punkt der Geraden g. Die Länge dieser Strecke heißt **Abstand** des Punktes P von der Geraden g.

2. Aufgabe

Zeichne eine Gerade g und einen Punkt P mit 3 cm Abstand zur Geraden. Markiere zwei weitere Punkt Q und R mit je 8 cm Abstand zur Geraden.

Übungen

1. Die Geraden in Zeichnung 6 sind mit den Buchstaben g, h, i, k, l, m bezeichnet. Es ist g senkrecht zu k. Wie schreiben: $g \perp k$. Schreibe auf, welche Geraden senkrecht zueinander sind.

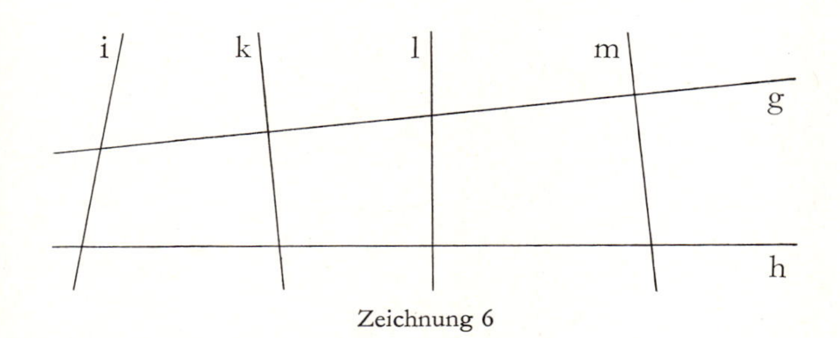

Zeichnung 6

2. Zeichne nach Augenmaß Geradenpaare, die
   a) zueinander senkrecht stehen
   b) nicht zueinander senkrecht stehen.
   Überprüfe mit dem Geodreieck und auch durch Falten.

3. Manche Druckbuchstaben kann man aus Strecken zusammensetzen, die aufeinander senkrecht stehen. Schreibe möglichst viele Beispiele auf.

4. Zeichne ein Rechteck mit der Länge 12 cm und der Breite 9 cm. Verbinde zwei gegenüberliegende Ecken. Wie groß ist der Abstand der beiden anderen Ecken zu dieser **Diagonalen**?

5. a) Miß in Zeichnung 7 die Länge der Strecke zwischen den Punkten P und Q (Q und R).
   b) Welchen Abstand von g hat Q? Und S?

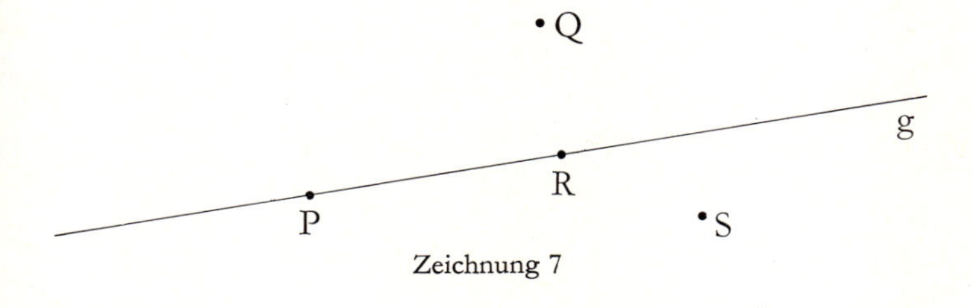

Zeichnung 7

Flohmarkt

In einem Haus mit drei Etagen wohnen 28 Personen. 20 Personen wohnen über anderen und 22 Personen wohnen unter anderen. Wie viele wohnen in jeder Etage?

6. Der Fußboden in einem Zimmer soll eben sein und darf nicht schräg verlaufen. Die Wände eines Hauses müssen gerade stehen. Handwerker kontrollieren mit einem **Lot**, ob Wände **lotrecht** stehen, mit einer **Wasserwaage**, ob Oberflächen **waagrecht** verlaufen. Eine lotrechte Wand steht immer senkrecht auf einem waagrechten Boden.

   a) Laß dir erklären, wie man ein Lot und eine Wasserwaage benutzt.
   b) Hefte ein Blatt schräg an eine Wand. Zeichne eine lotrechte Gerade und eine waagrechte Gerade. Benutze ein selbstgebautes Lot.
   c) Zeichne auf dasselbe Blatt eine Gerade, die *nicht* lotrecht ist und eine andere Gerade, die darauf senkrecht steht.
   d) Lege dein Heft auf den Tisch und versuche lotrechte und waagrechte Geraden zu zeichnen.

7. Stelle einen Quader auf ein Blatt Papier.
   a) Zeige lotrechte und waagrechte Kanten.
   b) Wähle eine der lotrechten Kanten aus und zeige Kanten, die senkrecht dazu sind.
   c) Zeichne auf das Blatt Papier Geraden, die senkrecht zur ausgewählten Kante sind. Wie viele solcher Geraden gibt es?

8. Markiere in deinem Heft einen Punkt P und zeichne mehrere Geraden im Abstand 3 cm. Zeichne auch einen Kreis mit Mittelpunkt P und Radius 3 cm. Was fällt dir auf?

2. Nebeneinander her

Zeichnung 1

Aufträge

1. Nimm einen Fetzen Papier und falte daraus wieder ein Rechteck. Vergleiche gegenüberliegende Seiten.
2. Zeichne eine Gerade und zwei verschiedene Senkrechten. Was fällt dir auf?
3. Ziehe in deinem Mathematikheft eine der Gitterlinien mit einem Farbstift nach. Suche Gitterlinien, die die farbige Linie schneiden. Was stellst du fest?

Zwei Geraden heißen **zueinander parallel,** wenn sie eine gemeinsame Senkrechte haben. **Parallelen** schneiden sich nicht.

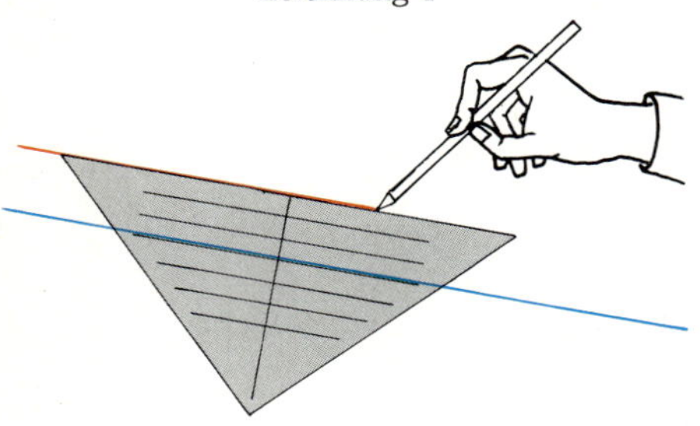

Zeichnung 2

1. Aufgabe

a) Zeige am Geodreieck parallele Geraden. Suche eine gemeinsame Senkrechte.
b) Suche im Klassenzimmer parallele Geraden.
c) Zeichne mit dem Geodreieck 5 Paare paralleler Geraden.
d) Zeichne eine Gerade g und einen Punkt P, der nicht auf g liegt. Zeichne eine Parallele zur Geraden g durch P. Gibt es noch weitere solche Parallelen?

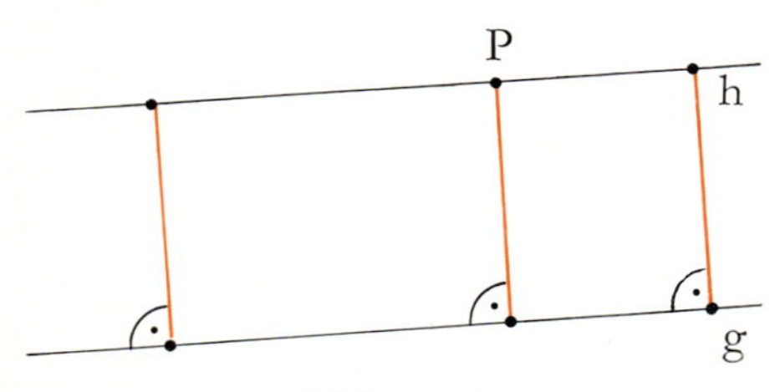

Zeichnung 3

Abstand von Parallelen

Zeichne eine Gerade g und einen Punkt P im Abstand 4 cm. Zeichne die Parallele h zur Geraden g durch P. Wähle drei Punkte auf dieser Parallelen und bestimme ihren Abstand zu g.

Alle Punkte von h haben denselben Abstand zu g. Man nennt ihn **Abstand der Parallelen** g und h.

2. Aufgabe

a) Zeichne zwei Parallelen mit dem Abstand 2,5 cm.
b) Zeichne zwei Parallelen mit dem Abstand 6,5 cm.
c) Zeichne nacheinander 10 Parallelen im Abstand von jeweils 3 mm. Kontrolliere, ob die erste zur letzten Geraden noch genau parallel ist.

Zeichnung 4

3. Aufgabe

a) Welche der Geraden in Zeichnung 4 sind zueinander parallel? Entscheide nach Augenmaß und kontrolliere dann mit dem Geodreieck.
b) Welche der Geraden in Zeichnung 4 stehen aufeinander senkrecht? Gehe vor wie in a).

Hinweis

Manchmal ist es schwierig, parallele Geraden zu erkennen. Unser Auge läßt sich nämlich leicht täuschen. In Zweifelsfällen kannst du nur mit dem Geodreieck entscheiden.

Übungen

1. Zeichne nacheinander 4 Parallelen, die jeweils

a) den Abstand 2,3 cm
b) den Abstand 5 mm

haben.

2. Benutze eine Buchkante und zeichne nach Augenmaß parallele Geraden. Überprüfe mit dem Geodreieck.

3. Schreibe auf, wo du auf dem Schulweg parallele Geraden (Strecken) sehen kannst.

4. Falte ein Blatt für ‚Himmel und Hölle'. Falte es wieder auf.

a) Wie viele Geraden sind entstanden?
b) Markiere parallele Geraden mit derselben Farbe.
c) Welche Geraden stehen senkrecht aufeinander?

5. $g \parallel h$ bedeutet: g ist parallel zu h. Zeichne 4 Geraden g, h, k und l nach folgender Vorschrift:

a) $g \parallel h$ und $h \parallel l$ und $k \perp l$.
b) $g \perp h$ und $h \perp k$ und $l \parallel h$.
Welche Figur wird von den Geraden umschlossen?

6. a) Zeichne zwei Geraden g und h mit $g \parallel h$ und eine dritte Gerade k mit $k \parallel h$. Was gilt für die Geraden g und k?
b) Zeichne zwei Geraden g und h mit $g \perp h$ und eine dritte Gerade k mit $k \perp h$.
Was gilt nun für g und k?

7. Zeichne ab, ohne zu pausen:

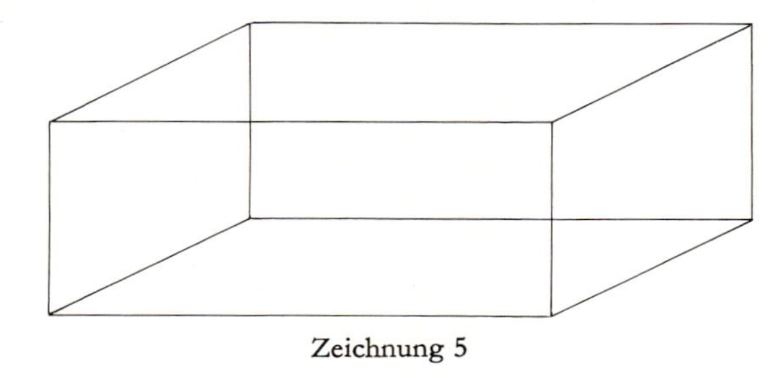

Zeichnung 5

8. Beschreibe noch einmal, wie die Kanten eines Quaders zueinander liegen. Benutze die Begriffe ‚parallel' und ‚senkrecht'.

9. Dein Mathematikheft ist mit einem **Quadratgitter** bedruckt. Es besteht aus Parallelen und Senkrechten. Die Schnittpunkte heißen **Gitterpunkte**.

Verbinde zwei Gitterpunkte miteinander, die nicht auf derselben Geraden liegen, und zeichne möglichst viele Parallelen hierzu, die wieder durch Gitterpunkte gehen. Kannst du das auch ohne Geodreieck, nur mit einem Lineal?

10. a) Zeichne zwei Parallelen im Abstand von 6 cm. Suche alle Punkte, die von beiden Geraden denselben Abstand haben.

b) Zeichne wieder eine Gerade. Suche alle Punkte, die von ihr den Abstand 3 cm haben.

11. Zeichne zwei Geraden, die senkrecht zueinander sind.

a) Welche Punkte haben von beiden Geraden den Abstand 1,5 cm?

b) Wo liegen Punkte, die von beiden Geraden einen Abstand von mindestens 1,5 cm haben?

c) Wo liegen Punkte, die von beiden Geraden einen Abstand von höchstens 1,5 cm haben?

Beantworte dieselben Fragen auch für zwei parallele Geraden mit dem Abstand 3 cm.

12. Zeichne zwei Geraden g und h mit $g \perp h$. Suche einen Punkt, der von g denselben Abstand hat wie von h. Zeichne weitere solche Punkte. Was fällt dir auf?

13. Zeichne zwei Kreise, die einander schneiden.

a) Schraffiere das Gebiet, das beiden Kreisen gemeinsam ist. Schraffieren heißt: parallele Strecken in jeweils gleichem Abstand zeichnen.

b) Schraffiere dann noch das Gebiet, in dem alle Punkte liegen, die nur zu einem Kreis gehören.

14. Zeichne ein Quadrat und seine beiden Diagonalen. Was kannst du über sie sagen?

Mache dasselbe für ein Rechteck.

3. Allerlei Paralleles

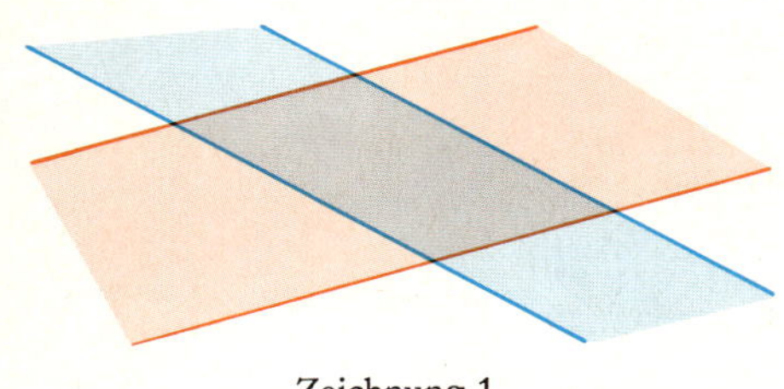

Zeichnung 1

Auftrag

1. Zeichne mit Buntstift zwei parallele Geraden im Abstand von 2 cm. Färbe den Bereich zwischen ihnen mit der gleichen Farbe.
2. Zeichne schräg dazu in einer anderen Farbe zwei parallele Geraden mit 4 cm Abstand. Färbe auch hier den Zwischenraum.
3. Die doppelt gefärbte Figur heißt **Parallelogramm**. Beschreibe sie.

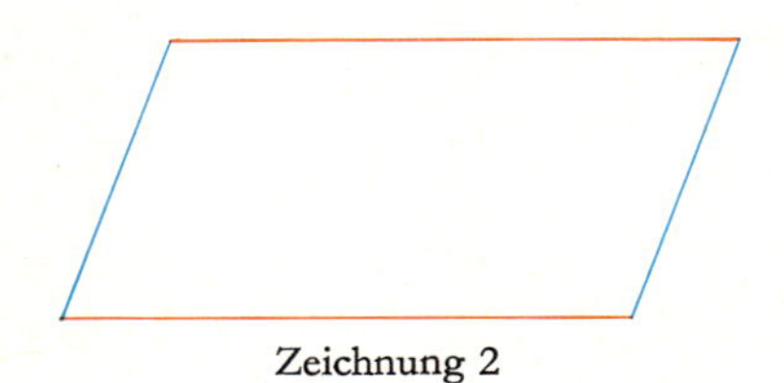

Zeichnung 2

> Ein **Parallelogramm** hat vier Ecken und vier Seiten.
> Gegenüberliegende Seiten sind parallel und gleichlang.

Konstruktion

Wir konstruieren nun ein Parallelogramm. Zwei Seiten sollen 3 cm lang werden, die anderen Seiten sollen 5 cm lang werden (Zeichnung 3):

1. Zeichne zwei Geraden g und h mit dem Schnittpunkt A.
2. Markiere auf g einen Punkt B, der 5 cm von A entfernt ist.
3. Markiere auf h einen Punkt C, der 3 cm von A entfernt ist.
4. Zeichne durch B eine Parallele zu h.
5. Zeichne durch C eine Parallele zu g.
6. Der Schnittpunkt D ist der vierte Eckpunkt des Parallelogramms.

Zeichnung 3

Überprüfe, ob wirklich das geforderte Parallelogramm entstanden ist.

Untersuchung

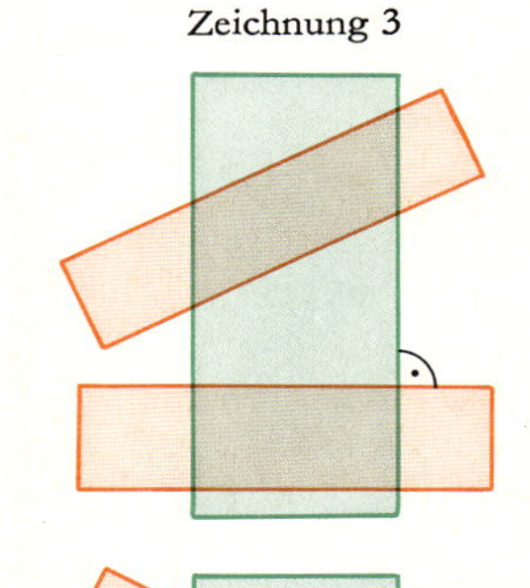

Du benötigst nun drei Streifen aus buntem Transparentpapier, wie sie in Zeichnung 4 zu sehen sind. Zwei der Streifen sollen gleich breit sein.

Lege zwei verschieden breite Streifen übereinander.
Welche Figuren entstehen durch das Überdecken?
Wie ändert sich die Figur beim Bewegen der Streifen?
Mache dasselbe mit gleichbreiten Streifen.

Ergebnisse

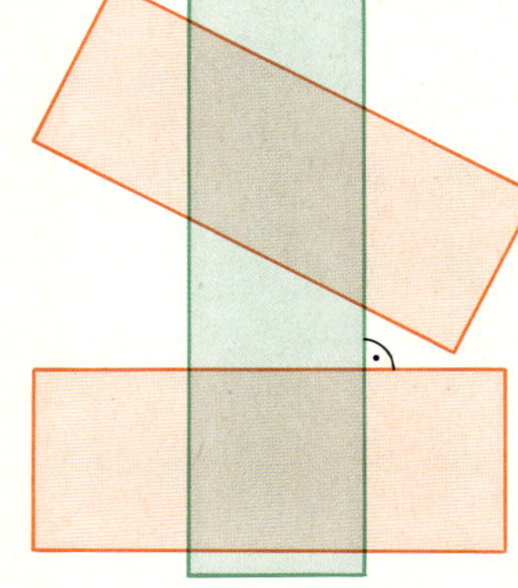

Zeichnung 4

Es entstehen stets Parallelogramme (Zeichnung 4). Wenn beim Bewegen die Kanten der Streifen senkrecht zueinander sind, entstehen sogar Rechtecke oder Quadrate. Streifen gleicher Breite ergeben Parallelogramme mit vier gleichlangen Seiten.

> Ein Parallelogramm mit vier gleichlangen Seiten heißt **Raute**. Rauten sind also besondere Parallelogramme.
> Auch Rechtecke und Quadrate sind besondere Parallelogramme. Bei ihnen stehen benachbarte Seiten aufeinander senkrecht.

Übungen

1. Übertrage die Figuren aus Zeichnung 5 in dein Heft.

a) Entscheide, welche Figuren Parallelogramme sind. Begründe deine Antwort.
b) Welche Figuren sind besondere Parallelogramme, also Rechtecke, Quadrate oder Rauten?

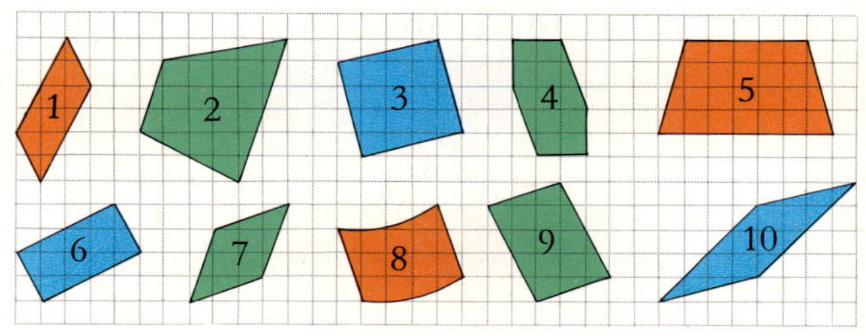

Zeichnung 5

2. Wo findest du in deiner Umwelt Parallelogramme? Welche sind Rechtecke, Quadrate oder Rauten?

3. Schneide ein Rechteck mit 5 cm und 9 cm Seitenlänge aus. Teile es durch einen Schnitt in zwei gleichgroße Dreiecke.
Wie viele verschiedene Parallelogramme kannst du aus den beiden Dreiecken zusammenlegen?

4. Zeichne ein **Viereck**. Trage auf allen vier Seiten die Mittelpunkte ein. Verbinde die Mittelpunkte benachbarter Seiten.
Welche Figur entsteht?
Versuche dasselbe auch bei besonderen Vierecken, (Parallelogramm, Raute, Rechteck, Quadrat).

5. Zeichne ein Parallelogramm, das

a) weder Raute noch Rechteck ist,
b) sowohl Raute als auch Rechteck ist.

6. Zeichne ein Parallelogramm und in ihm

a) ein möglichst großes Rechteck
b) eine möglichst große Raute.

7. Wähle auf deinem Karopapier einen Gitterpunkt und nenne ihn A.
Gehe von A um 6 Kästchen nach rechts und dann um 3 Kästchen nach oben. Nenne den erreichten Gitterpunkt B.
Jetzt gehe von A um 4 Kästchen nach oben und dann um 2 Kästchen nach rechts. Nenne den Punkt C. Konstruiere nun einen Punkt D so, daß A, B, C und D Eckpunkte eines Parallelogrammes sind.

8. Übertrage die Figuren aus Zeichnung 6 in dein Heft. Ergänze sie jeweils zu Parallelogrammen. Kannst du schon vorher sagen, ob eine Raute, ein Rechteck oder ein Quadrat entstehen wird?

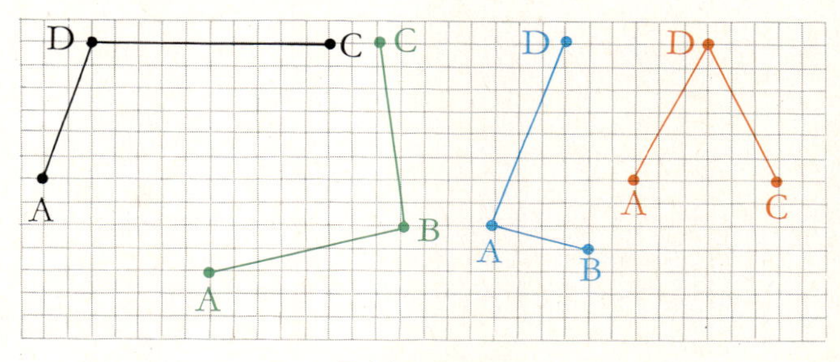

Zeichnung 6

9. Zeichne Parallelogramme, die keine Rechtecke sind. Die Seiten sollen

a) 3 cm und 6 cm lang sein,
b) alle 4 cm lang sein,
c) 2,5 cm und 4,5 cm lang sein.

10. Konstruiere drei verschiedene Parallelogramme, deren Seiten 4 cm und 7 cm lang sind.
Zeichne für jedes dieser Parallelogramme die Diagonalen.
Miß die Entfernungen der Ecken vom Schnittpunkt der Diagonalen und vergleiche sie.

11. a) Warum ist ein Quadrat ein Parallelogramm?
b) Warum ist ein Quadrat ein Rechteck?
c) Warum ist ein Quadrat eine Raute?

Flohmarkt

Zahlenkreuzworträtsel:

1→: von vorn wie von hinten, Quersumme 7
2↓ : die 5 im Zweiersystem
3→: ein Vielfaches von 62

1	2	
■		■
3		

6 Plus 5 Schülerbuch 32250

4. Petri Heil

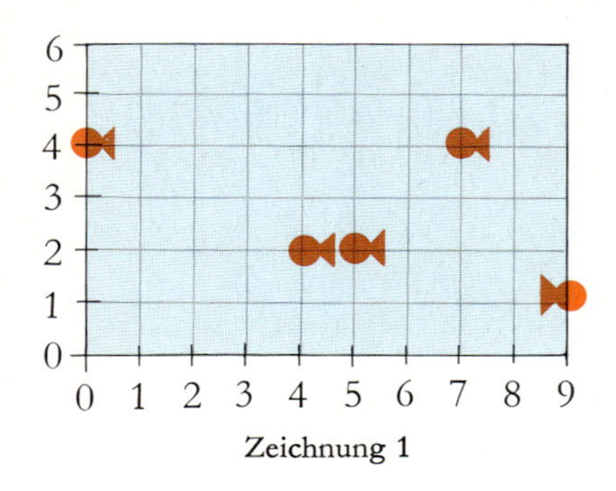

Zeichnung 1

Angelspiel

Christiane erklärt Peter das Angelspiel.
Sie sagt: „Zuerst muß jeder sein Spielfeld zeichnen und fünf Fische eintragen."
Sie zeigt Peter ihr Blatt (Zeichnung 1).
Dann sagt Christiane: „Jetzt zeichne ich meine Fische — aber an andere Stellen. Wenn du nämlich weißt, wo meine Fische sind, ist das Spiel nicht mehr spannend. Du mußt dein Blatt immer so halten, daß ich nichts sehen kann."
Peter fragt ungeduldig: „Wie funktioniert denn das nun mit dem Angeln?"
Christiane erklärt weiter (Zeichnung 2): „Wenn ich an der Reihe bin, sage ich: Ich werfe meine Angel an die Stelle ‚8 nach rechts, 4 nach oben'. Du weißt dann ganz genau, welche Stelle ich meine.
Wenn dort ein Fisch ist, mußt du sagen: ‚Angebissen', der Fisch ist geangelt und ich darf weitermachen.
Wenn ein Fisch direkt neben der Stelle steht, sagst du: ‚Beinahe' und ich darf auch weitermachen.
Sonst sagst du: ‚Pech gehabt'. Dann bist du an der Reihe.
Gewonnen hat, wer zuerst alle Fische des anderen geangelt hat."

Spiele das Angelspiel mit deinem Nachbarn.

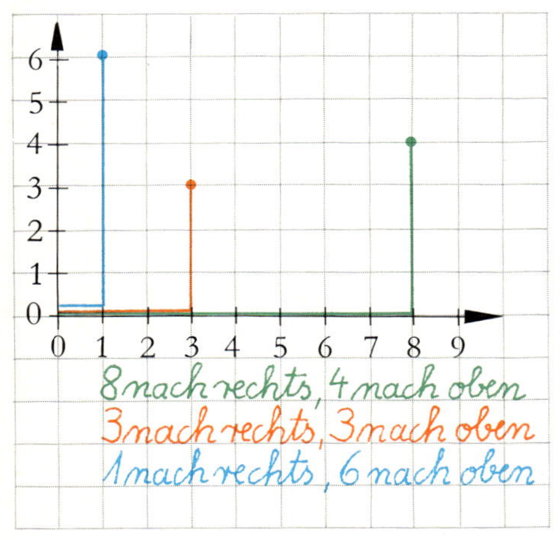

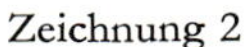

Zeichnung 2

Vom Angelspiel zum Gitternetz

Zeichne auf den Linien deines Karopapiers nach rechts und nach oben Zahlenstrahlen mit demselben Anfangspunkt. Jetzt kannst du, wie beim Angelspiel, die Gitterpunkte durch zwei Zahlen angeben (Zeichnung 3).
Die 1. Zahl gibt an, wie weit du nach rechts gehen mußt.
Die 2. Zahl gibt an, wie weit du nach oben gehen mußt.
Zeichne nun vier Gitterpunkte ein. Gib für alle vier Punkte die beiden zugehörigen Zahlen als Paar an.

> Zu einem **Gitternetz** gehören die **1. Achse** und die **2. Achse.**
> Durch (8|4) ist der Gitterpunkt A festgelegt (Zeichnung 3).
> Die Zahl 8 nennt man die **1. Koordinate** des Punktes A.
> Die Zahl 4 nennt man die **2. Koordinate** des Punktes A.

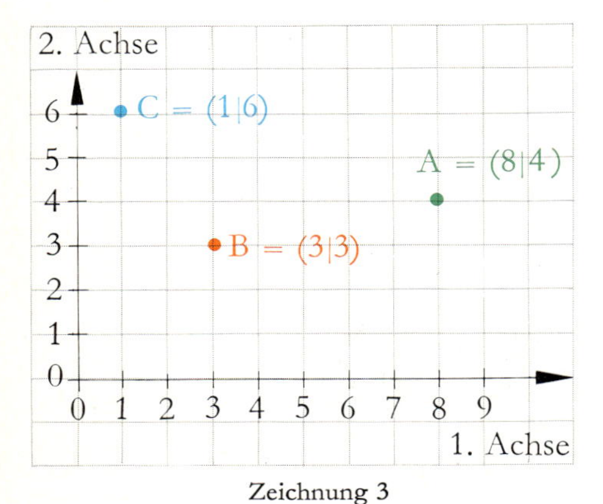

Zeichnung 3

Aufgaben

1. Zeichne ein Gitternetz und verbinde nacheinander die Punkte (3|2), (9|6), (6|8) und (0|4). Welche Figur entsteht?
2. Zeichne ein Dreieck, dessen Eckpunkte Gitterpunkte sind. Lies die Koordinaten ab. Diktiere sie deinem Nachbarn und laß ihn das gleiche Dreieck zeichnen.
3. Zeichne irgendeine Figur, deren Eckpunkte Gitterpunkte sind. Diktiere deinem Nachbarn die Koordinaten der Eckpunkte. Kann er damit schon deine Figur nachzeichnen?

Übungen

1. Übertrage Zeichnung 4 in dein Heft. Bezeichne alle Eckpunkte der Figuren mit großen Buchstaben und gib ihre Koordinaten an.

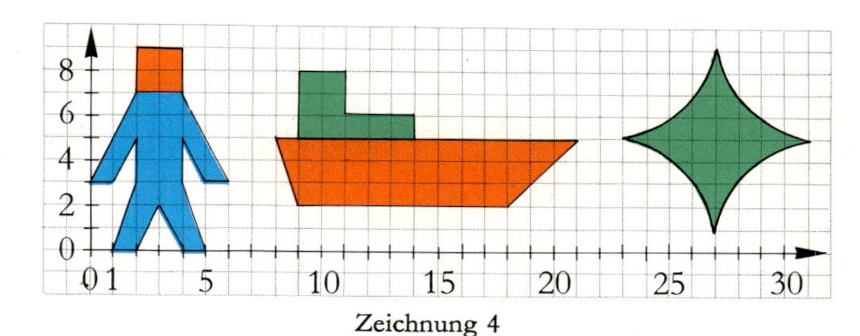

Zeichnung 4

2. Zeichne ein Gitternetz. Es muß so groß sein, daß alle folgenden Punkte eingetragen werden können.

a) Markiere die Punkte A = (0|0), B = (2|1), C = (1|2), D = (1|1), E = (5|5), F = (6|5) und G = (5|6).
Verbinde A mit B und C; D mit B und C; E mit D, G und F.

b) Markiere die Punkte A = (1|1), B = (5|1), C = (8|3), D = (4|3), E = (1|4), F = (5|4), G = (8|6) und H = (4|6).
Verbinde: A mit B und E; F mit E, B und G; C mit B und G. Verbinde gestrichelt: D mit A, C und H.
Welche Strecken sind zueinander senkrecht, welche parallel?
Welche Teilfiguren sind Parallelogramme?

3. Markiere in einem Gitternetz die Punkte (4|8), (8|0), (12|4) und (8|8). Zeichne das Viereck.
Gib die Koordinaten der Seitenmitten an.
Zeichne das Viereck durch diese Punkte.
Welche Figur entsteht?
Mache dasselbe mit (8|6), (4|6), (4|2) und (8|2).

4. Zeichne in einem **Koordinatensystem** (das ist nur eine andere Bezeichnung für Gitternetz) das Dreieck mit den Eckpunkten (0|0), (9|6) und (3|6). Zeichne auch das Dreieck (0|2), (6|2) und (6|8).
Gib für alle Schnittpunkte von Dreiecksseiten **Rechtswert** und **Hochwert** (das sind nur andere Namen für die 1. und die 2. Koordinate) an. Suche zueinander senkrechte und zueinander parallele Strecken.

5. a) Wo liegen alle Punkte, die denselben Rechtswert 3 haben?
b) Wo liegen alle Punkte, die denselben Hochwert 4 haben?

6. Zeichne ein Koordinatensystem.

a) Färbe alle Gitterpunkte rot, für die Rechtswert und Hochwert übereinstimmen.
b) Färbe alle Gitterpunkte grün, für die der Rechtswert kleiner als der Hochwert ist.
c) Was gilt für die Koordinaten der ungefärbten Punkte?

7. Nimm einen Atlas und schlage eine Deutschlandkarte auf. Bei genauem Hinsehen bemerkst du ein Gitternetz. Die Linien von West nach Ost sind die Breitenkreise, die von Süd nach Nord die Längenkreise. An den Kartenrändern sind die Linien bezeichnet.

a) Welche große Stadt liegt nahe beim Schnittpunkt des
— 51-ten Breitenkreises und des 7-ten Längenkreises?
— 50-ten Breitenkreises und des 8-ten Längenkreises?
— 49-ten Breitenkreises und des 12-ten Längenkreises?

b) Bei welchen Gitterpunkten liegen Freiburg, Bremen und Rostock?

c) Welcher Fluß schneidet mehrfach den 50-ten Breitenkreis? Wie oft?

8. Wie gibt ein Schiff auf dem Rhein seine Position an?
Wie gibt ein Schiff auf dem Ozean seine Position an?
Wie gibt ein Flugzeug seine Position an?

9. a) Suche im Register des Atlanten deinen Heimatort. Was bedeuten die Zeichen hinter dem Namen?

b) Suche im Register des Stadtplanes deine Straße. Wie findest du sie durch diese Angaben?

c) Wie gibt man die Felder eines Schachbrettes an?

d) Wie findest du den richtigen Platz, wenn auf der Kinokarte ‚Reihe 3, Sitz 16' steht?
Was ist hier anders als im Gitternetz?

10. Markiere in einem Gitternetz an den folgenden Punkten kleine Sternchen: (0|5), (4|6), (7|5), (11|4), (13|1), (19|1), (19|4).
Verbinde die Sternchen in dieser Reihenfolge. Du erhältst das Sternbild ‚Großer Bär', auch ‚Himmelswagen' genannt. Von ihm aus findest du den Polarstern, wenn du die Strecke von (19|1) nach (19|4) um das Vierfache verlängerst. Markiere den Polarstern.

Zeichnung 1

Zeichnung 2

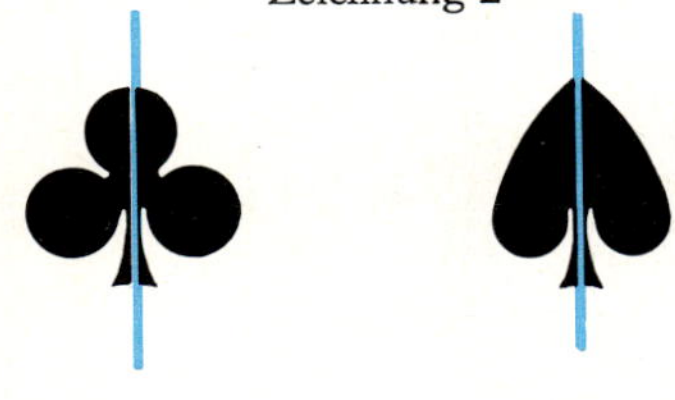

Zeichnung 3

5. FIGUR | ЯUGIꟻ

Lege ein Blatt Kohlepapier mit der schwarzen Seite auf ein Blatt Papier. Falte beide Blätter nun so, daß das Kohlepapier innen liegt.
Übertrage eine Figur aus Zeichnung 1 auf das Blatt. Beginne damit an der Faltkante. Bevor du aufklappst, überlege:

▶ Wie sieht die Figur auf der Innenseite des Papiers aus?

Ergebnis

Die Faltgerade verläuft genau durch die Mitte der Figur und zerlegt sie in zwei Teile. Beide Teile geben die Figur aus Zeichnung 1 wieder, denn sie lagen ja beim Zeichnen genau übereinander.

Auftrag

Übertrage die Figuren aus Zeichnung 2 auf ein loses Blatt Karopapier. Welche Figuren kannst du so falten, daß die entstandenen Teile genau aufeinander passen? Zeichne die Faltgeraden ein.

Wie kannst du deine Ergebnisse überprüfen?

Prüfungen

Zur Kontrolle kannst du

— versuchen, die Figuren wie oben mit Kohlepapier herzustellen,
— bei dünnem Papier das gefaltete Blatt gegen das Licht halten,
— die Figuren ausschneiden und dann falten.

Es geht aber noch einfacher.
Stelle zunächst ein Geodreieck ‚hochkant‘ auf die Faltkante in Zeichnung 1. Schau steil von oben auf die Teilfigur und das Geodreieck.
⸮UD TƧHƎIƧ ƧAW
Prüfe nun auf die gleiche Weise an Zeichnung 2, ob du die Faltgeraden richtig bestimmt hast. Du siehst dann aus beiden Richtungen dieselbe Figur. Jeder Teil ist ein Spiegelbild des anderen Teiles.

> Wenn man eine Figur so falten kann, daß die beiden Teile genau aufeinander passen, heißt die Figur **achsensymmetrisch**.
> Die Faltgerade heißt dann **Symmetrieachse** der Figur.

Du hast sicher gemerkt, daß eine Figur mehrere Symmetrieachsen haben kann.

Aufgaben

1. Suche in diesem Buch fünf achsensymmetrische Figuren.
   Gib jeweils Lage und Anzahl der Symmetrieachsen an.
2. Zeichne fünf Verkehrsschilder in dein Heft, drei achsensymmetrische und zwei andere.
   Zeichne bei den achsensymmetrischen Schildern die Symmetrieachsen ein.

Übungen

1. Spritze etwas Tinte auf ein Blatt. Falte es und presse es zusammen.
Beschreibe die Eigenschaften des Klecksbildes.

2. Stelle durch Falten und Ausschneiden einen Engel, einen Vogel, ein Kastanienblatt und ein Quadrat her. Auf wie viele verschiedene Arten kann man die Figuren wieder in das Blatt einsetzen?

3. Falte ein Blatt mehrfach. Schneide ein Deckchen mit schönen Mustern aus. Wie viele Symmetrieachsen hat es?

4. Schreibe deinen Namen in Druckbuchstaben auf zwei Arten in Spiegelschrift. Kontrolliere das Ergebnis.

Beispiel:

L E O
———
(LEO upside down)

L E O | O E L (mirrored)

5. So sehen die Ziffern bei einem Taschenrechner aus:

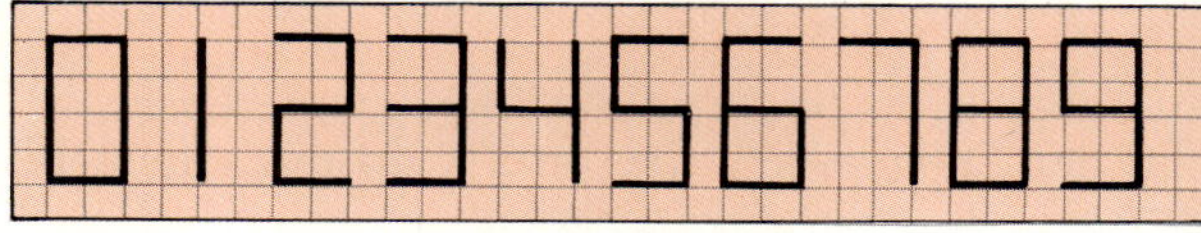

Zeichnung 4

a) Welche Ziffern sind achsensymmetrisch?
Wie viele Symmetrieachsen haben sie jeweils?
b) Gib zwei zweistellige Computerzahlen mit einer Symmetrieachse (zwei Symmetrieachsen) an.

6. Welche Spiele werden auf achsensymmetrischen Feldern gespielt? Wie viele Symmetrieachsen gibt es? Warum gibt es so viele achsensymmetrische Spielfelder?

7. Welche großen Druckbuchstaben sind achsensymmetrisch? Gib Wörter an, die achsensymmetrisch sind.

Beispiel:

B O B

Flohmarkt

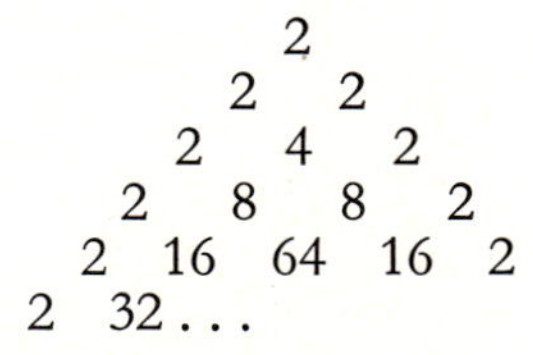

Kannst du weitermachen?

8. Übertrage immer zwei der Pfeile in Zeichnung 5 kästchengetreu auf kariertes Papier.
Entscheide, ob beide Pfeile zusammen eine achsensymmetrische Figur bilden.
Trage, wenn möglich, alle Symmetrieachsen ein und kontrolliere dein Ergebnis mit einem Taschenspiegel.

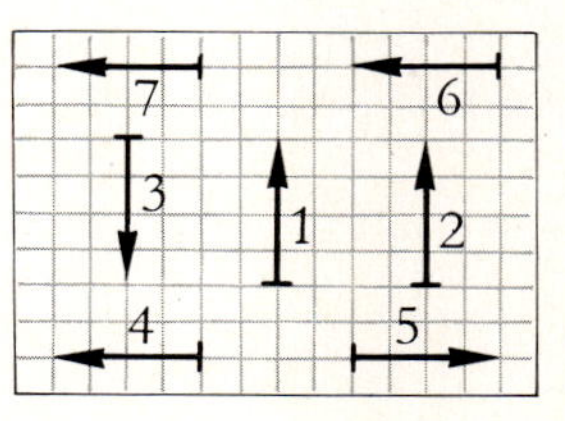

Zeichnung 5

9. Übertrage die Figuren aus Zeichnung 6 ins Heft. Zeichne alle Symmetrieachsen ein. Kontrolliere das Ergebnis.

Zeichnung 6

6. Sticheleien

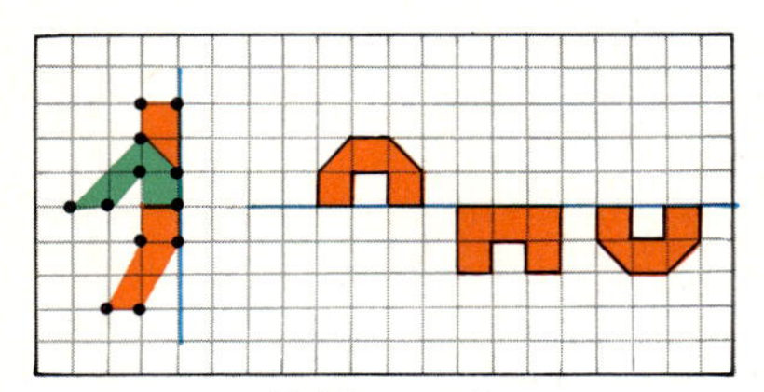
Zeichnung 1

1. Aufgabe

Übertrage die beiden Figuren aus Zeichnung 1 kästchengetreu ins Heft und ergänze sie zu achsensymmetrischen Figuren. Die blauen Geraden sollen die Symmetrieachsen werden. Wie hilft dir dabei das Karopapier?

Untersuchung

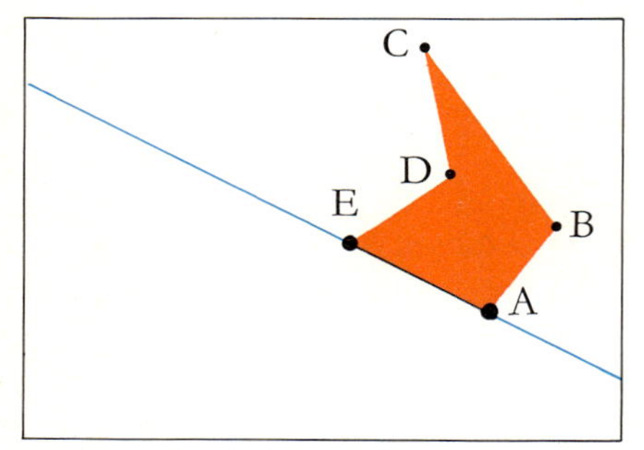

Zeichnung 2

Zeichne auf ein Blatt ohne Karos eine Figur und eine Gerade wie in Zeichnung 2. Falte das Blatt entlang der Geraden. Stich an den Eckpunkten der Figur, die nicht auf der Geraden liegen, durch beide Papierschichten. Falte das Blatt wieder auf.

Zu jedem Loch auf der einen Seite der Faltgeraden gehört genau ein Loch auf der anderen Seite.

▶ Wie findest du zusammengehörende Löcher nur mit dem Geodreieck?

Vervollständige die Ausgangsfigur zu einer achsensymmetrischen Figur.

Ergebnis

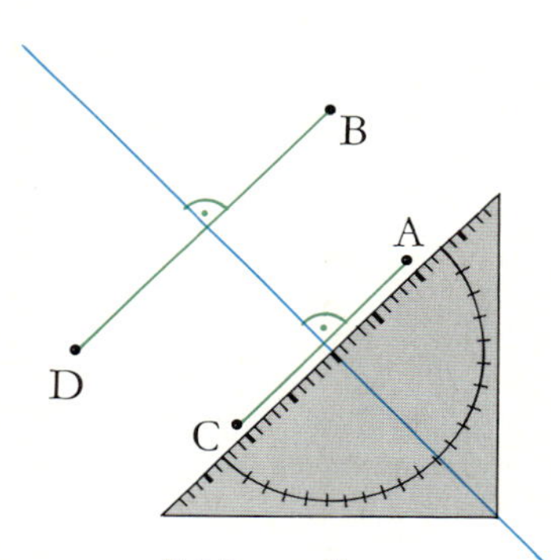

Zeichnung 3

Da zusammengehörende Löcher beim Stich genau übereinanderlagen, haben sie denselben Abstand von der Faltgeraden. Das prüfst du mit einem Blick, wenn du das Geodreieck geschickt anlegst (Zeichnung 3).
Dabei fällt dir auch auf, daß die Verbindungsstrecke zusammengehörender Punkte senkrecht auf der Faltgeraden steht (Zeichnung 3).
Überprüfe diese Ergebnisse auch an den Lösungen der ersten Aufgabe. Warum ging es dort so einfach?

> Bei einer achsensymmetrischen Figur liegen zwei zusammengehörende Punkte auf einer Geraden, die zur Symmetrieachse senkrecht ist.
> Beide Punkte haben denselben Abstand von der Symmetrieachse.

2. Aufgabe

Übertrage die Figuren aus Zeichnung 5 kästchengetreu ins Heft.
Wie findest du die Symmetrieachsen ohne zu falten oder zu spiegeln?

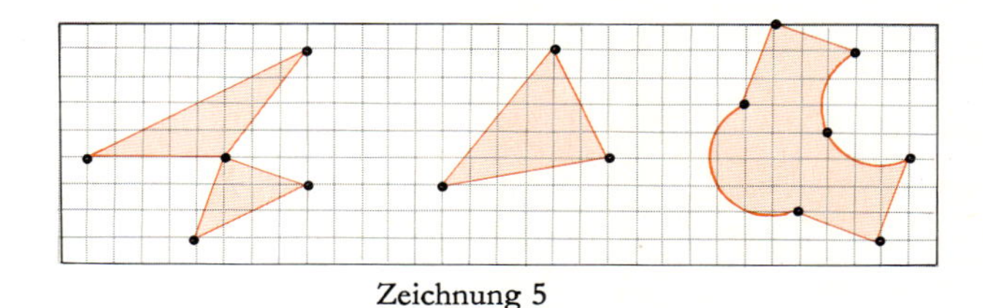
Zeichnung 5

Lösung

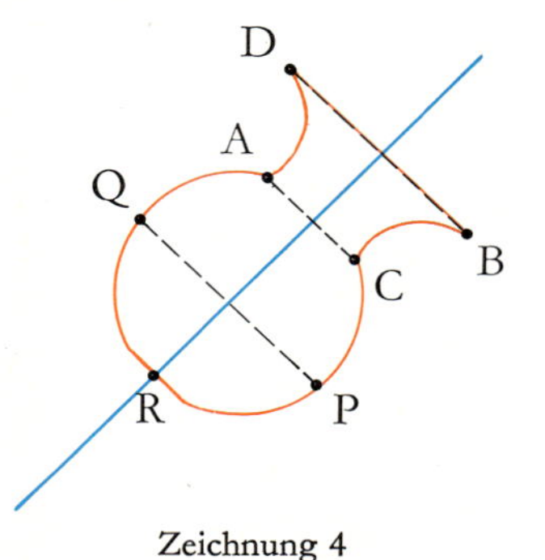

Zeichnung 4

Wenn du die Symmetrieachse einer achsensymmetrischen Figur finden willst, mußt du zusammengehörige Punkte verbinden. Die Symmetrieachse steht auf diesen Verbindungsstrecken senkrecht und halbiert sie.

Übungen

1. Übertrage die Figuren aus Zeichnung 6 kästchengetreu ins Heft. Ergänze sie zu achsensymmetrischen Figuren mit der blauen Gerade als Symmetrieachse. Kontrolliere mit dem Geodreieck als ‚Spiegel'.

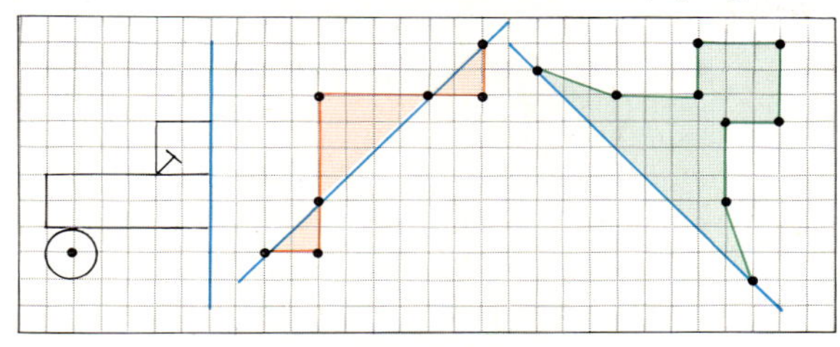

Zeichnung 6

2. Miß für alle Punkte in Zeichnung 7 die Abstände von der Geraden. Für welche Punkte sind sie gleich? Welche Punkte liegen beim Falten entlang der Geraden genau aufeinander?

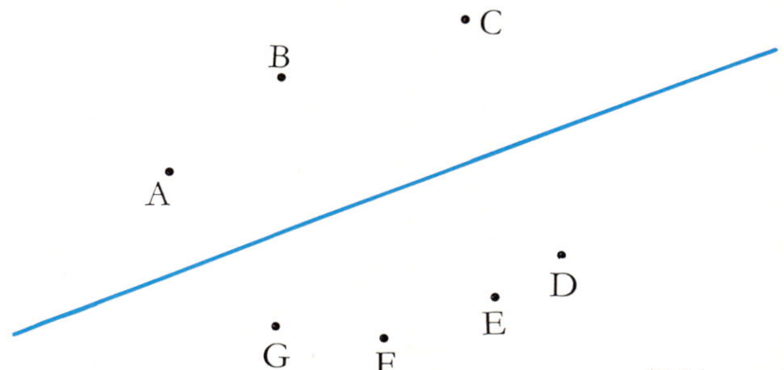

Zeichnung 7

3. Übertrage Zeichnung 8 kästchengetreu ins Heft. Zeichne die Verbindungsstrecken von A und B sowie von C und D. Halbiere sie und verbinde die Mittelpunkte der Strecken.
Welche vier Punkte könnten Eckpunkte eines achsensymmetrischen Vierecks sein?

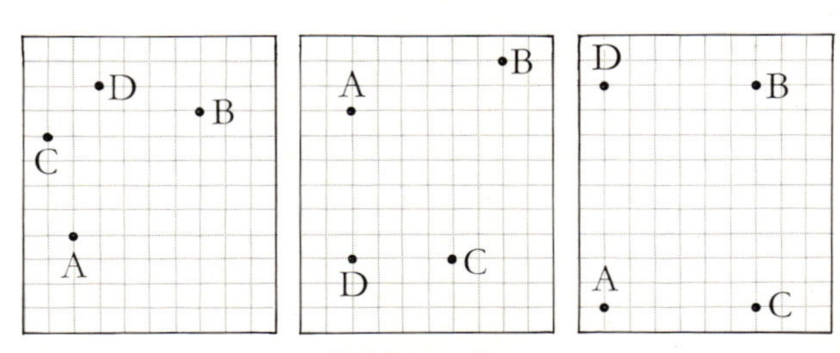

Zeichnung 8

4. Wie viele Symmetrieachsen kann ein Parallelogramm haben?

5. Zeichne ein Gitternetz. Trage die Punkte $A = (2|3)$, $B = (8|3)$ und $C = (8|9)$ ein und zeichne das Dreieck durch diese Punkte.
Ergänze das Dreieck zu einer achsensymmetrischen Figur. Suche drei weitere Lösungen.

6. Bestimme alle Symmetrieachsen der Figuren aus Zeichnung 9.

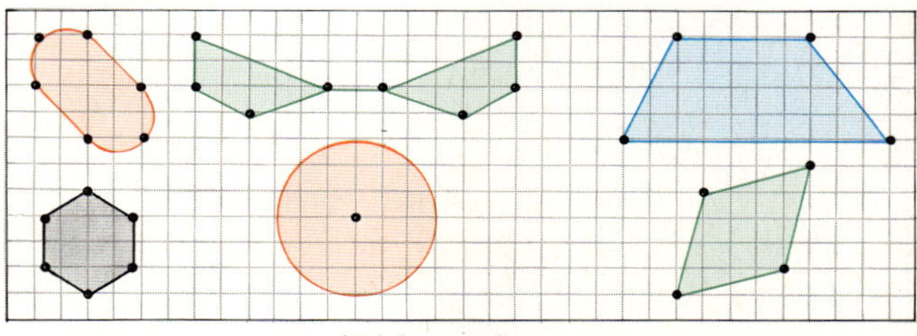

Zeichnung 9

7. Ergänze die Figuren aus Zeichnung 10 so zu achsensymmetrischen Figuren, daß beide blauen Geraden Symmetrieachsen sind. Kontrolliere.

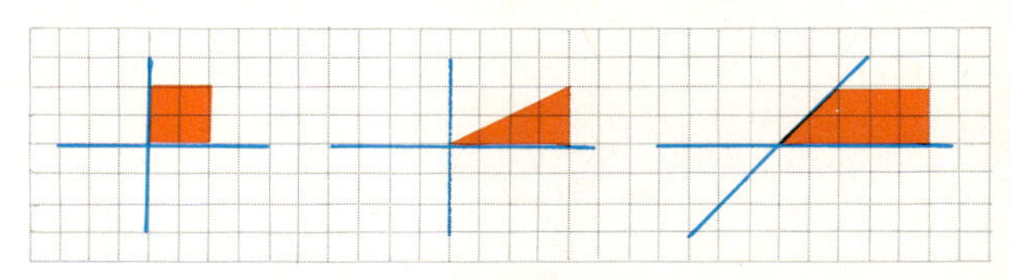

Zeichnung 10

8. Zeichne zu Zeichnung 11 noch ein Männchen dazu, so daß beide eine achsensymmetrische Figur bilden. Zeichne dann noch zwei Männchen, so daß alle vier zusammen eine achsensymmetrische Figur bilden.

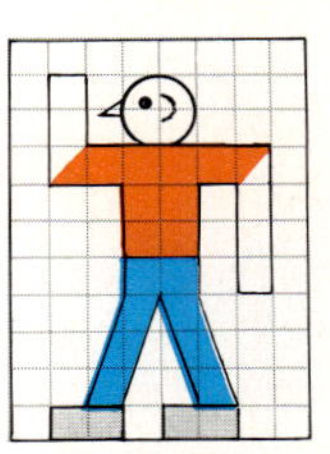

Zeichnung 11

9. a) Zeichne ein nicht achsensymmetrisches und ein achsensymmetrisches Dreieck.
b) Versuche ein achsensymmetrisches Dreieck zu zeichnen, das drei Symmetrieachsen hat.

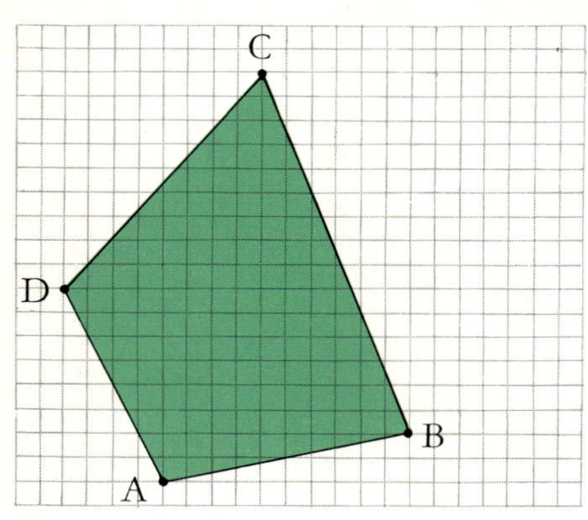

Zeichnung 1

7. Alles Schiebung

Aufträge

1. Übertrage das Viereck ABCD aus Zeichnung 1 in dein Heft. Gehe von jedem Eckpunkt um 15 Kästchen nach rechts. Nenne die neuen Punkte E, F, G und H. Solche neuen Punkte heißen auch **Bilder** der alten Punkte.
2. Vergleiche das Viereck ABCD mit dem Viereck EFGH.
3. Schneide das Viereck aus Pappe aus. Lege es auf die Figur ABCD. Wie kann man es auf dem kürzesten Weg mit der Figur EFGH zur Deckung bringen? Wie bewegen sich dabei die Eckpunkte?
4. Verbinde entsprechende Punkte der beiden Vierecke mit Pfeilen, die von der Ausgangsfigur zur Bildfigur zeigen. Vergleiche diese Pfeile.
5. Erläutere Zeichnung 2.

Bei der **Verschiebung** einer Figur geben **Verschiebungspfeile** an, wohin jeder Punkt wandert. Alle Verschiebungspfeile sind zueinander parallel und gleich lang.

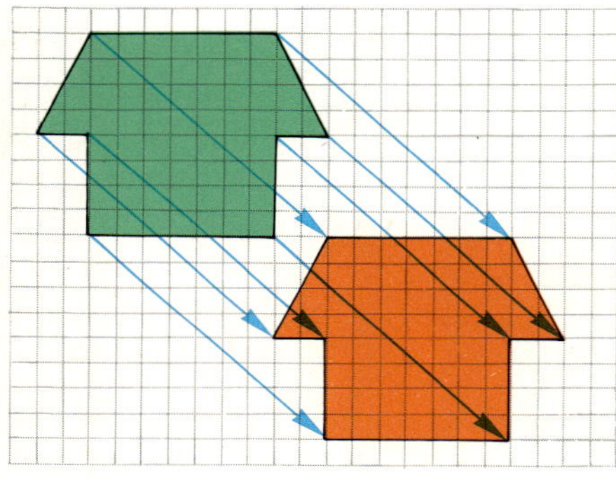

Zeichnung 2

1. Aufgabe

a) Zeichne im Gitternetz ein Dreieck mit den Ecken A = (2|1), B = (5|2) und C = (4|4). Verschiebe jeden Punkt um 6 Kästchen nach oben. Zeichne das Bilddreieck und gib die Koordinaten der Eckpunkte an. Zeichne die Verschiebungspfeile.

b) Zeichne ein Dreieck mit P = (7|7), Q = (10|10), R = (6|11) und ein Dreieck mit S = (4|1), T = (6|4), U = (2|5). Kann man das Dreieck PQR durch Verschieben mit dem Dreieck STU zur Deckung bringen? Begründe deine Antwort.

Ein Pfeil genügt

a) Verschiebe das Fünfeck PQRST (Zeichnung 3) längs des eingezeichneten Verschiebungspfeils. Auf welche Punkte werden die Ecken verschoben?

b) Verschiebe das Fünfeck so, daß die Ecke T auf den Punkt (5|2) wandert. Gib zuerst den Verschiebungspfeil an.

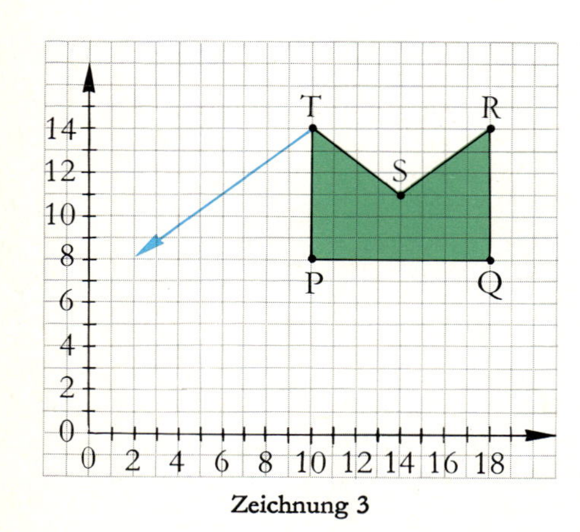

Zeichnung 3

2. Aufgabe

Übertrage die Figuren in dein Heft und führe die angegebenen Verschiebungen aus.

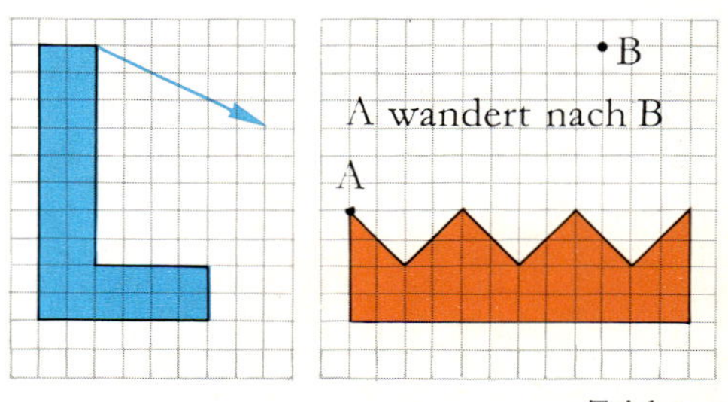

P wandert nach (7|7)

Zeichnung 4

Übungen

1. Zeichne die Figuren in dein Heft und verschiebe sie so, wie es der Verschiebungspfeil angibt.

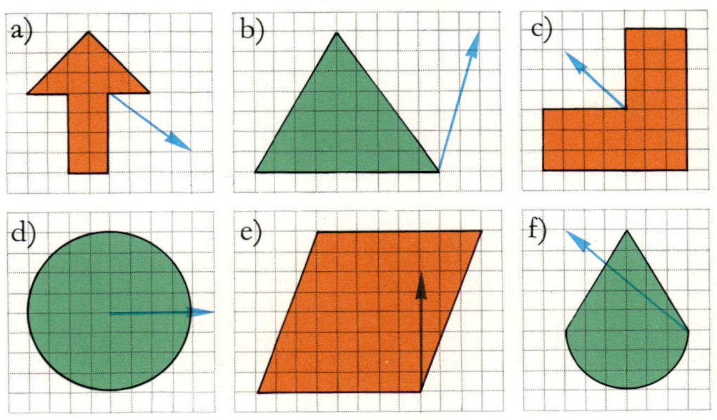

Zeichnung 5

2. Welche der Figuren 1 bis 6 sind aus der blauen Figur durch Verschieben entstanden?

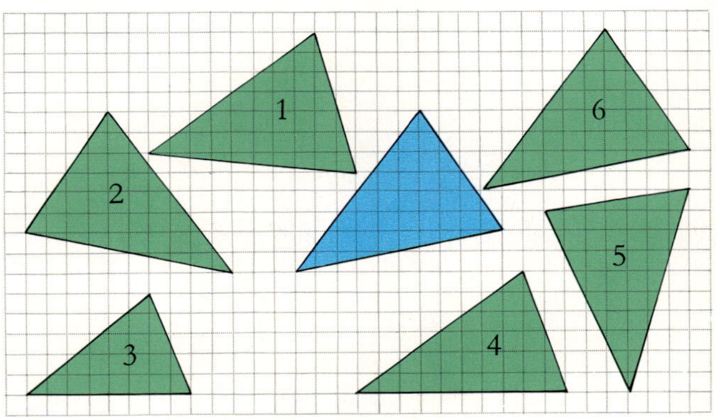

Zeichnung 6

3. Zeichne im Gitternetz die Strecke mit den Endpunkten A = (1|1) und B = (6|1). Verschiebe die Strecke so, daß A nach D = (3|4) wandert. Welche Figur bilden die Strecke $\overline{AB}$, ihre Bildstrecke $\overline{DC}$ und die Verschiebungspfeile zusammen? Wie mußt du die Strecke $\overline{AD}$ verschieben, um dieselbe Figur zu erhalten?

4. Übertrage die Figuren aus Zeichnung 7 mit den Verschiebungspfeilen in dein Heft. Zeichne jetzt die Ausgangsfiguren.

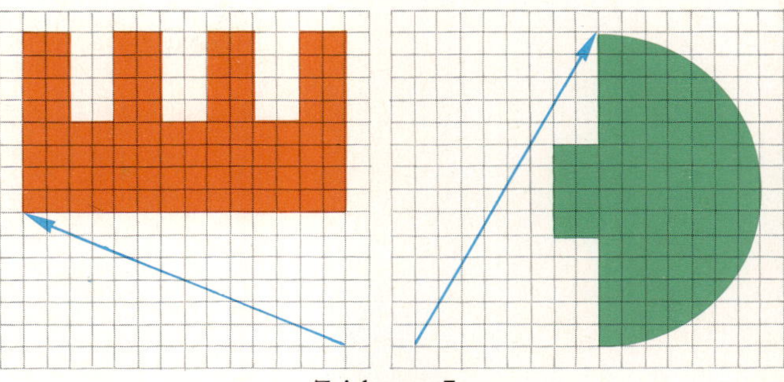

Zeichnung 7

5. Zeichne im Gitternetz die Raute mit den Ecken A = (16|10), B = (20|13), C = (20|18) und D = (16|15). Verschiebe die Raute so, daß A nach A′ = (20|2) wandert. Nun verschiebe die Bildfigur so weiter, daß A′ nach A″ = (8|0) wandert. Wie kannst du die 1. Figur sofort auf die 3. Figur verschieben?

6. a) Verschiebe das Quadrat ABCD mit A = (2|4), B = (7|4), C = (7|9), D = (2|9) so, daß A nach (10|2) wandert. Zeichne für die 4 Ecken die Verschiebungspfeile. Woran erinnert dich die Gesamtfigur?

b) Mache dasselbe für die Raute P = (5|0), Q = (9|3), R = (9|8), S = (5|5), wenn Q nach (4|3) rückt.

7. Zeichne das Quadrat mit den Ecken A = (9|10), B = (18|10), C = (18|19), D = (?|?). Verschiebe das Quadrat dann so, daß die Ausgangsfigur und die Bildfigur

a) einen Punkt b) eine Strecke
c) ein Rechteck d) ein Quadrat

gemeinsam haben. Du kannst stets mehrere Lösungen angeben.

Flohmarkt

Die Zahl 1234321 ist ein *Zahlenpalindrom*. Von vorn und von hinten gelesen ist sie immer gleich. Auch aus ganz gewöhnlichen Zahlen kann man Palindrome machen. Du brauchst nur ihre Ziffern in umgekehrter Reihenfolge aufzuschreiben und diese neue Zahl zur alten zu addieren.
Beispiele: 125 + 521 = 646 oder: 1234 + 4321 = 5555.
Manchmal mußt du hartnäckig sein und den Vorgang mehrfach wiederholen: 86 + 68 = 154; 154 + 451 = 605; 605 + 506 = 1111.
Erzeuge Zahlenpalindrome aus 17, 67, 729, 446, 789. Untersuche weitere Zahlen. Aber Vorsicht, das kann auch in Arbeit ausarten! Beginne mal mit der Zahl 89.

8. Jetzt wird's zu bunt

Zeichnung 1

Ein Rollstempel wurde über die ganze Buchseite abgerollt. Dabei hat sich das Muster des Stempels mehrfach abgedruckt. Es ist ein **Streifenornament** entstanden (Zeichnung 1).

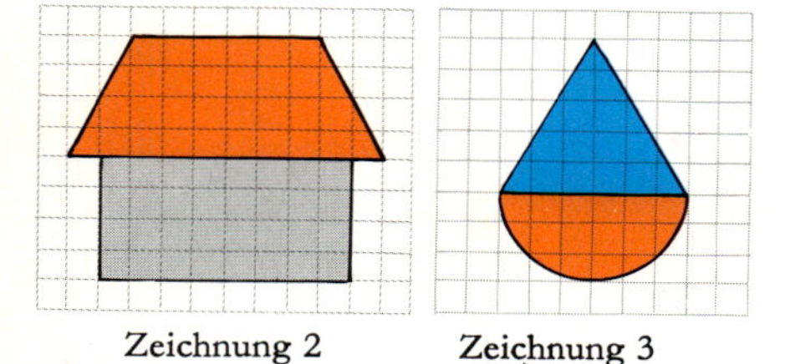

Zeichnung 2 Zeichnung 3

Aufträge

1. Aus der Figur in Zeichnung 2 soll auch ein Streifenornament werden. Zeichne wenigstens 4 weitere Figuren in dein Heft.
2. Das Stehaufmännchen in Zeichnung 3 braucht Gesellschaft. Zeichne ein Streifenornament. Worauf mußt du achten?
3. Das Ornament in Zeichnung 4 kann nach beiden Seiten unbegrenzt fortgesetzt werden. Übertrage es in dein Heft. Schneide dir dazu eine möglichst einfache Schablone aus Pappe. Wie mußt du die Schablone bewegen?

Ein **Streifenornament** kann man herstellen, indem man eine **Grundfigur** immer wieder um denselben Pfeil oder den entgegengesetzten Pfeil verschiebt.

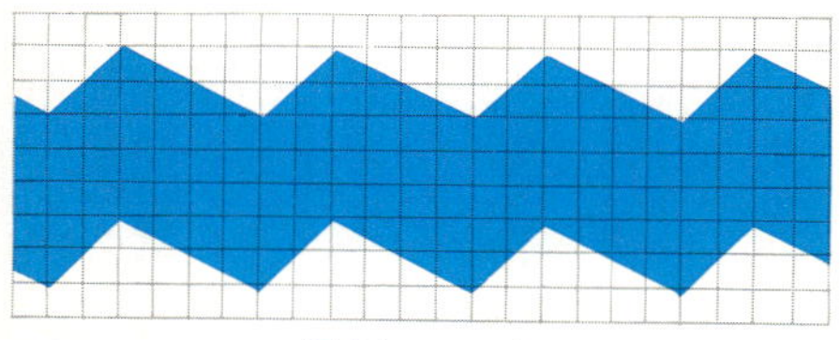

Zeichnung 4

1. Aufgabe

Zeichne die folgenden Ornamente ab und setze sie über die gesamte Heftbreite fort. Gib jeweils eine Grundfigur an und zeichne einen Verschiebungspfeil.

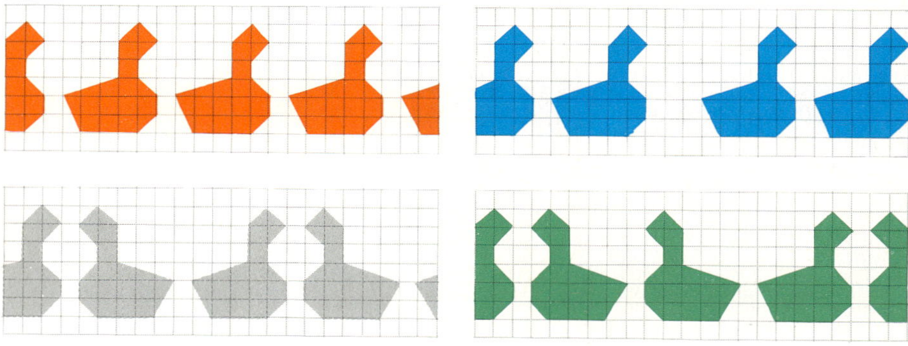

Zeichnung 7

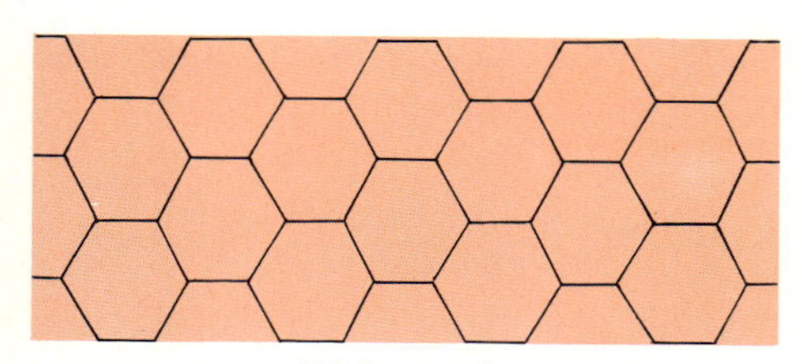

Zeichnung 5

Flächen

Zeichne mit der Grundfigur aus Zeichnung 4 ein Streifenornament. Verschiebe das Streifenornament um 5 Kästchen nach unten. Wiederhole dies mehrmals. Es entsteht ein **Flächenornament**.

2. Aufgabe

Suche in den Zeichnungen 5 und 6 jeweils die Grundfigur. Gib Verschiebungen an, durch die das Flächenornament entstanden ist.

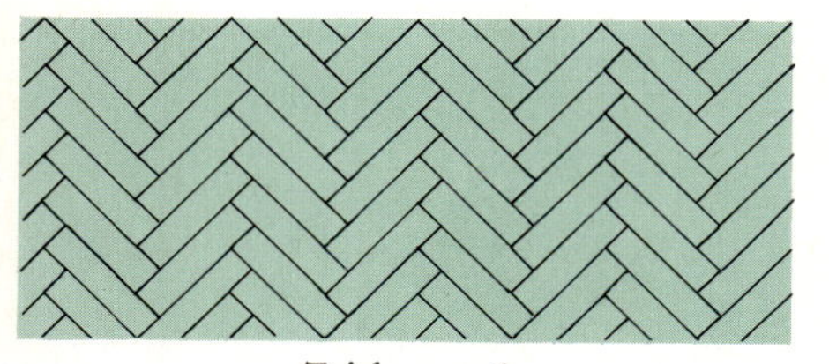

Zeichnung 6

Übungen

1. Zeichne Bandornamente mit den angegebenen Grundfiguren und Verschiebungspfeilen.

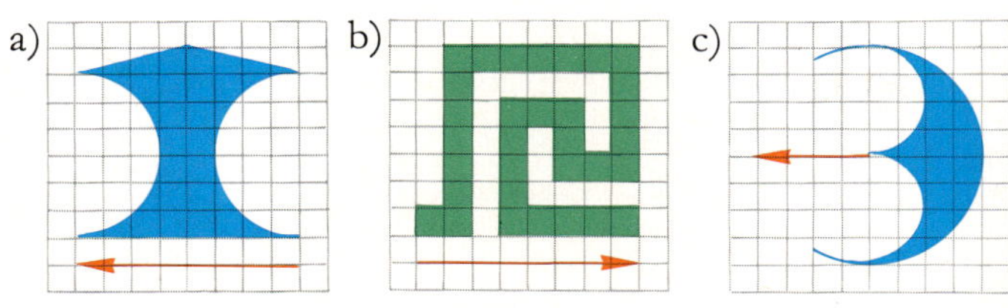

Zeichnung 8

2. Spiegele die Figur an der Geraden g, das Bild an h, das neue Bild an i, dann nochmals an k. Wenn du darauf achtest, daß die Geraden immer denselben Abstand haben, kannst du dieses Verfahren beliebig fortsetzen. Suche in dem entstandenen Ornament eine Grundfigur und einen Verschiebungspfeil.

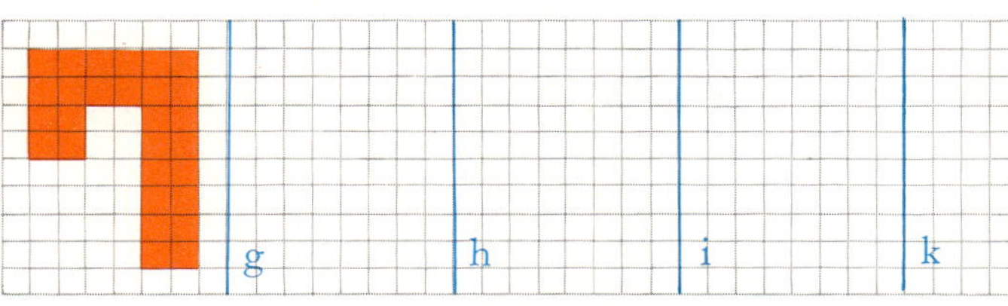

Zeichnung 9

3. Du kannst das Ornament in Zeichnung 10 auch durch fortgesetzte Spiegelung erzeugen. Gib eine Grundfigur und die Spiegelachsen an.

Zeichnung 10

4. Benutze die Figuren in Zeichnung 11 zu Parkettierungen. Wie mußt du jeweils verschieben? Zeichne wenn möglich mehrere Lösungen.

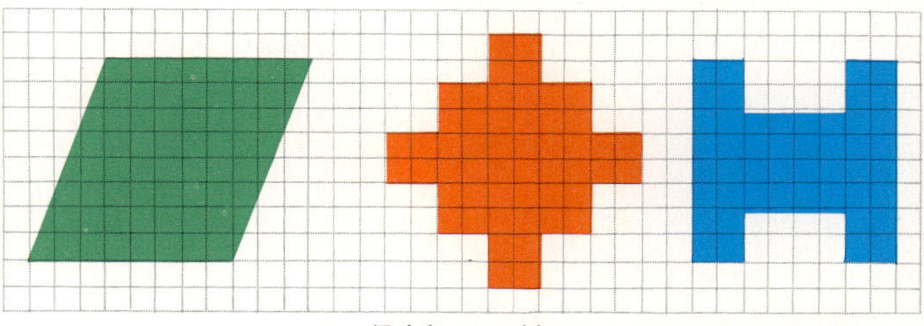

Zeichnung 11

5. Suche zu Hause und auf der Straße verschiedene Parkettierungen und zeichne sie auf.

6. In Zeichnung 12 findest du ein altes Fliesenornament.

a) Suche in Zeichnung 12a eine Grundfigur und die Verschiebungspfeile.
b) Mache dasselbe für 12b.
c) Welche Ornamente besitzen Symmetrieachsen? Zeige sie.

Zeichnung 12

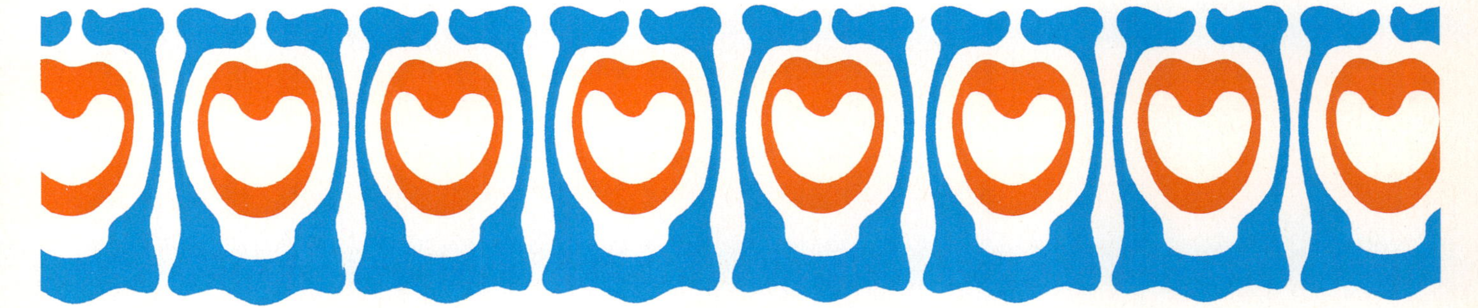

1. PLUS-Produkte

Foto 1

Silke kauft in der Tierhandlung 6 Diskusfische für ihr Aquarium. Jeder Diskusfisch kostet 4 DM. Sie bezahlt 24 DM.

$4 + 4 + 4 + 4 + 4 + 4 = 24$

Alle sechs Summanden sind gleich.
Statt $4 + 4 + 4 + 4 + 4 + 4$ schreibt man kurz: $4 \cdot 6$.

Die Rechnung $4 \cdot 6 = 24$ heißt **Multiplikation**.
$4 \cdot 6$ heißt das **Produkt** von 4 und 6. 4 und 6 heißen **Faktoren**.

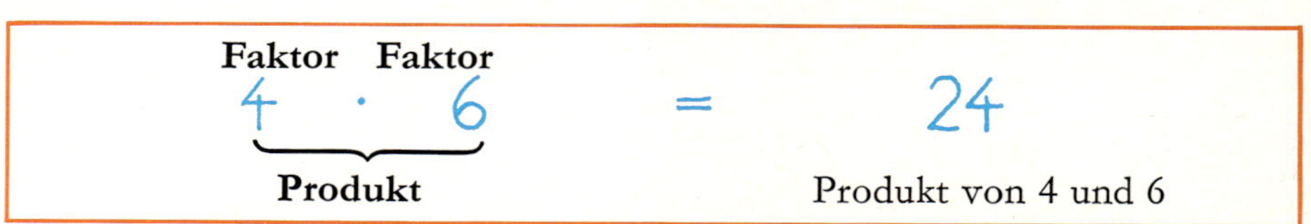

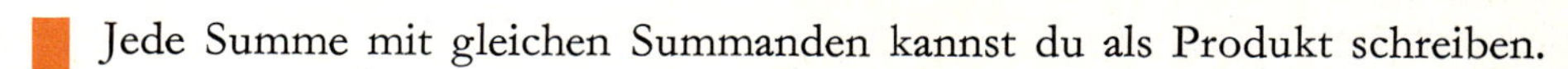

Jede Summe mit gleichen Summanden kannst du als Produkt schreiben.

1. Aufgabe

a) Schreibe als Produkt: $7 + 7 + 7$; $5 + 5 + 5 + 5 + 5 + 5$; $23 + 23$.
b) Schreibe als Summe mit gleichen Summanden: $9 \cdot 3$; $2 \cdot 12$; $4 \cdot 4$; $5 \cdot 8$.
c) Nenne zwei Faktoren, deren Produkt 30 (12, 4, 7, 100) ist.
d) Was ist $0 \cdot 3$, $0 \cdot 9$, $0 \cdot 184$?
e) Was ist $1 \cdot 3$, $1 \cdot 8$, $1 \cdot 179$?

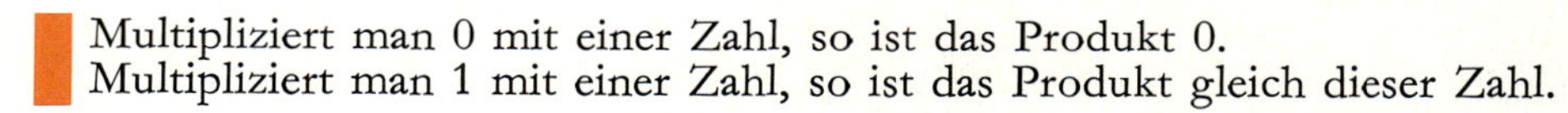

Multipliziert man 0 mit einer Zahl, so ist das Produkt 0.
Multipliziert man 1 mit einer Zahl, so ist das Produkt gleich dieser Zahl.

Skimodelle

Die neuen Skimodelle der Firma Schneeflocke gibt es in 4 verschiedenen Ausführungen: K (Kompakt), A (Abfahrt), S (Slalom) und R (Riesenslalom). Dazu empfiehlt die Firma 3 verschiedene Bindungen: s (sicher), g (ganz sicher) und u (ultra sicher). Jedes Skimodell kann mit jeder Bindung versehen werden.

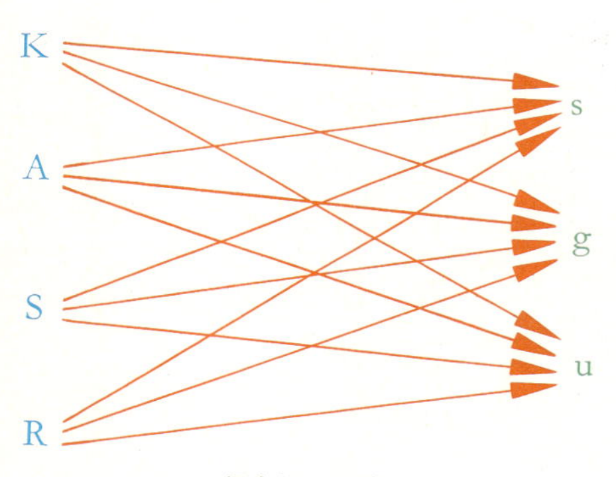

Zeichnung 1

▶ Wie viele Möglichkeiten gibt es?

Lösung

Zähle die Pfeile in Zeichnung 1. Jeder Pfeil veranschaulicht einen möglichen Ski zusammen mit einer möglichen Bindung. Es gibt also insgesamt $3 \cdot 4 = 12$ Möglichkeiten.
Übersichtlicher ist die Darstellung in Tafel 1. (K|s), (K|g), (K|u), (A|s), ... sind die Elemente der Paarmenge {K, A, S, R} × {s, g, u}.

	s	g	u
K	(K|s)	(K|g)	(K|u)
A	(A|s)	(A|g)	(A|u)
S	(S|s)	(S|g)	(S|u)
R	(R|s)	(R|g)	(R|u)

Tafel 1

2. Aufgabe

Ein Autohersteller bietet sein neues Modell in 3 Ausführungen (N, S, GL) und mit 5 Motorstärken (29 kW, 39 kW, 49 kW, 55 kW, 75 kW) an.

a) Zeichne ein Pfeilbild.
b) Stelle eine Tafel auf.
c) Wie viele Typen gibt es?

Übungen

1. Schreibe als Produkt und berechne.
a) $11 + 11 + 11 + 11 + 11 + 11 + 11$
b) $21 + 21 + 21 + 21$
c) $8 + 8 + 8 + 8$
d) $4 + 4 + 4 + 4 + 4 + 4 + 4 + 4$
e) $1 + 1 + 1 + 1 + 1$

2. Schreibe als Summe mit gleichen Summanden.
a) $5 \cdot 6$ b) $6 \cdot 5$ c) $3 \cdot 7$
d) $7 \cdot 3$ e) $5 \cdot 5$ f) $0 \cdot 8$

3. Fülle die Tafel aus.

1. Faktor	14	5	12		6	11	8	
2. Faktor	6	13		9	23	9		7
Produkt			60	81			64	0

Tafel 2

4. Der Boden eines Badezimmers wurde mit bunten Kacheln ausgelegt (Zeichnung 2). Wie viele Kacheln wurden verwendet?

Zeichnung 2

5. Welche Lösungsmenge hat die Gleichung? $G = \mathbb{N}$
a) $7 \cdot x = 56$ b) $12 \cdot 13 = x$
c) $x \cdot 12 = 72$ d) $y \cdot 9 = 44$
e) $z \cdot 8 = 0$ f) $z \cdot 8 = 8$

6. Welche Lösungsmenge hat die Ungleichung? $G = \mathbb{N}$
a) $3 \cdot x < 7$ b) $14 \cdot x > 30$
c) $x \cdot 17 < 35$ d) $x \cdot 4 + 12 < 60$
e) $4 \cdot 13 > x$ f) $x > 8 \cdot 12$

7. In der Fußball-Bundesliga spielen 18 Mannschaften. Wie viele Spiele finden in einem Spieljahr insgesamt statt?

8. Ergänze die Tafeln.

•	3	9	17	6	4
1					
5					
100					
11					
2					

Tafel 3

•	1	8	9		11
7				28	
14					
		64			
11					
				0	

Tafel 4

9. a) Vergleiche $7 \cdot 5$ mit $7 \cdot 10$; $6 \cdot 4$ mit $6 \cdot 8$; $3 \cdot 2$ mit $6 \cdot 4$; $1 \cdot 9$ mit $2 \cdot 18$.
b) Wie ändert sich das Produkt, wenn ein Faktor verdoppelt wird?
c) Wie ändert sich das Produkt, wenn beide Faktoren verdoppelt werden?

10. Die Klassen 5a und 5c veranstalten ein Tischtennis-Turnier. In beiden Klassen werden 6 Spieler aufgestellt. Jeder Spieler der Klasse 5a spielt gegen jeden Spieler der Klasse 5c.
a) Wie oft muß jeder Spieler spielen?
b) Wie viele Spiele finden statt?

11. Berechne mit möglichst wenig Rechenaufwand:
$37 \cdot 3$, $37 \cdot 6$, $37 \cdot 9$, $37 \cdot 12$.
Wie geht es weiter?

12. Ute besitzt 5 Blusen und 2 Röcke. Auf wie viele verschiedene Weisen kann sie sich kleiden?

13. Schreibe jede Zahl auf möglichst viele verschiedene Weisen als Summe mit gleichen Summanden:
4, 6, 7, 10, 11, 12, 15.

Flohmarkt

Wie viele Quadrate sind hier zu sehen?

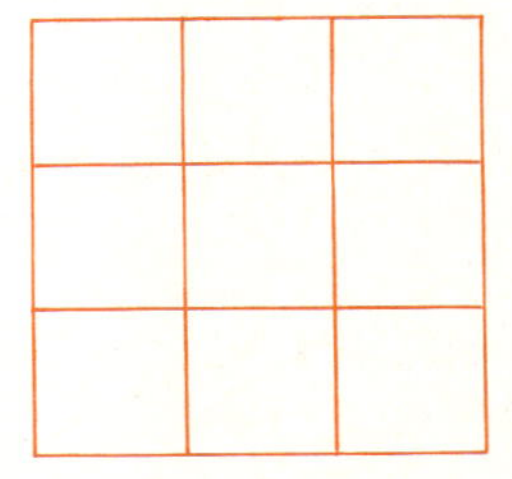

Und wie viele Rechtecke?

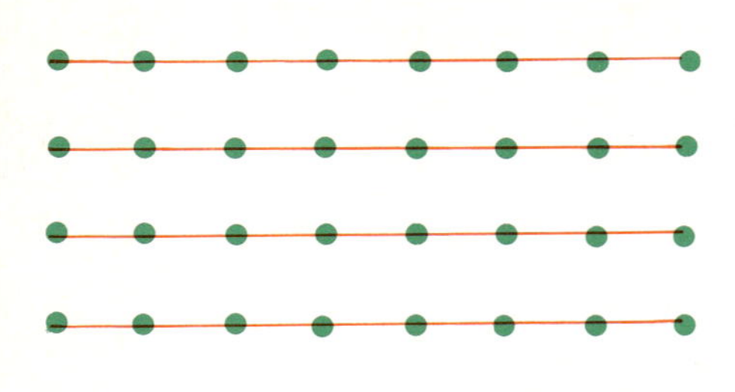

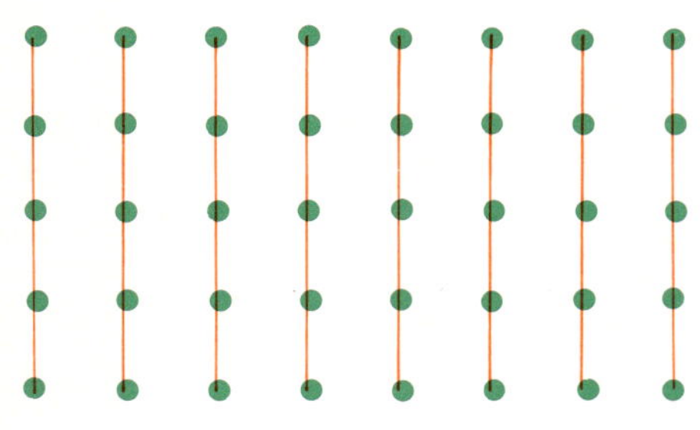

Zeichnung 1

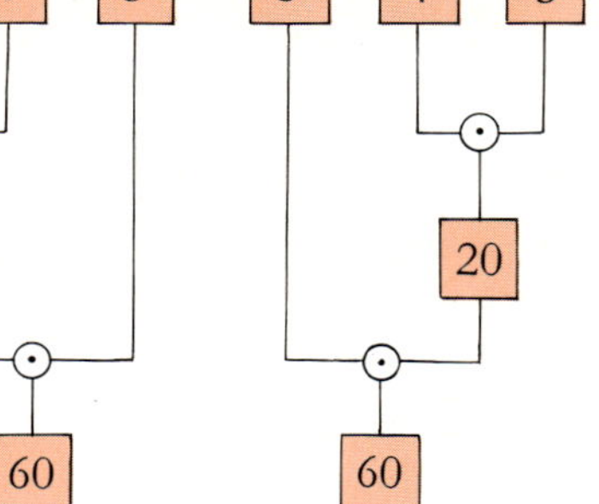

Zeichnung 2

2. Vorteilhafte Gesetze

Vertauschungsgesetz

Schreibe als Produkt und vergleiche:

a) $7 + 7 + 7$ und $3 + 3 + 3 + 3 + 3 + 3 + 3$
b) $2 + 2 + 2 + 2 + 2$ und $5 + 5$
c) $3 + 3 + 3 + 3$ und $4 + 4 + 4$
d) $6 + 6$ und $2 + 2 + 2 + 2 + 2 + 2$.

> Beim Multiplizieren von zwei Zahlen kann man die Faktoren vertauschen.
>
>  =  (Kommutativgesetz)

1. Aufgabe

Zeichnung 1 veranschaulicht das Kommutativgesetz am Beispiel $8 \cdot 5 = 5 \cdot 8$.

a) Erläutere die Zeichnung.
b) Zeichne entsprechende Punktbilder für $4 \cdot 7 = 7 \cdot 4$, $2 \cdot 8 = 8 \cdot 2$, $1 \cdot 5 = 5 \cdot 1$ und $3 \cdot 3 = 3 \cdot 3$.

Verbindungsgesetz

Erläutere Zeichnung 2.
Zeichne auch zu den folgenden Aufgaben jeweils einen Rechenbaum. Rechne und vergleiche.

a) $(4 \cdot 2) \cdot 6$ und $4 \cdot (2 \cdot 6)$
b) $(2 \cdot 6) \cdot 3$ und $2 \cdot (6 \cdot 3)$
c) $7 \cdot (1 \cdot 8)$ und $(7 \cdot 1) \cdot 8$
d) $0 \cdot (17 \cdot 20)$ und $(0 \cdot 17) \cdot 20$.

> Beim Multiplizieren von drei Zahlen kann man mit den ersten beiden oder mit den letzten beiden Faktoren beginnen.
>
> $(3 \cdot 4) \cdot 5 = 3 \cdot (4 \cdot 5)$ (Assoziativgesetz)

Da das Ergebnis der Rechnung nicht von der Zwischenrechnung abhängt, lassen wir die Klammern einfach weg: $3 \cdot 4 \cdot 5 = 60$.

Anwendung

Das Assoziativgesetz verschafft dir Rechenvorteile.
Statt $(17 \cdot 2) \cdot 5$ rechnest du $17 \cdot (2 \cdot 5) = 17 \cdot 10$.
Rechne vorteilhaft im Kopf:

a) $13 \cdot 2 \cdot 5$ b) $11 \cdot 20 \cdot 5$ c) $8 \cdot 4 \cdot 25$ d) $50 \cdot 2 \cdot 7$
e) $8 \cdot 25 \cdot 14$ f) $2 \cdot 17 \cdot 5$ g) $4 \cdot 3 \cdot 125$ h) $4 \cdot 16 \cdot 25$

2. Aufgabe

Rechne vorteilhaft:

a) $5 \cdot 7 \cdot 2 \cdot 8$ b) $25 \cdot 13 \cdot 4 \cdot 5$ c) $78 \cdot 125 \cdot 8 \cdot 2$

Übungen

1. Schreibe mit Klammern und rechne.
Beispiel:

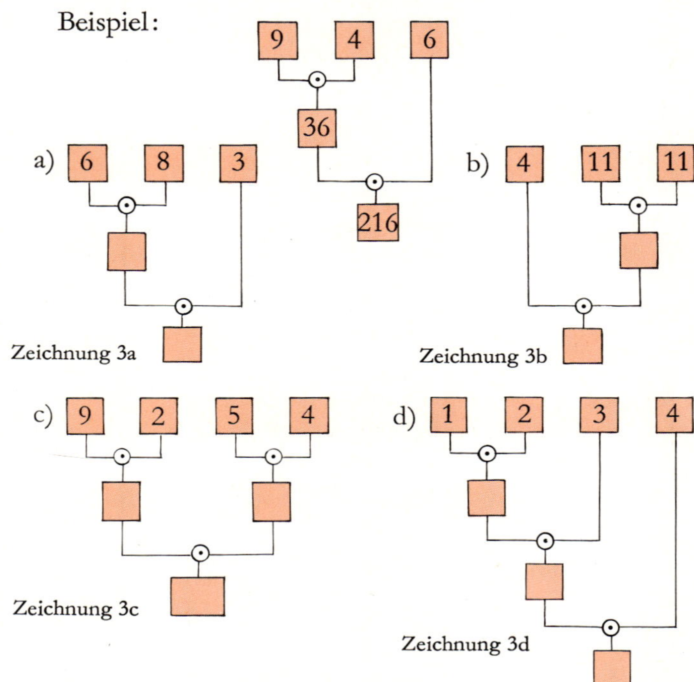

Zeichnung 3a Zeichnung 3b Zeichnung 3c Zeichnung 3d

2. Rechne vorteilhaft im Kopf.

a) $5 \cdot 2 \cdot 13$ b) $7 \cdot 25 \cdot 4$ c) $20 \cdot 27 \cdot 5$
d) $8 \cdot 3 \cdot 15$ e) $2 \cdot 8 \cdot 5 \cdot 50$ f) $2 \cdot 5 \cdot 5 \cdot 2$

3. Zeichne Punktbilder zum Kommutativgesetz wie in Zeichnung 1. a) $9 \cdot 3$ und $3 \cdot 9$ b) $7 \cdot 4$ und $4 \cdot 7$

4. Du weißt schon: $0 \cdot 3 = 0 + 0 + 0 = 0$.
Das Kommutativgesetz soll auch gelten, wenn ein Faktor 0 ist. Was ist dann $3 \cdot 0$, $5 \cdot 0$, $17 \cdot 0$, $40 \cdot 0$? Und was meinst du zu $0 \cdot 0$?

5. Zeichne einen Rechenbaum und rechne.

a) $8 \cdot (7 \cdot 10)$ b) $(12 \cdot 12) \cdot 2$
c) $((2 \cdot 3) \cdot 4) \cdot 5$ d) $(7 \cdot 10) \cdot (2 \cdot 35)$

6. Berechne das Produkt $7 \cdot 4 \cdot 3 \cdot 5$ auf fünf verschiedene Weisen.

7. a) Multipliziere das Produkt von 11 und 12 mit 21.
b) Multipliziere 32 mit dem Produkt von 18 und 19.
c) Multipliziere das Produkt von 11 und 13 mit dem Quadrat von 9.

8. In einer Fabrik werden immer 12 Seifenstücke zusammengepackt. 20 Packungen gehen in einen Karton. Wie viele Seifenstücke sind in 6 Kartons enthalten?

9. Ergänze.

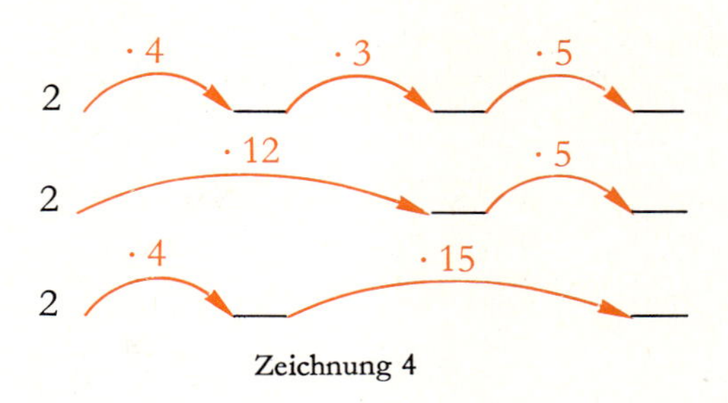

Zeichnung 4

10. a) Ergänze.

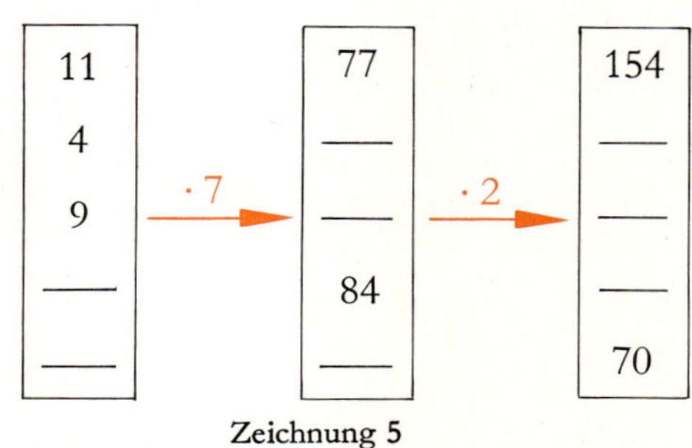

Zeichnung 5

b) Ergänze.

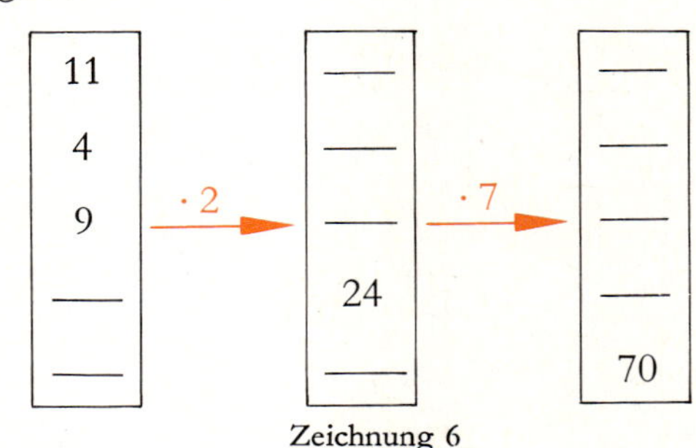

Zeichnung 6

c) Vergleiche a) mit b).

11. Schreibe die Potenzen als Produkte und rechne vorteilhaft.

a) $5^2 \cdot 2^2$ b) $5^3 \cdot 2^3$ c) $4^2 \cdot 25^2$
d) $10^3 \cdot 2^3$ e) $2^4 \cdot 2^3$ f) $3^3 \cdot 3^2$

12. Ergänze.

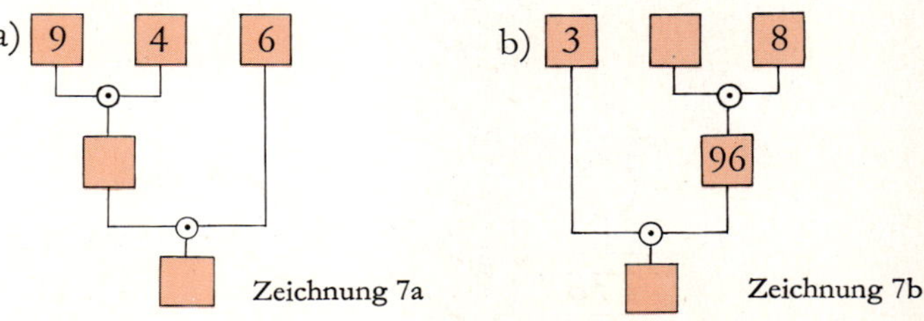

Zeichnung 7a Zeichnung 7b

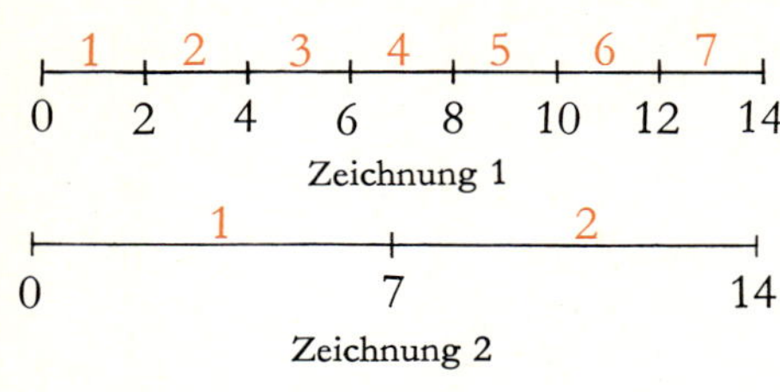

Zeichnung 1

Zeichnung 2

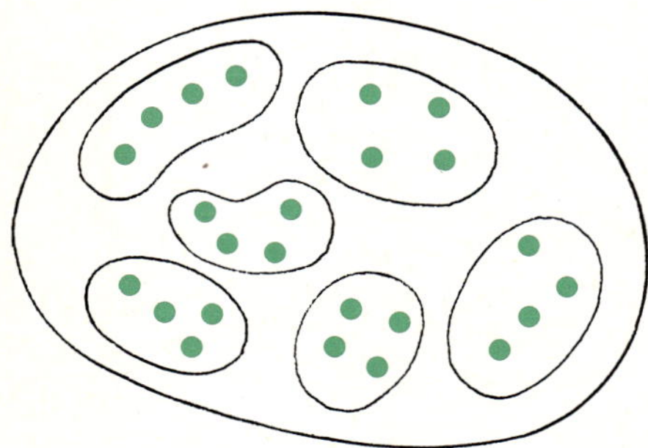
Zeichnung 3

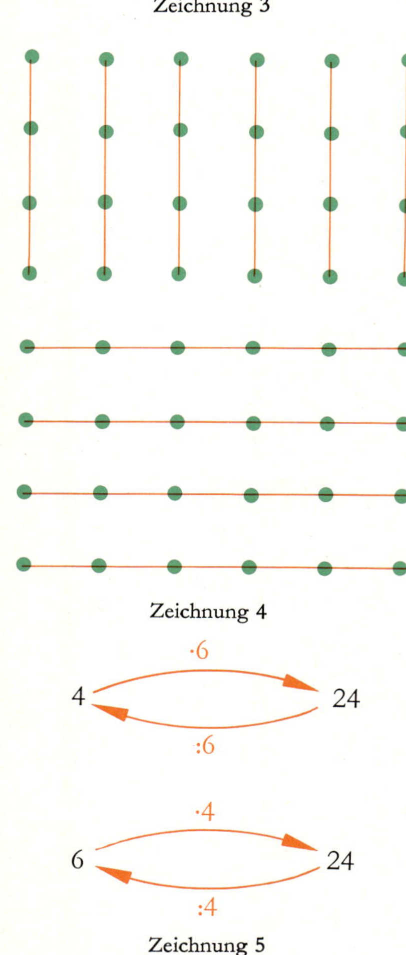
Zeichnung 4

Zeichnung 5

3. Jetzt mal durch

1. Aufgabe

Von einem 14 m langen Band werden 7 gleichlange Stücke abgeschnitten. Es soll nichts übrigbleiben. Wie lang ist ein Bandstück?
Eberhard fährt mit dem Fahrrad von Bergstetten nach Talschluß. Die beiden Orte sind 14 km voneinander entfernt. Eberhard legt in der Stunde 7 km zurück. Wie lange braucht er?

Die Rechnung $14 : 7 = 2$ heißt **Division**.
$14 : 7$ heißt der **Quotient** von 14 und 7. 14 heißt der **Dividend**, 7 heißt der **Divisor**.

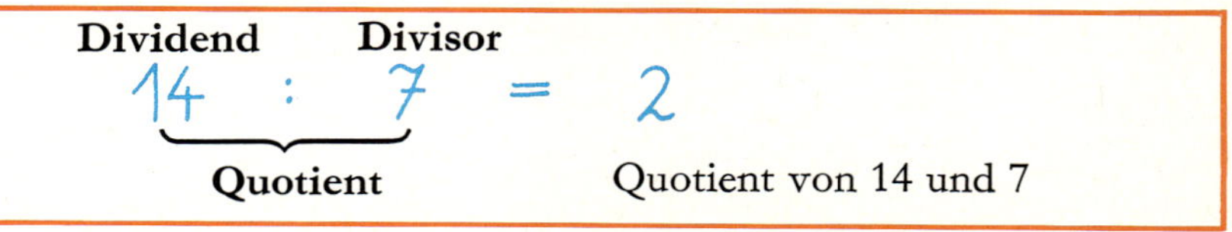

Erläutere die Zeichnungen 1, 2 und 3.

Zusammenhang

Löse folgende Gleichungen: $(G = \mathbb{N})$ $17 \cdot 9 = x$; $8 \cdot x = 96$;
$x \cdot 15 = 275$; $4 \cdot x = 24$.

Nur die erste Gleichung führt auf eine Multiplikation. Bei den anderen Gleichungen mußt du dividieren. Zeichnung 4 veranschaulicht die zur Multiplikation $4 \cdot 6 = 24$ gehörenden Divisionen.

■ Jede Multiplikation kannst du als Division schreiben und umgekehrt.

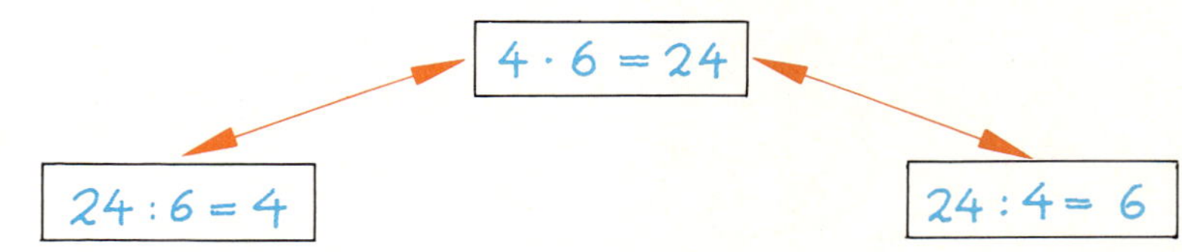

2. Aufgabe

a) Was kann man über Dividend und Divisor sagen, wenn der Quotient 1 ist?
b) Was kann man über Dividend und Quotient sagen, wenn der Divisor 1 ist?
c) Und wenn der Dividend 1 ist?

3. Aufgabe

Wenn man eine Zahl um 5 vermehrt, die neue Zahl verdreifacht, diese dritte Zahl um 12 vermindert und das Ergebnis durch 8 dividiert, erhält man 6. Wie heißt die erste Zahl?
Anleitung: Betrachte Zeichnung 6.

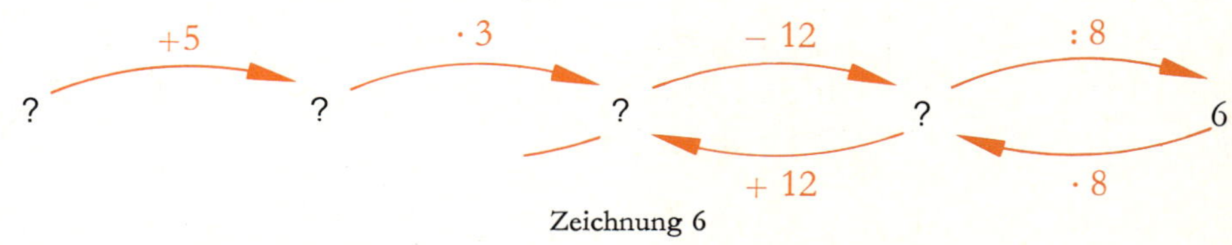

Zeichnung 6

Übungen

1. Rechne und kontrolliere das Ergebnis.

a) $56 : 7$ b) $39 : 3$ c) $117 : 13$
d) $14 : 14$ e) $14 : 1$ f) $225 : 15$
g) $169 : 13$ h) $84 : 4$ i) $64 : 16$

2. Gib die zugehörigen Multiplikationen an.

a) $15 : 3 = 5$ b) $28 : 7 = 4$ c) $64 : 8 = 8$
d) $14 : 1 = 14$ e) $120 : 10 = 12$ f) $144 : 12 = 12$

3. Gib die zugehörigen Divisionen an.

a) $6 \cdot 7 = 42$ b) $11 \cdot 8 = 88$ c) $12 \cdot 10 = 120$
d) $16 \cdot 4 = 64$ e) $1 \cdot 18 = 18$ f) $64 \cdot 9 = 576$

4. Ergänze.

Dividend	32	112	48		19	24	194		196	196
Divisor	8	4		8		1	194	12		
Quotient			6	7	1			12	14	7

5. Die Entfernung von der Erde zur Sonne beträgt rund 150 000 000 km. Das Licht legt in einer Sekunde 300 000 km zurück. Wie lange braucht das Licht von der Sonne zur Erde?

6. Die Division $24 : 4 = 6$ kann man als mehrfache Subtraktion auffassen:

$$24 \underbrace{- 4 - 4 - 4 - 4 - 4 - 4}_{\text{6-mal}} = 0$$

Der Divisor ist der mehrfach auftretende Subtrahend. Der Quotient gibt an, wie oft subtrahiert wird, bis sich 0 ergibt.
Gib zu den folgenden mehrfachen Subtraktionen die entsprechenden Divisionen an:

a) $30 - 10 - 10 - 10 = 0$
b) $35 - 7 - 7 - 7 - 7 - 7 = 0$
c) $27 - 9 - 9 - 9 = 0$

7. Dividiere die folgenden Zahlen durch 7:
21, 56, 49, 77, 28, 84, 168, 70, 7.

8. Dividiere die folgenden Zahlen durch 9:
36, 81, 108, 45, 90, 9, 180, 189, 99.

9. a)

Dividend	Divisor	Quotient
12	4	
24	8	
48		6
48	16	

b) Wie ändert sich der Quotient, wenn man den Dividenden und den Divisor verdoppelt?
c) Wie ändert sich der Quotient, wenn man den Dividenden verdoppelt und den Divisor beibehält?
d) Wie ändert sich der Quotient, wenn man den Dividenden beibehält und den Divisor verdoppelt?

10.

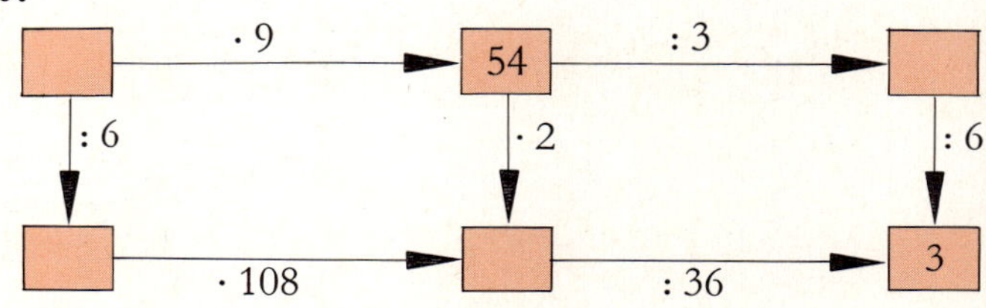

Zeichnung 7

11. Einige der folgenden Rechnungen sind falsch. Kontrolliere durch die entsprechende Multiplikation.

a) $56 : 4 = 16$ b) $91 : 7 = 13$ c) $132 : 22 = 6$
d) $72 : 6 = 9$ e) $105 : 7 = 14$ f) $192 : 16 = 11$

12. a) 5 Personen spielen Quartett. Das Spiel besteht aus 40 Karten und alle Karten werden ausgeteilt. Wie viele Karten erhält jeder?
b) Erika soll 120 Äpfel gleichmäßig in 9 Körbe verteilen. Wie viele Äpfel legt sie in jeden Korb?

13. a) $(100 : 5) \cdot 4$ b) $100 : (5 \cdot 4)$
c) $(240 : 12) : 4$ d) $240 : (12 : 4)$
e) $(14 \cdot 20) : 5$ f) $14 \cdot (20 : 5)$
Denke daran: Was in der Klammer steht . . .

Flohmarkt

Schneider Meck hat seine beste Schere mit Kette und Schloß befestigt. Doch der Gesell Schlaumeier hat sie schon wieder stibitzt, ohne das Schloß aufzubrechen.

7 Plus 5 Schülerbuch 32250

4. Was alles nicht geht

▸ $22 : 5 = ?$

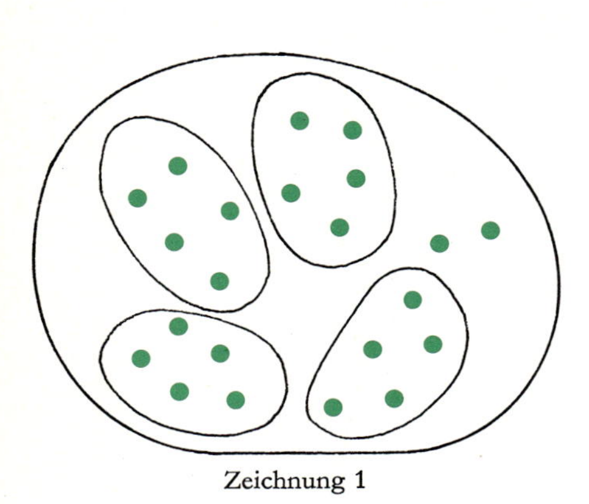

Zeichnung 1

Überlegung

Margot bündelt mit Fünferbündeln (Zeichnung 1). Es werden 4 Fünferbündel. 2 Punkte bleiben als Rest übrig.
$22 : 5$ kann Margot nicht rechnen. Aber sie kann schreiben:

$$22 = 5 \cdot 4 + 2.$$

Die Division $22 : 5$ können wir nicht ausführen.
Wir schreiben dann: $22 = 5 \cdot 4 + 2$.

Resteigenschaft

$34 : 6$ wird in Zeichnung 2 veranschaulicht.

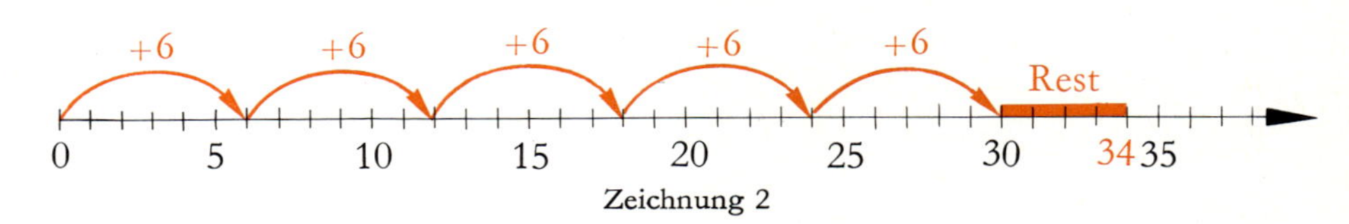

Zeichnung 2

Der Rest ist stets kleiner als der Divisor. Warum?
Dividiere mit Rest. Schreibe also für jede Aufgabe eine Gleichung mit möglichst kleinem Rest.

a) $9 : 4$ b) $31 : 7$ c) $18 : 6$ d) $25 : 8$ e) $60 : 11$ f) $27 : 6$ g) $9 : 9$ h) $2 : 5$

Durch Null?

Nie durch Null!

Versuche 25 durch 0 zu dividieren.
Du kannst viele Gleichungen finden: $25 = 0 \cdot 2 + 25$, $25 = 0 \cdot 17 + 25$, ...
Der Rest ist aber *nie* kleiner als der Divisor.
Durch Null kann man also nicht sinnvoll dividieren.

Vertauschungsgesetz?

Berechne und vergleiche: a) $8 : 2$ und $2 : 8$ b) $10 : 6$ und $6 : 10$

Beim Dividieren kann man Dividend und Divisor nicht vertauschen.

Verbindungsgesetz?

Berechne und vergleiche: a) $8 : (4 : 2)$ und $(8 : 4) : 2$ b) $(54 : 6) : 3$ und $54 : (6 : 3)$

Beim Dividieren kann man Klammern nicht beliebig setzen oder weglassen.

Aufgaben

1. Welches ist der größte Rest, der bei Division durch 7 möglich ist? Schreibe drei ‚Divisionen' auf, bei denen dieser größte Rest entsteht.
2. Was tun 3 Kinder, die sich 10 Äpfel teilen sollen?

Übungen

1. Dividiere mit Rest.

a) $53 : 7$ b) $39 : 6$ c) $50 : 8$
d) $101 : 9$ e) $83 : 4$ f) $7 : 11$
g) $61 : 13$ h) $146 : 12$ i) $200 : 15$

2. Welche Zahlen kannst du für x und y setzen? Beachte, daß y der Rest sein soll.

a) $75 = 8 \cdot x + y$ b) $42 = 6 \cdot x + y$
c) $123 = 10 \cdot x + y$ d) $1040 = 100 \cdot x + y$

3. a) Klaus sagt zu seinen Freunden Dieter und Bernd: „Ich teile mein ganzes Geld mit euch." Wann kann er das sagen, ohne etwas zu verlieren?
b) Berechne $0 : 2$, $0 : 3$, $0 : 7$, $0 : 99$.

Dividiert man 0 durch eine andere Zahl, so ist das Ergebnis 0.

4. Bei welchen Divisionen darfst du Dividend und Divisor ausnahmsweise vertauschen?

5. An der Tafel steht $18 : x$.

a) Welche Zahlen kannst du für x setzen, so daß du die Division ohne Rest ausführen kannst?
b) Bei welchen Zahlen für x erhältst du den Rest 2?

6. Löse folgende Gleichungen; $G = \mathbb{N}$

a) $12 : x = 3$ b) $35 : x = 7$
c) $x : 24 = 4$ d) $x : 18 = 3$
e) $225 : 15 = x$ f) $144 : 12 = x$

7. a) Dividiere den Quotienten aus 72 und 6 durch den Quotienten aus 76 und 19.
b) Multipliziere den Quotienten aus 65 und 13 mit der Summe aus 11 und 9.
c) Dividiere die Differenz von 100 und 16 durch das Produkt von 3 und 7.

8. Multipliziere fünf Zahlen mit 1.
Versuche in Worten auszudrücken, welche Eigenschaft die 1 für das Multiplizieren hat.

Übrigens: Die Zahl 1 heißt **neutrales Element** bei der Multiplikation. Warum wohl? Gibt es bei der Addition auch ein neutrales Element? Welches?

9. Frau Dost kauft für ihren Garten 20 Salatpflanzen. Das Stück kostet 25 Pfennig. Sie bezahlt mit einem Zehnmarkschein.

10. Welche Zahlen kannst du für x und y setzen? Gib jeweils alle Möglichkeiten an (y muß nicht unbedingt der Rest sein).

a) $24 = 9 \cdot x + y$ b) $27 = 9 \cdot x + y$
c) $98 = 100 \cdot x + y$ d) $0 = 12 \cdot x + y$
e) $46 = 12 \cdot x + y$ f) $3 = 10 \cdot x + y$

11. a) Gib 6 Zahlen an, die bei Division durch 5 den Rest 2 haben.
b) Gib 6 Zahlen an, die bei Division durch 5 den Rest 3 haben. Du kannst es dir einfach machen.
c) Welche Zahlen haben bei Division durch 5 den Rest 0?

12. Ute hat 2,20 DM in ihrer Geldbörse. Wie viele Brötchen zu je 25 Pf kann sie dafür kaufen? Wieviel Geld hat sie dann noch?

13. Bei einer Klassenfahrt der Klasse 5c werden die Buskosten von 239,80 DM gleichmäßig aufgeteilt.

a) Wieviel muß jeder der 29 Schüler bezahlen?
b) Wieviel muß aus der Klassenkasse zugeschossen werden?

14. Frau Dost kauft in der Gärtnerei Blumenkohlpflänzchen zu je 30 Pf und Rosenkohlpflänzchen zu je 25 Pf. Sie sagt zur Verkäuferin: „Bitte geben Sie mir ebenso viele Blumenkohl- wie Rosenkohlpflänzchen. Es darf zusammen aber nicht mehr als 5 DM machen."

5. Punkt vor Strich

Vergleich

Gerald und Uta haben $3 + 4 \cdot 2$ berechnet. Ihre Rechnungen siehst du nebenan.
Gerald hat $3 + 4 \cdot 2 = 7 \cdot 2 = 14$, Uta hat $3 + 4 \cdot 2 = 3 + 8 = 11$ geschrieben.

$3 + 4 \cdot 2$
$= 7 \cdot 2$
$= 14$

$3 + 4 \cdot 2$
$= 3 + 8$
$= 11$

▶ Wer hat recht?

Vereinbarung

Mit Klammern sehen die Rechnungen so aus:

$(3 + 4) \cdot 2 = 14$ $\qquad$ $3 + (4 \cdot 2) = 11$

Die Rechenbäume (Zeichnung 1) veranschaulichen den Unterschied. Damit man weniger Klammern schreiben muß, hat man vereinbart:
Statt $3 + (4 \cdot 2)$ darf man einfach $3 + 4 \cdot 2$ schreiben.
Wenn keine Klammern da sind, gilt:

Punktrechnung geht vor Strichrechnung

Das heißt im einzelnen: $\cdot$ vor $+$, $\cdot$ vor $-$, $:$ vor $+$, $:$ vor $-$.

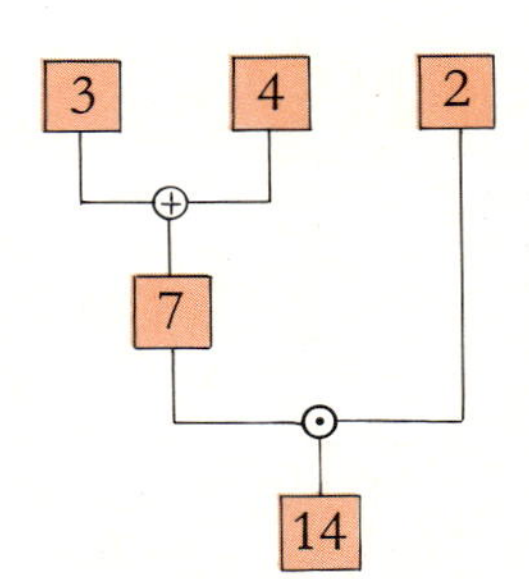

Zeichnung 1a

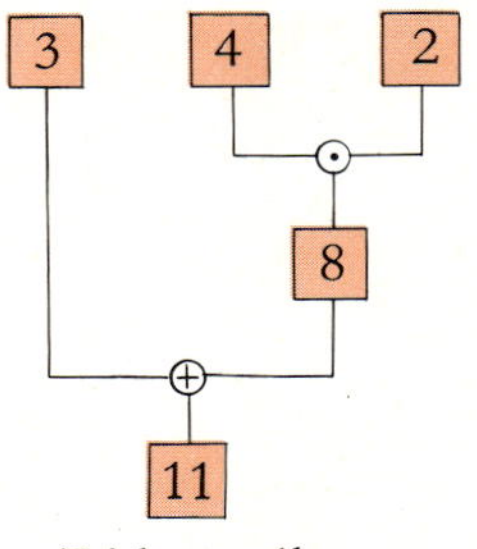

Zeichnung 1b

1. Aufgabe

Berechne:

a) $18 - 4 \cdot (2 + 1)$ b) $18 - 4 \cdot 2 + 1$ c) $(18 - 4) \cdot 2 + 1$
d) $(15 - 3 \cdot 4) \cdot (1 + 3)$ e) $15 - 3 \cdot 4 \cdot 1 + 3$ f) $(15 - 3) \cdot (4 \cdot 1 + 3)$

Überlege jedes Mal genau, in welcher Reihenfolge die einzelnen Teilrechnungen durchgeführt werden müssen. Zeichne jeweils einen Rechenbaum.

Beispiel

Wir untersuchen $(7 - 4) \cdot 8 + 20 : 5$.
Erläutere die folgende Darstellung und vergleiche mit dem Rechenbaum (Zeichnung 2).

$$\underbrace{\underbrace{\underbrace{(7-4)}_{\text{Differenz}} \cdot 8}_{\text{Produkt}} + \underbrace{20:5}_{\text{Quotient}}}_{\text{Summe}}$$

Zeichnung 2

2. Aufgabe

Untersuche in gleicher Weise: a) $24 - 4 \cdot (85 : 17)$
b) $(15 - 18 : 6) \cdot 11 + 35$
c) $23 \cdot (15 + 2 \cdot 4) - 93$

3. Aufgabe

Welche Regel gilt eigentlich, wenn mehrere ‚Strichrechnungen' oder mehrere ‚Punktrechnungen' zusammenkommen, z. B. bei

a) $18 - 4 + 7 + 14 - 11 + 25$ b) $100 : 50 \cdot 8 : 4 \cdot 10$?

Übungen

1. Schreibe die folgenden Aufgaben mit möglichst wenigen Klammern.

a) $22 - (5 \cdot 3) + 8$ b) $(48 : 6) + 4 + (31 - 7)$
c) $(16 - 9) \cdot 2 + 17$ d) $((5 \cdot 4) \cdot 3) : 2 + 1$
e) $(12 \cdot 17) + 22$ f) $11 \cdot (3 + 2) + (21 : 3)$

2. Alle Rechnungen sind falsch. Sie werden richtig, wenn du Klammern passend setzt.

a) $2 + 3 \cdot 5 - 6 \cdot 2 = 13$ b) $1 + 4 \cdot 6 - 3 = 13$
c) $6 : 3 - 2 + 6 = 12$ d) $1 + 3 \cdot 4 + 7 = 44$
e) $3 + 6 \cdot 2 + 4 \cdot 2 = 44$ f) $3 \cdot 20 - 8 \cdot 2 = 12$

3. Zeichne Rechenbäume und rechne.

a) $9 \cdot (5 + 1) : 27$ b) $(17 - 9) \cdot 8 + 16$
c) $5 \cdot (17 + 90 : 15)$ d) $(3 + 11) : (10 - 3)$
e) $5 \cdot 17 + 90 : 15$ f) $105 : 15 + 3 \cdot 16$

4. Berechne und vergleiche.

a) $3 \cdot 2 + 4$ und $3 \cdot (2 + 4)$
b) $6 - 2 : 2$ und $(6 - 2) : 2$
c) $2 \cdot (5 + 15) : 5$ und $2 \cdot 5 + 15 : 5$

5. Schreibe zu jedem Rechenbaum die entsprechende Aufgabe und löse sie.

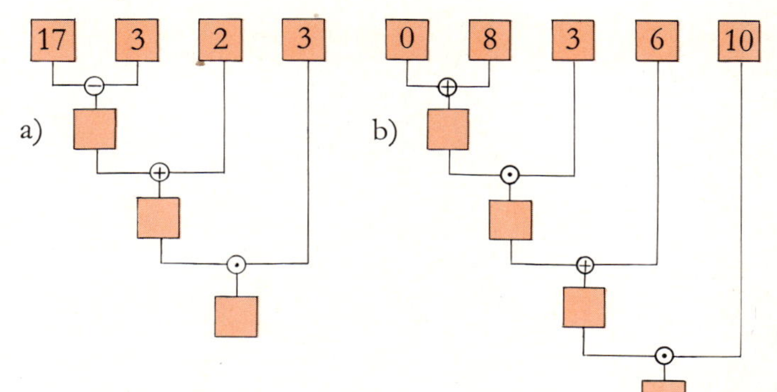

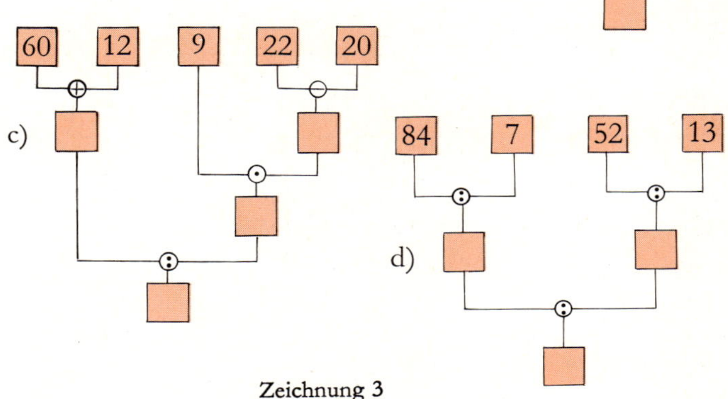

Zeichnung 3

6. Elke ruft ihre Freundin Karin in Hamburg an. Für eine Gebühreneinheit (23 Pf) kann sie 12 Sekunden sprechen. Wie teuer wird ihr 5-Minuten-Gespräch?

7. Löse folgende Gleichungen; $G = \mathbb{N}$

a) $3 \cdot (2 + x) = 27$ b) $(x + 4) : 5 = 2$
c) $9 : (x - 3) = 9$ d) $12 \cdot (x - 2) = 0$
e) $(29 + x) \cdot 3 = 120$ f) $(11 - x) \cdot (11 - x) = 121$

8. Löse folgende Ungleichungen; $G = \mathbb{N}$

a) $3 \cdot x + 4 < 13$ b) $10 \cdot (x + 7) > 100$
c) $144 > 12 \cdot x$ d) $2 \cdot x + 3 > x$
e) $4 \cdot x + 1 < 2$ f) $7 \cdot x + 4 < 4$

9. a) Das Doppelte der um 3 vermehrten Zahl ist 16. Um welche Zahl handelt es sich?
b) Das Doppelte einer Zahl, vermehrt um 3, ergibt 13. Um welche Zahl handelt es sich?

10. a) Wenn man eine Zahl mit 8 multipliziert und dann 9 addiert, so erhält man 65.
b) Wenn man von einer Zahl 11 subtrahiert und das Ergebnis mit 6 multipliziert, so erhält man 36.

11. a) $69 - 4 \cdot 8$ b) $7 \cdot 9 + 33$ c) $71 - 64 : 4$
d) $6 \cdot 3 + 9 \cdot 7$ e) $51 : 3 - 54 : 18$ f) $78 : 6 + 5 \cdot 7$
g) $18 + 26 : 2$ h) $9 \cdot 9 - 9 : 9$ i) $42 : 6 - 7$

12. a) $5 \cdot (6 + 14) \cdot 3$ b) $12 \cdot (31 - 29) \cdot 3$
c) $18 : (10 - 4) + 5$ d) $(52 - 38) : 2 + 21$
e) $(84 - 77 : 11) - 60$ f) $(8 \cdot 8 + 36) : 25$

13. Beispiel: $3 \cdot 2^2 + 4 \cdot 2^3 = 3 \cdot 4 + 4 \cdot 8 = 44$

a) $4 \cdot 3^2 + 3 \cdot 4^2$ b) $(4 \cdot 3)^2 + (3 \cdot 4)^2$
c) $6^2 + 2 \cdot 5^2$ d) $(20 : 5)^2 - 80 : 4^2$

14. Suche jeweils zwei Möglichkeiten beim Ergänzen:

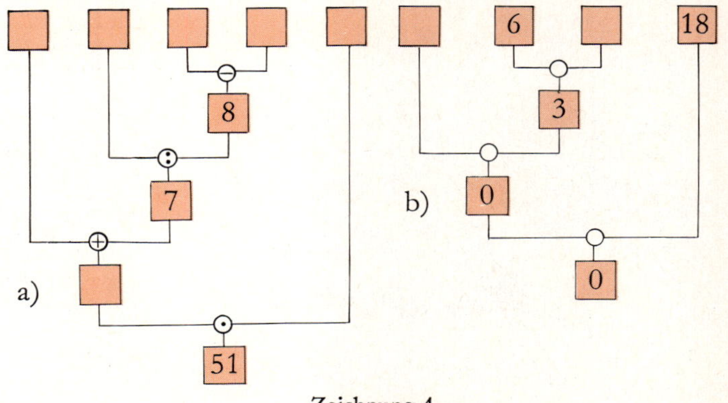

Zeichnung 4

6. Mal so, mal so

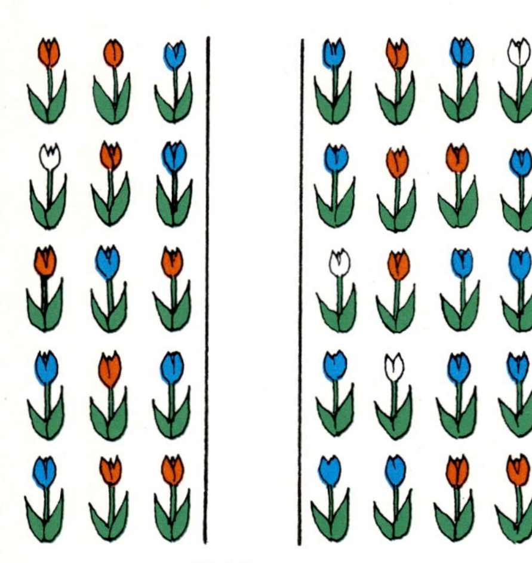

Zeichnung 1

Tulpenreihen

Hobby-Gärtner Schreberl möchte links des Weges 3 Reihen und rechts des Weges 4 Reihen Tulpen pflanzen (Zeichnung 1).
Wie viele Tulpenzwiebeln muß er kaufen?
Er rechnet:

$$3 \cdot 5 + 4 \cdot 5 = 15 + 20 = 35$$

▶ Kann er noch anders rechnen?

Lösung

Es sind links 3 und rechts 4 Reihen, also insgesamt 7 Reihen mit je 5 Tulpen. Demnach kann Herr Schreberl auch rechnen:

$$(3 + 4) \cdot 5 = 7 \cdot 5 = 35$$

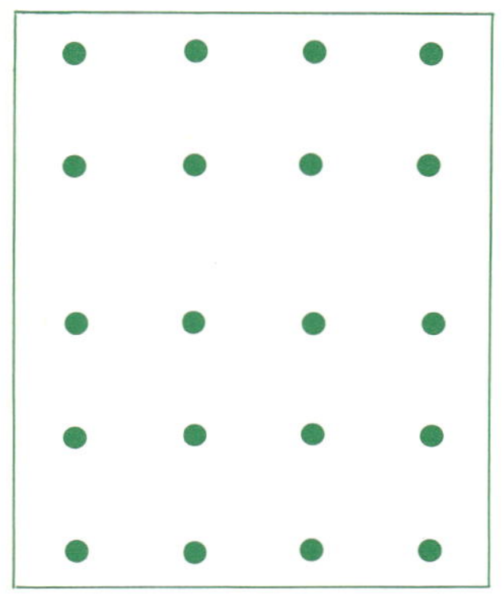

Zeichnung 2

Aufgabe

Berechne die Gesamtzahl der Punkte in Zeichnung 2 mal so und mal so:

$4 \cdot 2 + \ldots$ $\qquad$ $4 \cdot (\ldots$

Vorteilhaftes Rechnen

Durch das Setzen von Klammern verschaffst du dir Rechenvorteile:

$102 \cdot 4 = (100 + 2) \cdot 4 = 100 \cdot 4 + 2 \cdot 4 = 400 + 8 = 408$
$9 \cdot 17 = 9 \cdot (10 + 7) = 9 \cdot 10 + 9 \cdot 7 = 90 + 63 = 153$
$4 \cdot 27 + 4 \cdot 3 = 4 \cdot (27 + 3) = 4 \cdot 30 = 120$
$7 \cdot 8 + 3 \cdot 8 = (7 + 3) \cdot 8 = 10 \cdot 8 = 80$

Berechne genauso: a) $53 \cdot 6$ b) $108 \cdot 3$ c) $8 \cdot 18$ d) $9 \cdot 103$ e) $61 \cdot 7$
f) $6 \cdot 84 + 6 \cdot 16$ g) $17 \cdot 4 + 3 \cdot 4$ h) $37 \cdot 5 + 63 \cdot 5$

Verteilungsgesetz

Ergänze Tafel 1 und vergleiche die beiden farbigen Spalten.

a	b	c	a + b	(a + b) · c	a · c	b · c	a · c + b · c
4	1	3					
7	10	6					
2	0	11					
16	9	4					
5	5	5					

Tafel 1

Für drei Zahlen a, b und c gilt:

$a \cdot (b + c) = a \cdot b + a \cdot c$ und $(a + b) \cdot c = a \cdot c + b \cdot c$

$7 \cdot (3+2) = 7 \cdot 3 + 7 \cdot 2$ $\qquad$ $(1+4) \cdot 9 = 1 \cdot 9 + 4 \cdot 9$

(Distributivgesetz)

Übungen

1. Verwende das Distributivgesetz zum vorteilhaften Kopfrechnen.
a) $102 \cdot 9$ b) $19 \cdot 11$ c) $14 \cdot 1007$
d) $101 \cdot 18$ e) $1\,004 \cdot 9$ f) $23 \cdot 3$
g) $4 \cdot 13 + 6 \cdot 13$ h) $7 \cdot 31 + 7 \cdot 9$ i) $11 \cdot 4 + 4 \cdot 9$

2. Welche Rechnung ist vorteilhafter?
a) $6 \cdot 100 + 6 \cdot 8$ oder $6 \cdot (100 + 8)$
b) $17 \cdot 2 + 17 \cdot 8$ oder $17 \cdot (2 + 8)$
c) $7 \cdot 21 + 3 \cdot 21$ oder $(7 + 3) \cdot 21$
d) $9 \cdot 15 + 6 \cdot 15$ oder $(9 + 6) \cdot 15$

3. Schreibe das Produkt als Summe.
Beispiel: $2 \cdot (3 + 25) = 2 \cdot 3 + 2 \cdot 25$
a) $7 \cdot (9 + 16)$ b) $10 \cdot (8 + 31)$
c) $(13 + 7) \cdot 5$ d) $(21 + 4) \cdot 10$

4. Schreibe die Summe als Produkt.
Beispiel: $7 \cdot 6 + 9 \cdot 6 = (7 + 9) \cdot 6$
a) $17 \cdot 4 + 3 \cdot 4$ b) $41 \cdot 5 + 9 \cdot 5$
c) $3 \cdot 17 + 3 \cdot 4$ d) $9 \cdot 11 + 9 \cdot 9$

5. $7 \cdot 98 = 7 \cdot (100 - 2) = 7 \cdot 100 - 7 \cdot 2 = 686$
Rechne auf dieselbe Weise.
a) $97 \cdot 4$ b) $4 \cdot 99$ c) $9 \cdot 63$
d) $98 \cdot 6$ e) $9 \cdot 25$ f) $999 \cdot 7$

6. Lege jeweils eine solche Tafel an.

a	b	c	$(a - b) \cdot c$	$a \cdot c - b \cdot c$
6	3	2	$(6 - 3) \cdot 2$ $= 3 \cdot 2 = 6$	$6 \cdot 2 - 3 \cdot 2$ $= 12 - 6 = 6$

Tafel 2

a) $a = 11, b = 1, c = 3$ b) $a = 9, b = 5, c = 2$
c) $a = 8, b = 0, c = 7$ d) $a = 5, b = 5, c = 5$

7. Berechne $a \cdot (b - c)$ und $a \cdot b - a \cdot c$ und vergleiche.
a) $a = 3, b = 4, c = 2$ b) $a = 7, b = 9, c = 5$
c) $a = 0, b = 34, c = 48$ d) $a = 9, b = 9, c = 9$

8. a) Multipliziere 17 nacheinander mit 10, 100, 1 000, 10 000. Welche Regel kannst du finden?
b) Dividiere 810 000 nacheinander durch 10, 100, 1 000, 10 000. Welche Regel kannst du finden?

9. $A = \{\triangle, \bigcirc, *\}$, $B = \{*, \square, \sim\}$, $C = \{\triangle, \bigcirc, \square\}$.
a) Bestimme $B \cup C$ und $A \cap (B \cup C)$.
b) Bestimme $A \cap B$, $A \cap C$ und $(A \cap B) \cup (A \cap C)$
c) Vergleiche $A \cap (B \cup C)$ mit $(A \cap B) \cup (A \cap C)$.
d) Vergleiche auch $A \cup (B \cap C)$ mit $(A \cup B) \cap (A \cup C)$.

10. Überprüfe.
a) $12 \cdot (3 + 4 + 7) = 12 \cdot 3 + 12 \cdot 4 + 12 \cdot 7$
b) $(1 + 9 + 18) \cdot 5 = 1 \cdot 5 + 9 \cdot 5 + 18 \cdot 5$
c) $5 \cdot (1 + 8 - 6) = 5 \cdot 1 + 5 \cdot 8 - 5 \cdot 6$
d) $8 \cdot 6 - 3 \cdot 6 - 0 \cdot 6 = (8 - 3 - 0) \cdot 6$

11. Rechne und vergleiche.
a) $(18 + 12) : 6$ mit $18 : 6 + 12 : 6$
b) $(26 + 14) : 2$ mit $26 : 2 + 14 : 2$
c) $(45 - 9) : 9$ mit $45 : 9 - 9 : 9$
d) $(66 - 33) : 11$ mit $66 : 11 - 33 : 11$

12. Verwende das Distributivgesetz beim Multiplizieren.

Beispiele:
$58 \cdot 6 = (50 + 8) \cdot 6 = 50 \cdot 6 + 8 \cdot 6$
$= 300 + 48 = 348$
$432 \cdot 3 = (400 + 30 + 2) \cdot 3 = 400 \cdot 3 + 30 \cdot 3 + 2 \cdot 3$
$= 1\,200 + 90 + 6 = 1\,296$

a) $31 \cdot 7$ b) $76 \cdot 9$ c) $55 \cdot 8$
d) $162 \cdot 5$ e) $483 \cdot 3$ f) $902 \cdot 7$

13. Verwende die Regeln
$(a + b) : c = a : c + b : c$
oder $(a + b + c) : d = a : d + b : d + c : d$
beim Dividieren.

Beispiele:
$63 : 3 = (60 + 3) : 3 = 60 : 3 + 3 : 3 = 20 + 1 = 21$
$844 : 4 = (800 + 40 + 4) : 4 = 800 : 4 + 40 : 4 + 4 : 4$
$= 200 + 10 + 1 = 211$

a) $88 : 4$ b) $777 : 7$ c) $909 : 9$
d) $284 : 2$ e) $963 : 3$ f) $824 : 4$

Flohmarkt

Kann man die 24 Streichhölzer so umlegen, daß statt 8 nun 7 gleichgroße Quadrate entstehen? Oder 9? Natürlich soll kein Streichholz übrig bleiben.

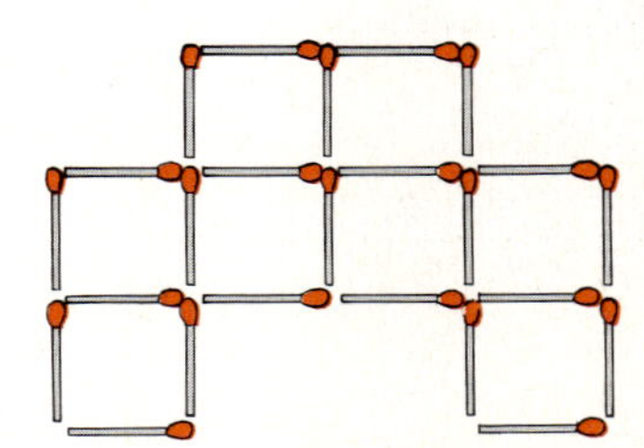

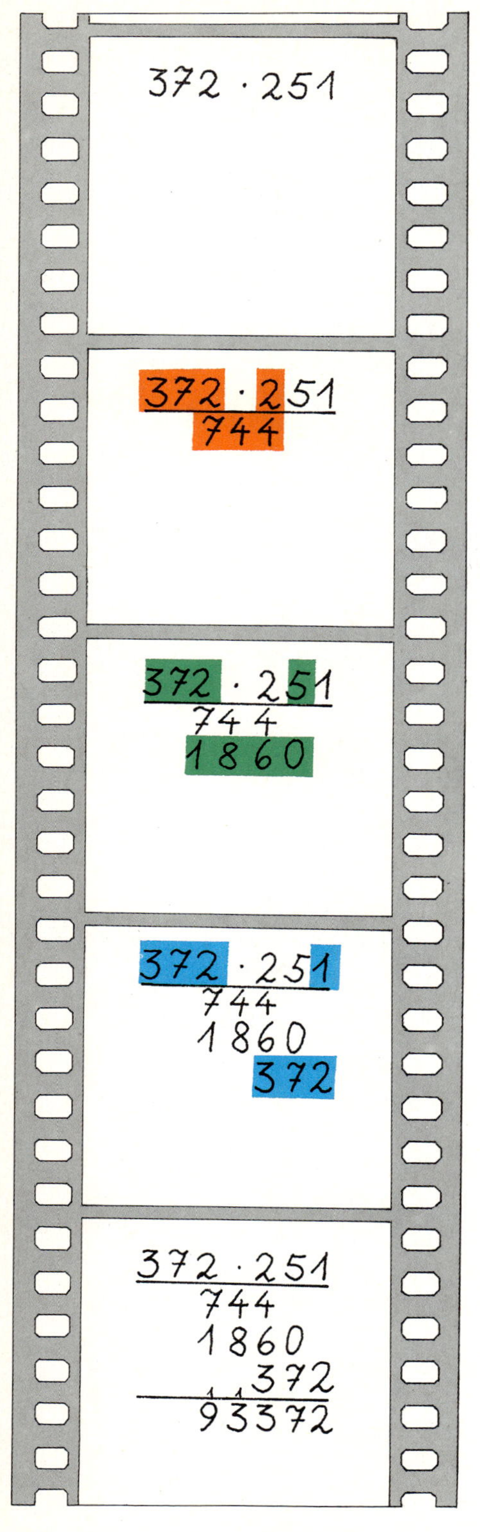

7. Dann eben schriftlich

372 · 251

372 · 2 = 744
372 · 20 = 372 · 2 Zehner = 744 Zehner = 7 440
372 · 200 = 372 · 2 Hunderter = 744 Hunderter = 74 400

Bei der Multiplikation 372 · 251 zerlegen wir den zweiten Faktor:

251 = 200 + 50 + 1.

Also muß 372 nacheinander mit 2 Hunderten, 5 Zehnern und 1 Einer multipliziert werden. Die Teilprodukte werden dann addiert.

372 · 200 = 372 · 2 Hunderter = 744 Hunderter = 74 400
372 · 50 = 372 · 5 Zehner = 1 860 Zehner = 18 600
+372 · 1 = 372 · 1 Einer = 372 Einer = 372 +
372 · 251 = 93 372

Du siehst: Es kommt darauf an, die 372 · 2 Hunderter, 372 · 5 Zehner und 372 · 1 Einer zu addieren. Dazu muß man 372 nacheinander mit 2, 5 und 1 multiplizieren und die Produkte 744, 1 860 und 372 geeignet zum Addieren untereinander schreiben (Tafel 1).

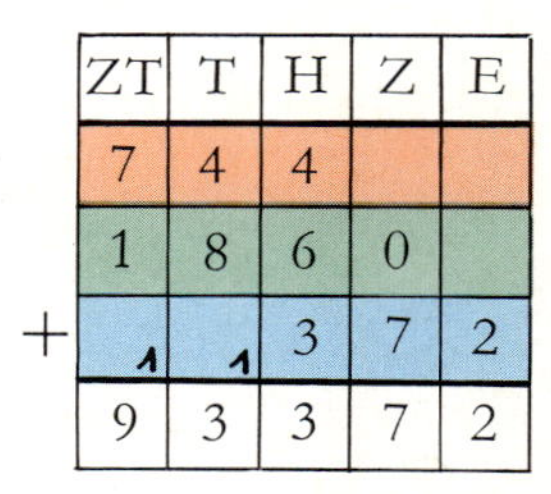

	ZT	T	H	Z	E
	7	4	4		
	1	8	6	0	
+	1	1	3	7	2
	9	3	3	7	2

Tafel 1

Das kurze schriftliche Verfahren ist links im Film dargestellt. Erläutere den Film.

1. Aufgabe

Multipliziere schriftlich. Beachte: Du kannst die Faktoren auch vertauschen, wenn die Aufgabe dadurch leichter für dich wird.

a) 43 · 17 b) 13 · 18 c) 19 · 37 d) 174 · 61 e) 9 310 · 21
f) 642 · 711 g) 2 111 · 710 h) 9 876 · 5 430 i) 7 040 · 1 101 j) 131 · 967

2. Aufgabe

Welche Fehler hat Peter gemacht? Verbessere seine Rechnungen.

a) 904 · 622
5424
188
188
544488

b) 343 · 18
343
2744
3087

c) 920 · 214
184
92
368
19688

d) 3976 · 473
14904
27832
11928
1779648

1. Multipliziere schriftlich.

a) 86 · 93 b) 289 · 41 c) 7 002 · 18
d) 611 · 323 e) 9 · 1111 f) 8 765 · 1 000
g) 415 · 415 h) 7966 · 505 i) 3 140 · 2 007

2. Überprüfe die Rechnung durch **Überschlag**.
Beispiel: 283 · 47 ist überschlagen 300 · 50 = 15 000.

a) 1 958 · 22 b) 20 117 · 7 c) 301 · 47
d) 9 118 · 37 e) 471 · 532 f) 615 · 99

3. Welche Multiplikationen sind falsch? Manchmal siehst du das schon an einer Überschlagsrechnung, manchmal aus der letzten Ziffer, . . .

a) 294 · 783 = 23 000 b) 124 · 73 = 9 051
c) 6603 · 870 = 5 744 610 d) 920 · 89 = 81 981
e) 771 · 41 = 31 611 f) 971 · 83 = 8 053

4. Multipliziere und überschlage.

a) 9 · 93 · 112 b) 82 · 16 · 43
c) 32 · 181 · 21 d) 78 · 34 · 55

5.

a)	b)	c)
3 · 3	9 · 9	6 · 6
33 · 33	99 · 99	66 · 66
333 · 333	999 · 999	666 · 666
3 333 · 3 333	9 999 · 9 999	6 666 · 6 666
33 333 · 33 333	99 999 · 99 999	66 666 · 66 666

6. Multipliziere schriftlich im Zweiersystem.

Beispiel: $1101_{II} \cdot 101_{II}$

```
1101
  000
   1101
1111
-------
1000001_II
```

a) $1011_{II} \cdot 11_{II}$ b) $11_{II} \cdot 111_{II}$
c) $100_{II} \cdot 100_{II}$ d) $10110_{II} \cdot 1001_{II}$

7. Multipliziere schriftlich im Fünfersystem.

Beispiel: $214_V \cdot 122_V$

```
214
 433
  433
121
------
32213_V
```

a) $333_V \cdot 22_V$ b) $4011_V \cdot 13_V$
c) $413_V \cdot 134_V$ d) $4030_V \cdot 2010_V$

8.

a)	b)
7 · 7	4 · 4
67 · 67	34 · 34
667 · 667	334 · 334
6 667 · 6 667	3 334 · 3 334
66 667 · 66 667	33 334 · 33 334
666 667 · 666 667	333 334 · 333 334

9. Familie Lang macht in der Schweiz Ferien. Uwe bekommt 36 Schweizer Franken (sfr) als Taschengeld. Wieviel DM sind das? Umrechnungskurs: 1 sfr = 1,12 DM.

10. Ergänze.

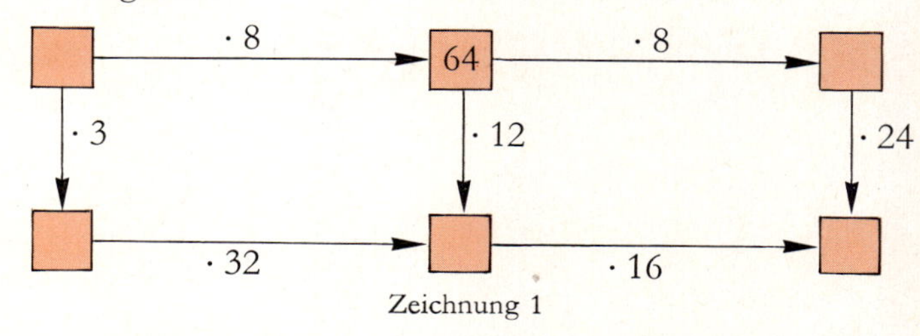

Zeichnung 1

11. a) Multipliziere die Summe von 8 943 und 703 mit 611.
b) Addiere das Produkt von 705 und 43 zur Differenz von 9 842 und 5 321.
c) Multipliziere das Produkt von 6 001 und 703 mit der Differenz dieser beiden Zahlen.
d) Addiere die Differenz von 3 784 und 1 289 zur Quadratzahl von 365.

12. Ein Schuljahr hat 40 Schulwochen, eine Schulwoche hat 30 Schulstunden, eine Schulstunde hat 45 Minuten. Wie viele Minuten Unterricht hast du im Jahr?

13. Kannst du die fehlenden Ziffern finden?

a) 2 1 ● · 4
● 5 2

b) 1 ● 6 · 7
● ● 0 ●

c)
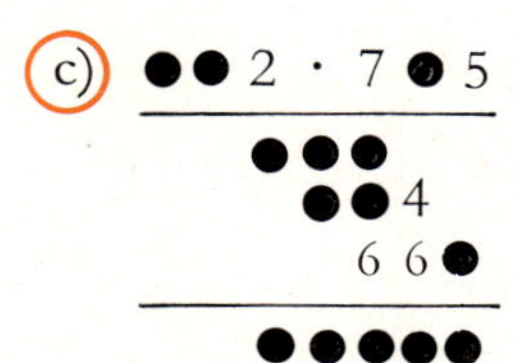

d)
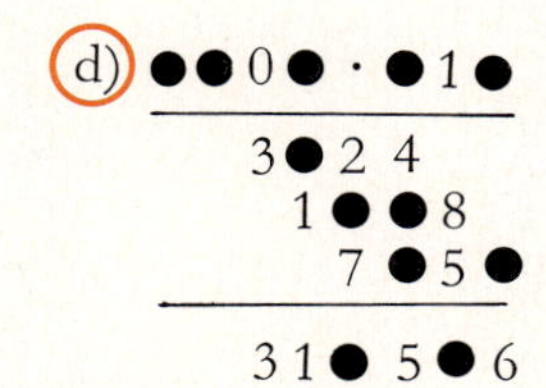

14. a) Wie viele Sekunden hat ein Tag?
b) Wie viele Sekunden hat ein Jahr?

15. Bei einer Theatervorstellung wurden 231 Karten zu 13 DM, 162 Karten zu 10 DM und 196 Karten zu 8,50 DM verkauft. Wie groß sind die Einnahmen?

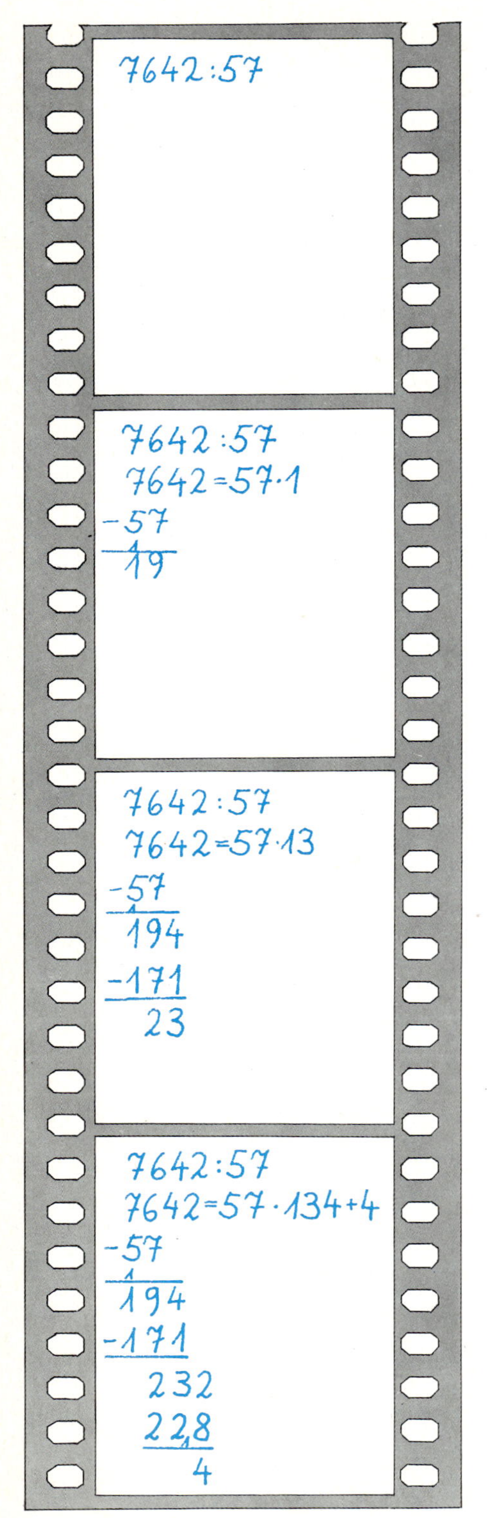

8. Didi dividiert

Du kannst mehrstellige Zahlen miteinander multiplizieren. Jetzt lernst du, wie man durch mehrstellige Zahlen dividiert.
Wir überlegen aber zunächst, wie man durch eine einstellige Zahl dividiert.

1. Beispiel: **941 : 4**

	941 = 9H 4Z 1E	941 sind 9 Hunderter, 4 Zehner und 1 Einer.
1. Schritt:	9H = 4 · 2H + 1H	Die 9 Hunderter kannst du durch 4 dividieren. Es ergeben sich viermal 2 Hunderter und 1 Hunderter als Rest.
2. Schritt:	1H 4Z = 14Z 14Z = 4 · 3Z + 2Z	Der Rest ergibt mit den 4 Zehnern des Dividenden 14 Zehner, die du durch 4 dividierst. Dabei ergeben sich viermal 3 Zehner und 2 Zehner bleiben als Rest.
3. Schritt:	2Z 1E = 21 E 21E = 4 · 5E + 1E	Der Rest ergibt mit dem einen Einer des Dividenden 21 Einer, die du durch 4 dividierst. Dabei ergeben sich viermal 5 Einer und 1 Einer bleibt als Rest.

Daraus folgt:

$$9H\ 4Z\ 1E = 4 \cdot 2H + 4 \cdot 3Z + 4 \cdot 5E + 1E = 4 \cdot (2H + 3Z + 5E) + 1E$$
$$941 = 4 \cdot 235 + 1$$

Dieses Verfahren können wir kürzer hinschreiben:

1. Schritt:

HZE	H	H
9	= 4 · 2 +	1
−8		
1		

2. Schritt:

HZE	Z	Z
14	= 4 · 3 +	2
−12		
2		

3. Schritt:

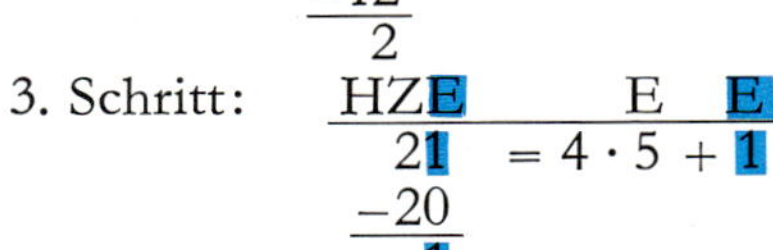

Und noch kürzer:

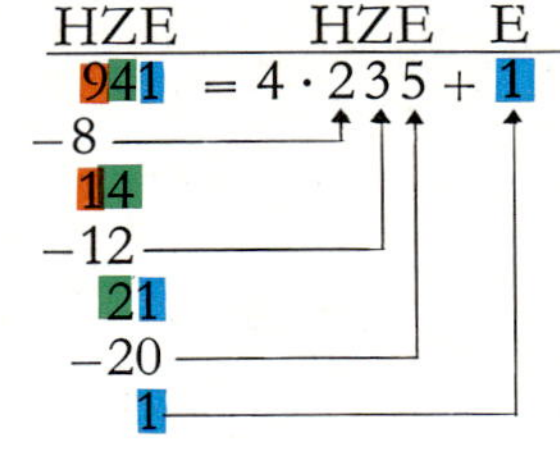

2. Beispiel: **7 642 : 57**

7 642 = 7 T 6H 4Z 2E

1. Schritt:	7T 6H = 76H 76H = 57 · 1H + 19H	7 Tausender kannst du nicht durch 57 dividieren. Aber 7 Tausender 6 Hunderter, das sind 76 Hunderter. Es ergeben sich 57-mal 1 Hunderter, und 19 Hunderter bleiben als Rest.
2. Schritt:	19H 4Z = 194Z 194Z = 57 · 3Z + 23Z	Zum Rest kommen die 4 Zehner des Dividenden, und es wird wieder dividiert.
3. Schritt:	23Z 2E = 232E 232E = 57 · 4E + 4E	

Daraus folgt:

$$7T\ 6H\ 4Z\ 2E = 57 \cdot 1H + 57 \cdot 3Z + 57 \cdot 4E + 4E =$$
$$= 57 \cdot (1H + 3Z + 4E) + 4E$$
$$7\,642 = 57 \cdot 134 + 4$$

Das kurze schriftliche Verfahren ist links im Film dargestellt. Erläutere den Film.

Übungen

1. Dividiere.

a) 763 : 12 b) 839 : 83 c) 2431 : 17
d) 810 : 24 e) 6 405 : 150 f) 209 : 317
g) 4 489 : 67 h) 625 : 25 i) 9 998 : 9 997
j) 7 034 : 30 k) 50 000 : 245 l) 74 521 : 600

2. Dividiere und kontrolliere wie im Beispiel.
Beispiel: 312 : 17, $312 = 17 \cdot 18 + 6$
Probe: $17 \cdot 18 + 6 = 306 + 6 = 312$

a) 893 : 42 b) 1 946 : 41 c) 9 801 : 99
d) 45 678 : 123 e) 0 : 383 f) 913 : 913

3. Dividiere und überprüfe durch eine Überschlagsrechnung.
Beispiel: 8 763 : 37, $8\,763 = 37 \cdot 236 + 31$
Überschlag: 10 000 : 50 = 200

a) 40 675 : 49 b) 3 430 : 45 c) 94 322 : 103
d) 8 467 : 13 e) 4 826 : 19 f) 1 111 : 11

4. Peter hat so dividiert:

```
198 : 13;   198 = 13 · 141 + 3
           −13
            68
           − 52
            16
           − 13
             3
```

Welchen Fehler hat er gemacht? Verbessere.

5. Ein Düsenflugzeug legt in einer Minute 25 km zurück.
a) Wie weit kommt es in 2 Stunden?
b) Wie lange braucht es für eine Strecke von 2000 km?

6. Die Klasse 5d hat sich einen Fußball gekauft. Er kostet 28,90 DM.
a) Wieviel muß jeder der 34 Schüler bezahlen?
b) 7 der 11 Mädchen wollen nicht bezahlen, weil sie niemals Fußball spielen. Rechne erneut.

7. a) Dividiere die Summe von 1 067 und 975 durch 67.
b) Subtrahiere 397 vom Quotienten von 26 928 und 33.
c) Dividiere die Summe von 1 067 und 33 durch die Differenz dieser Zahlen.
d) Dividiere den Quotienten von 43 708 und 25 durch das Produkt von 15 und 16.

8. Der Mond ist ungefähr 384 400 km von der Erde entfernt. Vergleiche diese Entfernung mit dem Erdradius (6 378 km). Vergleiche auch den Mondradius (1 738 km) mit dem Erdradius.

9. Manche Divisionen kannst du im Kopf durchführen.
Beispiele:

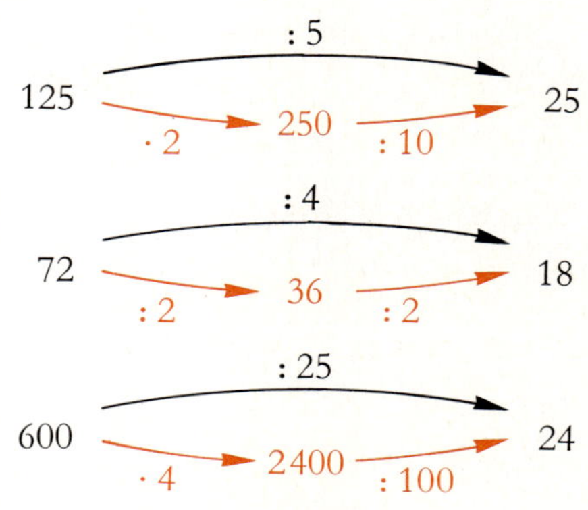

a) Dividiere im Kopf durch 5:
75, 205, 145, 85, 115, 180, 300, 415
b) Dividiere im Kopf durch 4:
68, 104, 320, 96, 448, 840, 1000, 1024
c) Dividiere im Kopf durch 25:
325, 600, 1025, 750, 400, 175, 125, 250

10. Dividiere im Zweiersystem.
Beispiel: $1101_{II} : 11_{II}$; $1101_{II} = 11_{II} \cdot 100_{II} + 1_{II}$

```
−11
000
−000
0001
−0000
   1
```

a) $11011_{II} : 11_{II}$
b) $10101_{II} : 101_{II}$
c) $11111_{II} : 10_{II}$
d) $101_{II} : 111_{II}$

11. Dividiere im Fünfersystem.
Beispiel: $4341_V : 21_V$; $4341_V = 21_V \cdot 204_V + 2_V$

```
−42
 14
− 00
 141
− 134
   2
```

a) $31_V : 11_V$
b) $333_V : 33_V$
c) $100_V : 10_V$
d) $4131_V : 24_V$

12. a) Versuche, die fehlenden Ziffern zu finden.

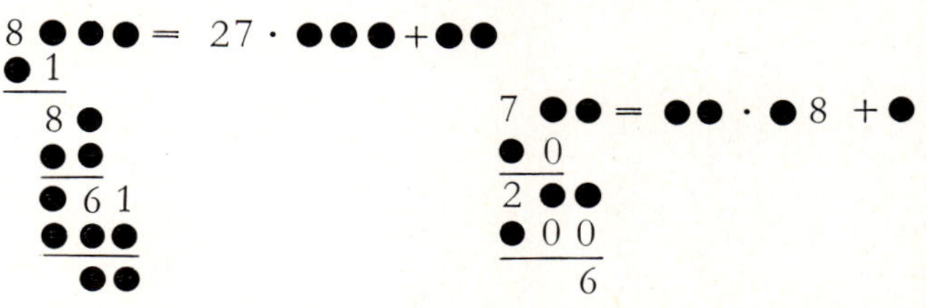

b) Versuche, eine solche Aufgabe selbst zu schreiben.

1. Zahlenbilder

MKM
König
Yamaha
Suzuki

Zeichnung 1

Zahlen zum Sammeln

Matthias sammelt Briefmarken, Jeanette sammelt Bilder von Fußballspielern, Miriam sammelt Autogramme. Ulfs Hobby sind die Zahlen. In seinen Schülertaschenkalender trägt er an jedem Tag ein:

— Wie viele Schritte sind es bis zur Bushaltestelle?
— Wie viele Leute sind mit dem Bus gefahren?
— Wie oft hat der Busfahrer gebremst?

Auch andere Zahlen notiert er sich: Lebensdaten, Verkaufszahlen von Schallplatten, Angaben über Motorräder (Tabelle 1), Entfernungsangaben (Tabelle 2), . . .

Höchstgeschwindigkeiten	
Suzuki 500	280 $\frac{km}{h}$
Yamaha 500	276 $\frac{km}{h}$
König 500	205 $\frac{km}{h}$
MKM 500	200 $\frac{km}{h}$

Tabelle 1

Reichweiten von Raketen	
Arcas	61 km
Black Brant 3	148 km
Nike-Cajun	157 km
Aerobee 300 A	342 km

Tabelle 2

1. Aufgabe

a) Wie sind in Zeichnung 1 die Geschwindigkeiten aus Tabelle 1 dargestellt?
b) Wieviel cm Balkenlänge entsprechen der Geschwindigkeit 100 $\frac{km}{h}$?
c) Welche Vorteile hat eine solche Zeichnung? Welche Nachteile?

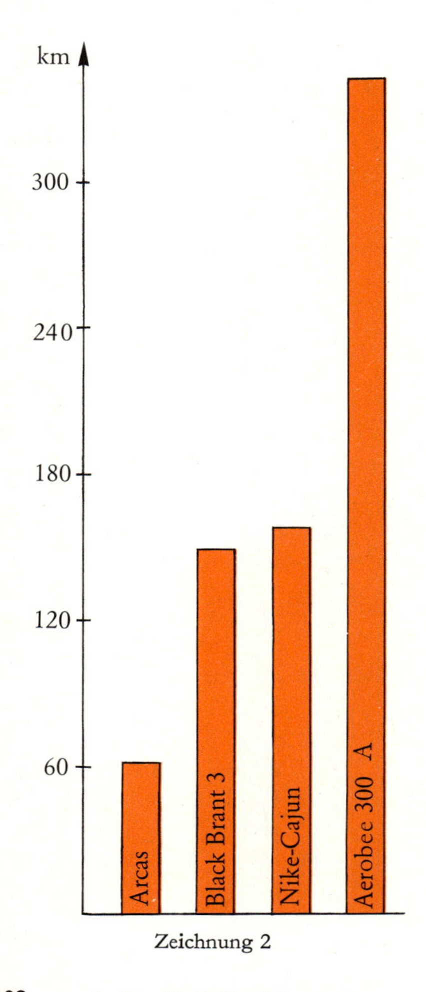

Zeichnung 2

Zahlen zum Anschauen

Um Zahlen anschaulich zu machen, übersichtlich darzustellen und einfach zu vergleichen, kann man sie zeichnen. Wir nennen eine Darstellung wie in Zeichnung 2 ein **Balkendiagramm** (**Stabdiagramm**).
Häufig müssen die Zahlen vor dem Zeichnen gerundet werden.

2. Aufgabe

Wie viele Unterrichtsstunden hast du an den verschiedenen Wochentagen? Zeichne ein Balkendiagramm.

3. Aufgabe

Im Jahre 1979 lebten in

Europa	679 Mill. Menschen	Asien	2 576 Mill. Menschen
Afrika	456 Mill. Menschen	Amerika	603 Mill. Menschen
Australien	22 Mill. Menschen		

Zeichne ein Balkendiagramm. Wieviel cm Balkenlänge wählst du für 100 Mill. Menschen?

1. Von den 35 Schülern der Klasse 5e sind:

9 im Fußballverein	6 im Rollschuhclub
6 im Handballverein	5 im Judoclub
3 im Turnverein	7 im Schwimmverein
4 im Tennisclub	1 im Yachtclub
5 im Tischtennisclub	4 im Ruderclub

Zeichne ein Balkendiagramm. Mache jeden Balken 5 mm breit. Wähle für jeden Schüler 1 cm Balkenlänge.

2. Zeichne ein Balkendiagramm für die Höhen folgender Berge:

Mont Blanc	4810 m	Mount Everest	8847 m
Kibo	5895 m	Mount MacKinley	6200 m
Aconcagua	6985 m	Mount Kosciusko	2230 m
Mount Vinson	6100 m		

Mache jeden Balken 5 mm breit. Wieviel cm Balkenlänge wählst du für 1000 m Höhe? Vergiß nicht, vor dem Zeichnen zu runden.
Weißt du eigentlich, wo diese Berge liegen?

3. Zeichne jeweils ein Balkendiagramm.

a) Meeresengen in Europa

Gibraltar	90 km	Otranto	120 km
Messina	42 km	Dover	56 km
Bosporus	30 km	Kleiner Belt	180 km
Dardanellen	71 km		

b) Flüsse in Afrika

Nil	6 500 km	Sambesi	2 660 km
Kongo	4 650 km	Oranje	1 860 km
Niger	4 200 km		

c) Großstädte in Amerika (E.: Einwohner)

Mexiko City	3,5 Mill. E.	New York	8,0 Mill. E.
Los Angeles	7,0 Mill. E.	Chicago	7,0 Mill. E.
Montreal	2,5 Mill. E.	Detroit	1,5 Mill. E.
Rio de Janeiro	4,4 Mill. E.		

4. Von 100 Einwohnern haben ein Telefon:

28 in Belgien	34 in der Bundesrepublik Deutschland
49 in Dänemark	26 in Frankreich
39 in Großbritannien	15 in Irland
27 in Italien	44 in Luxemburg
27 in den Niederlanden	

Zeichne ein Balkendiagramm.

5. Veranschauliche die folgenden Einwohnerzahlen in einem Balkendiagramm. Vergiß nicht zu runden.

Belgien	9 800 000 Einwohner
Bundesrepublik Deutschland	61 600 000 Einwohner
Dänemark	5 100 000 Einwohner
Frankreich	52 900 000 Einwohner
Großbritannien	56 000 000 Einwohner
Irland	3 200 000 Einwohner
Italien	56 200 000 Einwohner
Luxemburg	400 000 Einwohner
Niederlande	13 800 000 Einwohner

6. Zeichnerische Darstellungen von Zahlenmaterial findest du in deinem Atlas, auf Werbeplakaten, in der Zeitung. Sammle solche Darstellungen.
a) Wie werden die Zahlen dargestellt?
b) Welche ‚Einheit' wird gewählt?
c) Was kann man aus der Darstellung entnehmen? Was fehlt?

7. Erläutere Zeichnung 3.

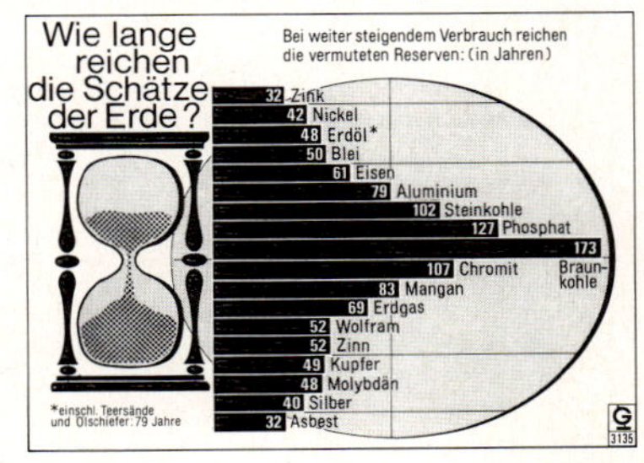

Zeichnung 3

Flohmarkt

Es war einmal ein französischer Prinz, der spielte Schach mit dem Herzog von Burgund. Als er das Spiel verloren glaubte, nahm er das Schachbrett und schlug es dem Herzog über den Kopf. Zwar hatte er danach das Spiel noch immer nicht gewonnen — dafür war jetzt aber das Schachbrett zerbrochen: in genau acht Teile.
Kannst du das Schachbrett wieder zusammensetzen?

2. Statistiker

Ziel

In der vergangenen Stunde hast du verschiedene Zahlentabellen kennengelernt; du hast gesehen, wie man solche Tabellen in Diagrammen darstellen kann; schließlich hast du auch schon gelernt, solche Diagramme zu lesen und zu deuten.
In dieser Stunde begegnen dir weitere Beispiele. Unser Ziel ist: Du sollst erfahren, wie man Zahlenmaterial sammeln und Tabellen anlegen und auswerten kann.
Übrigens: Die Beschäftigung mit solchen Zahlentabellen nennt man **Statistik.** Wenn du das Ziel erreichst, darfst du dich deshalb ‚Statistiker' nennen.

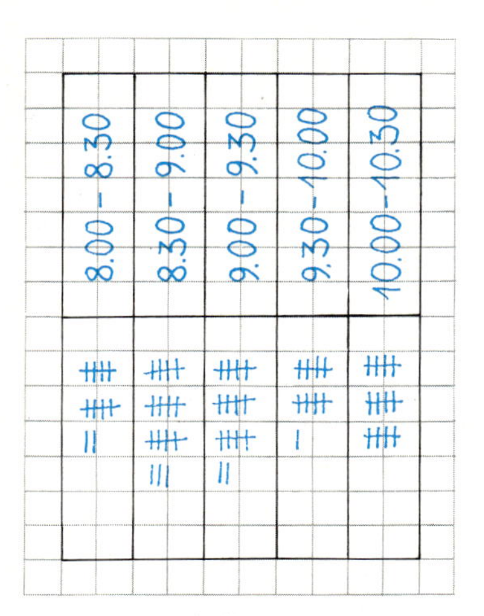

Tabelle 1

Verkehrsstatistik

Andreas und Anja machen als Helfer bei einer Verkehrszählung mit: In der Wollmatinger Straße zählen sie alle Autos in Richtung Altstadt.

a) Zunächst halten sie ihre Zählergebnisse in einer **Strichliste** fest (Tabelle 1): Wenn 10 Autos vorbeigefahren sind, machen sie jeweils einen Strich.
b) Um die Ergebnisse anschaulich zu machen und vergleichen zu können, zeichnen sie anschließend ein **Balkendiagramm** (Zeichnung 1): mit einer ‚Zeitachse' und einer ‚Autoachse'.

Was kannst du aus diesem Balkendiagramm ablesen?

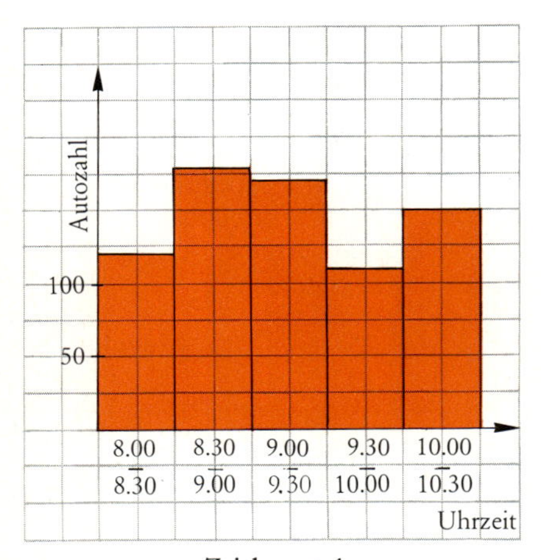

Zeichnung 1

Bevölkerungsstatistik

a) Ergänze das Balkendiagramm in Zeichnung 2 auf Grund der folgenden Angaben über die Geburten in der Bundesrepublik Deutschland:

1966	1967	1968	1969	1970	1971
1 050 345	1 019 459	969 825	903 456	810 808	778 526

1972	1973	1974	1975	1976	1977
701 214	635 633	626 373	600 512	602 851	582 348

b) Trage in dasselbe Balkendiagramm — in anderer Farbe — die Anzahlen der jährlichen Todesfälle ein:

1966	1967	1968	1969	1970	1971
686 321	687 349	734 048	744 360	734 843	730 670

1972	1973	1974	1975	1976	1977
731 264	731 028	727 511	749 260	733 140	704 922

Was kannst du aus diesem ‚doppelten' Balkendiagramm ablesen?

▶ Wo benötigt man solche oder andere Darstellungen? Was kann man mit ihnen anfangen?

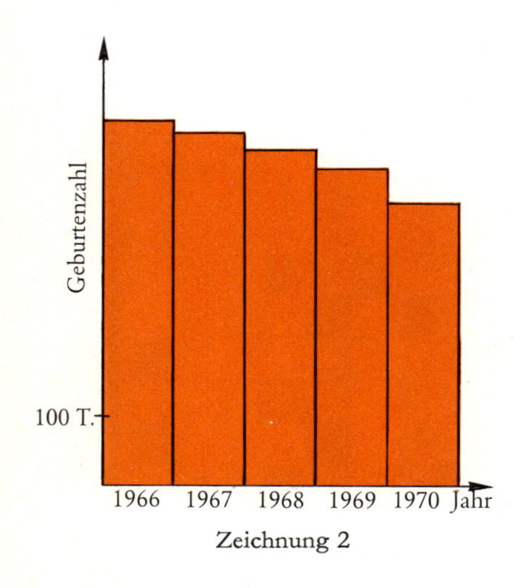

Zeichnung 2

Du findest Darstellungen von Zahlenmaterial und Tabellen in Tageszeitungen, in Werbeanzeigen, in Sachbüchern, . . .
Suche, sammle und erläutere solche Darstellungen.

Übungen

1. Bei einer Englisch-Arbeit einer 5. Klasse wurden diese Noten erteilt:

Note	1	2	3	4	5	6
Anzahl	4	6	14	10	2	0

Stelle die Verteilung der Noten in einem Balkendiagramm dar.

2. Wie viele Schüler deiner Klasse haben im Januar Geburtstag, wie viele im Februar, wie viele im März, ...?
Zeichne ein Balkendiagramm.

3. Wie viele Schüler deiner Schule sind in den einzelnen 5., 6., 7. Klassen?
   a) Zeichne ein Balkendiagramm.
   b) Ordne die Schülerzahlen der Größe nach und zeichne wieder ein Balkendiagramm.

4. Wieviel Zeit benötigst du für deine Hausaufgaben? In Deutsch, Englisch, Mathematik, ...?
Zeichne ein Balkendiagramm.

5. Jeder Schüler deiner Klasse schreibt seine drei Lieblingsfächer auf. Die Ergebnisse an der Tafel werden in einer Strichliste gesammelt.
Zeichne zu dieser Strichliste ein Balkendiagramm.

6. Die Schüler einer 5. Klasse haben folgende Bestleistungen im Weitsprung erzielt:

2,99; 2,72; 1,92; 2,55; 1,58; 3,61; 2,48; 2,09; 1,92; 2,04; 3,38; 1,92; 3,07; 2,12; 2,92; 1,48; 2,40; 2,15; 2,80; 1,70; 2,41; 2,15; 3,32; 1,45.

   a) Ordne die Ergebnisse der Größe nach.
   b) Wie viele Schüler haben Weiten erzielt, die zwischen 1,00 m und 1,50 m liegen, zwischen 1,50 m und 2,00 m liegen, ...?
   c) Zeiche zu b) ein Balkendiagramm.
   d) Läßt sich auch zu a) ein Balkendiagramm anfertigen?

Floßmarkt

Der Februar des Jahres 1980 hat fünf Freitage.
Wann gab es schon einmal einen solchen Februar?

7. Wie groß bist du? Wie groß sind deine Klassenkameraden? Wie viele von euch sind zwischen 1,00 m und 1,10 m, wie viele zwischen 1,10 m und 1,20 m, ...?

Stelle die Ergebnisse zeichnerisch dar.

8. Lies aus dem folgenden Balkendiagramm die monatlichen Niederschlagsmengen ab.

Was meinst du: Wo wurde wohl gemessen?

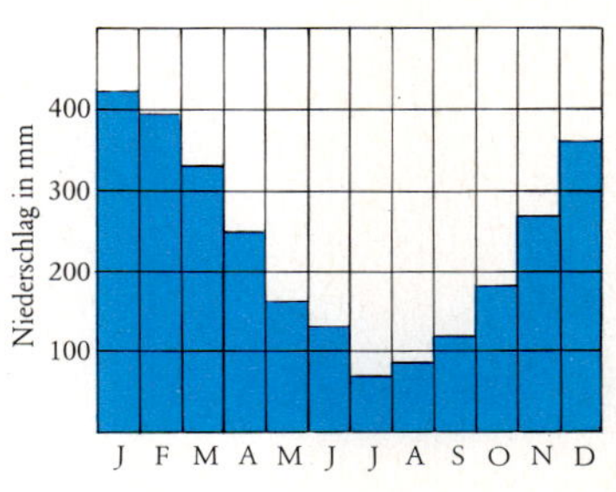

Zeichnung 3

9. Veranschauliche die Bevölkerungsentwicklung der Bundesrepublik Deutschland in einem Balkendiagramm. Die Bevölkerung ist in Millionen Einwohnern angegeben.

1950	1955	1960	1965	1970	1975
50,2	52,4	55,4	58,6	60,7	61,6

10. In Zeichnung 4 ist das Verhältnis zwischen Laub- und Nadelwald für die einzelnen Erdteile dargestellt.

Erläutere die Zeichnung.

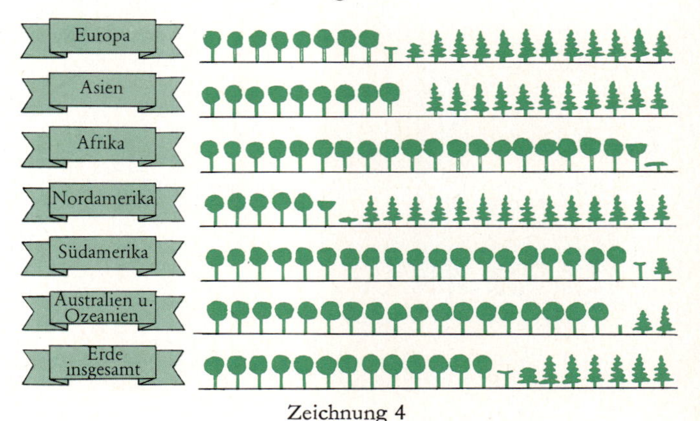

Zeichnung 4

3. Jeder gleich viel

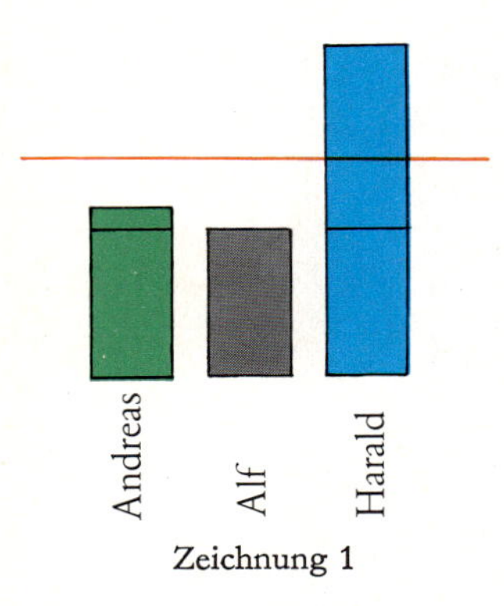

Zeichnung 1

Gerecht geteilt

Harald, Alf und Andreas planen eine gemeinsame Radtour. Ihr gespartes Taschengeld wollen sie dabei gleichmäßig untereinander aufteilen. Andreas hat 15 DM gespart, Alf 13 DM und Harald sogar 29 DM.

▶ Wie viel bekommt jeder? Schätze zuerst.

Verschiedene Möglichkeiten

1. Zusammen haben die drei Freunde 15 DM + 13 DM + 29 DM = 57 DM gespart. Den kleinsten Betrag hat Alf beigesteuert: 13 DM. So viel muß jeder der drei mindestens erhalten. In der gemeinsamen Kasse sind dann noch 57 DM − 3 · 13 DM = 57 DM − 39 DM = 18 DM. Wenn auch diese 18 DM gleichmäßig auf die drei verteilt werden, bekommt jeder noch einmal 6 DM. Wieviel hat jetzt jeder?
2. Harald überlegt: „Das hätten wir einfacher haben können. Zusammen haben wir doch 57 DM. Wenn wir die gerecht verteilen wollen, muß jeder von uns Dreien genau ein Drittel bekommen. 57 DM : 3 = 19 DM. Also kriegt jeder 19 DM.“

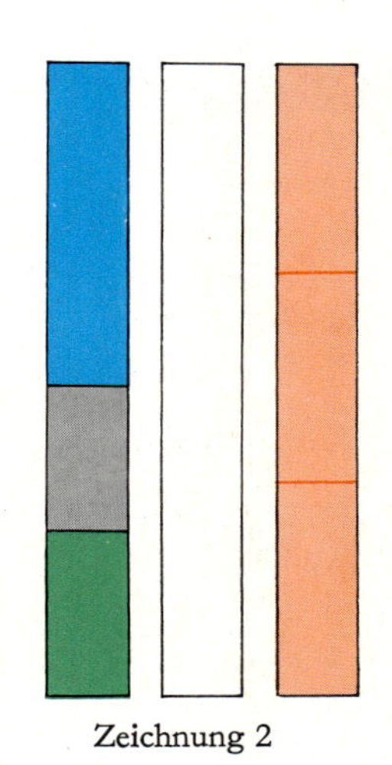
Zeichnung 2

1. Aufgabe

Erläutere die Zeichnungen 1, 2 und 3.
Wer hat etwas abgegeben? Wer hat etwas bekommen?
Kannst du das Wort ‚Durchschnittswert‘ erläutern?

Den **Durchschnittswert** (**Mittelwert**) mehrerer Zahlen erhältst du so: Dividiere die Summe der Zahlen durch ihre Anzahl.

2. Aufgabe

a) Ronny möchte sich gern an der Radtour von Andreas, Alf und Harald beteiligen. Er hat 15 DM. Was nun?

b) Guido und Daniel, die auch mitfahren wollen, bringen 26 DM und 16 DM in die gemeinsame Kasse. Wieviel erhält jetzt jeder einzelne?

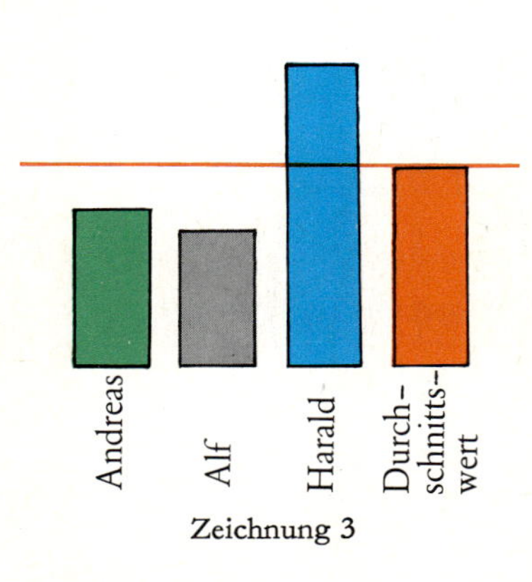

Zeichnung 3

Anwendung

a) Auf ihrer gemeinsamen Tour legen die sechs Freunde in der ersten Stunde 19 km zurück, in der zweiten Stunde 17 km und in den nächsten beiden Stunden jeweils 12 km.
Wie groß ist ihre ‚mittlere Geschwindigkeit‘?

b) Am nächsten Tag schaffen sie mit Pausen 20 km, 18 km, 17 km, 15 km und noch einmal 15 km in fünf Fahrstunden.
Berechne wieder die ‚mittlere Geschwindigkeit‘.

Übungen

1. Andrea, Miriam, Madeleine und Ulrike haben für die Klassenfahrt der 5b gespart: Andrea 35 DM, Miriam 36 DM, Madeleine 28 DM und Ulrike 29 DM. Jeder soll gleich viel erhalten.

2. Zu den vier Viertelfinalspielen im UEFA-Pokalwettbewerb kamen 35 000, 30 000, 55 000 und 32 000 Zuschauer. Wie viele waren das im Durchschnitt?

3. In der letzten Mathematik-Arbeit der Klasse 5e hat es folgende Notenverteilung gegeben:

Note	1	2	3	4	5	6
Anzahl	3	9	11	7	1	0

Berechne die ‚Durchschnittsnote'.

4. Sabine steht nach sechs Klassenarbeiten in Englisch schriftlich auf ‚3'.
Welche Noten hat sie wohl in ihren Arbeiten gehabt? Suche fünf verschiedene Möglichkeiten.

5. Anja erreicht folgende Ergebnisse im Weitsprung: 2,40 m; 2,31 m; 2,50 m; 2,56 m; 2,49 m; 2,44 m.
Ihre Freundin Kathrin erzielt folgende Weiten: 2,42 m; 2,46 m; 2,44 m; 2,50 m; 2,52 m; 2,48 m.

a) Berechne für beide das ‚durchschnittliche Ergebnis'.
b) Wer ist besser?

6. Gib zwei (drei, fünf, sieben) verschiedene Zahlen an mit dem Mittelwert

a) 21 b) 34 c) 172 d) 219 e) 1000

7. Berechne jeweils den Durchschnittswert.

a) 12; 13; 14
b) 12; 13; 14; 0
c) 12; 13; 14; 0; 0

Flohmarkt

Schneide die neun Teile des Quadrats aus und lege den mittleren blauen Teil mit dem Hahn zur Seite. Versuche nun, aus den restlichen acht Teilen ein neues Quadrat zu legen — aber ohne Loch in der Mitte.

8. Cindy, Kerstin, Bogdan und Ulrich machen gemeinsam eine Radtour. Cindy hat 18 DM, Bogdan 17 DM und Ulrich 21 DM mitgebracht.

9. Bernhard würfelt und erhält folgende Augenzahlen:

5; 6; 2; 3; 6; 1; 1; 4; 5; 3;
1; 5; 2; 6; 3; 1; 2; 5; 6; 5.

Bestimme den Durchschnittswert.

10. Würfele 50mal und notiere alle Augenzahlen.

a) Welchen Durchschnittswert erwartest du?
b) Berechne den Durchschnittswert.

11. Die Kurfürst-Friedrich-Realschule in Neualtstadt hat 6 fünfte Klassen. In der 5a sind 35 Schüler, 32 sind in der 5b, 31 in der 5c, 33 in der 5d, 36 in der 5e, und 37 Schüler sind in der 5f.
Wie viele Schüler sind ‚im Mittel' in einer fünften Klasse?

12. Bei einem Warentest werden Marmeladengläser überprüft, die 450 g Konfitüre enthalten sollen. Man mißt:

458 g; 440 g; 437 g; 441 g; 452 g;
446 g; 460 g; 440 g; 448 g; 448 g.

Ist ‚im Mittel' die Forderung erfüllt?

13. Frau Grimm hat in einer Woche die folgenden Ausgaben gemacht:

21,50 DM; 17,30 DM; 19,20 DM; 31,20 DM;
16,62 DM und 61,58 DM.

An denselben Tagen hatte Frau Klein die folgenden Unkosten:

22,20 DM; 17,70 DM; 17,60 DM; 15,02 DM;
16,04 DM und 82,44 DM.

Wieviel gab jede ‚im Schnitt' pro Tag aus?

8 Plus 5 Schülerbuch 32250

4. Auf die Bäume . . .

Großmütterchen, Jäger und Löwe

Stephanie und Kathrin ‚knobeln chinesisch':

1. Sie stellen sich Rücken an Rücken gegeneinander,
2. drehen sich auf ein verabredetes Zeichen hin schnell um,
3. und versuchen dabei, ein gebücktes Großmütterchen oder einen schießenden Jäger oder einen brüllenden Löwen darzustellen.

Als Spielregel gilt:

Das Großmütterchen besiegt den Jäger, der Jäger besiegt den Löwen, der Löwe besiegt das Großmütterchen.

Bei-Spiele

1. Thomas, Michaela, Saskia und Eckart wollen ‚Mensch ärgere dich nicht' spielen. Wer fängt an?
2. Martin und Daniel haben sich zu einer Partie Schach verabredet. ‚Weiß' beginnt. Aber wer hat ‚weiß'?
3. Blau-Gelb Hinterlingen spielt am Sonntag gegen den 1. FC Oberdorf. Wer hat Anstoß? Wie wird das entschieden?
4. Kennst du ‚Spitz paß auf'? Wann darf der Spitz ‚zupacken'?
5. Was für ein Auto fährt als nächstes an dir vorbei?

Fragen

1. Was ist bei diesen Vorgängen gleich?
2. Wer ‚bestimmt' ihr Ergebnis?
3. Und wer ‚entscheidet' beim ‚chinesischen Knobeln' über den Sieger?

Es gibt Vorgänge, bei denen das Ergebnis vom **Zufall** abhängt, also nicht mit Sicherheit vorausgesagt werden kann.

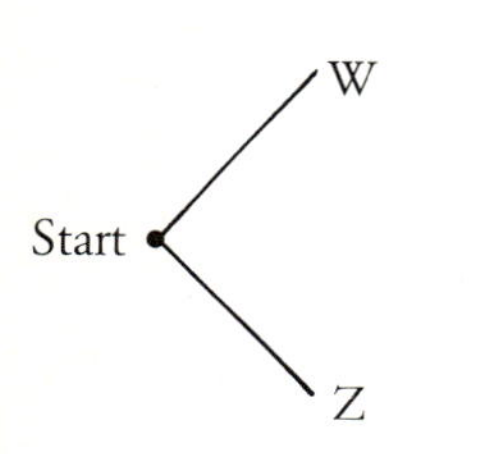

Zeichnung 1

1. Aufgabe

Eine Münze wird zweimal geworfen. Welche ‚Ergebnisse' sind möglich?

Lösung

Wird die Münze einmal geworfen, so gibt es zwei Möglichkeiten: Sie zeigt entweder ‚Wappen' oder ‚Zahl' (Zeichnung 1). Auch nach dem zweiten Wurf liegt ‚Wappen' oder ‚Zahl' oben (Zeichnung 2). Insgesamt sind also beim zweimaligen Werfen vier Ergebnisse möglich:

1. Wurf: W; 2. Wurf: W — kurz: W W
1. Wurf: W; 2. Wurf: Z — kurz: W Z
1. Wurf: Z; 2. Wurf: W — kurz: Z W
1. Wurf: Z; 2. Wurf: Z — kurz: Z Z

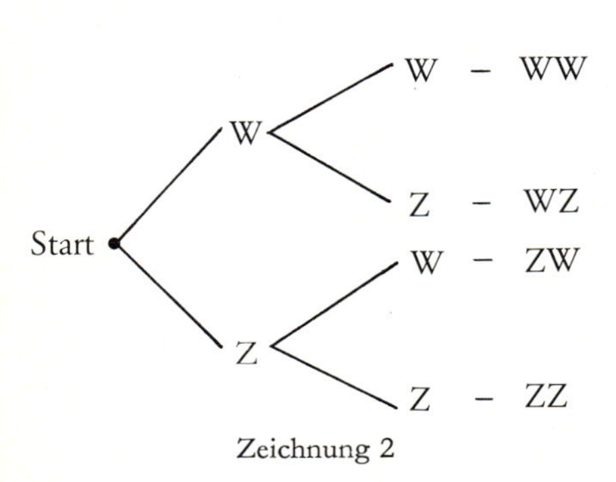

Zeichnung 2

In Zeichnung 2 sind diese vier Ergebnisse in einem **Baum** übersichtlich dargestellt.

2. Aufgabe

Welche verschiedenen Ergebnisse gibt es beim ‚chinesischen Knobeln'? Zeichne einen Baum.

Übungen

1. Was ist ‚zufällig'?

a) Ein Angler fängt innerhalb der nächsten Stunde einen Fisch.
b) Am 2. April des nächsten Jahres wird ein Junge geboren.
c) Eine brennende Kerze geht unter Wasser aus.
d) Beim Werfen von zwei Würfeln erzielst du einen Pasch (d. h. zwei gleiche Augenzahlen).
e) Beim Werfen von zwei Würfeln ist die ‚Augensumme' kleiner als 50.
f) Am nächsten Sonnabend werden im Lotto die Zahlen 1; 2; 3; 4; 5; 6 gezogen.
g) Am nächsten Sonnabend werden im Lotto die Zahlen 2; 17; 23; 24; 35; 49 gezogen.
h) Die Mittagstemperatur beträgt heute 21,5 °C.
i) Eine Münze fällt fünfmal nacheinander auf ‚Wappen'.
j) Ein Würfel zeigt fünfundzwanzigmal nacheinander die ‚Sechs'.

2. Nenne Beispiele für Vorgänge, die vom Zufall abhängen. Und Gegenbeispiele.

3. Eine Münze wird dreimal geworfen. Die Ergebnisse bei einem Wurf sind ‚Wappen' und ‚Zahl' (W bzw. Z). Ergänze den Baum (Zeichnung 3).

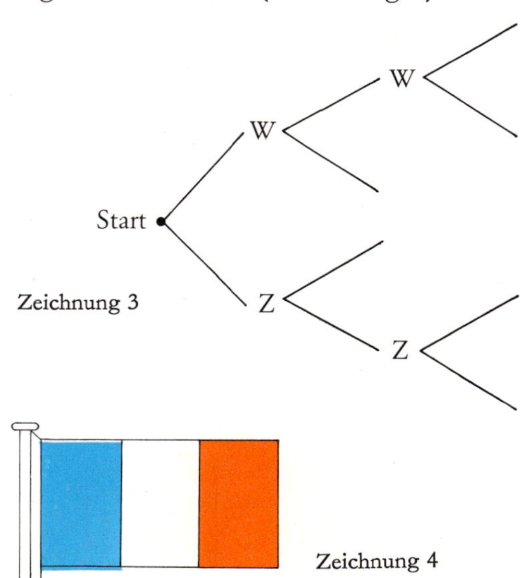

Zeichnung 3

Zeichnung 4

4. Die französische Trikolore zeigt die Farben Blau-Weiß-Rot.
Entwirf alle möglichen Trikoloren mit diesen drei Farben. Ein Baum kann dir dabei helfen.

5. Wie viele verschiedene ‚Worte' lassen sich aus den Buchstaben T und R und O ‚basteln'? Jeder Buchstabe soll in einem Wort nur einmal vorkommen. Entscheide mit Hilfe eines Baumes.

6. a) Würfele mit zwei verschiedenen Würfeln, z. B. einem roten und einem grünen. Schreibe deine Ergebnisse auf.
b) Welche Ergebnisse sind überhaupt möglich? Wie viele sind es? Schreibe alle auf.
c) Zeichne einen Baum.

7. Wie werden die Lottozahlen gezogen? Welche Ergebnisse sind möglich? Sind sie vom Zufall abhängig oder nicht?

Foto 1

8. a) Wie viele verschiedene Zweier-Türme aus LEGO-Bausteinen (rot und weiß und schwarz) kannst du bauen?
b) Wie viele verschiedene Dreier-Türme sind möglich, wenn du rote und weiße und schwarze Steine benutzt?
c) Wie viele verschiedene Vierer-Türme erhältst du, wenn du nur rote und weiße Steine nimmst.

Zeichne jeweils einen Baum.

9. Baue dir aus Pappe einen ‚Spielwürfel' mit vier gleichen dreieckigen Begrenzungsflächen. Schreibe auf die Flächen die Zahlen 1; 2; 3; 4.

Zeichnung 5

a) Würfele 100 mal.
b) Notiere alle Ergebnisse.
c) Zeichne ein Balkendiagramm.
d) Berechne den Durchschnittswert.

5. Rot — grün — blau

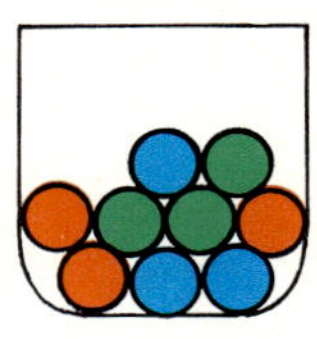
Zeichnung 1

1. Aufgabe

In einem Kasten liegen neun Bälle: drei rote, drei grüne und drei blaue. Ohne hineinzusehen holt Mirjam einen Ball heraus, dann einen zweiten und dann noch einen dritten.

a) Welche Farben können die drei Bälle haben?
b) Kann Mirjam zwei rote Bälle kriegen? Wie geht das?
c) Kann Mirjam zwei blaue Bälle nacheinander herausholen?

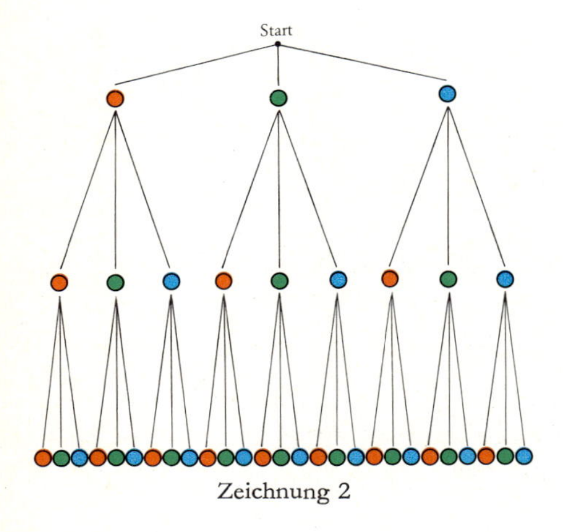

Zeichnung 2

Lösung

Die drei Fragen kannst du leicht mit Hilfe eines Baums beantworten (Zeichnung 2).

(1) Beim ersten Mal holt Mirjam einen roten oder einen grünen oder einen blauen Ball aus dem Kasten.

(2) Beim zweiten Mal zieht Mirjam wieder einen roten oder einen grünen oder einen blauen Ball.
Sie hat jetzt zwei Bälle mit den Farben:
rot und rot oder rot und grün oder rot und blau oder
grün und rot oder grün und grün oder grün und blau oder
blau und rot oder blau und grün oder blau und blau

(3) Beim dritten Mal bekommt Mirjam noch einmal einen roten oder einen grünen oder einen blauen Ball.

Wie Mirjams Bälle aussehen können, läßt sich also am Baum ablesen. Beantworte jetzt die drei Fragen der 1. Aufgabe.

2. Aufgabe

In Mirjams Kasten liegen jetzt nur drei Bälle: ein roter, ein grüner und ein blauer. Mirjam holt sie nacheinander heraus und schreibt jedesmal die Farbe auf.
Zeichne einen Baum.

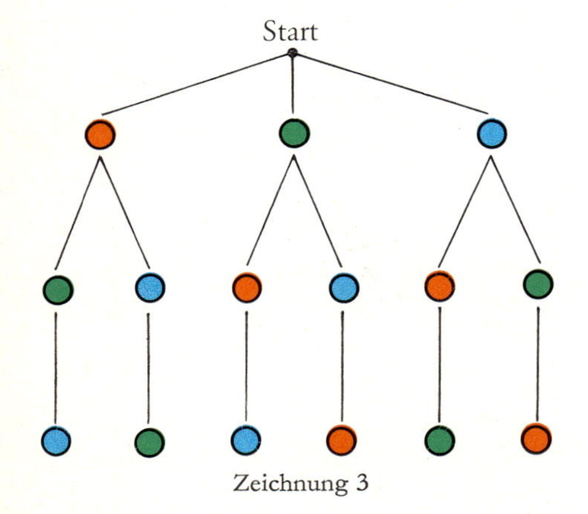

Zeichnung 3

Gespräch

Ulrike: „Das geht doch ganz einfach. Der sieht doch genauso aus wie eben. Wir brauchen doch nur oben abzumalen."

Andrea: „Quatsch! Das geht sogar noch viel einfacher. Wenn Mirjam einen Ball herausgeholt hat, sind doch nur zwei Bälle im Kasten. Es gibt dann nur noch zwei Möglichkeiten. Und nach dem zweiten Mal sogar nur noch eine."

Auftrag

Wer von den beiden hat recht?
Vergleiche die Bäume in Zeichnung 2 und Zeichnung 3 miteinander. Wodurch unterscheiden sie sich? Was haben sie gemeinsam?

Übungen

1. Tim und Maja spielen mit einem ‚Dreifarbenwürfel' mit zwei roten, zwei gelben und zwei blauen Flächen. Jeder darf zweimal nacheinander würfeln.

Zeichnung 4

Welche Ergebnisse können dabei vorkommen? Zeichne einen Baum.

2. Bilde alle dreistelligen Zahlen, die nur die Ziffern 6 oder 7 oder 8 enthalten.
a) Jede Ziffer darf höchstens einmal vorkommen.
b) Jede Ziffer darf mehrmals vorkommen.
Zeichne den zugehörigen Baum.

3. Carsten würfelt: zuerst eine ‚4', dann eine ‚2'. Das ‚Ergebnis' schreibt er so auf: 4–2.
a) Schreibe alle möglichen Ergebnisse auf, wenn zweimal nacheinander mit einem gewöhnlichen Spielwürfel geworfen wird.
b) Schreibe alle möglichen Ergebnisse auf, wenn dreimal nacheinander mit einem ‚viereckigen' Würfel geworfen wird. Einen solchen Würfel siehst du auf S. 115.

4. Im **Morsealphabet** werden alle Buchstaben nur mit Punkten und mit Strichen geschrieben.
a) Welche ‚Punkt-Strich-Buchstaben' kannst du bilden, wenn jeder Buchstabe aus vier Zeichen bestehen soll (‚Punkt' oder ‚Strich')? Schreibe alle auf. Wie viele Buchstaben sind das?
b) Wie sieht das Morsealphabet aus? Vergleiche es mit deinen Punkt-Strich-Buchstaben.

5. a) Welche Ergebnisse gibt es, wenn zugleich mit einer Münze (‚Wappen' oder ‚Zahl') und mit einem Spielwürfel geworfen wird?
b) Zeichne einen Baum. Es gibt zwei Möglichkeiten.

6. In einem Kasten liegen vier Karten mit den Buchstaben E und F und I und R.

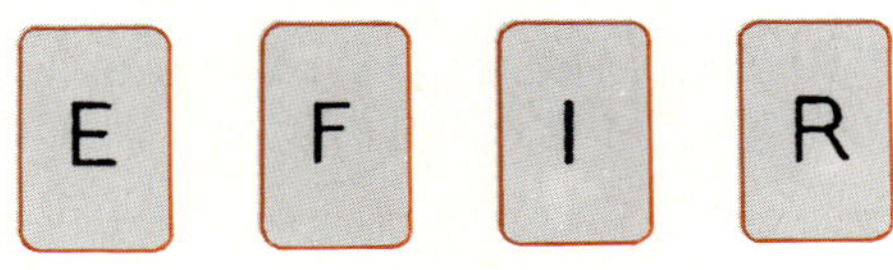

Zeichnung 5

Wie viele sinnvolle oder sinnlose ‚Worte' kannst du mit diesen vier Karten legen? Zeichne einen Baum.

7. a) Ziehe ohne hinzuschauen aus dem linken Kasten einen Ball, notiere seine Farbe und lege ihn in den rechten Kasten. Hole dann aus dem rechten Kasten einen Ball, notiere die Farbe und lege ihn in den linken Kasten. Welche Ergebnisse sind möglich?

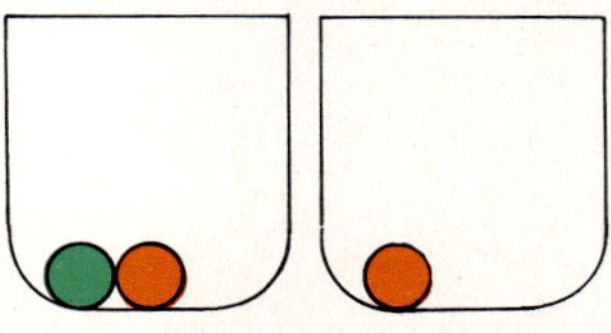

Zeichnung 6

8. In einem Kasten liegen drei Karten mit Buchstaben.

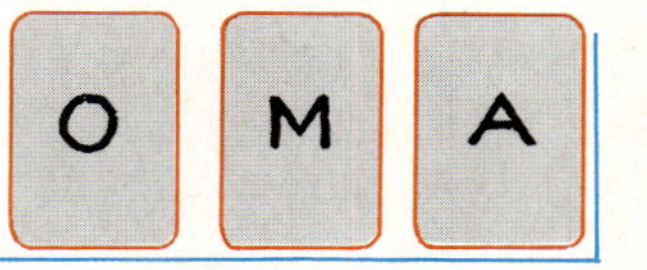

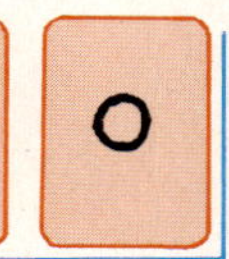

Zeichnung 7

a) Lege alle möglichen ‚Worte' mit den Buchstabenkarten des linken (des rechten) Kasten. Welche Worte entstehen dabei? Wie viele?
b) Notiere nach jeder Ziehung den Buchstaben, der auf der Karte steht. Lege dann die Karte in den selben Kasten zurück. Welche und wie viele ‚Worte' aus drei Buchstaben kannst du jetzt legen?

9. Dies ist ein Ausschnitt aus dem Stadtplan von Mannheim: statt der Straßen sind hier die Häuserblocks gekennzeichnet: Q2, Q3, . . . (Zeichnung 8).

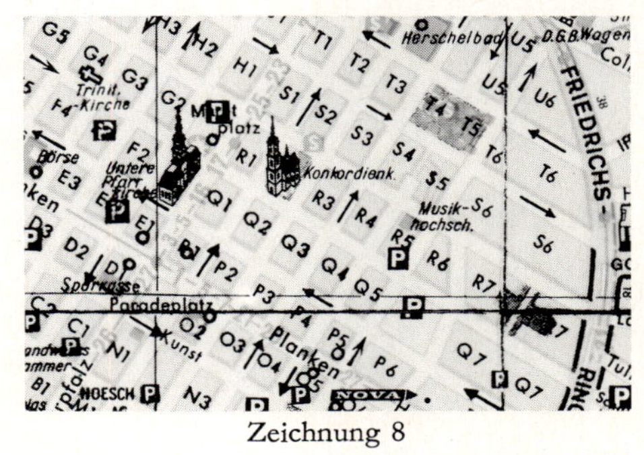

Zeichnung 8

a) Zeichne einen Teil des Planes ab. Trage in deinen Plan drei ‚kürzeste' Wege vom linken Eingang in Q 2 zum rechten Eingang in T 3 ein. Warum sind diese Wege gleich kurz?
b) Wie viele solcher Wege gibt es? Schreibe alle auf: Notiere an jeder Ecke, ob du ‚links' oder ob du ‚rechts' am nächsten Häuserblock vorbeigehen willst.

Anleitung: Zeichne einen Baum mit ‚l' und ‚r'.

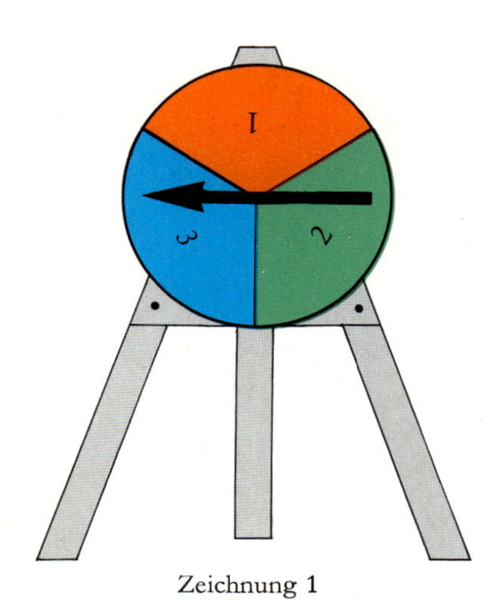

Zeichnung 1

6. Glücksräder

Schulfest

Die Klasse 5a hat für das Schulfest ein großes Glücksrad aufgebaut (Zeichnung 1). Für 1 DM Einsatz darf der große Zeiger dreimal gedreht werden. Bleibt der Zeiger jedesmal auf demselben Feld stehen, erhält man einen Hauptgewinn. Einen Trostpreis gibt es, wenn der Zeiger zweimal nacheinander auf dasselbe Feld kommt.

▶ Wie viele Gewinnmöglichkeiten gibt es?

Fragen

1. Bei welchen Zeigerständen gibt es einen Hauptgewinn? Wie viele sind das?
2. Bei welchen Zeigerständen gewinnt man einen Trostpreis? Wie viele sind das?
3. Welche und wie viele Möglichkeiten gibt es überhaupt?

Verschiedene Antworten

Adrian: „Es gibt 9 Gewinnmöglichkeiten. Wenn der Zeiger zweimal auf der ‚1‘ stehen geblieben ist, kann er beim dritten Mal auf ‚1‘ oder ‚2‘ oder ‚3‘ kommen. Man gewinnt auf jeden Fall — und das gibt schon mal drei Möglichkeiten. Genauso ist es aber, wenn er zweimal auf ‚2‘ oder zweimal auf ‚3‘ kommt.“

Knut: „Es gibt 18 Gewinnmöglichkeiten. Adrian hat zwar recht — aber es ist doch egal, ob erst zweimal die ‚1‘ kommt und dann eine dritte Zahl, oder ob die ‚1‘ zum Schluß zweimal kommt. Also muß man Adrians Ergebnis noch mit 2 multiplizieren.“

Markus: „Ich glaub’ doch, daß es nur 9 Gewinnmöglichkeiten sind. Wenn der Zeiger dreimal auf der ‚1‘ oder der ‚2‘ oder der ‚3‘ bleibt, gibt’s einen Hauptgewinn. Das sind drei Möglichkeiten. Wenn er nur zweimal auf diese Zahlen kommt, gibt’s einen Trostpreis. Das kann gleich am Anfang passieren oder erst am Schluß. Also gibt’s noch sechs weitere Möglichkeiten. Zusammen sind das neun.“

Anja: „Ich bin für 15 Gewinnmöglichkeiten. Knut und Markus haben zwar beide recht. Aber Markus hat vergessen, daß es bei einem Trostpreis ja egal ist, ob nach zweimal ‚1‘ eine ‚2‘ oder eine ‚3‘ kommt. Also gibt es sechs Gewinne mehr. Und Knut hat die drei Hauptgewinne ja doppelt gezählt. Die muß er einmal wieder abziehen.“

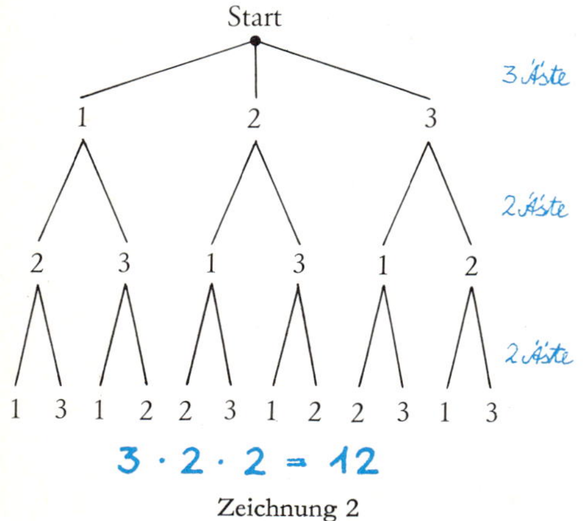

Zeichnung 2

Aufträge

1. Zeichne zu jeder der drei Fragen einen Baum. Überlege dir bei jeder ‚Verzweigung‘ im Baum, wie viele Möglichkeiten (‚Äste‘) es an dieser Stelle noch gibt.
2. Zeichne auch einen Baum für die Zeigerstände, bei denen man nicht gewinnt.
3. Versuche, die Anzahl der Möglichkeiten zu berechnen, indem du im Baum die Anzahlen der möglichen Äste bei jedem Teilergebnis multiplizierst (Zeichnung 2).

Übungen

1. a) Paulchen besitzt 3 Hosen und 2 Jacken.
Wie viele verschiedene Anzüge kann er daraus machen? Schreibe alle Möglichkeiten auf.
b) Paulchen besitzt außerdem 3 Hemden.
Wie viele verschiedene ‚Anzüge‘ aus Hemd und Jacke und Hose hat er? Zeichne einen Baum.
Wie kannst du die Anzahl der Anzüge berechnen?

2. Zu einer Kleinfeldfußballmannschaft gehören 7 Spieler. Vor einem Spiel stellen sie sich in einer Reihe nebeneinander auf. Wie viele verschiedene Möglichkeiten gibt es dazu?

3. Wie viele zehnstellige Zahlen kannst du aus den zehn Ziffern 0, 1, 2, 3, 4, 5, 6, 7, 8, 9 bilden? Jede Ziffer soll in jeder Zahl nur einmal vorkommen.

4. a) Wie viele verschiedene Tipreihen gibt es beim Toto (11er-Wette)?
b) Wie viele möglichen Zahlen gibt es beim Spiel 77?

5. Der Zeiger des Glücksrads (Zeichnung 3) wird dreimal gedreht.
a) Welche Ergebnisse sind möglich?
b) Wie viele Ergebnisse sind möglich?

Zeichnung 3

6. Neben dem Ortskennzeichen enthalten Kfz-Schilder häufig
a) zwei Buchstaben und drei Ziffern,
b) einen Buchstaben und vier Ziffern.

Wie viele Kfz-Nummern lassen sich auf diese Weise bilden?

FL-CY 129 S-C 2311

7. Das Glücksrad (Zeichnung 4) wird viermal gedreht. Zeichne einen Baum.
a) Auf wie viele Arten kann das Spiel ausgehen?
b) Wie oft erscheint dabei zuerst ‚rot‘?
c) Wie oft erscheint dabei zuletzt ‚grün‘?
d) Wie oft erscheint zuerst ‚rot‘ und zuletzt ‚grün‘?
e) Wie oft erscheint zuerst ‚grün‘ und zuletzt ‚rot‘?
f) Wie oft erscheint ‚rot‘ überhaupt nicht?

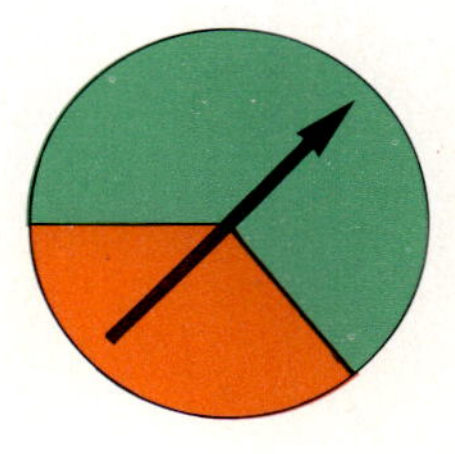

Zeichnung 4

8. Ein Glücksrad mit vier gleich großen Feldern (‚rot‘ und ‚blau‘ und ‚gelb‘ und ‚schwarz‘) darf dreimal gedreht werden. Man gewinnt, wenn der Zeiger jedesmal auf demselben Feld stehen bleibt.
Wie viele Möglichkeiten gibt es dazu?

Flohmarkt

Frösche können springen, von einem Feld ins Nachbarfeld, hin oder zurück. Sie können auch über einen Frosch hinwegspringen, in ein freies Feld hinein. Wie viele Sprünge sind mindestens notwendig, bis die blauen Frösche ihre Plätze mit den roten Fröschen gewechselt haben?

1. Außenherum

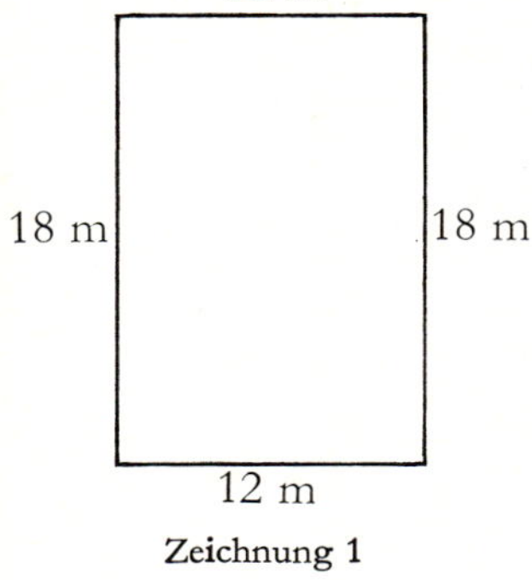

Zeichnung 1

Das Hotel ‚Halber Mond' wird renoviert. Die Decke des Konferenzzimmers soll mit einer Zierleiste eingefaßt werden. Der Raum ist 19 m lang und 12 m breit.

▶ Wieviel Meter Leisten sind dazu erforderlich?

Lösung

Am besten machst du dir eine Zeichnung. Die Decke ist ein Rechteck (Zeichnung 1); seine Seiten haben die Längen 19 m, 12 m, 19 m und 12 m. Die Länge der benötigten Leisten kann man berechnen, indem man die Längen dieser vier Strecken addiert

$$19\text{ m} + 12\text{ m} + 19\text{ m} + 12\text{ m} = 2 \cdot 19\text{ m} + 2 \cdot 12\text{ m} = 62\text{ m}$$

Antwort: Es werden 62 m Leisten benötigt.
Man sagt auch: Die Decke hat einen **Umfang** von 62 m.

1. Aufgabe

Berechne den Umfang folgender Rechtecke:

Länge	53 m	48 m	50 m	18 m	25 m	19 m	31 m
Breite	14 m	16 m	13 m	38 m	24 m	19 m	37 m

Welches Rechteck hat den größten, welches den kleinsten Umfang?

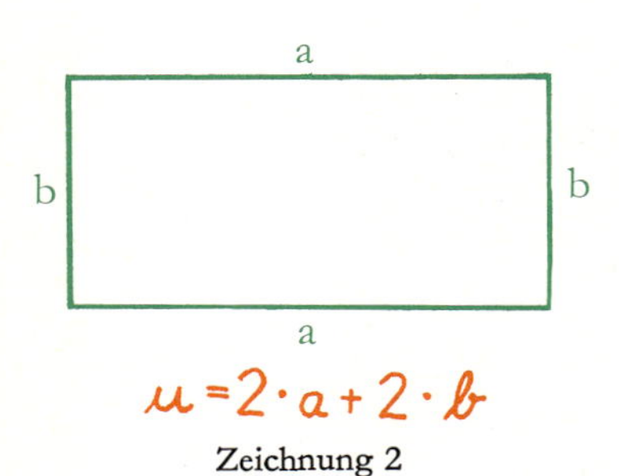

Zeichnung 2

Umfang eines Rechteckes: 2 · Länge + 2 · Breite

Ist das Rechteck ein Quadrat, dann sind alle 4 Seiten gleich lang.

Umfang eines Quadrates: 4 · Seitenlänge

2. Aufgabe

a) Welchen Umfang haben die Rechtecke?

a = 30 m	a = 5 cm	a = 12 m	a = 30 mm
b = 20 m	b = 18 cm	b = 16 m	b = 30 mm

b) Ein Rechteck hat 20 cm Umfang. Wie lang und wie breit kann das Rechteck sein? Gib 5 Möglichkeiten an und zeichne sie.

c) Welchen Umfang haben die Rechtecke in Zeichnung 2 und Zeichnung 3?

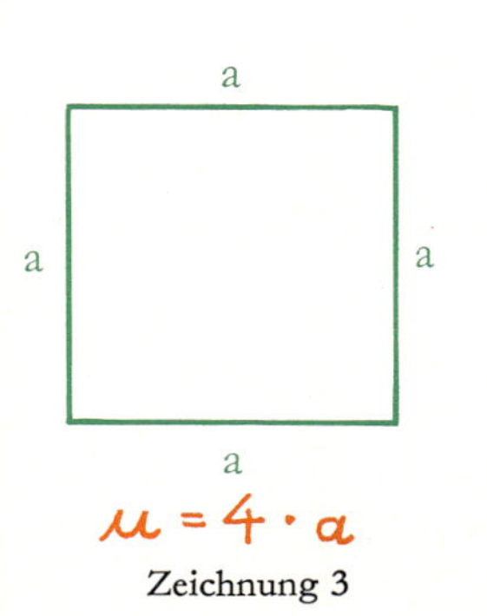

Zeichnung 3

3. Aufgabe

Ein Quader hat die Kantenlängen 6 cm, 4 cm und 3 cm.
Wie lang sind alle seine Kanten zusammen?

Übungen

1. Berechne den Umfang der Rechtecke.

a) a = 12 m, b = 48 m b) a = 17 cm, b = 33 cm c) a = 11 dm, b = 10 cm
d) a = 25 m, b = 70 m e) a = 18 mm, b = 3 mm f) a = 514 cm, b = 243 cm

2. Vervollständige die Tabelle.

Länge a	40 m	33 mm	50 cm		25 m
Breite b	20 m			22 cm	
Umfang u		100 mm	180 cm	152 cm	100 m

3. Ein Rechteck ist 10 m lang und 8 m breit.
Wie groß wird der Umfang, wenn

a) die Länge erhalten bleibt und die Breite halbiert wird,
b) die Länge verdoppelt wird und die Breite erhalten bleibt,
c) die Seitenlängen verdoppelt werden,
d) die Länge halbiert und die Breite verdoppelt wird.

4. Sybilles Vater will das Wohnzimmer mit einer neuen Sockelleiste versehen. Die Grundfläche des Wohnzimmers ist ein Rechteck, das 3,80 m breit und 7,40 m lang ist. Die Tür ist 80 cm breit.
Wieviel Meter Sockelleiste braucht Sybilles Vater?

5. Peter wünscht sich ein Bücherregal. Beim Holzhändler läßt er sich aus einer großen kunststoffbeschichteten Spanplatte 8 Regalbretter zuschneiden. Jedes Brett ist 58 cm lang und 22 cm breit. Die Kanten der Bretter sollen ringsum mit weißem Umleimerband versehen werden.

a) Wieviel Meter Umleimerband braucht Peter?
b) Auf einer Rolle sind 5 m Band. Die Rolle kostet 2,30 DM. Wieviel DM muß Peter bezahlen?

6. a) Der Umfang eines Quadrates beträgt 20 cm. Wie lang ist die Quadratseite? Zeichne.
b) Der Umfang eines Rechtecks beträgt 20 cm. Wie lang sind die Rechteckseiten? Zeichne.

7. Zeichne ein Rechteck.

a) Zeichne dann ein Rechteck mit halbem Umfang, das ganz in das erste Rechteck paßt.
b) Zeichne nun ein drittes Rechteck, dessen Umfang ebenfalls nur halb so groß wie der Umfang des ersten Rechtecks ist. Dieses dritte Rechteck soll aber nicht mehr in das erste Rechteck passen.

8. Martin will im Garten einen kleinen Zierteich mit Goldfischen einrichten. Der Teich soll quadratisch werden. Die Seiten will er 1,40 m lang machen. Außerdem soll der Rand mit Waschbetonplatten eingefaßt werden.

a) Welchen Umfang hat der Teich?
b) Wieviel Waschbetonplatten sind notwendig, wenn eine Platte 30 cm lang und 10 cm breit ist?
c) Wie lang ist der äußere Rand der Einfassung?

9. Eine Schonung mit jungen Baumpflänzchen soll vor Wildfraß geschützt und mit einem Zaun umgeben werden. Das rechteckige Gebiet ist 480 m lang und 275 m breit.
Auf einer Rolle sind 25 m Drahtzaun. Wie viele Rollen sind zum Einzäunen des Geländes erforderlich?

10. Bestimme den Umfang der blauen, der roten und der grünen Fläche.

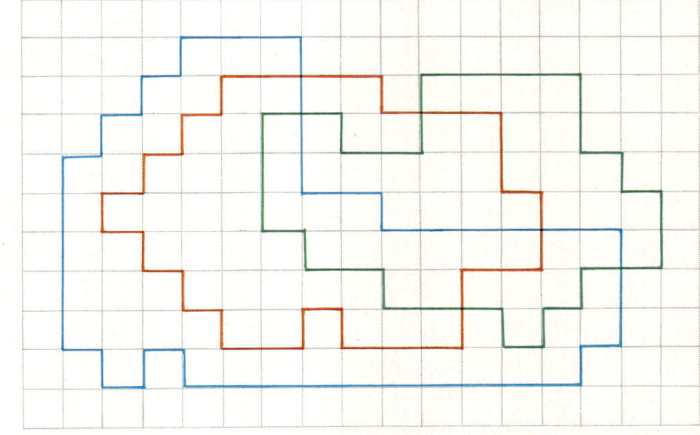

Zeichnung 4

11. Miß und berechne den Umfang.

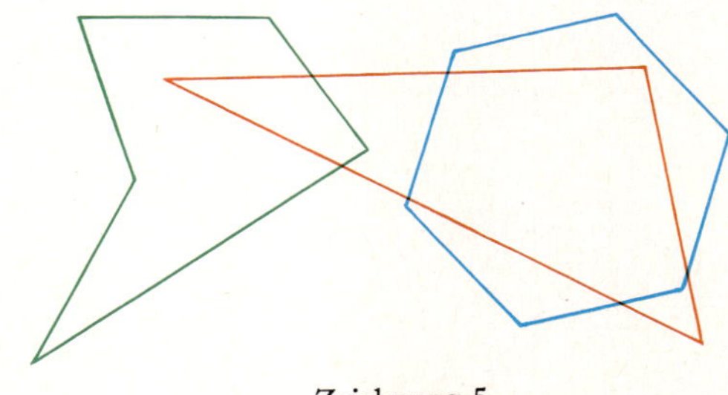

Zeichnung 5

2. Wieviel . . .?

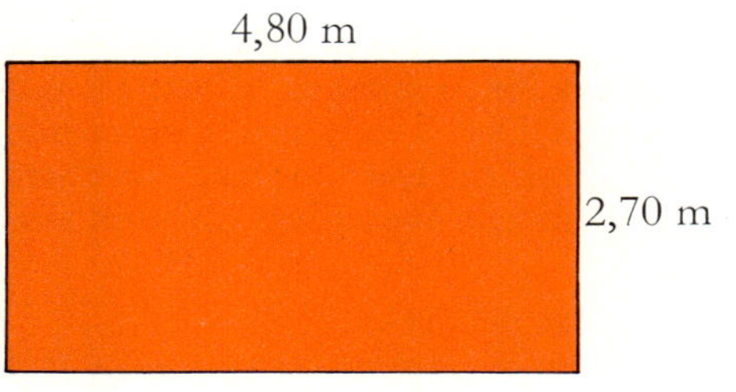

Zeichnung 1

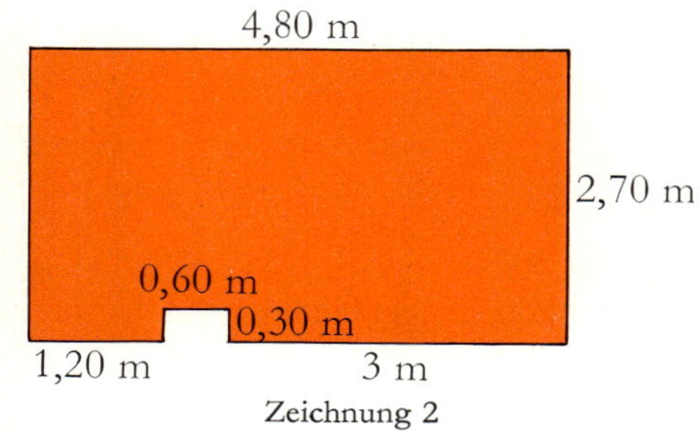

Zeichnung 2

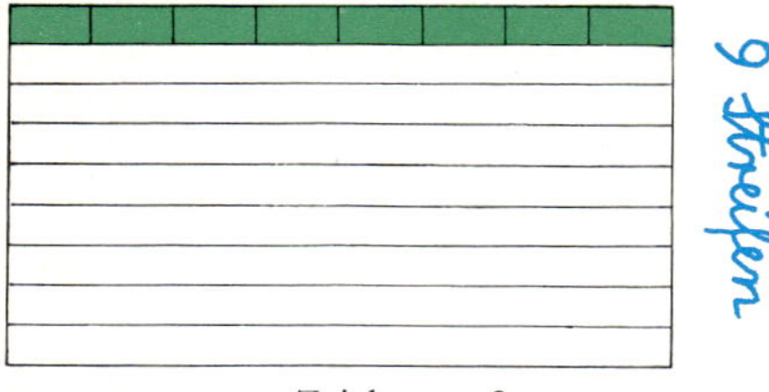

Zeichnung 3

Aufgaben

1. Martina und Christian dürfen in ihren beiden Zimmern die Decke mit Korkplatten verkleiden. Beide Zimmer haben die gleichen Maße: sie sind 4,80 m lang und 2,70 m breit. In Christians Zimmer befindet sich allerdings noch ein Kamin, der 60 cm breit und 30 cm tief ist (Zeichnungen 1 und 2). Jede Korkplatte ist 60 cm lang und 30 cm breit.

   a) Wie viele Korkplatten benötigt Martina, wie viele Christian?
   b) Wieviel Meter Leisten benötigt Martina, wieviel Christian?

2. Familie Göttlicher hat die Einfahrt zur Garage mit neuem Verbundpflaster belegen lassen. Viele der alten Platten sind beim Herausreißen zu Bruch gegangen. Aber 144 Platten sind heil geblieben. Mit diesen Platten soll der Gartenpfad befestigt werden. Die Platten sind quadratisch, ihre Seiten sind 30 cm lang.

   a) Der Pfad soll 60 cm breit sein. Wie lang wird der Plattenweg?
   b) Wie lang wird der befestigte Pfad, wenn drei Platten nebeneinander liegen sollen?

Lösungen

1. a) Um die Zimmerlänge von 4,80 m zu erreichen, muß Martina 8 Korkplatten hintereinander legen (Zeichnung 3). Sie erhält so einen Streifen, der 4,80 m lang und 30 cm breit ist. Weil ihr Zimmer 2,70 m breit ist, braucht sie 9 solcher Streifen. Sie benötigt

   9 Streifen mit je 8 Korkplatten
   also 9 mal 8 Korkplatten = 72 Korkplatten

   Wegen des Kamins braucht Christian eine Platte weniger.

   Antwort: Martina benötigt 72 Korkplatten, Christian 71 Platten.

   b) Martinas Rechnung:
   $2 \cdot 4{,}80\ \text{m} + 2 \cdot 2{,}70\ \text{m} = 15\ \text{m}$

   Christians Rechnung:
   $4{,}80\ \text{m} + 2{,}70\ \text{m} + 1{,}20\ \text{m} + 0{,}30\ \text{m} + 0{,}60\ \text{m} + 0{,}30\ \text{m} + 3{,}00\ \text{m} + 2{,}70\ \text{m} = 15{,}60\ \text{m}$
   oder einfacher: $2 \cdot 4{,}80\ \text{m} + 2 \cdot 2{,}70\ \text{m} + 2 \cdot 0{,}30\ \text{m} = 15{,}60\ \text{m}$

   Antwort: Martina benötigt 15 m, Christian 15,60 m Leisten.

   Christian braucht also weniger Korkplatten als Martina, aber mehr Leisten als sie. Die Deckenfläche in Christians Zimmer ist kleiner als in Martinas Zimmer. Der Umfang der Zimmerdecke in Christians Zimmer ist dagegen größer als in Martinas Zimmer.

2. a) Für einen 60 cm breiten Pfad muß man 2 Platten nebeneinander legen. Somit hat man in jeder Reihe 72 Platten. Eine Reihe ist also $72 \cdot 30\ \text{cm} = 21{,}60\ \text{m}$ lang.

   Antwort: Der befestigte Gartenpfad hat 21,60 m Länge.

   b) Für jede Reihe hat man 48 Platten zur Verfügung. Die Länge ist dann $48 \cdot 30\ \text{cm} = 14{,}40\ \text{m}$.

   Antwort: Der befestigte Gartenpfad hat 14,40 m Länge.

Übungen

1. Schneide dir aus Pappe 12 Rechtecke, die jeweils 2 cm lang und 1 cm breit sind.

a) Welche Rechtecke kann man damit legen? Gib deren Länge und Breite an.
b) Berechne den Umfang der Rechtecke.

2. Nimm eine Kordel (etwa 60 cm lang) und knote sie einmal zusammen (Zeichnung 4). Die Schlinge soll 48 cm lang sein.

Zeichnung 4

Welche Rechteckflächen kann man mit der Kordel umgeben? Verwende Karopapier und zähle. Aus wie vielen Karos bestehen die Flächen jeweils?

3. Zeichne 5 verschiedene Flächen, die man jeweils mit 10 Karos auslegen kann.
Bestimme jedes Mal auch den Umfang.

4. Ein rechteckiger Platz soll mit Platten ausgelegt werden. Der Platz ist 22 m lang und 16 m breit. Die Platten sind rechteckig und haben die Seitenlängen 80 cm und 40 cm.
Wie viele Platten sind erforderlich?

5. Ein Klassenzimmer ist 18 m lang und 12 m breit. Es soll mit PVC-Bodenplatten ausgelegt werden. Die Platten sind Quadrate, deren Seiten 40 cm lang sind.
Wie viele Platten sind erforderlich?

6. Lege mit 20 Streichhölzern verschiedene rechteckige Flächen.
Aus wie vielen ‚Streichholzquadraten' bestehen deine Flächen?

7. Familie Koch hat einen Restposten von 650 Fliesen für die Toilette erhalten. Die Toilette ist 2,40 m lang und 1,80 m breit. Sie hat Innenbelüftung und keine Fenster. Die Tür ist 2 m hoch und 60 cm breit. Die Fliesen sind Quadrate mit 15 cm Seitenlänge.

Wie hoch können die Wände mit Fliesen verkleidet werden?

8. Pause die Rechtecke auf Karopapier ab und zähle die Karos aus.

Bestimme auch den Umfang der Rechtecke.

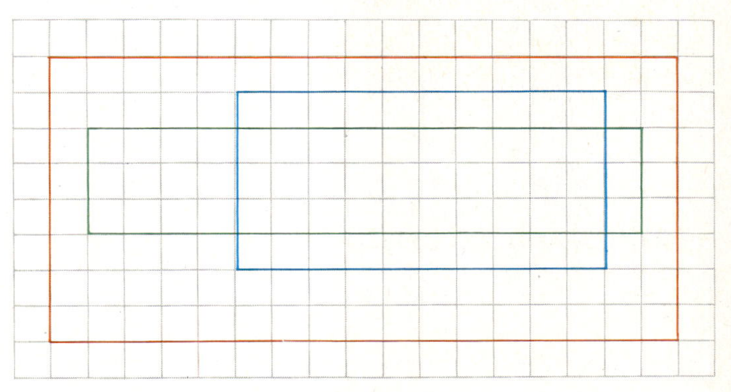

Zeichnung 5

9. Familie Meyer will den Fußboden in der Küche erneuern und kauft in einem Baumarkt rechteckige Keramikfliesen. Jede Fliese ist 18 cm lang und 9 cm breit. Die Fliesen sind in Kartons von je 100 Fliesen verpackt. Sie werden nur kartonweise verkauft.
Die Küche ist 4,10 m lang und 3,20 m breit.

Wie viele Kartons muß Familie Meyer kaufen?

10. Ein Quadrat besteht aus 121 Karos. Wie viele Karos liegen in einer Reihe?

Flohmarkt

Addiere:

a) 9 135 802 469 136 + 1 975 308 641 975

b) 135 802 469 136 + 197 530 864 197

c) 35 802 469 136 + 19 753 086 419

d) 5 802 469 136 + 1 975 308 641

Was fällt dir bei den Ergebnissen auf?
Wie geht eine Aufgabe aus der vorherigen hervor?
Bilde weitere solche Aufgaben.

3. Innendrin

Peter kauft mit seinem Vater Farbe ein. Sie wollen zusammen den Garagenboden mit Zementfarbe streichen. Nachdem sie im Geschäft eine schöne Farbe ausgesucht haben, fragt der Verkäufer sie, ob sie eine große oder eine kleine Dose haben möchten.
Die kleine Dose reicht für eine Fläche von 14 m², die große für 22 m².

▶ Was bedeuten die Angaben 14 m² und 20 m²?

Zeichnung 1

Antwort

Beim Messen von Längen, Gewichten oder von Zeiten braucht man eine Maßeinheit. Will man messen, wie groß eine Fläche ist, das heißt welchen **Flächeninhalt** sie hat, so benötigt man ebenfalls eine Maßeinheit.
Die Maßeinheit für den Inhalt einer Fläche ist das **Quadratmeter**.

> Ein Quadrat mit der Seitenlänge 1 m hat den Flächeninhalt **1 Quadratmeter**, kurz: **1 m²**.

Die Angabe 14 m² auf der Farbdose bedeutet, daß die Farbe für eine Fläche ausreicht, die 14 mal so groß ist wie ein Quadrat mit der Seitenlänge 1 m, kurz: $14\ m^2 = 14 \cdot 1\ m^2$.
Peters Vater weiß, welche Abmessungen die Garage hat. Sie ist 6 m lang und 3 m breit. Sie nehmen daher die große Dose. Denn der Boden hat einen Flächeninhalt von 18 m², weil man ihn mit 6 mal 3 Quadraten der Seitenlänge 1 m auslegen kann (Zeichnung 1).

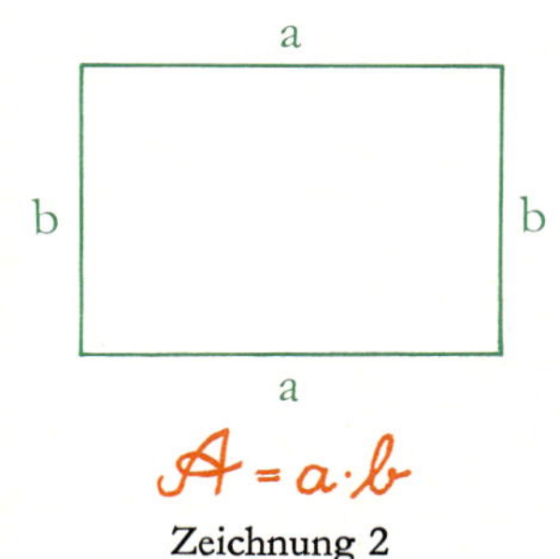

Zeichnung 2

1. Aufgabe

Mit wie vielen Quadraten der Seitenlänge 1 m kann man folgende Rechtecke auslegen? Gib jeweils den Flächeninhalt in m² an.

a) a = 10 m, b = 4 m b) a = 6 m, b = 5 m c) b = 20 m, a = 12 m d) a = 7 m, b = 7 m

> Der **Flächeninhalt eines Rechtecks**, das 6 m lang und 3 m breit ist, beträgt: $6 \cdot 3 \cdot 1\ m^2 = 18\ m^2$.

Das Rechteck besteht nämlich aus 6 Streifen mit je 3 Quadraten von 1 m² Flächeninhalt.

> Der **Flächeninhalt eines Quadrates** mit der Seitenlänge 7 m beträgt: $7 \cdot 7 \cdot 1\ m^2 = 49\ m^2$.

Begründe diesen letzten Satz.

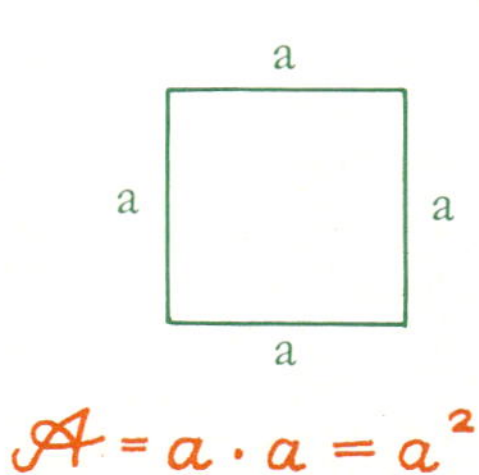

Zeichnung 3

2. Aufgabe

Berechne den Flächeninhalt folgender Quadrate.

a) a = 5 m b) a = 3 m c) a = 10 m d) a = 9 m

Übungen

1. Berechne den Flächeninhalt und den Umfang für die Rechtecke mit den Seitenlängen a und b.

a) a = 15 m, b = 7 m b) a = 60 m, b = 18 m c) a = 55 m, b = 32 m

2. Berechne den Flächeninhalt und den Umfang der Quadrate.

a) a = 18 m b) a = 35 m c) a = 24 m

3. Ein Rechteck hat einen Flächeninhalt von 30 m². Es ist 6 m lang. Wie breit ist es?

4. Ein quadratischer Löschteich hat eine Fläche von 196 m² Inhalt. Wie groß ist die Seitenlänge? Wie lang ist sein Ufer?

5. Berechne den Flächeninhalt eines Fußballfeldes, das 110 m lang und 60 m breit ist.
Gib auch den Umfang an.

6. Peter sieht, wie Herr Schiller zum Einzäunen seines Schrebergartens 78 m Maschendraht kauft.
Peter überlegt, welchen Flächeninhalt der Schrebergarten hat.

7. Ein Schwimmbecken ist 30 m lang, 15 m breit und 2 m tief. Es soll einen neuen Anstrich erhalten. Der Preis für den Anstrich beträgt einschließlich Farbe 12,80 DM je Quadratmeter.
Was kostet der Anstrich?

8. Ein Rechteck ist 10 m lang und 8 m breit.
Wie groß wird sein Flächeninhalt, wenn

a) die Länge erhalten bleibt und die Breite halbiert wird,
b) die Länge verdoppelt wird und die Breite erhalten bleibt,
c) die Seitenlängen verdoppelt werden,
d) die Länge halbiert und die Breite verdoppelt wird?

9. Berechne den Flächeninhalt und den Umfang der Rasenfläche in Zeichnung 4.

20 m
6 m
12 m
16 m
10 m
32 m

Zeichnung 4

10. Frau Meiner hat Dünger gekauft. Die Packung reicht für 40 m². Sie will damit 8 Beete düngen. Jedes Beet ist 1 m breit und 5,5 m lang.

11. Außer dem Quadratmeter gibt es noch andere Maße für den Flächeninhalt. Ein Quadrat mit der Seitenlänge 1 cm hat einen Flächeninhalt von 1 cm² **(Quadratzentimeter)**. Stelle aus Pappe solche Quadrate her. Zeichne Rechtecke, die

a) 5 cm² b) 12 cm² c) 18 cm² d) 16 cm²

Flächeninhalt haben.

12. Familie Heil will ein Grundstück zum Bau eines Einfamilienhauses kaufen. Ihr wird ein rechteckiges Grundstück angeboten, das 32 m lang und 17 m breit ist.
Der Preis pro Quadratmeter beträgt 58 DM.
Was kostet das Grundstück?

13. a) Ein Quadrat hat einen Umfang von 32 m. Welchen Inhalt hat das Quadrat?
b) Ein Quadrat hat einen Inhalt von 49 cm². Welchen Umfang hat das Quadrat?

Flohmarkt

Nimm Dosen, Bierdeckel, Tassen und Gläser.
Miß jeweils den Durchmesser.
Miß mit einer Schnur den Umfang.
Dividiere den Umfang durch den Durchmesser.
Was fällt dir auf?

4. Maße in Massen

Verschiedene Längenmaße

Die Entfernung zwischen München und Hamburg gibt man in Kilometer an. Die Länge eines Sportfeldes mißt man in Metern. Die Körpergröße mißt man in Zentimeter. Den Durchmesser einer Münze mißt man in Millimeter. Die Dicke eines Haares mißt man in Mikrometer. 1 Mikrometer (kurz: 1μ) ist der millionsteTeil eines Meters.
Je nach der Länge der Strecke, die gemessen werden soll, werden unterschiedlich große Maßeinheiten gewählt. Dadurch lassen sich allzu große Maßzahlen vermeiden.

Beispiel

Ist eine Strecke 100 cm lang, so kann man ihre Länge auch in der Maßeinheit 1 m angeben:

100 cm = 1 m

1. Aufgabe

Ergänze:

a) ______ m = 1 km   b) ______ mm = 1 cm   c) ______ μ = 1 mm
d) ______ cm = 1 km   e) ______ mm = 1 m   f) ______ cm = 1 km

Verschiedene Flächenmaße

Auch Flächeninhalte gibt man mit geeigneten Maßeinheiten an.
Den Fußboden eines Zimmers mißt man in **Quadratmeter** (kurz: m^2). Um den Flächeninhalt des Bodensees anzugeben, ist die Maßeinheit $1\ m^2$ ungünstig. Man wählt statt dessen ein Quadrat, dessen Seiten 1 Kilometer lang sind. Der Flächeninhalt eines solchen Quadrates beträgt **1 Quadratkilometer** (kurz: $1\ km^2$).

1 dm²

1 cm²

1 mm²

Zeichnung 1

Andere Flächenmaße sind:

1 Quadratzentimeter (kurz: $1\ cm^2$)   1 Ar (kurz: 1 a)
1 Quadratmillimeter (kurz: $1\ mm^2$)   1 Hektar (kurz: 1 ha)

2. Aufgabe

Welche Seitenlänge hat ein Quadrat mit dem Flächeninhalt:

a) $1\ cm^2$ b) $1\ mm^2$ c) $1\ m^2$ d) $1\ dm^2$ e) 1 a   f) 1 ha

Anleitung: Beachte Zeichnung 1 und Zeichnung 2.

$1\ cm^2 = 100\ mm^2$	$1\ dm^2 = 100\ cm^2$	$1\ m^2 = 100\ dm^2$
$1\ a = 100\ m^2$	$1\ ha = 100\ a$	$1\ km^2 = 100\ ha$

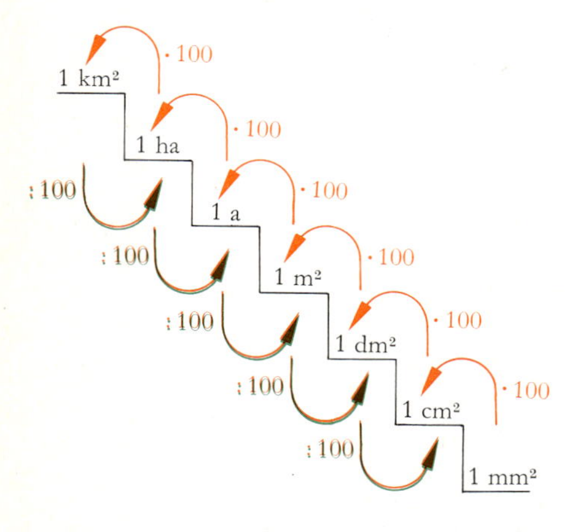

Zeichnung 2

Wieviel ist ein . . .?

Der Querschnitt eines Streichholzkopfes ist $1\ mm^2$ groß.
Ein Daumennagel ist etwa $1\ cm^2$ groß.
Ein Bett ist doppelt so groß wie $1\ m^2$.
Ein Klassenzimmer hat etwa den Flächeninhalt 1 a.
Ein Fußballstadion ist ungefähr so groß wie 1 ha.
Suche in deiner Umgebung etwas, das so groß ist wie $1\ km^2$.

Übungen

1. Schreibe mit der nächstkleineren Maßeinheit.

a) 17 ha b) 6 km² c) 67 cm² d) $\frac{1}{2}$ m²
e) 8 m² f) 4 a g) 712 dm² h) 91 m²

2. Schreibe mit der nächstgrößeren Maßeinheit.

a) 3400 m² b) 7000 cm² c) 84000 a
d) 26000 dm² e) 450 mm² f) 2100 ha
g) 14 000 m² h) 370 000 mm² i) 16 000 cm²

3. Schreibe mit der in Klammern angegebenen Maßeinheit.

a) 16 m² (mm²) b) 121 km² (ha)
c) 7 dm² (mm²) d) 3 cm² (mm²)
e) 50 000 m² (ha) f) 58 km² (a)
g) 115 000 a (km²) h) 930 a (m²)
i) 710 000 cm² (dm²) j) 10 000 a (ha)

4. Schreibe mit der kleinsten vorkommenden Einheit.

a) 17 m² 81 cm² b) 3 km² 4 ha 20 a
c) 5 ha 60 a 70 m² d) 30 m² 25 mm²
e) 210 m² 3 dm² f) 41 a 99 m² 4 cm²

5. Ein Rechteck ist 322 mm lang und 118 mm breit. Berechne seinen Flächeninhalt. Runde das Ergebnis auf cm².

6. Ein rechteckiger Acker ist 9 m breit und 110 m lang. Wieviel Ar hat der Acker?

7. Um ‚handliche' Maßzahlen zu haben, benutzt man geeignete Einheiten. In welchen Einheiten mißt man zweckmäßig folgende Flächen?

a) Pizza c) Wohnzimmer e) Waldgebiet
b) Wiese d) Landebahn f) Meeresfläche

8. Eine Versicherungsgesellschaft hat 6 Büroräume von je 12 m² Flächeninhalt gemietet. Die Räume liegen an einem Flur, der 2,5 m breit und 16 m lang ist. Außerdem gehört zu den Räumen noch ein rechteckiges Empfangszimmer mit den Abmessungen 4 m und 6 m. Der Mietpreis beträgt je Quadratmeter und Monat 9,60 DM.
Wie hoch ist die monatliche Miete?

9. Eine Obstplantage ist von Schädlingen befallen. Sie ist 6 ha groß. Pro Ar muß man 7 Liter Lösungsmittel spritzen. Für 1 Liter Wasser werden 2 g Gift benötigt.

10. Eine Ausstellungsfläche von 2 ha soll in Flächen gleicher Größe von 25 m² aufgeteilt werden. Ein Viertel der Gesamtfläche muß allerdings für Wege reserviert bleiben.

a) Wie viele Ausstellungsflächen können vermietet werden?
b) Der Mietpreis je Quadratmeter Ausstellungsfläche beträgt 240 DM.
Wie hoch sind die Mieteinnahmen?

11. Ein Neubaugebiet ist 15 ha groß. Für Straßen und Plätze werden 2800 a benötigt. Die Grundstücke sollen in Parzellen von 450 m² eingeteilt werden. Wie viele Bauplätze entstehen?

12. Aus einer Zeitungsanzeige:

> Schönes **Grundstück** mit Obstbäumen (Bauerwartungsland), 1226 qm, zu verkaufen, Tel. 21 77.

Wie groß ist das Grundstück? Um die Ausdehnung eines Grundstücks zu erfassen, stellt man es sich am besten rechteckig vor. Wie lang sind dann die Seiten?

13. Die Zahl der Bläschen in der Lunge eines erwachsenen Menschen ist so groß, daß die Lunge einen Oberflächeninhalt von 120 000 000 mm² hat.

a) Wie groß ist die Oberfläche der Lunge in Quadratmetern?
b) Wie lang ist etwa die Seite eines Quadrates mit demselben Flächeninhalt?

14. Wieviel mm² passen in 1 m²? Schätze erst und rechne dann.
Wieviel mm² passen in 1 km²?

15. Zeichne ein Quadrat. Zeichne dazu ein weiteres Quadrat, das halb so groß (doppelt so groß) ist.

16. Herr Stein will alle Fenster seiner Wohnung außen am Mauerwerk mit Dichtungsmasse abdichten. Zu seiner Wohnung gehören folgende Fenster:
Küche: 2 Fenster, 75 cm breit, 1 m hoch
Wohnzimmer: 1 Fenster, 180 cm breit, 110 cm hoch
2 Fenster, 90 cm breit, 1 m hoch
Schlafzimmer: 2 Fenster, 90 cm breit, 1 m hoch

a) Wieviel Meter müssen abgedichtet werden?
b) Eine Kartusche Dichtungsmasse reicht für ca. 20 m. Wieviel Kartuschen muß Herr Stein mindestens kaufen?

5. Lang und breit und hoch

Urlaubsattraktion

Das Sporthotel in Bad Grünhausen hat eine neue Attraktion: Ab nächsten Sonntag steht den Gästen ein Swimming-Pool kostenlos zur Verfügung. Das Schwimmbecken ist quaderförmig. Es hat eine Länge von 10 m und eine Breite von 8 m; die Tiefe beträgt 2 m.

Zeichnung 1

▶ Wieviel Wasser ist zum Füllen des Beckens erforderlich?

1 Kubikmeter (kurz: **1 m³**) Wasser paßt genau in einen Würfel mit 1 m Kantenlänge.

In Foto 1 siehst du einen solchen Würfel. Wir wollen wissen:
Wie viele dieser Würfel passen in das Becken hinein?

In der Länge kann man 10 Würfel nebeneinander legen, weil das Becken ja 10 m lang ist (Foto 2). Die 10 Würfel bilden eine Stange, die 10 m lang, 1 m breit und 1 m hoch ist. Weil das Becken 8 m breit ist, passen 8 solcher Stangen nebeneinander. Alle 8 Stangen bilden eine Schicht aus insgesamt 10 Würfeln · 8 = 80 Würfeln. Die Höhe dieser Schicht beträgt 1 m. Die Wassertiefe beträgt 2 m; also gibt es 2 Schichten. In 2 Schichten liegen insgesamt 80 Würfel · 2 = 160 Würfel.

Jeder Würfel faßt 1 m³ Wasser. Zum Füllen des Beckens sind daher insgesamt 160 · 1 m³ Wasser erforderlich.

Foto 1

Wir sagen:

Das **Volumen** des Schwimmbeckens beträgt 160 m³.

Oder auch:

Der **Rauminhalt** des Schwimmbeckens beträgt 160 m³.

Aufgaben

1. Wie viele Würfel der Kantenlänge 1 m passen in einen Quader mit den folgenden Abmessungen:

a)	b)	c)	d)
a = 15 m	a = 27 m	a = 11 m	a = 17 m
b = 8 m	b = 5 m	b = 4 m	b = 12 m
c = 3 m	c = 3 m	c = 4 m	c = 11 m

2. Gib mehrere unterschiedliche Quader an, die alle das Volumen 160 m³ haben.

3. Wie viele Würfel der Kantenlänge 1 cm passen in einen Würfel mit 3 m Kantenlänge?

Foto 2

Übungen

1. Ein Schwimmbecken ist 50 m lang, 16 m breit und 2 m tief.

a) Wieviel m^3 faßt das Becken?
b) Für 1 m^3 Wasser müssen 1,60 DM bezahlt werden. Was kostet es, das Becken zu füllen?

2. Berechne das Volumen der Quader.

Länge	18 m	20 m	15 m	31 m	57 m	86 m
Breite	6 m	5 m	15 m	13 m	10 m	56 m
Höhe	3 m	5 m	15 m	7 m	13 m	38 m

3. Aus 48 Würfeln der Kantenlänge 1 m kann man einen Quader legen, der 3 m hoch, 2 m breit und 8 m lang ist. Man kann aber auch noch Quader mit anderen Abmessungen aus den 48 Würfeln aufbauen. Welche?

4. Gib mögliche Abmessungen für Quader an, die ein Volumen von 600 m^3 haben.

5. Klinkersteine (Zeichnung 2) werden oft auf Paletten (Zeichnung 3) angeliefert, die man mit einem Gabelstapler leicht transportieren kann. Die Grundfläche einer solchen Palette ist quadratisch mit dem Flächeninhalt 1 m^2.
Die Palette ist 1,20 m hoch mit Klinkersteinen besetzt. Die Steine stehen nicht über. Wie viele Klinkersteine sind auf einer Palette?

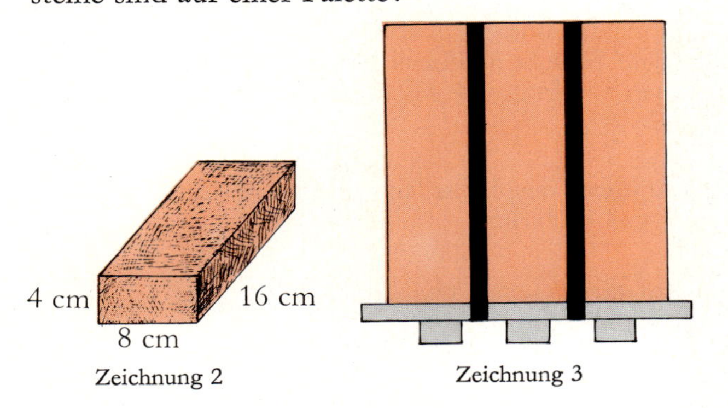

Zeichnung 2 Zeichnung 3

6. Fertigsuppen sind in Schachteln abgepackt, die 5 cm lang, 3 cm breit und 2 cm hoch sind. Die Suppen werden in Paketen ausgeliefert, die 50 cm lang, 24 cm breit und 20 cm hoch sind.
Wie viele Schachteln passen in ein Paket?

7. a) Ein Kasten ist 3 mal so lang, 3 mal so breit und 3 mal so hoch wie ein Kästchen.
Wie viele Kästchen passen in den Kasten?
b) Alle Kantenlängen eines Quaders werden halbiert. Wie verändert sich sein Volumen?

8. Das Fundament eines Fernsehturms hat 225 m^2 Grundfläche und reicht 15 m tief.
Wie viele Fuhren Fertigbeton sind zur Herstellung des Fundaments notwendig, wenn mit jeder Fuhre 4 m^3 Beton angeliefert werden können?

9. Ein Faustballfeld soll eine Rasendecke aus Fertigrasen erhalten. Zuvor muß 10 cm hoch mit Mutterboden aufgefüllt werden. Das Feld ist 50 m lang und 25 m breit.

a) Wieviel m^2 Fertigrasen werden benötigt?
b) Wieviel m^3 Mutterboden sind erforderlich?

10. Der Warenkatalog eines Versandhauses ist 30 cm hoch, 21 cm breit und 4,5 cm dick. Jeweils 90 Exemplare sollen in ein Paket gepackt werden.
Gib mögliche Abmessungen des Pakets an.

11. Container sind 18 m lang, 2 m breit und 3 m hoch. Der Laderaum eines Schiffes ist quaderförmig und hat eine Länge von 120 m, eine Breite von 18 m und eine Höhe von 9 m.
Wie viele Container passen in den Laderaum?

12. a) Ein Quader hat ein Volumen von 36 m^3. Er ist 2 m breit und 9 m lang.
Wie hoch ist der Quader?
b) Ein Quader hat eine Grundfläche von 6 m^2. Er ist 3 m hoch.
Welches Volumen hat der Quader?

Flohmarkt

a) Berechne nacheinander: $21 \cdot 9$; $321 \cdot 9$; $4\,321 \cdot 9$; $54\,321 \cdot 9$; $654\,321 \cdot 9$.
b) Gib ohne zu rechnen das Ergebnis von $87\,654\,321 \cdot 9$ an.
c) Bestätige deine Vermutung aus b) durch Rechnung.

9(1/2) Plus 5 Schülerbuch 32250

Foto 1

6. Gewußt wie

Fische in Not

Silkes Fische sind von der Weißpünktchenkrankheit befallen. Sie eilt daher in die Zoohandlung und holt ein Medikament gegen die Krankheit.
Zu Hause liest sie in der Beschreibung:

> „Man gebe zunächst auf 10 Liter Wasser 1 Tropfen SANAL.
> Zwei Tage später verabreiche man nochmals die halbe Dosis SANAL."

Silke ist ratlos. Sie weiß nicht, wieviel Liter ihr Aquarium faßt. Wieviel Tropfen soll sie von der Medizin ins Wasser geben? Vielleicht kann ihr großer Bruder Christian helfen. Silke klagt ihm ihr Leid. Darauf holt Christian ein Metermaß und mißt das Aquarium:

Länge: 50 cm Breite: 30 cm Höhe: 40 cm

Christian rechnet und sagt dann: „Dein Aquarium faßt 60 Liter. Du mußt also 6 Tropfen reingeben."

Eilig befolgt Silke den Rat ihres großen Bruders.

Rechnung

Silke: „Sag mal, Christian, was hast du denn da vorhin gerechnet?"
Christian: „Das ist doch einfach. Dein Aquarium ist 5 dm lang, 3 dm breit und 4 dm hoch. Deshalb rechnet man $5 \cdot 3 \cdot 4 = 60$, denn für das Volumen eines Quaders gilt $V = a \cdot b \cdot c$."
Silke: „Das ist ja stark."
Christian: „Wenn dein Aquarium ein Würfel wär', gings noch leichter. Dann gilt nämlich $V = a^3$."

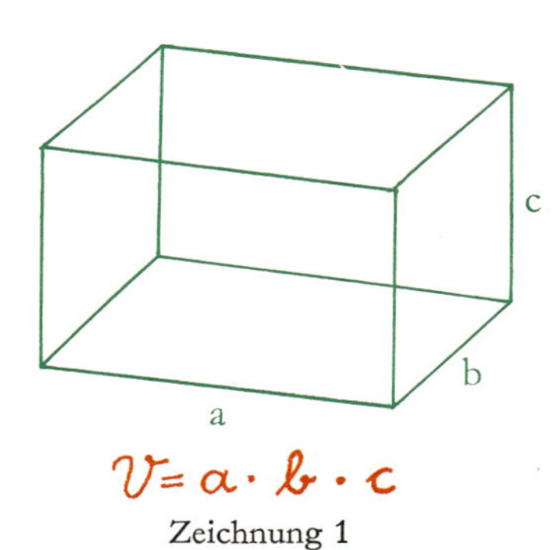

Zeichnung 1

Erläuterung

Ein Würfel mit der Kantenlänge 1 dm hat das Volumen 1 dm^3. Silkes Aquarium ist 5 dm lang. In eine Reihe passen daher 5 solcher Würfel. Die Breite beträgt 3 dm. Deshalb gehen in eine Schicht 5 Würfel $\cdot$ 3 = 15 Würfel. Da das Aquarium 4 dm hoch ist, haben insgesamt 4 solcher Schichten darin Platz, also 15 Würfel $\cdot$ 4 = 60 Würfel.

Das **Volumen eines Quaders**, der 5 dm lang, 3 dm breit und 4 dm hoch ist, beträgt: $5 \cdot 3 \cdot 4 \cdot 1\ dm^3 = 60\ dm^3$.

Das **Volumen eines Würfels** mit der Kantenlänge 4 dm beträgt: $4 \cdot 4 \cdot 4 \cdot 1\ dm^3 = 64\ dm^3$.

Statt 1 Kubikdezimeter sagt man auch 1 **Liter**.

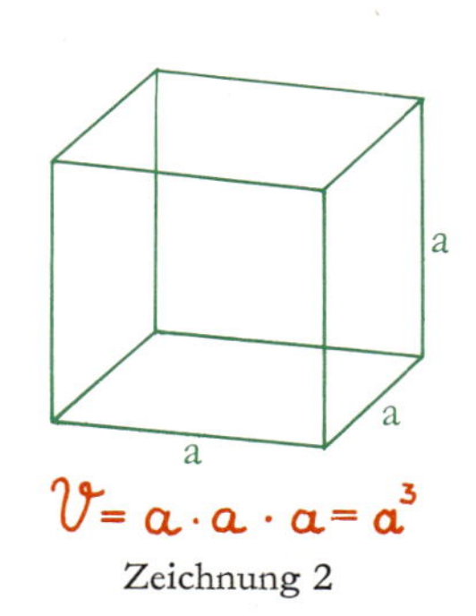

Zeichnung 2

Aufgaben

1. Berechne das Volumen eines quaderförmigen Behälters, der 80 cm lang, 50 cm breit und 30 cm hoch ist. Wieviel Liter faßt der Behälter?
2. Wieviel Liter faßt ein Würfel, der 90 cm Kantenlänge hat?
3. Erläutere die Rechenvorschrift:
   a) $V = a \cdot b \cdot c$ b) $V = a^3$

Übungen

1. Barbaras Aquarium ist 50 cm lang, 40 cm breit und 40 cm hoch. Wieviel Liter faßt es?

2. Ein quaderförmiger Behälter ist 1 m lang, 50 cm breit und 60 cm tief. Wieviel Liter faßt er?

3. Was versteht man wohl unter einem

a) Kubikzentimeter (cm^3)
b) Kubikmillimeter (mm^3)?

4. Berechne die Volumina folgender Quader:

Länge a	40 cm	90 cm	10 cm	27 cm	15 cm
Breite b	10 cm	45 cm	30 cm	31 cm	15 cm
Höhe c	10 cm	40 cm	20 cm	29 cm	15 cm

5. Eine Faltschachtel ist 40 cm lang, 20 cm breit und 15 cm hoch. Welchen Rauminhalt hat die Schachtel?

6. Bestimme das Volumen deines Klassenzimmers.

7. Ein Quader hat ein Volumen von 15 Litern.

a) Welches Volumen hat ein doppelt so langer Quader mit derselben Höhe und derselben Breite?
b) Welches Volumen hat ein Quader, der doppelt so lang, doppelt so breit und doppelt so hoch ist wie der erste Quader?

8. Die Kantenlänge eines Würfels wird

a) verdoppelt,
b) verdreifacht,
c) verzehnfacht.

Wie ändert sich jeweils das Volumen?

9. Auf einer Fläche von 2 a soll in Großkleinsdorf ein Wasserbehälter gebaut werden. Er soll 20 000 m^3 Wasser fassen.
Wie tief muß der quaderförmige Behälter werden?

10. Ein Würfel hat einen Rauminhalt von

a) 8 m^3 b) 64 m^3 c) 343 cm^3 d) 27 l

Welche Kantenlängen hat der Würfel?

11. Michael liest in seinem Erdkundebuch:

„Die Okertalsperre im Harz faßt 48 Millionen m^3 Wasser."

Er versucht sich vorzustellen, wieviel Wasser das ist. Dazu füllt er in Gedanken das Wasser der Okertalsperre in einen Quader um, der 100 m lang und 100 m breit ist.

Wie hoch müßte der Quader sein?

12. Die Ladefläche eines LKW ist 5 m lang und 2,5 m breit. Der LKW ist mit feinem Kies beladen. Nach längerer Fahrt hat sich der Kies gleichmäßig verteilt und reicht gerade bis an die Oberkante der 1 m hohen Seitenwand.

a) Wieviel m^3 Kies hat der LKW geladen?

b) 1 m^3 Kies wiegt 2,6 Tonnen. Wieviel Tonnen hat der LKW geladen?

13. Die Straße von A-Stadt nach B-Hausen soll mit einer Asphaltdecke versehen werden. Die Fahrbahn verläuft schnurgerade und ist 2,5 km lang. Die Fahrbahnbreite beträgt 5 m. Die Asphaltschicht soll 12 cm dick werden.

a) Wieviel m^3 Asphalt sind dazu notwendig?

b) Aus Versehen wurde die Asphaltiermaschine auf eine Schichtdicke von 13 cm eingestellt. Wieviel m^3 Asphalt sind zusätzlich notwendig?

14. Zwei aneinandergrenzende Seiten eines rechteckigen Grundstücks sollen mit einer Mauer versehen werden. Das Grundstück ist 27 m lang und 14 m breit. Die Mauer soll 120 cm hoch und 24 cm breit werden.

a) Wieviel m^3 Mauerwerk sind notwendig?

b) 1 m^3 Mauerwerk kostet 240 DM. Was kostet die gesamte Mauer?

c) Vier Wochen später erhöht sich der Preis auf 255 DM. Wieviel DM ist die Mauer jetzt teurer?

Flohmarkt

142 857 ist eine ‚komische' Zahl. Was an der Zahl merkwürdig ist, erkennst du, wenn du sie mit 2 oder 3 oder 4 oder 5 oder 6 multiplizierst. Auch die Aufgabe 142 857 · 7 hat ein ‚schönes' Ergebnis.

Bei etwas Training kannst du mit der Zahl 142 857 auf der nächsten Geburtstagsparty als Rechenkünstler auftreten.

7. Wassergeld

1. Aufgabe

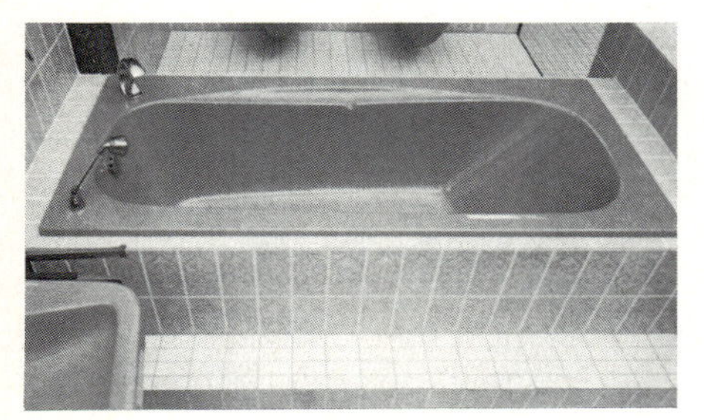

Foto 1

Gernot, der Sohn von Familie Jung, hat gerade ein Bad genommen. Er braucht dazu etwa 125 Liter Wasser.
Was kostet das Wasser für ein Bad, wenn 1 m³ Wasser 1,60 DM kostet? Betrachte Foto 1.
Um die Aufgabe zu lösen, müßte man wissen: Wieviel Liter ergeben 1 Kubikmeter?

Überlegung

In Foto 2 siehst du einen großen Würfel mit 1 m Kantenlänge und einen kleinen Würfel mit 1 dm Kantenlänge. Der große Würfel hat 1 m³ Volumen, der kleine 1 l Volumen.
Legt man den großen Würfel mit untereinander gleichen kleinen Würfeln aus, so passen

10 kleine Würfel in eine Reihe,
10 Reihen in eine Schicht,
10 Schichten in den großen Würfel.

Insgesamt passen also $10 \cdot 10 \cdot 10 = 1000$ kleine Würfel in den großen Würfel. Also ergeben 1000 Liter einen Kubikmeter.
Kannst du jetzt ausrechnen, wieviel das Wasser für ein Bad kostet? Versuche es.

Foto 2

2. Aufgabe

a) Wieviel cm³ ergeben 1 dm³?
b) Wieviel mm³ ergeben 1 cm³?

■ 1 000 l = 1 000 dm³ = 1 m³ 1 000 cm³ = 1 dm³ 1 000 mm³ = 1 cm³

Hinweis: Für 100 l sagt man auch **1 Hektoliter** (kurz: **1 hl**).
Für 1 cm³ sagt man auch **1 Milliliter** (kurz: **1 ml**).

3. Aufgabe

Verwandle in die jeweils in Klammern angegebene Einheit.

a) 7 m³ (l)	b) 48 l (cm³)	c) 67 mm³ (cm³)	d) 421 l (m³)
e) 12 hl (l)	f) 3 km³ (cm³)	g) 7 m³ (ml)	h) 18 cm³ (mm³)
i) 4 m³ (hl)	j) 576 l (mm³)	k) 210 hl (m³)	l) 3 500 l (m³)
m) 23 hl (l)	n) 4 m³ (cm³)	o) 11 l (dm³)	p) 12 000 l (cm³)

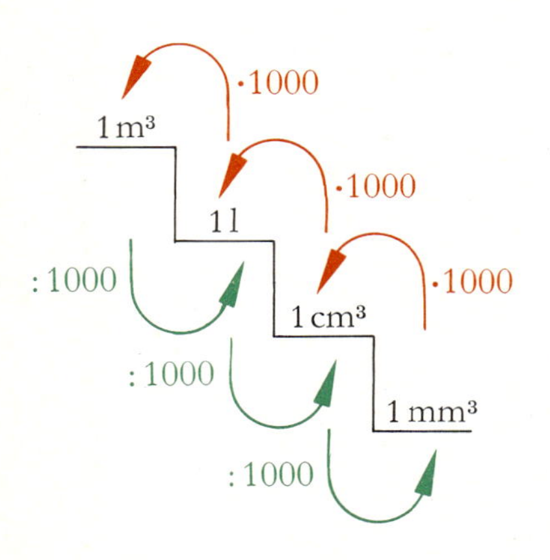

Zeichnung 1

Wieviel ist ein ...?

Ein Stecknadelkopf hat etwa 1 mm³ Rauminhalt.
In eine Tintenpatrone paßt 1 ml oder 1 cm³ Tinte.
Eine große Milchpackung enthält 1 l Milch.
Eine Telefonzelle hat etwa 1 m³ Volumen.
Der Tank eines Mittelklassen-PKW faßt etwa einen halben Hektoliter Benzin.

Übungen

1. Schreibe mit der nächstkleineren Maßeinheit.

a) 17 m³	b) 81 l	c) 720 cm³	d) 123 hl
e) 8 cm³	f) $\frac{1}{2}$ m³	g) 37 dm³	h) 12 m³
i) 4 mm³	j) 8 ml	k) 160 m³	l) $\frac{1}{4}$ l

2. Schreibe mit der nächstgrößeren Maßeinheit.

a) 34 000 cm³	b) 500 l	c) 3 000 ml
d) 3 500 m³	e) 20 hl	f) 38 000 dm³
g) 11 000 mm³	h) 471 000 l	i) 40 000 mm³
j) 50 l	k) 9 500 dm³	l) 6 000 cm³

3. Schreibe mit der jeweils in Klammern angegebenen Einheit.

a) 3 hl (cm³)	b) 3 200 l (hl)
c) 812 dm³ (mm³)	d) 44 000 000 cm³ (hl)
e) 23 000 000 mm³ (l)	f) 117 m³ (cn³)
g) 200 l (cm)	h) 11 000 l (hl)

4. Schreibe mit der kleinsten vorkommenden Einheit.

a) 2 dm³ 381 cm³	b) 173 m³ 390 dm³
c) 105 cm³ 13 mm³	d) 4121 cm³
e) 17 m³ 320 cm³	f) 5 hl 50 ml
g) 14 m³ 8 cm³	h) 14 m 3 cm

5. Von einer Milchsammelstelle werden täglich 36 000 l Milch zu einer Molkerei transportiert. Ein Milchtankwagen kann 16 hl befördern.
Wie viele Fuhren sind mindestens erforderlich?

6. Ein Flugzeug kann bis zu 140 000 l Kraftstoff tanken. Bei einer Reisegeschwindigkeit von 900 km in der Stunde verbraucht es stündlich etwa 10 000 l Treibstoff.
Wie weit kann das Flugzeug mit einer Tankfüllung höchstens fliegen?

Foto 3

7. Bei einer Arzneimittelfabrik werden 10 000 Ampullen Impfserum bestellt. In einer Ampulle sind 2 ml Impfstoff. Wieviel Liter Impfstoff sind zum Füllen der Ampullen notwendig?

8. Ein Verwaltungsgebäude mit L-förmigem Grundriß (Zeichnung 3) soll 12 m hoch werden und ein waagerechtes Flachdach erhalten.

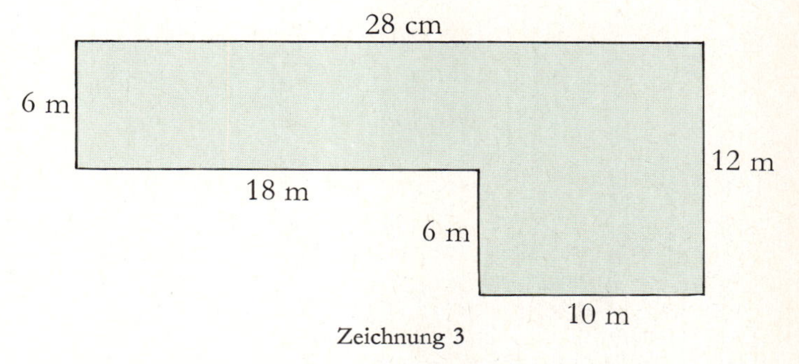

Zeichnung 3

Aus Erfahrung weiß der Architekt, daß er je m³ umbauten Raum 420 DM Baukosten veranschlagen muß. Wie hoch sind die voraussichtlichen Baukosten des Vorhabens?

9. Ein Tankschiff faßt 60 000 m³. In wie vielen Stunden ist es entladen, wenn stündlich 22 hl abgepumpt werden können?

10. Eine Abfüllanlage stößt stündlich 4 800 Flaschen Bier aus. Eine Flasche enthält 0,5 l Bier.
Wieviel hl Bier werden in einer Arbeitsschicht (8 Stunden) abgefüllt?

11. In Gasthäusern findet man auf den Gläsern eine Eichmarke. Wenn ein Glas bis zur Markierung 2 cl gefüllt ist, sind 2 Zentiliter Schnaps darin. 1 Zentiliter ist der hundertste Teil eines Liters.
Wie viele Schnapsgläser lassen sich mit einer Flasche Schnaps (0,5 l) füllen?

12. Ein Tuscheglas faßt 23 ml Tusche. Wieviel Liter Tusche sind zum Füllen von 100 000 Gläsern erforderlich?

13. Ein Fußballtor ist 7,32 m breit und 244 cm hoch. Wie groß ist der Inhalt der Fläche, die man treffen muß, um ein Tor zu erzielen?

8. Altes und Neues

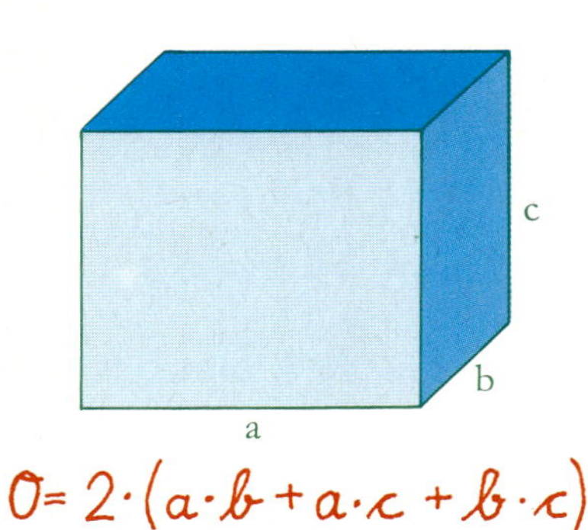

Zeichnung 1

Aufträge

1. Nimm einen Quader und zeige seine Begrenzungsflächen. Wie viele sind es? Welche sind gleich groß?
2. Miß Länge und Breite jeder Begrenzungsfläche. Berechne jeweils den Flächeninhalt.
3. Addiere die Flächeninhalte aller Begrenzungsflächen des Quaders.

Alle Begrenzungsflächen zusammen bilden die **Oberfläche** des Quaders. Die Summe aller Flächeninhalte der Begrenzungsflächen heißt **Oberflächeninhalt**.

Der **Oberflächeninhalt eines Quaders**, der 8 cm lang, 3 cm breit und 4 cm hoch ist, beträgt:
$2 \cdot (8 \cdot 3\ \text{cm}^2 + 8 \cdot 4\ \text{cm}^2 + 3 \cdot 4\ \text{cm}^2) = 2 \cdot 68\ \text{cm}^2 = 136\ \text{cm}^2$

1. Aufgabe

Ein Quader ist 70 mm lang, 42 mm breit und 25 mm hoch. Ein Würfel hat 17 mm Kantenlänge.

a) Berechne den Oberflächeninhalt des Quaders.
b) Berechne den Oberflächeninhalt des Würfels.

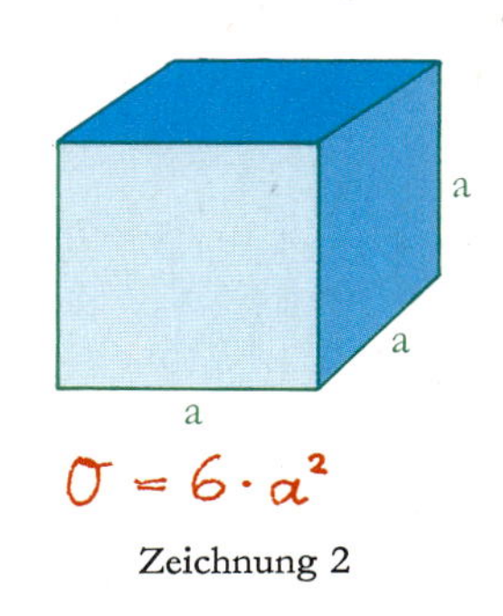

Zeichnung 2

Oberflächeninhalt und Volumen

Jeder Quader hat einen Oberflächeninhalt und ein Volumen. Der Oberflächeninhalt gibt an, wie groß alle Begrenzungsflächen des Körpers insgesamt sind. Das Volumen gibt an, wieviel Platz im Quader ist. Um den Oberflächeninhalt eines Aquariums zu berechnen, muß man den Inhalt aller vier Seitenflächen sowie der Grund- und der Deckfläche addieren. Das Ergebnis gibt man meist in cm² oder dm², bei kleinen Körpern auch in mm² und bei großen in m² an. Um das Volumen eines Aquariums zu bestimmen, muß man ausrechnen, wieviel Liter Wasser in das Aquarium passen. Bei kleinen Körpern gibt man das Volumen auch in cm³ oder mm³ an, bei größeren Körpern in m³. Oberflächeninhalt und Volumen unterscheiden sich also voneinander.

2. Aufgabe

Berechne jeweils den Oberflächeninhalt und das Volumen des Quaders.

a)	b)	c)	d)	e)
a = 30 cm	a = 60 cm	a = 20 cm	a = 40 cm	a = 17 cm
b = 20 cm	b = 10 cm	b = 30 cm	b = 30 cm	b = 17 cm
c = 70 cm	c = 50 cm	c = 50 cm	c = 30 cm	c = 17 cm

Probleme

1. Ein Würfel hat einen Oberflächeninhalt von 96 cm². Welches Volumen hat der Würfel?
2. Ein Quader hat einen Oberflächeninhalt von 96 cm². Welches Volumen hat der Quader?
3. Ein Würfel hat eine Gesamtkantenlänge von 96 cm. Welches Volumen hat der Würfel?

Übungen

1. Berechne den Oberflächeninhalt des Quaders.

a) $a = 40$ cm, $b = 80$ cm, $c = 30$ cm
b) $a = 4$ m, $b = 6$ m, $c = 3$ m
c) $a = 5$ mm, $b = 4$ mm, $c = 6$ mm

2. Berechne den Oberflächeninhalt des Würfels.

a) $a = 16$ cm b) $a = 8$ m c) $a = 12$ dm d) $a = 4$ m

3. Petras kleine Schwester Corinne hat quaderförmige Holzbausteine:
12 Stück sind 5 cm lang, 3 cm breit, 2 cm hoch;
8 Stück sind 2 cm lang, 1 cm breit, 1 cm hoch;
10 Stück sind 3 cm lang, 3 cm breit, 3 cm hoch.
Petra will alle Bausteine mit Farbe streichen.

a) Berechne den Oberflächeninhalt eines Bausteins jeder Sorte.
b) Wie groß ist die Fläche, die Petra insgesamt streichen muß?

4. Martina hat für Bernd ein Geburtstagsgeschenk gekauft. Um es schön zu verpacken, beklebt sie einen Schuhkarton außen mit buntem Papier. Der Karton ist 29 cm lang, 18 cm breit und 10 cm hoch. Wieviel Papier braucht sie mindestens?

5. Aus 8 Streichholzschachteln soll ein großer Quader gebaut werden. Der Quader soll

a) eine möglichst große,
b) eine möglichst kleine

Oberfläche besitzen.
Beschreibe jeweils den Quader.

6. Ein rechteckiges Stück Blech ist 70 cm lang und 15 cm breit. Es soll daraus ein möglichst großer Würfel zusammengelötet werden.

Welche Kantenlänge hat der Würfel?

7. Ein Quader hat als Grundfläche ein Quadrat. Er ist 80 cm hoch und hat ein Volumen von 32 l.

Wie groß ist die Oberfläche des Quaders?

8. Berechne den Oberflächeninhalt und das Volumen folgender Quader:

a) $a = 6$ cm, $b = 47$ mm, $c = \frac{1}{2}$ cm
b) $a = 3$ m, $b = 3$ m, $c = 3$ m
c) $a = 280$ mm, $b = 170$ mm, $c = 55$ mm

9. Ein Quader ist 4 m lang, 3 m breit und 2 m hoch.

a) Berechne seinen Oberflächeninhalt und sein Volumen.
b) Wie ändern sich Oberflächeninhalt und Volumen, wenn
   – nur die Länge verdoppelt wird,
   – Länge und Breite verdoppelt werden,
   – Länge, Breite und Höhe verdoppelt werden.

10. Ein Aquarium ist außen 70 cm lang, 30 cm breit und 40 cm hoch. Sowohl Seitenflächen als auch die Grundfläche bestehen aus 5 mm dickem Glas. Die Abdeckplatte hat dieselben Abmessungen wie die Grundplatte.

a) Wieviel Liter faßt das Aquarium?
b) Wie groß ist die Oberfläche des Aquariums?
c) Wieviel Glas ist zur Herstellung des Aquariums erforderlich?
d) 1 cm^3 Glas wiegt 2,5 g. Wie schwer ist das leere Aquarium?
e) Das Aquarium ist bis zum Rand mit Wasser gefüllt. Wieviel wiegt es?

11. Bestimme das Volumen der Betontreppe (Zeichnung 3).

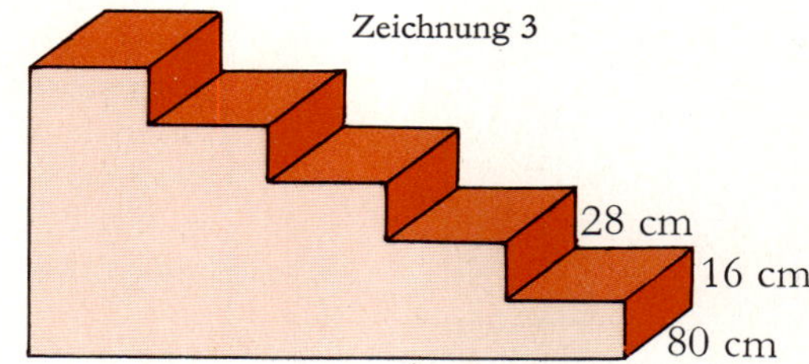

Zeichnung 3

12. Gib mehrere Quader an, deren Volumen 64 cm^3 beträgt. Welcher davon hat den kleinsten Oberflächeninhalt?

13. Erläutere den Unterschied zwischen Umfang und Inhalt eines Rechtecks.

Flohmarkt

Zwei Männer gehen miteinander spazieren. Die Mutter des einen Mannes ist zugleich die Schwiegermutter der Mutter des anderen Mannes.
Wie sind die beiden Männer miteinander verwandt?

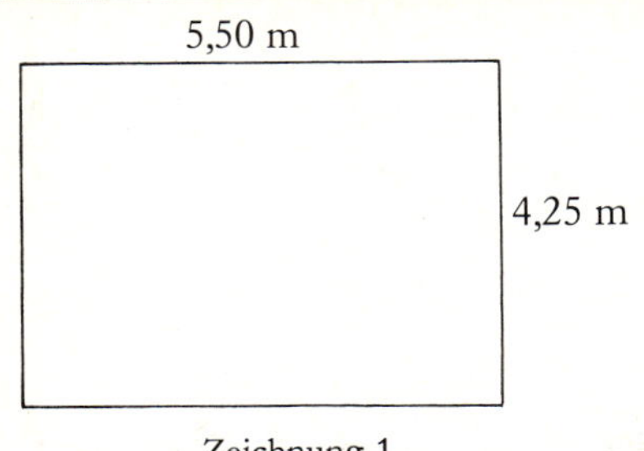

Zeichnung 1

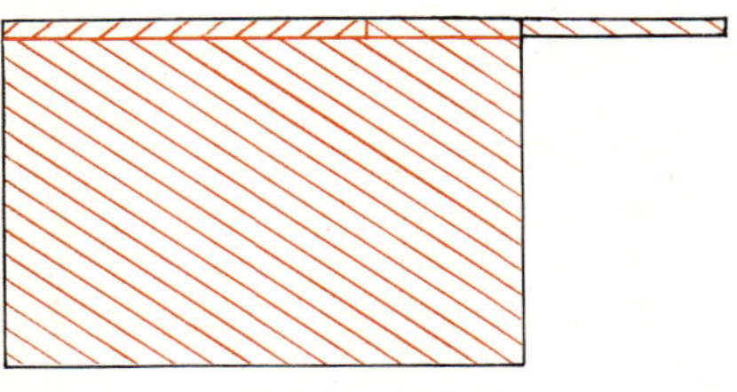
Zeichnung 2

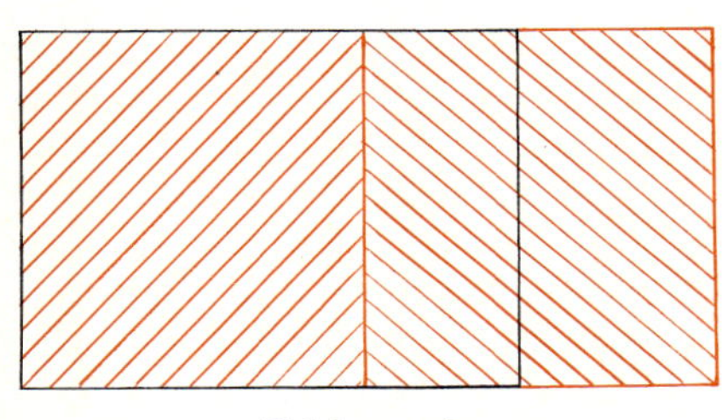
Zeichnung 3

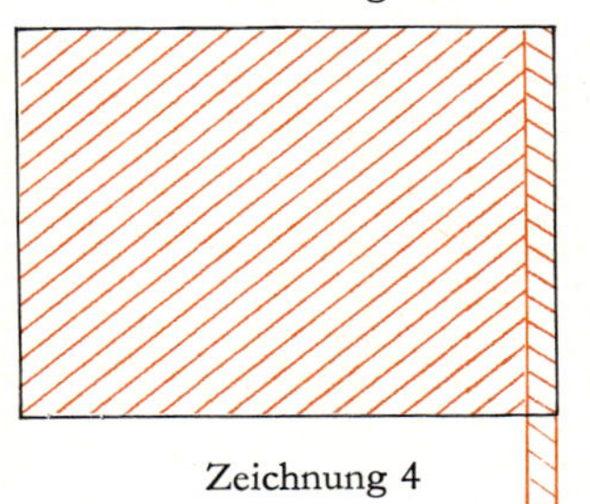
Zeichnung 4

Zeichnung 5

1. Erst zeichnen, dann rechnen

Aufgabe

Steffen und Jochen haben sich für ihr Zimmer einen Teppichboden ausgesucht. Es gibt ihn auf Rollen von 4 m und 5 m Breite. Ihr Zimmer ist 4,25 m breit und 5,50 m lang. Es soll möglichst wenig Abfall geben.

▶ Welche Breite sollen sie nehmen?

Steffen: „Mit 5 m Breite kommen wir auf alle Fälle aus. Den Rest schneiden wir ab."
Jochen: „Da müssen wir ja mehr kaufen als wir brauchen."
Steffen: „Genau geht das nie auf."
Vater: „Damit die Sache leichter wird, macht ihr euch am besten eine Zeichnung."

Steffens und Jochens Lösung

Sie zeichnen zuerst den Grundriß ihres Zimmers (Zeichnung 1). Nun versuchen sie, das Zimmer mit dem 4 m breiten Teppichboden auszulegen. Das geht auf 2 Arten (Zeichnung 2 und 3). Auch beim Auslegen mit dem 5 m breiten Teppich gibt es 2 Möglichkeiten (Zeichnung 4 und 5).
Von der 5 m breiten Rolle wollen sie sich 5,50 m abschneiden lassen. Das reicht dann für das Zimmer. Ihr Vater hätte beim Verlegen leichte Arbeit. Da braucht er nämlich nicht anzusetzen.

Vaters Lösung

Das Zimmer ist 4,25 m breit und 5,50 m lang. Das sind nicht ganz 23,5 Quadratmeter. Steffen und Jochen wollen aber $5{,}50 \cdot 5\,m^2 = 27{,}5\,m^2$ Teppichboden kaufen. Das ergibt $4\,m^2$ Abfall.
Wenn der Teppichboden wie in Zeichnung 4 verlegt wird, ist der Abfall am geringsten:

$$4{,}25 \cdot 5\,m^2 + 0{,}5 \cdot 5\,m^2 = 23{,}75\,m^2$$

Dabei muß man zwar ansetzen. Das ist aber nicht so schlimm, weil an der kurzen Wand des Zimmers eine Schrankwand stehen soll.

Vorteil

Steffen und Jochen wollten $27{,}5\,m^2$ kaufen. Vater hat aber nur $23{,}75\,m^2$ gekauft. Auf diese Weise hat er rund $4\,m^2$ Teppichboden weniger kaufen müssen. Die dabei eingesparten 120 DM will er für den Sonntagsausflug stiften.

Bei vielen Aufgaben kann man sich die Lösung erleichtern, wenn man zuerst eine Zeichnung macht.

Übungen

1. Herr Gollnau will in seiner Werkstatt eine Schublade in 4 Fächer unterteilen. Wie viele Zwischenbretter braucht er?

2. Frau Hemmer will am Balkon Blumenkästen anbringen. Sie zählt 8 Pfosten. In jedes Zwischenfeld soll ein Kasten.

3. Landwirt Bauer muß die eine Seite der 112 m langen Viehkoppel mit einem neuen Zaun versehen. Alle 4 m will er einen Pfosten setzen.

4. Herr Wölfel erneuert den Jägerzaun an der Straßenfront seines Grundstückes. Sie ist 16 m lang. Jeder der 5 Mauerpfosten ist 50 cm breit. Wieviel laufende Meter Zaun muß er bestellen?

5. Onkel Rolf hat ein Obstgrundstück von 50 m Länge und 30 m Breite. (Man sagt kurz: „50 auf 30" und schreibt: 50×30.)
a) Wieviel Maschendraht braucht er?
b) Wie viele Pfosten soll er kaufen?

6. Ein Sportplatz ist 65 m breit und 105 m lang. Im Abstand von 3 m wird rundherum eine Barriere angebracht. Wie lang wird sie?

7. Um ein Wohnhaus ($14{,}60 \times 10{,}20$) soll ein 50 cm breiter Kiesstreifen angelegt werden. Wieviel Meter Rasenkantensteine sind zur Abgrenzung notwendig?

8. Um ein Schwimmbecken (25×50) wird ein 2 m breiter Plattenweg angelegt. 4 Platten gehen auf 1 m^2. Wie viele Platten braucht man insgesamt?

9. An einem Kiosk kaufen an einem Tag 186 Personen ein. 85 Personen kaufen Eis, 98 kaufen Getränke. 46 kaufen Eis und Getränke. Wie viele Personen kaufen weder Eis noch Getränke?
Hinweis: Benutze in dieser und den nächsten beiden Übungen das Mengendiagramm. Der Anfang ist jeweils gemacht.

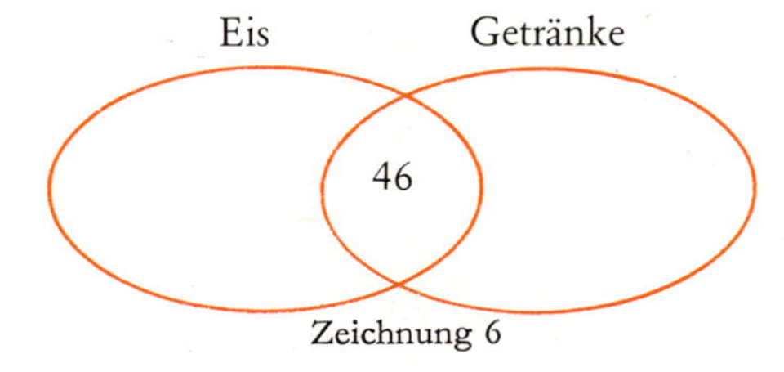

Zeichnung 6

10. Beim Ausflug sind die 35 Schüler der 5. Klasse in ein Gasthaus eingekehrt. 14 Schüler trinken Sprudel; 18 trinken Cola; 19 trinken Limo; 7 trinken Limo und Sprudel; 5 trinken Cola und Sprudel; 6 trinken Cola und Limo; ein Schüler trinkt Sprudel, Cola und Limo. Wie viele Schüler dieser Klasse trinken nichts?

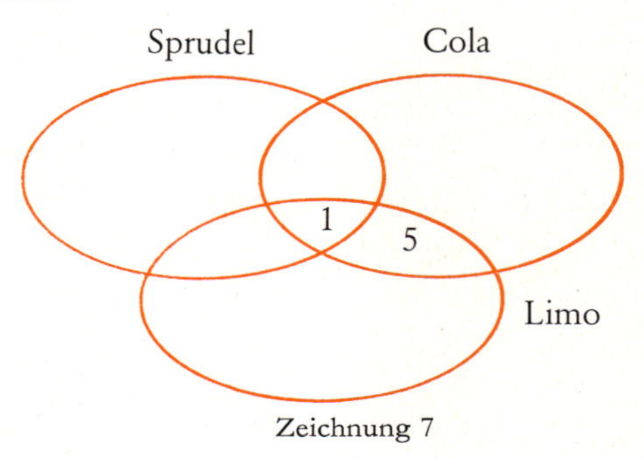

Zeichnung 7

11. Die Schüler der Klasse 5a werden nach ihren Hobbies befragt: 18 Schüler spielen gerne Tischtennis; 18 züchten Kaninchen; 15 sammeln Briefmarken; 6 sammeln Briefmarken und spielen Tischtennis; 2 spielen Tischtennis, züchten Kaninchen und sammeln Briefmarken; 8 Schüler spielen nur Tischtennis.

a) Wie viele Schüler züchten nur Kaninchen?
b) Wie viele Schüler sammeln nur Briefmarken?
c) Wie viele Schüler spielen Tischtennis, sammeln Briefmarken, züchten aber keine Kaninchen?
d) Wie viele Schüler sind in der Klasse?

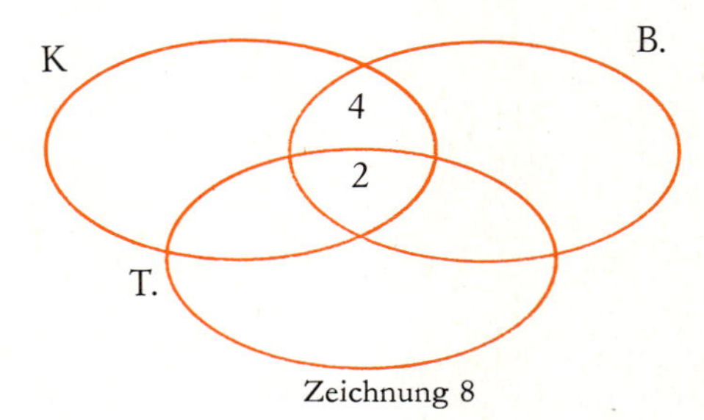

Zeichnung 8

12. Ein Wohnhaus soll 15 m lang und 11 m breit werden. Die dazugehörige Baugrube wird 2 m tief ausgebaggert. Rundherum ist für die Maurer ein Arbeitsraum von 1 m Breite notwendig.

a) Wie lang und wie breit muß die Baugrube werden?
b) Wie viele m^3 Erde müssen ausgebaggert werden?

10 Plus 5 Schülerbuch 32250

2. Je mehr, desto mehr

Umrechnung

Während des Dänemark-Urlaubes bewundert Andrea ein schickes Kleid. Mit dem Preis von 365 dkr. (dänische Kronen) kann sie aber nichts anfangen. Sie will wissen, wieviel DM das sind.

▶ Wie rechnet Andrea die 365 dkr. in DM um?

Dänemark

dkr.	DM	dkr.	DM
0,10	0,04	10,–	3,78
0,20	0,08	20,–	7,55
0,30	0,11	30,–	11,33
0,40	0,15	40,–	15,10
0,50	0,19	50,–	18,88
0,60	0,23	60,–	22,65
0,70	0,26	70,–	26,43
0,80	0,30	80,–	30,20
0,90	0,34	90,–	33,97
1,–	0,38	100,–	37,75
2,–	0,76	200,–	75,50
3,–	1,13	300,–	113,25
4,–	1,51	400,–	151,–
5,–	1,89	500,–	188,75
6,–	2,26	600,–	226,50
7,–	2,64	700,–	264,25
8,–	3,02	800,–	302,–
9,–	3,40	900,–	339,75
10,–	3,78	1000,–	377,50

Tabelle 1

1. Möglichkeit: Mit Umrechnungstabelle

300 dkr. — 113,25 DM
60 dkr. — 22,65 DM
5 dkr. — 1,89 DM

365 dkr. — 137,79 DM

2. Möglichkeit: Ohne Umrechnungstabelle

·365 (1 dkr. — 0,38 DM) ·365
365 dkr. — 138,70 DM

Dem 365fachen auf der linken Seite entspricht das 365fache auf der rechten Seite.

1. Aufgabe

Eine Tankstelle verkauft Benzin zu 1,16 DM pro Liter. Wieviel kosten hier
a) 15 l b) 30 l c) 35 l d) 40 l e) 45 l ?

Alles anders ...

Herr Gollnau hat für seine 8 000 Liter Heizöl genau 4 000 DM bezahlt. Herr Porger braucht nur 4 000 Liter Heizöl. Er rechnet sich selbst den Preis dafür aus.

:2 (8 000 l — 4 000 DM) :2
4 000 l — 2 000 DM

Als er die Rechnung erhält, ist er sehr erstaunt. Er soll viel mehr als 2 000 DM bezahlen, nämlich 2 400 DM. Kannst du dir das erklären?

... und doch richtig

Herr Porger hat nicht bedacht, daß ein Liter Heizöl weniger kostet, wenn man mehr Heizöl kauft. Bei 4 000 Litern ist der Literpreis höher als bei 8 000 Litern. Nicht immer gehört zu der halben Warenmenge auch der halbe Preis.

Heizölpreise

bei Abnahme von	Literpreis
1 l – 1 000 l	1,25 DM
1 001 l – 2 000 l	1,20 DM
2 001 l – 5 000 l	1,00 DM
5 001 l – 7 000 l	0,80 DM
7 001 l – 10 000 l	0,50 DM
10 001 l – 12 000 l	0,48 DM
12 001 l – 15 000 l	0,45 DM

Tabelle 2

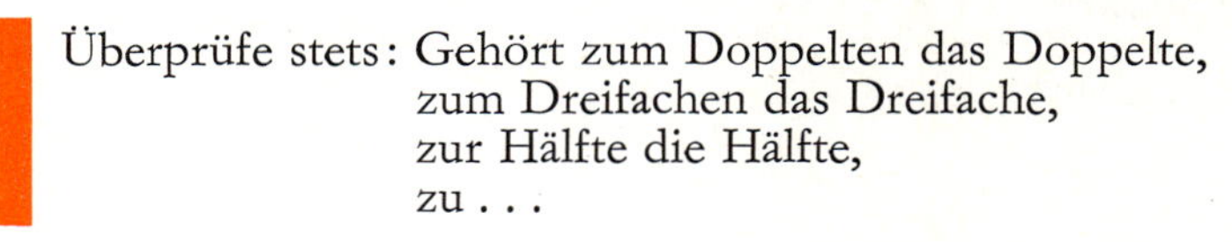

Überprüfe stets: Gehört zum Doppelten das Doppelte,
zum Dreifachen das Dreifache,
zur Hälfte die Hälfte,
zu ...

2. Aufgabe

Ein Händler verkauft Heizöl nach Tabelle 2. Wieviel kosten bei ihm
a) 100 l b) 1 000 l c) 5 000 l d) 7 000 l e) 7 001 l ?

Übungen

1. Ergänze.

Lire	100	200	300	400	500	600
DM	0,22					

2. Ergänze.

öS	100		250		375	
DM	14,00	21,00		10,00		5,20

3. Peter kann nur addieren und subtrahieren. Welche Werte könnte er noch in die Tabelle schreiben?

ffrs	100		75		325	
DM	43,75	306,25		87,50		350

4. Die Drogerie verkauft eine bestimmte Sorte Seife nur in der Einzelpackung. Ergänze.

Stück	1	2	3	4	5	6	7	8
DM	1,90							

5. Im Parkhaus kosten die beiden ersten Stunden zusammen 2 DM. Jede weitere Stunde kostet 0,50 DM. Ergänze die Tabelle.

Std.	1	2	3	4	5	6	7	8
DM								

6. Zum Streichen seines Zaunes braucht Herr Schneider 3 l Farbe. 1 Liter kostet 8,75 DM. Für den Zweitanstrich kauft er gleich ein 3 l-Gebinde zu 24,25 DM. Wieviel hat er dabei gespart?

7. Im Sport stammen viele Längenangaben aus dem Englischen. 1 Fuß (foot, Mehrzahl: feet) ist 30,5 cm.

a) Das Fußballtor ist 8 feet hoch und 24 feet breit.
b) Das Hockeytor ist 7 feet hoch und 12 feet breit.

8. In einer Weinkiste sind 12 Flaschen. Der Weinhändler liefert: a) 7 Kisten b) 14 Kisten c) 23 Kisten. Wie viele Flaschen sind das jedesmal?

9. Eine Henne braucht zum Ausbrüten von 12 Eiern 21 Tage. In wieviel Tagen brütet sie 4 Eier aus?

10. Ein Brief mit 15 Gramm Gewicht kostet 0,60 DM. Was kosten Briefe von 30, 60, 90 Gramm? Kontrolliere die Lösungen mit einer Gebührentabelle.

11. 1 Liter Benzin kostet 1,16 DM, 1 Liter Super 1,19 DM.

a) Wieviel kosten 30 l Benzin?
b) Wieviel kosten 30 l Super?
c) Wieviel Benzin gibt es für 50 DM?
d) Wieviel Super gibt es für 50 DM?

12. 1975 haben 60 l Benzin genau 51 DM gekostet. Was hat damals 1 Liter Benzin gekostet?

13. 18 Musiker spielen einen Marsch in 6 Minuten. Wie lange brauchen 6 Musiker für diesen Marsch?

14. Ein Läufer schafft die 800 m in 115 Sekunden. Wie lange braucht er für die ersten 100 Meter?

15. Bei der Straßenbahn kostet der Einzelfahrschein 1,80 DM, die Wochenkarte 11,00 DM. Vergleiche.

16. Bei der Bank werden abgeliefert:
6 Säcke mit je 2 000 Münzen zu 5 Pf,
13 Säcke mit je 1 000 Münzen zu 10 Pf,
5 Säcke mit je 500 Münzen zu 2 DM.

17. In einem Geschäft wird Waschpulver angeboten. Das 3 kg-Paket kostet 9,45 DM, die 5 kg-Trommel kostet 15,50 DM. Welches Angebot ist günstiger?

18. Ein Rechteck ist 5 cm lang und 3 cm breit. Wie lang und wie breit ist ein Rechteck, das genau den doppelten Flächeninhalt hat?

19. Eine Flasche Wein kostet 4,25 DM. Der Karton mit 6 Flaschen wird für 25,00 DM angeboten. Vergleiche.

20. 200 Gramm Bonbons kosten 3,98 DM. Die Familienpackung zu 500 Gramm kostet 10,00 DM. Wie kann man am meisten sparen?

21. Ein Fußgänger legt in der Stunde etwa 4 km zurück, ein Radfahrer 15 km, ein Mopedfahrer 35 km, ein Autofahrer 80 km.

a) Wie weit kommen sie in $2\frac{1}{2}$ Stunden?
b) Wieviel Zeit brauchen sie für eine Strecke von 20 km Länge?

Flohmarkt

Wähle dir eine Zahl zwischen 5 und 10. Ist diese Zahl gerade, dann dividiere sie durch 2. Ist sie ungerade, dann multipliziere sie mit 3 und addiere 1. Verfahre mit den neu gewonnenen Zahlen ebenso und schreibe sie immer auf. Was stellst du fest? Stimmt das auch, wenn du mit anderen Zahlen anfängst?

3. Formel 1

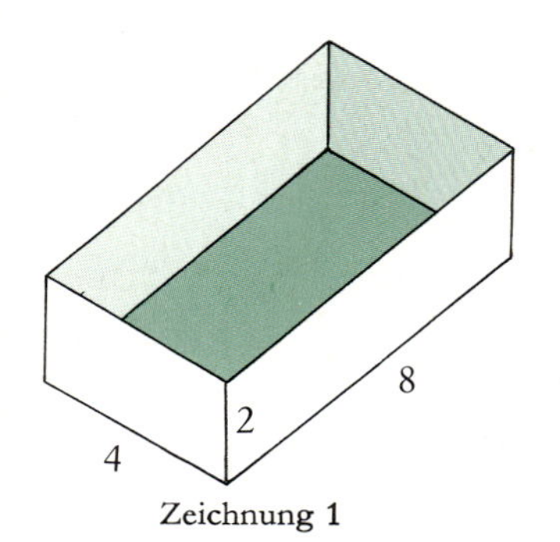

Zeichnung 1

1. Aufgabe

Herr John will sein Schwimmbecken kacheln lassen. Es ist 8 m lang, 4 m breit und 2 m tief. Für 1 m² Fliesen muß er 75 DM bezahlen.

▶ Wieviel DM kosten die Fliesen?

Lösung

Das Schwimmbecken ist ein Quader ohne Deckfläche. Jede seiner Flächen ist ein Rechteck. Für den Flächeninhalt eines Rechteckes gilt: $A = a \cdot b$. Demnach ist zu berechnen:

für die Grundfläche		$8 \cdot 4$
für jede der beiden kleinen Seitenflächen		$4 \cdot 2$
für jede der beiden großen Seitenflächen		$8 \cdot 2$
Inhalt der Oberfläche	80 m²	
Preis der Fliesen	$80 \cdot 75$ DM $= 6\,000$ DM	

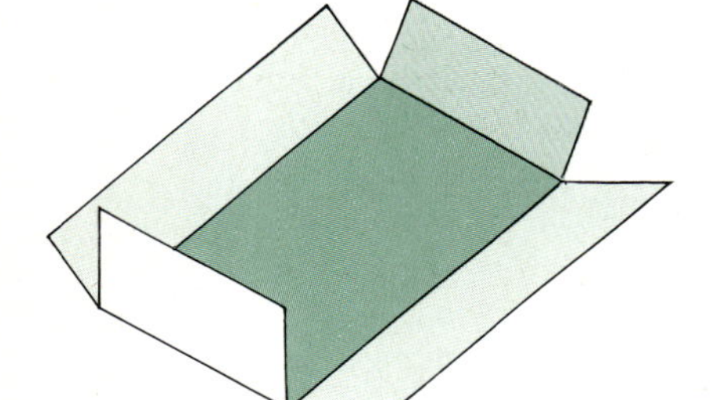
Zeichnung 2

Erläuterung

Bei der Lösung der Aufgabe haben wir mehrfach dieselbe **Formel** benutzt. Sie sagt, wie man rechnen soll. In diesem Falle war es die Formel für den Flächeninhalt des Rechteckes: $A = a \cdot b$. Eine solche Formel gibt an, wie man die gesuchte Zahl aus den gegebenen Zahlen berechnet. Man braucht dann nur die gegebenen Zahlen an die richtige Stelle zu setzen.

2. Aufgabe

Nenne andere Formeln. Erläutere sie. Wozu werden sie benutzt?

Wenn man die richtige Formel kennt und anwendet, läßt sich manches schneller und leichter ausrechnen.

3. Aufgabe

Formeln kann man durch Rechenbäume verdeutlichen. Du siehst in Zeichnung 4 den Rechenbaum für die Umfangsberechnung eines Rechteckes. Schreibe die dazugehörige Formel auf. Berechne mit ihr den Umfang eines Rechteckes mit $a = 27{,}50$ m und $b = 18{,}75$ m.

Zeichnung 3

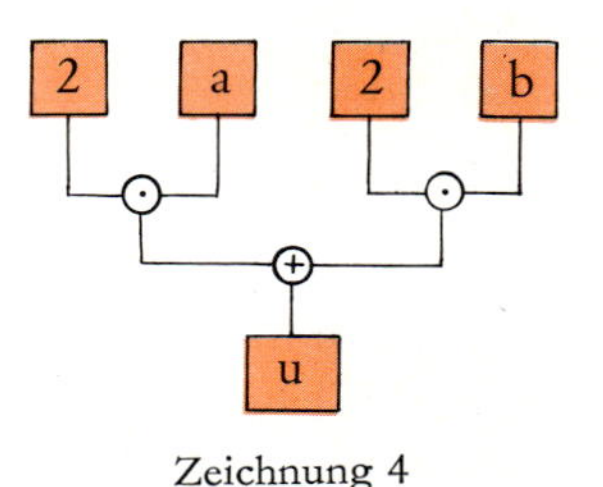

Zeichnung 4

Übungen

1. Herr Hennemann läßt seinen Swimming-Pool (8 m lang, 3 m breit und 2 m tief) neu kacheln. 1 m² Kacheln kostet 42,50 DM. Für Arbeitslohn und zusätzliches Material rechnet er mit rund 2 000 DM.

2. Familie Hafner zahlt 5,85 DM Miete pro Quadratmeter. Ihre Wohnung besteht aus 2 Zimmern (6×4; 5×4), Küche (3×5), Bad (3×2) und Flur (4×2). Alle Räume sind 2,50 m hoch.

a) Wie hoch ist die Miete?
b) Wie viele m³ Raum müssen beheizt werden?

3. In der Fußgängerzone sollen 50 Pflanzenkübel aufgestellt werden. Jeder Kübel ist innen 80 cm lang, 80 cm breit und wird 50 cm hoch mit Erde gefüllt.

a) Wieviel Erde ist zum Füllen notwendig?
b) Ein LKW kann 7,5 m³ transportieren. Wie oft muß er fahren?

4. a) Ein Bauplatz ist 16 m breit und 35 m lang. Für 1 m² werden 45 DM gefordert. Wie teuer ist der Bauplatz?
b) Das Nachbargrundstück ist ebenso groß. Es hat 26 880 DM gekostet. Wie hoch ist sein Quadratmeterpreis?

5. a) Ein quadratisches Blumenbeet hat die Seitenlänge 19 m. Für jeden Quadratmeter rechnet der Gärtner 5 Pflanzen. Wie viele wird er bestellen?
b) Das Blumenbeet soll zusätzlich noch mit Kriechpflanzen eingesäumt werden. Hier rechnet der Gärtner mit 4 Pflanzen pro Meter.

6. Landwirt Dick will seine Jauchegrube leeren. Sie ist 3 m lang, 2 m breit und 2 m tief. Sein Jauchefaß faßt 1 200 Liter. Wie oft muß er fahren?

7. a) Stelle Formeln auf für die Gesamtkantenlänge k, den Oberflächeninhalt O und das Volumen V eines Würfels mit der Kantenlänge a.
b) Berechne damit k, O und V für einen Würfel der Kantenlänge 7 cm (4 dm, 2 m).

8. Ein kellergeschweißter Öltank (3,75 m lang, 2,85 m breit und 1,50 m hoch) hat die Form eines Quaders. Seine Kanten werden innen und außen zugeschweißt. Wie lang sind die Schweißnähte?

9. a) Herrn Kaufmanns quaderförmiger Öltank (1,50 m hoch, 3,50 m lang, 2,00 m breit) ist zur Hälfte gefüllt. Wieviel Liter Öl hat er noch?
b) Er will den Tank außen streichen. Für 1 m² braucht er 100 g Farbe. Wieviel kg Farbe muß er kaufen?

10. Das rechteckige Flachdach eines Bungalows ist 10 m lang und 13 m breit. Darauf liegt 20 cm Neuschnee. 1 m³ Schnee wiegt 200 kg. Wie schwer ist die Last, die das Dach zu tragen hat?

11. Herr Schäfer erhält neue Rolläden. Sie haben folgende Größen: 3,50×1,50; 1,30×1,50; 1,00×1,00; 2,00×1,50. Ein Quadratmeter kostet 95,00 DM.

12. Herr Eichler bestellt Fensterbänke: 1,60×0,25; 2,00×0,20; 2,50×0,25. Ein Quadratmeter kostet 125,00 DM. Wieviel DM kosten die Fensterbänke?

13. Herr Löber dichtet seine alten Fenster ab. Die Flügel haben folgende Maße: 1,68×0,67; 1,68×0,87; 1,78×1,20; 0,80×1,05; 1,32×1,05. Ein Meter Dichtung kostet 1,25 DM. Wie teuer wird die ‚Dichterei'?

14. Familie Luff lagert in einem Kellerraum (6,00×3,00) 12 000 Liter Heizöl. Wie hoch muß eine Einstiegsluke in der Kellerwand gesetzt werden, damit bei einem Leck kein Öl aus dem Kellerraum läuft?

15. Berechne die durchschnittliche Tagesstrecke eines Reisenden.

a)

Tag	Mo 5.7.	Di 6.7.	Mi 7.7.	Do 8.7.	Fr 9.7.	Sa 10.7.
km	83	142	117	148	135	125

b)

Tag	Mo 12.7.	Di 13.7.	Mi 14.7.	Do 15.7.	Fr 16.7.
km	126	187	113	99	35

Bauplatz, 27,31 Ar, Dorfmitte in Benestroff (Moselle), Frankreich, (Möglichk. für Weiher vorh.). Preis 170 000 ffrs. Tel. (00 33 87) 7 90 31 63, nach 19.00.

Bauplatz, 664 qm, in Oberwürzbach-Reichenbrunn zu verk. Tel. Sbr. 81 38 15 n. 18 Uhr, Pr. Vb.

Bauplatz in Heckendalheim, Gr. 617 qm, voll erschl., 68 000 DM. Tel. (0 68 94) 5 32 67.

Sulzbach-Nord, Bauplatz 695 qm, sofort bebaubar. Tel. (0 68 97) 42 35.

Baugrundst. m. abbruchr. Scheune in Gerlf. zu verk., Tel. (00 33 87) 64 13 34.

Bungalow Baugrundst., 500 qm, sof. bebaubar, in schöner Lage in Bliesmengen an Priv. zu verk., Pr. Vb., Ang. evtl. mit Tel. u. Nr 249 353 SZ 6600 Sbr Postf 296.

Obstbaumgrundst., Ostertal, 6550 qm, qm/4,50 zu verk., Tel. (0 68 97) 8 62 58.

IGB-Hassel, Grundstck. ca. 1000 qm, Vb. 135 000 DM. Residenz-Immob., Tel. Sbr., 3 60 90/99.

Baugrundstücke in: Klarenthal, St. Ingbert, Weiskirchen, Gersweiler, Heckendalheim, Schmelz, Kleinottweiler, Heusweiler. **Senta Thon-Baubetreuung – Saarbr., Eisenbahnstr. 38,** Tel. (06 81) 5 32 93.

Bildstock-Dietrichsfeld, Baugrundstükke, sehr schöne Lage, 75 DM/qm, voll erschlossen. Tel. (0 68 94) 15–2 18 montags bis freitags.

Bierbach, herrl. gelegenes Baugrundstück für freistehendes Einfamilienhaus, sofort bebaubar, 85 DM pro qm. **Quierschied,** Grundstücke in versch. Größen u. Preisen. **Immob. Wack & Ganster GmbH, St. Ingbert, Poststr. 28, Tel. (0 68 94) 32 32.**

WERBELN, 2 Baust. je 6 Ar,, **Waldlage,** à 66 000 DM.
Immob. BUSCHAUER, (0 68 31) 8 09 68.

Püttlingen, Höhenlage, Baugrundstück 657 qm, **69 000 DM.**
Immobilien Rossa, Eisenbahnstr. 25, 6600 Saarbrücken, Tel. (06 81) 58 19 19 u. 58 55 00.

Tausche Baupl. Nonnweiler mit mittl. Saarland. Zuschr. unt. Nr. 249 283 SZ 6600 Sbr Postf 296.

10 000 qm Wochenendgelände (Sickinger Höhe) sehr schöne Lage, auch zur Waldbepflanzung bestens geeignet, umständehalber preisgünstig zu verkaufen, 5 DM/qm, Angeb. Nr. 435 630 SZ 6600 Saarbrücken Postf 296.

Grundstück, 6,8 ar mit Bauplan zu verk. Tel. (0 68 53) 12 06.

Baugrundstück in Quierschied zu verk. Zuschr Nr 919 590 66 Sbr Postf 296.

Ormesheim, Neubaugebiet, baureifes Grundstück ca. 530 qm zu verk., Nr 445 300 6600 Sbr Postf 296.

Wochenendgelände 2163 qm, schöne Südhanglage am Wald, eingezäumt, mit Obstbäumen und Geräteschuppen, Tel. (0 63 81) 35 15.

Gut gel. Ackerland, 26,5 ar, für 60 000 DM zu verk., Tel. (0 68 06) 8 35 73.

Bauplatz Beckingen-Oppen, 8,7 ar, schöne Lage, Tel. (0 68 35) 79 96.

4. Gegeben — gesucht — gefunden

Wie groß werden die Baugrundstücke?

Eine Wohnungsbaugesellschaft will auf einer 4 ha großen Fläche 45 gleichgroße Bauplätze schaffen. Für Verkehrsfläche (Straßen, Wege, Plätze) werden aber noch 94 a gebraucht.

Gib an: Was ist gegeben? Was ist gesucht? Welche Rechenschritte sind notwendig?

Und nun: Rechne.

Gegeben

Gesamtfläche: 4 ha
Zahl der gleichgroßen Bauplätze: 45
Verkehrsfläche: 94 a

Gesucht

Größe eines jeden Bauplatzes

Rechenschritte

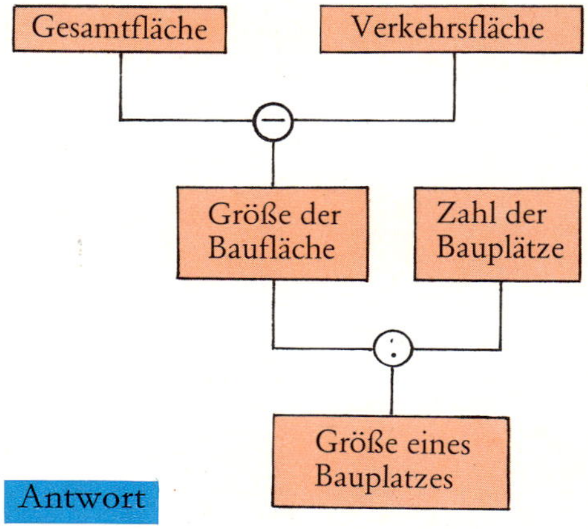

Gesamtfläche
Verkehrsfläche
⊖
Größe der Baufläche
Zahl der Bauplätze
⊙ (:)
Größe eines Bauplatzes

Zeichnung 1

Rechnung

$4 \text{ ha} = 400 \text{ a} = 40\,000 \text{ m}^2$
$94 \text{ a} = 9\,400 \text{ m}^2$
$40\,000 \text{ m}^2 - 9\,400 \text{ m}^2 = 30\,600 \text{ m}^2$
$30\,600 \text{ m}^2 : 45 = 680 \text{ m}^2$

Antwort

Jedes Baugrundstück wird 680 m² groß.

Aufgabe

a) Frau Hemmers Telefonrechnung beträgt 66,79 DM. Darin sind 27 DM Grundgebühr enthalten. Jede Einheit kostet 23 Pf. Wie viele Einheiten wurden berechnet?

b) Für Gas muß Frau Hemmer je m³ 21 Pf bezahlen, außerdem jeden Monat 23,10 DM Grundgebühr. Im Mai hat sie 138 m³ verbraucht. Wie hoch war die Gasrechnung?

Mache dir bei jeder Aufgabe klar:
Was ist gegeben?
Was ist gesucht?
Wie kommst du vom Gegebenen zum Gesuchten?

Übungen

1. Auf einem Grundstück von 12,5 a stehen Gebäude mit folgenden Grundflächen: 25×16; 13×11; 8×6. Wieviel m² Fläche ist unbebaut?

2. Eine Gemeinde hat eine Gemarkung von 1 436 ha. Davon sind 390 ha Weideland, 370 ha Ackerland, 645 ha Wald und 18 ha Wohngebiete. Auf Straßen und Wege entfallen 11 ha. Der Rest ist Brachland. Wie groß ist es?

3. Ein Autotransporter mit einem Eigengewicht von 8,5 t hat geladen: 2 VW zu je 820 kg, 3 Ford zu je 1 330 kg und einen Opel zu 1 220 kg. Wieviel Tonnen beträgt das Gesamtgewicht?

4. Ein Bus hat ein zulässiges Gesamtgewicht von 16 t. Sein Eigengewicht beträgt 11,775 t. Für jede Person wird ein Gewicht von 65 kg angenommen. Für wie viele Personen ist er zugelassen?

5. In einer Brauerei sind 150 hl Bier abzufüllen.
   a) Wie viele 30 Liter-Fässer werden benötigt?
   b) Wie viele 50 Liter-Fässer werden benötigt?

6. Eine Gaststätte hat einen monatlichen Bierumsatz von 16 hl.
   a) Wie viele 0,2 Liter-Gläser könnte man damit füllen?
   b) Wie viele 0,25 Liter-Gläser könnte man damit füllen?
   c) Wie viele 0,4 Liter-Gläser könnte man damit füllen?

7. Eine Schulklasse mit 31 Schülern macht einen Ausflug. Die Fahrtkosten betragen 645 DM. Jeder Schüler erhält von der Schule einen Zuschuß von 1 DM. Wieviel DM muß jeder Schüler noch zahlen? Suche den richtigen Rechenbaum aus und rechne.

8. Ein LKW hat 16 gleichlange Kanthölzer aus Fichte geladen. Sie haben alle einen quadratischen Querschnitt von 16 cm Seitenlänge und sind 2,50 m lang. 1 dm³ Fichtenholz wiegt 0,5 kg. Wie schwer sind die 16 Kanthölzer?

9. Auf eine Spule mit einem Leergewicht von 130 g sollen 1 000 m Kupferdraht gewickelt werden. 10 m Draht wiegen 5 g. Wieviel Gramm wiegen Spule und Wicklung?

10. a) Herr Braun hat ein Fernsehgerät für 2 350 DM gekauft. Er zahlt die Hälfte an. Den Rest soll er in 10 Monatsraten zu je 125 DM bezahlen. Wie teuer war das Gerät wirklich?
    b) Herr Weiß mietet das gleiche Fernsehgerät für monatlich 65 DM. Nach einem Jahr kauft er es und muß noch 1695 DM bezahlen. Wie teuer war das Gerät für ihn?

11. Frau Göttel bestellt per Nachnahme 2 Taschenrechner zu je 69,90 DM. Als Verpackungs- und Portoanteil muß sie 3,50 DM zahlen. Die Zustellgebühr beträgt 1,70 DM. Sie gibt dem Postboten zwei Hundertmarkscheine.

12. In jeder Woche legt Herr Nikolaus mit seinem PKW 50 km zur Arbeitsstelle zurück. Im Winter verbraucht sein Wagen 10 l Benzin auf 100 km. Im Sommer kommt er mit 9 l aus. 1 l Benzin kostet 1,23 DM. Wieviel Benzingeld braucht er in einer Winterwoche für die Fahrten zur Arbeit, wieviel in einer Sommerwoche?

13. Ein Gefrierschrank ist innen 80 cm hoch, 40 cm breit und 40 cm tief. Im Prospekt ist seine Größe mit 120 Liter angegeben. Vergleiche.

14. In Zeichnung 4 siehst du einen Ausschnitt aus dem Sitzplan für ein Kammerkonzert. Wie viele Plätze sind in Parkett A?

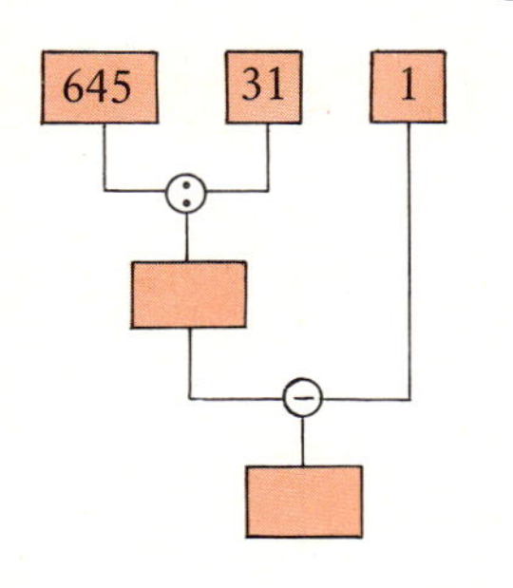

Zeichnung 2

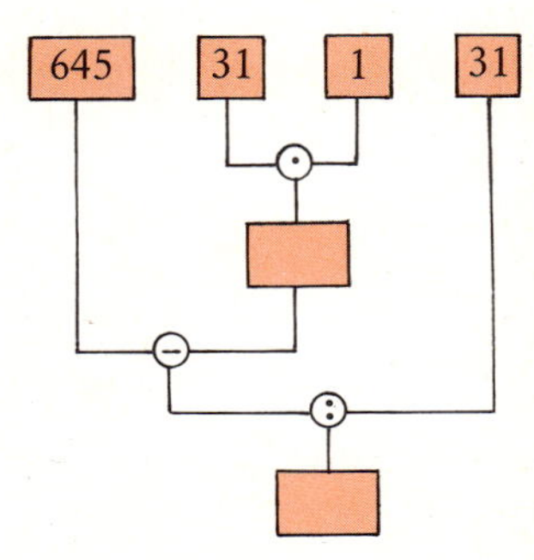

Zeichnung 3

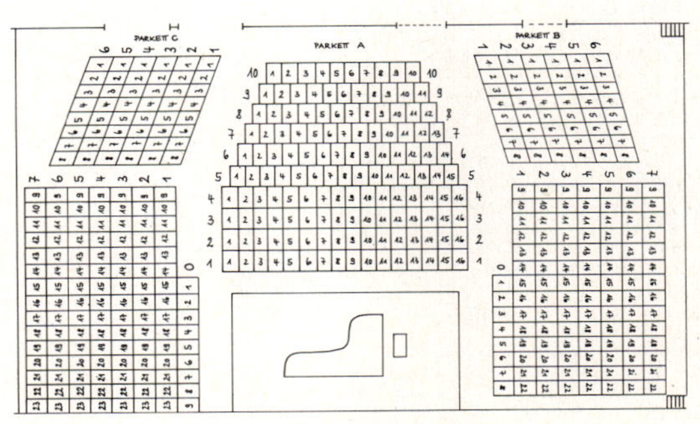

Zeichnung 4

5. Gut zerlegt ist halb gelöst

Zeichnung 1

In Zeichnung 1 siehst du das Grundstück und den Neubau von Herrn Geimer. Er will jetzt noch die Außenanlage (Rasen, Sträucher, Blumen, Pflaster) herrichten. Wie groß ist sie?

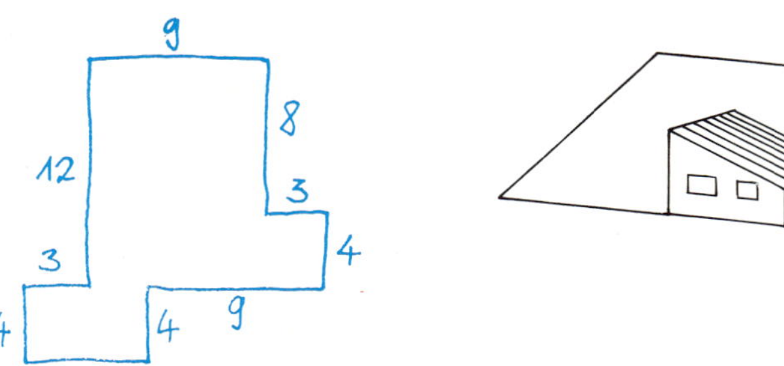

Zeichnung 2

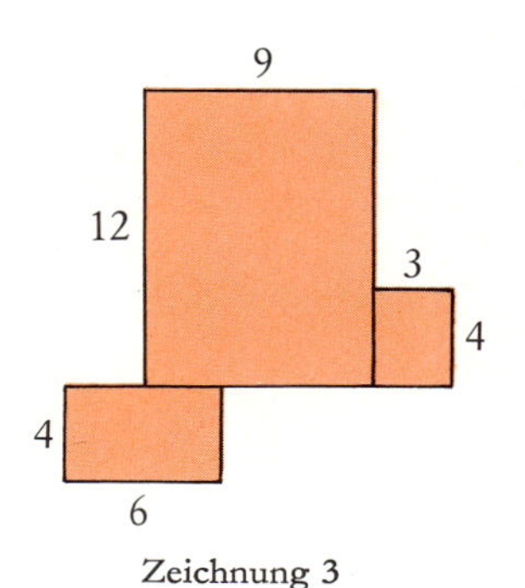

Zeichnung 3

Überlegung

Vom Flächeninhalt des gesamten Grundstückes muß Herr Geimer den Inhalt der Fläche subtrahieren, die sein Haus mit der Garage einnimmt. Die Grundstücksgröße kennt er: 52×16. Aber wie groß ist die Grundfläche des Hauses? Eine Formel gibt es dafür nicht.
Herr Geimer zeichnet sich einen Grundriß mit den genauen Maßen (Zeichnung 2). Dabei merkt er, daß er diese Grundfläche in Rechtecke zerlegen kann. Das ist günstig, denn Rechtecke kann er berechnen. Die drei Rechtecke mit den entsprechenden Maßen siehst du in Zeichnung 3.

Rechnung

1. Grundstücksfläche:
   $52 \cdot 16 \text{ m}^2 = 832 \text{ m}^2$
2. Teilflächen der bebauten Fläche:
   $6 \cdot 4 \text{ m}^2 = 24 \text{ m}^2$ $\quad 3 \cdot 4 \text{ m}^2 = 12 \text{ m}^2$ $\quad 9 \cdot 12 \text{ m}^2 = 108 \text{ m}^2$
3. Bebaute Fläche:
   $24 \text{ m}^2 + 12 \text{ m}^2 + 108 \text{ m}^2 = 144 \text{ m}^2$
4. Unbebaute Fläche:
   $832 \text{ m}^2 - 144 \text{ m}^2 = 688 \text{ m}^2$
5. Antwort:
   Herrn Geimers Außenanlage ist 688 m² groß.

Aufgabe

Herr Geimer kauft schon einige Pflanzen für seine Außenanlage:
12 Erika zu je 4,00 DM, 2 Blautannen zu je 28,50 DM, 1 Sitkafichte zu 12,50 DM, 3 Felsenmispeln zu je 17,00 DM.

a) Wieviel DM muß er dafür bezahlen?
b) Er bezahlt mit 2 Hundertmarkscheinen.

■ Eine komplizierte Aufgabe läßt sich oft in mehrere Aufgaben zerlegen.

Übungen

1. Herr Mootz will Grassamen kaufen. Er macht sich eine Skizze seiner Rasenfläche (Zeichnung 4) und geht damit zum Samenhändler. Dieser sagt zu ihm: „Für 1 m² braucht man 25 Gramm." Wie rechnet Herr Mootz nun weiter?

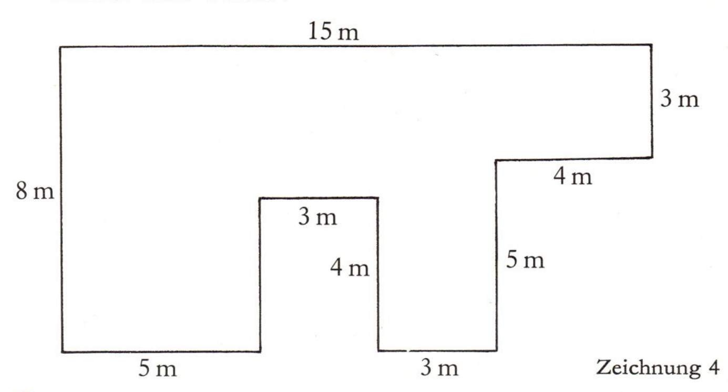

Zeichnung 4

2. Familie Kaufmann fährt im Urlaub nach Dänemark. Die rund 1200 km lange Strecke kann sie aber nicht ohne längere Pausen zurücklegen. Herr Kaufmann möchte alle 300 km eine Stunde Rast einlegen. Pro Fahrtstunde kann er etwa 100 km zurücklegen. Wann muß er spätestens zuhause wegfahren, wenn er samstags um 12 Uhr am Urlaubsort sein will? Würdest du Familie Kaufmann eine Übernachtung empfehlen?

3. Herr und Frau Samuel stehen am Waldparkplatz vor der Wandertafel. Sie überlegen, welchen Rundweg sie gehen sollen. Es ist schon 10.15 Uhr. In einer Stunde können sie etwa 3,5 km weit wandern. Spätestens um 14 Uhr müssen sie wieder am Auto sein. Schaffen sie das,

a) wenn sie den grünen Weg gehen?
b) wenn sie den roten Weg gehen?

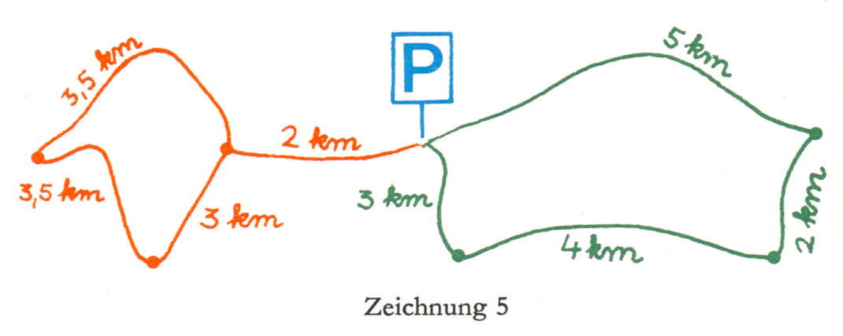

Zeichnung 5

4. Nach der Urlaubsreise macht Familie Bender Kassensturz: 21800 Lire, 750 öS, 450 ffrs, 217,87 DM. Wieviel DM sind das insgesamt?

5. Eine Schulklasse (30 Schüler) will eine dreitägige Wanderfahrt unternehmen. Mit folgenden Preisen wird gerechnet:
Pauschalpreis für den Bus: 850 DM
Preis für eine Sonderfahrt: 7,50 DM je Schüler
Preis für eine Übernachtung: 4,50 DM je Schüler
Verpflegungskosten pro Tag: 12,50 DM je Schüler

a) Wieviel DM muß jeder Schüler mindestens bezahlen?
b) Zwei Schüler können nicht mitfahren. Wieviel DM muß nun jeder Schüler bezahlen?

6. Wie viele Würfel brauchst du, um diesen Sessel (Zeichnung 6) bauen zu können?

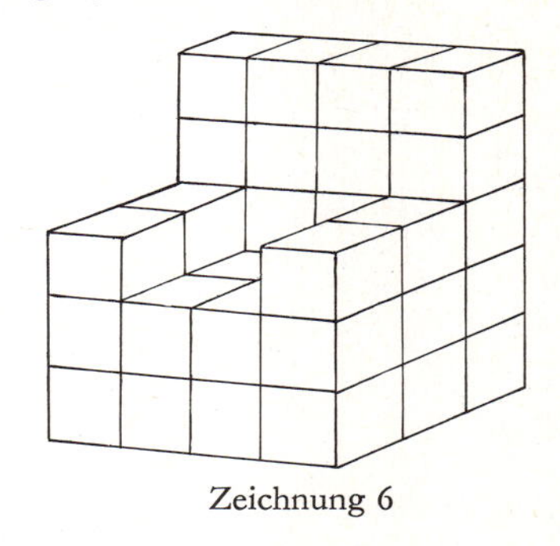

Zeichnung 6

7. Herr Hafner und Herr Junker bringen Leergut zurück. Herr Hafner bringt einen Kasten mit 20 Flaschen und erhält 6,00 DM. Herr Junker bringt einen Kasten mit 15 Flaschen und erhält 5,50 DM. Was haben beide als Flaschenpfand bekommen?

8. Wie viele Karos hat dein Rechenheft? Wie gehst du zweckmäßig vor?

9. Familie Ramsak hatte im letzten Jahr 167 m³ Wasser verbraucht. 1 m³ Wasser kostet 2,25 DM. Die Zählermiete beträgt 2 DM pro Monat. Wie hoch ist die halbjährliche Vorauszahlung im neuen Jahr?

Flohmarkt

Versuche, 8 Steine so auf ein Schachbrett zu setzen, daß in jeder Spalte, jeder Zeile und in jeder Schräge genau ein Stein sitzt.

6. Vertrauen ist gut, Kontrolle ist besser

Foto 1

Der Lehrer gibt die Mathe-Arbeit zurück. Darin hieß eine Aufgabe:

> Die Sprunggrube auf dem Schulsportplatz soll neu mit Rheinsand gefüllt werden. Peter und Heiner messen: Die Grube ist 5 m lang, 2 m breit, 20 cm tief. Wieviel Rheinsand wird gebraucht?

Dazu schreibt der Lehrer drei ‚Lösungen' an, die er in den Heften vorgefunden hat:

Lösung 1	Lösung 2	Lösung 3
$V = a \cdot b \cdot c$	$V = a + b + c$	$V = a \cdot b \cdot c$
$V = 5 \cdot 2 \cdot 20$	$V = 5 + 2 + 20$	$V = 500 \cdot 200 \cdot 20$
Man braucht 200 m^3 Rheinsand.	Man braucht 27 m^3 Rheinsand.	Man braucht 2 000 000 cm^3 = 2 000 dm^3 = 2 m^3 Rheinsand.

▶ Welche Lösung ist denn richtig?

1 m

5 m

20 cm

2 m

Zeichnung 1

Diskussion

Thomas: „Lösung 2 kann nicht stimmen, denn dort ist eine falsche Formel benutzt worden."

Michael: „Lösung 1 stimmt. Dort steht nämlich die richtige Formel zur Volumenberechnung."

Andreas: „Nie im Leben! Stell dir doch einmal die 200 m^3 Rheinsand vor. Die passen doch niemals in die Sprunggrube. Die 200 m^3 stimmen vielleicht in der Rechnung, aber niemals in der Wirklichkeit."

Julia: „Bei Lösung 1 ist doch die 2. Zeile falsch. Da stehen nämlich in einer Zeile Meter und Zentimeter nebeneinander."

Ruth: „Lösung 1 stimmt aber doch. Ich habe nämlich schon die Probe gemacht. Statt $5 \cdot 2 \cdot 20$ habe ich $5 \cdot 20 \cdot 2$ gerechnet. Das ist auch 200."

Julia: „Die Maßeinheiten müssen aber alle gleich sein, entweder nur Zentimeter oder nur Meter."

Thomas: „Lösung 1 und Lösung 2 sind falsch. Jetzt bleibt nur noch Lösung 3 übrig."

Michael: „Bei Lösung 3 ist die richtige Formel zur Volumenberechnung benutzt worden."

Julia: „In die Formel ist auch richtig eingesetzt worden. Alle Längen sind nämlich in Zentimeter angegeben worden. Und die Umrechnung von cm^3 in m^3 stimmt auch."

Werner: „Ich habe ganz anders kontrolliert als Ruth, und zwar so: Wenn die Sprunggrube 1 m tief ist, dann gehen $5 \cdot 2 \cdot 1\ m^3 = 10\ m^3$ hinein. Sie ist aber nur 20 cm tief. Also geht auch nur der 5. Teil hinein, nämlich 2 m^3."

Überprüfe bei jeder Aufgabe, ob du sinnvoll und richtig gerechnet hast.

Du kannst kontrollieren durch eine Überschlagsrechnung, durch die Umkehroperation, durch ein anderes Lösungsverfahren.
Du kannst nachprüfen, ob du die richtige Formel benutzt hast.
Du kannst nachprüfen, ob die Lösung überhaupt möglich ist.

Übungen

1. In Zeichnung 2 siehst du einen Quader.

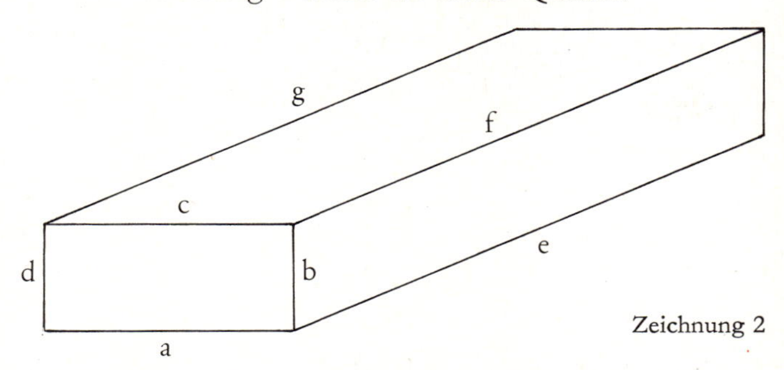

Zeichnung 2

Kontrolliere, ob zur Berechnung des Volumens V und des Inhalts O der Oberfläche des Quaders die richtigen Stücke gewählt worden sind.

a) $V = a \cdot b \cdot c$ b) $V = a \cdot d \cdot e$ c) $V = b \cdot c \cdot f$
d) $O = 2 \cdot a \cdot b + 2 \cdot b \cdot e + 2 \cdot c \cdot f$
e) $O = 2 \cdot (b \cdot f + b \cdot e + b \cdot c)$

2. $15\,875 : 125 = 127$

Überprüfe durch a) Dividieren
b) Multiplizieren.

Welche Kontrolle ist besser?

3. $27 \cdot 97 = ?$

Welche der folgenden Ergebnisse können nicht stimmen? Du sollst nicht nachrechnen, sondern schätzen.

a) 2 700 b) 2 719 c) 27 129 d) 2 619

4. $48\,763 + 28\,231 = 76\,993$
Dieses Ergebnis kann nicht stimmen, denn an der letzten Stelle kann nicht 3 stehen, sondern nur 4. Kontrolliere ebenso:

a) $2\,468 + 8\,642 = 11\,111$
b) $123\,456 - 54\,321 = 69\,125$
c) $123 \cdot 27 = 3321$
d) $758 : 25 = 30$

5. Kontrolliere.

a) $101\,088 : 234 = 432$ c) $123\,456 : 123 = 1\,004$
b) $110\,889 : 333 = 333$ d) $396\,114 : 321 = 1\,234$

6. Kontrolliere.

a) $123\,456 - 1\,234 = 122\,222$
b) $654\,321 - 123\,456 = 530\,865$
c) $186\,420 - 7\,531 = 178\,888$

7. Welche der folgenden Antwortsätze können nicht stimmen?

a) Der Radfahrer fuhr in einer Stunde 120 km.
b) Der Mond ist von der Erde 384 000 m entfernt.
c) An einem Tag gibt die Kuh 37 Liter Milch.

8. Schätze bei den folgenden Aufgaben zuvor das Ergebnis. Vergleiche dann Schätzung und Rechnung.

a) $78\,427 - 9\,889$ c) $321 \cdot 999$
b) $123\,456 + 6428$ d) $4\,300 : 99$

9. Sabine hat folgende Aufgabe zu lösen:

Otto Müllers Telefonrechnung mit 135 Einheiten lautet über 58,05 DM. Darin sind 27 DM Grundgebühr enthalten. Herr Wagner hat genau die doppelte Anzahl an Einheiten auf seiner Rechnung stehen. Wieviel DM muß er bezahlen?

Ihre Rechnung:

Einheiten	DM
135	58,05
270	116,10

(·2 auf beiden Seiten)

Ihre Lösung:

Herr Wagner muß für die 270 Einheiten 116,10 DM bezahlen.

Was meinst du dazu?

10. An einer Baustelle sind 3 Arbeiter 8 Stunden im Einsatz. Jeder von ihnen hat einen Stundenlohn von 12,30 DM. Wieviel DM müssen den Arbeitern bezahlt werden? Kontrolliere die folgende Rechnung dadurch, daß du einen anderen Rechenweg gehst.

1 Arbeiter: $8 \cdot 12{,}30$ DM $= 98{,}40$ DM
3 Arbeiter: $3 \cdot 98{,}40$ DM $= 295{,}20$ DM

Den Arbeitern müssen 295,20 DM bezahlt werden.

11. In Zeichnung 3 siehst du ein Vieleck, das aus Rechtecken zusammengesetzt ist. Zerlege es auf verschiedene Arten in Rechtecke. Berechne jedesmal den Flächeninhalt.

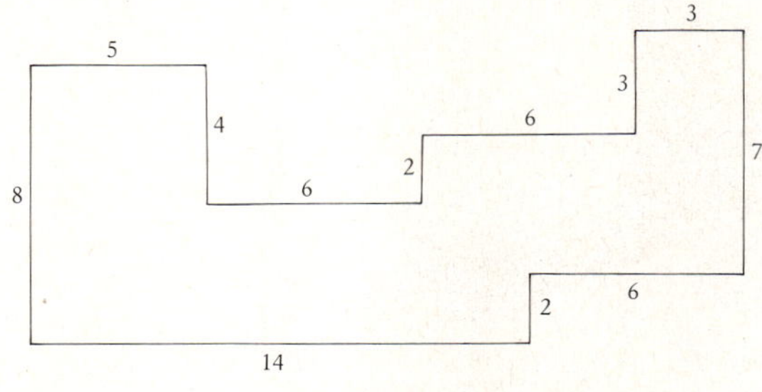

Zeichnung 3

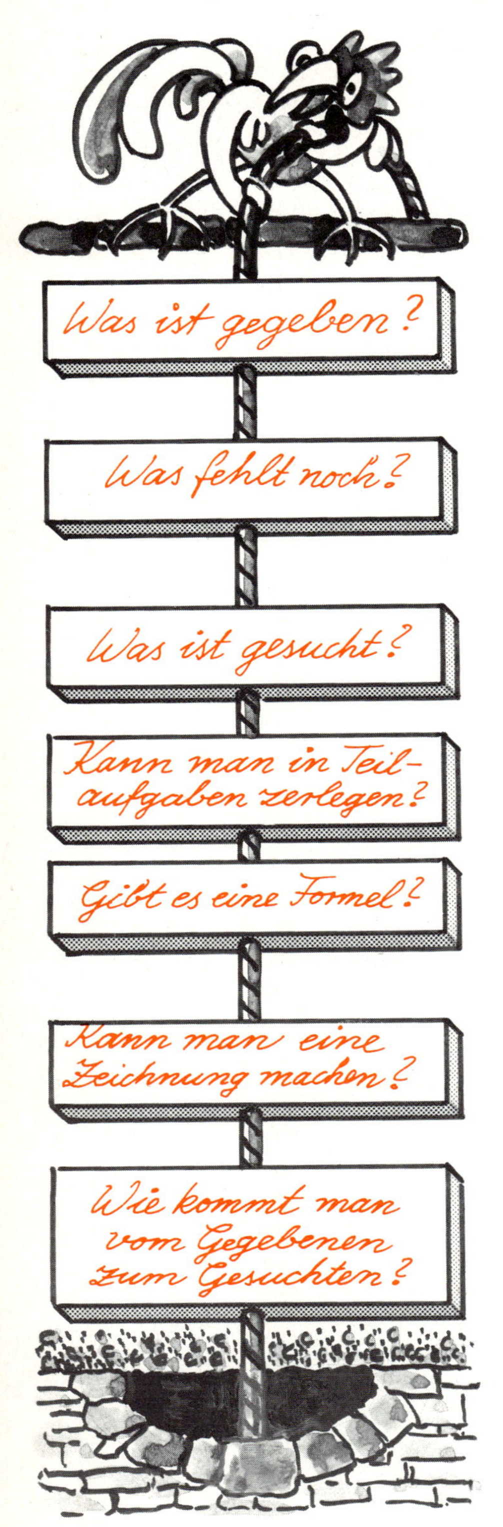

7. Überlegen beim Verlegen

Problem

Herr Wagner möchte sein Eßzimmer mit Bodenfliesen auslegen lassen. Er überlegt, was das wohl kosten wird.

Eßzimmer
2,95 m
4,15 m
Fliesen: 55 DM pro m²
Verlegen: 32,50 DM pro m²
Sockel? Ja!
Verlegen: 8 DM pro m²
Material: 24 DM pro m²

Vorüberlegung

Herr Wagner notiert sich die Maße des Zimmers.
Mit seiner Frau fährt er in ein Fliesengeschäft und sucht die Fliesen aus. Den Preis pro m² notiert er auf seinem Zettel.
Weiterhin ist wichtig, wie teuer das Verlegen kommt. Herr Wagner spricht mit einem Fliesenleger.
Dieser empfiehlt ihm, zusammen mit dem Boden auch den Sockel zu fliesen. Herr Wagner merkt sich auch dafür den Verlegepreis. Den zugehörigen Materialpreis erfährt er durch Anruf im Fliesengeschäft.
Damit hat Herr Wagner endlich alle notwendigen Zahlen beisammen. Wissen will er, wie hoch die Gesamtkosten sind.

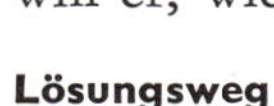

Lösungsweg

Herr Wagner will zunächst die Materialkosten und dann die Kosten für das Verlegen bestimmen. Bei beiden Rechnungen muß er Boden und Sockel unterscheiden.

Herr Wagner: „Beim Boden benutze ich die Formel für den Rechteckinhalt, beim Sockel die für den Rechteckumfang."

Frau Wagner: „Vorsicht. Wir haben 20 cm × 20 cm-Platten. Du darfst nicht erwarten, daß du überall am Rand genau auskommst. Die abgeschnittenen Platten mußt du aber voll zählen. Und beim Sockel mußt du die beiden Türen abrechnen."

Herr Wagner sieht ein, daß seine Skizze zu ungenau war. Er macht eine genaue Zeichnung auf Karopapier (Zeichnung 1). Nun kann er mühelos feststellen, wie viele Bodenplatten und wie viele Sockelplatten er braucht. Außerdem sieht er, daß 25 Bodenfliesen den Inhalt 1 m² haben und daß 5 Sockelfliesen 1 m lang sind.

Materialkosten:
Anzahl der Bodenfliesen : 25 = Anzahl der m² Bodenfliesen
Anzahl der m² Bodenfliesen · 55 DM = Kosten für den Boden
Anzahl der Sockelfliesen : 5 = Anzahl der m Sockelfliesen
Anzahl der m Sockelfliesen · 24 DM = Kosten für den Sockel
Kosten für den Boden + Kosten für den Sockel = Materialkosten

Verlegekosten:
Anzahl der m² Bodenfliesen · 32,50 DM = Kosten für den Boden
Anzahl der m Sockelfliesen · 8 DM = Kosten für den Sockel
Kosten für den Boden + Kosten für den Sockel = Verlegekosten
Gesamtkosten:
Materialkosten + Verlegekosten = Gesamtkosten

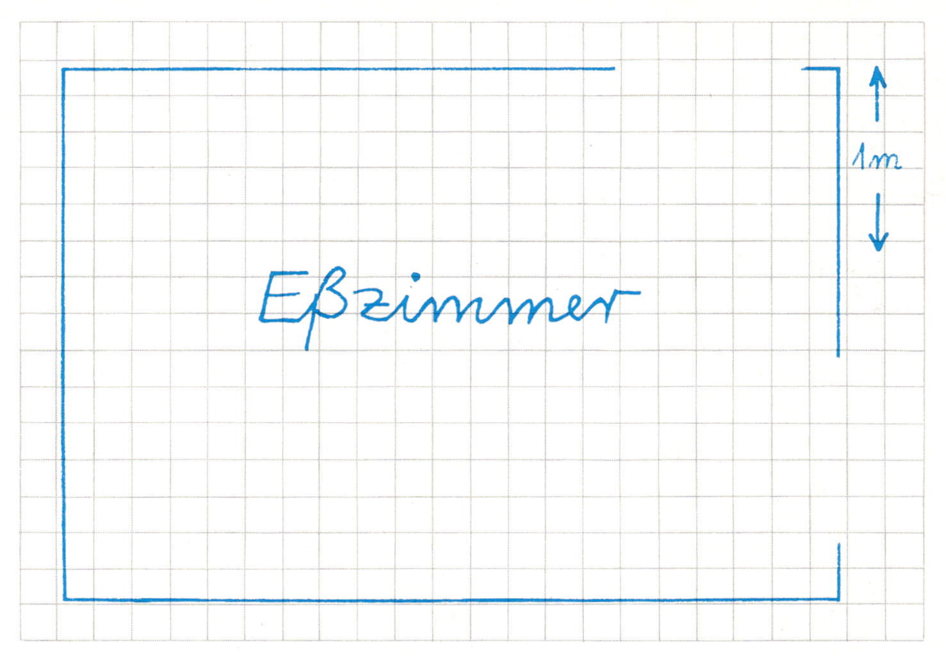

Zeichnung 1

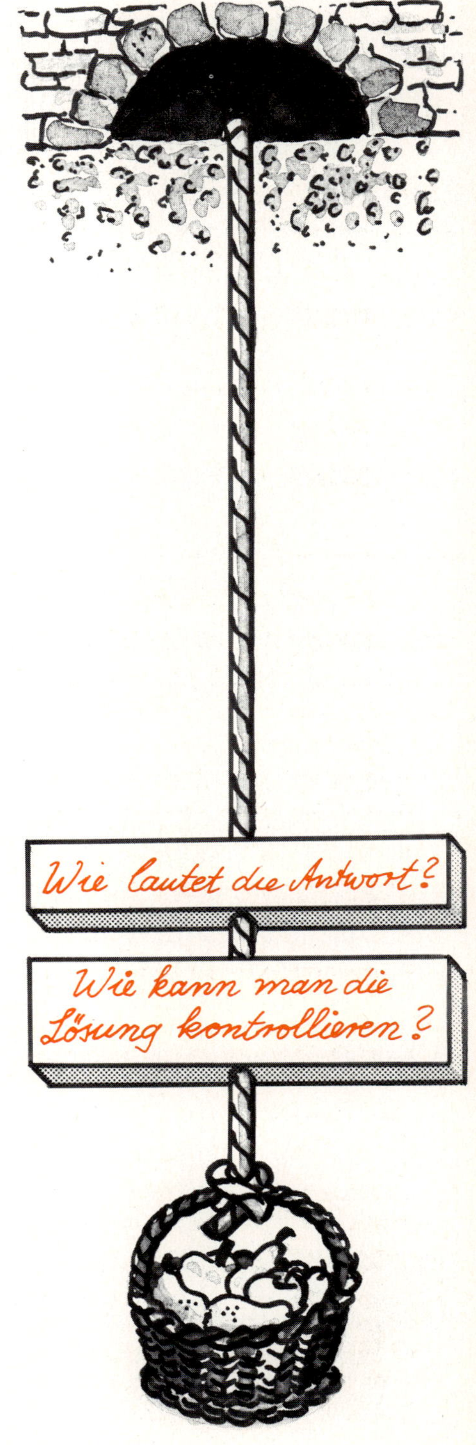

Rechnung

In Zeichnung 1 zählt Herr Wagner 21 · 15 = 315 Bodenfliesen.

315 = 25 · 12 + 15

Er nimmt 10 Fliesen mehr und kommt damit auf 13 m².
Ebenso errechnet er 13 m Sockelfliesen.
Damit erhält er 1 017 DM Materialkosten und 526,50 DM Verlegekosten, also 1 543,50 DM Gesamtkosten.
Herr Wagner wird mit gut 1500 DM rechnen müssen.

Kontrolle

Herr Wagner macht eine Überschlagsrechnung mit den Seitenlängen 4 m und 3 m. Damit hat er 12 m² Bodenfläche und 14 m Sockel. Materialkosten und Verlegekosten betragen pro m² zusammen etwa 90 DM, pro m etwa 30 DM.

12 · 90 DM + 14 · 30 DM = 1 080 DM + 420 DM = 1 500 DM

Aufgaben

1. Führe Herrn Wagners Rechnung durch. Kommst du auch auf 1543,50 DM Gesamtkosten?
2. Kann sich Herr Wagner mit seiner Kontrolle zufrieden geben?
3. Gibt es noch andere Möglichkeiten der Kontrolle?
4. Am nächsten Tag ruft der Verkäufer im Fliesengeschäft Herrn Wagner an. Ihm ist ein Irrtum unterlaufen. Zu der von Herrn Wagner gewählten Fliesensorte werden keine Sockelleisten hergestellt. Diese müssen vielmehr aus den Bodenfliesen gebrochen werden. Was ändert sich dadurch an Herrns Wagners Rechnung?

8. Erst denken, dann rechnen

1. Zwei Nachbarn kaufen zusammen 10 000 l Heizöl und erhalten dafür eine Rechnung über 6 650 DM. Herr Käfer erhält 7 500 l, Herr Ast den Rest.
Wieviel muß jeder bezahlen?

Kontrolliere die Lösung.

2. a) Wie groß ist die Fläche, die das Wohnhaus in Zeichnung 1 einnimmt?
b) Wie groß ist die Gartenfläche?

Versuche, möglichst einfach zu rechnen.

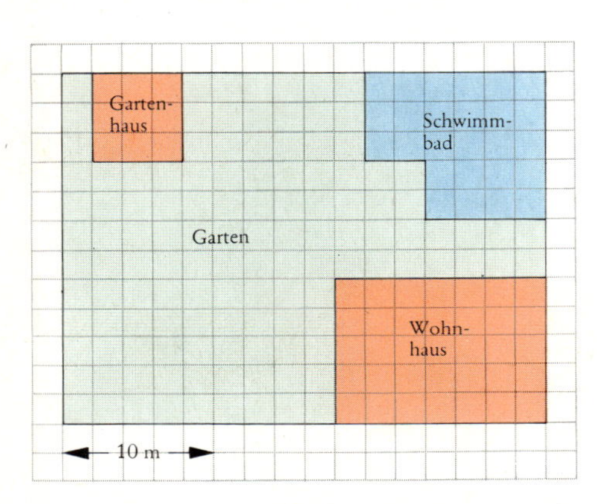

Zeichnung 1

3. Die Firma TRANSCAR vermietet Personenwagen. Dafür verlangt sie pro Tag eine Grundgebühr von 80 DM sowie 0,50 DM für jeden gefahrenen Kilometer. Das notwendige Benzin muß der Kunde selbst bezahlen.
Herr Floch mietet am Montagmorgen einen PKW. Der Kilometerzähler zeigt 23 976 km an. Am Donnerstagabend gibt Herr Floch den Wagen zurück. Neuer Kilometerstand: 24 784 km.
Was hat Herr Floch zu bezahlen?

Zerlege die Aufgabe in Teilaufgaben.

4. Der Puls eines erwachsenen Menschen schlägt in der Minute etwa 70 mal. Wie oft schlägt er
a) in einer Stunde b) in einem Tag c) im Jahr?

5. In einer Pumpenfabrik werden die hergestellten Pumpen in Holzkisten verpackt. Eine solche Kiste ist 60 cm lang, 50 cm breit und 40 cm hoch.
Wieviel m² Holz werden für eine solche Kiste mindestens benötigt?

Benutze eine Formel.

6. Hanno erhält wöchentlich 6 DM Taschengeld, Stephan monatlich 25 DM.
Wer ist besser dran?

Erläutere die Aufgabe mit deinen Worten.

7. In Zeichnung 2 siehst du ein Eishockey-Spielfeld. Für die folgenden Rechnungen kannst du vernachlässigen, daß dieses Feld an den Ecken abgerundet ist.

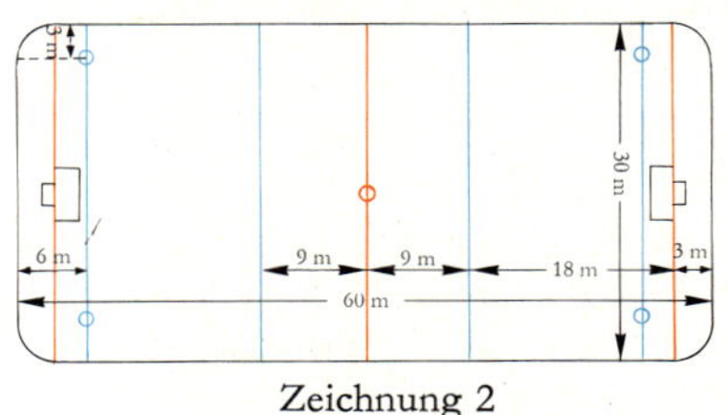

Zeichnung 2

a) Wie groß ist die Spielfläche?
b) Rund um ein solches Spielfeld soll eine 1,10 m hohe und 10 cm dicke Holzbande angelegt werden. Wie viele m³ Holz sind dazu erforderlich?

Mache eine Überschlagsrechnung.

8. Welche durchschnittliche tägliche Sendezeit hat das ZDF?

Bestimme genauer, was gegeben und gesucht ist.

9. Jan wünscht sich für seine elektrische Eisenbahn eine Oberleitung. Den Gleisplan der Anlage siehst du in Zeichnung 3.

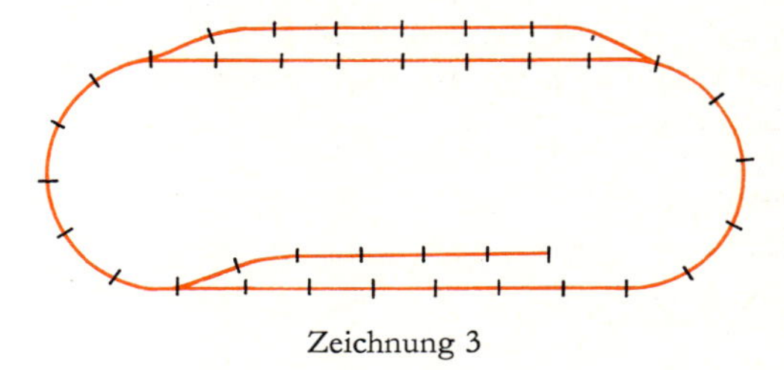

Zeichnung 3

Ein biegsames Fahrdrahtstück überspannt $1\frac{1}{2}$ Gleisstücke und kostet 1,50 DM. Ein Oberleitungsmast kostet 2,30 DM. Für die Stromzuführung benötigt Jan einen Anschlußmast. Dieser kostet 5,30 DM.
Wie teuer kommt Jan die Oberleitung?

10. Ein 420 m langes und 115 m breites Getreidefeld wird umgepflügt. Bei jeder Fahrt des Motorpfluges von einem Ende des Feldes zum anderen wird ein 1,20 m breiter Streifen umgepflügt. Eine solche Fahrt dauert etwa 3 Minuten.
Nach welcher Zeit ist das Feld umgepflügt?

Überlege dir, wie man vom Gegebenen zum Gesuchten kommt.

11. Eine Zeitungsträgerin hat jeden Morgen einen Weg von 4,2 km.

a) Wie groß ist die Strecke, die sie auf diese Weise im Jahr zurücklegt?
b) Die Frau trägt bereits seit 19 Jahren Zeitungen aus, immer in der gleichen Wohngegend.
Ist sie in ihrem Beruf bereits einmal um die Erde gelaufen?

Vergiß die Antwortsätze nicht.

12. In einer Kartonagenfabrik werden oben offene Pappkartons in Würfelform hergestellt. Die Kartons haben eine Kantenlänge von 15 cm. Ihre Netze werden aus Papptafeln ausgeschnitten, die 1,20 m lang und 2 m breit sind.

a) Wieviel Pappe braucht man für einen Karton?
b) Wieviel Pappe braucht man für 1000 Kartons?

Mache dir eine Zeichnung.

13. Die bekannteste Rennstrecke Deutschlands ist der Nürburgring in der Eifel.

Seine berühmte Nordschleife ist 22,8 km lang. Herr Schnell hat mit seinem PKW für eine Runde 17 Minuten gebraucht. In der Zeitung liest er, daß der Sieger des letzten Formel-2-Rennens einen ‚Rundenschnitt' von 9 Minuten hatte.
Wieviel Meter hat jeder Wagen in der Sekunde zurückgelegt?

Schätze zuerst.

14. Was kostet die Haltung eines Dackels?

Was muß man alles wissen, um die Frage beantworten zu können?

15. Familie Weber plant ihren Urlaub. Sie hat 2 500 DM zur Verfügung und möchte in eine Pension im Bayerischen Wald fahren. Dort werden bei Vollpension für jeden Erwachsenen 37,50 DM und für jedes der beiden Kinder 21,50 DM verlangt. Webers wollen 2 Wochen bleiben. Für die Hin- und Rückreise rechnet Herr Weber mit 350 DM.
Wieviel Geld bleibt dann noch für Erfrischungen, Sport, Reiseandenken, usw.?

Benutze folgenden Rechenbaum.

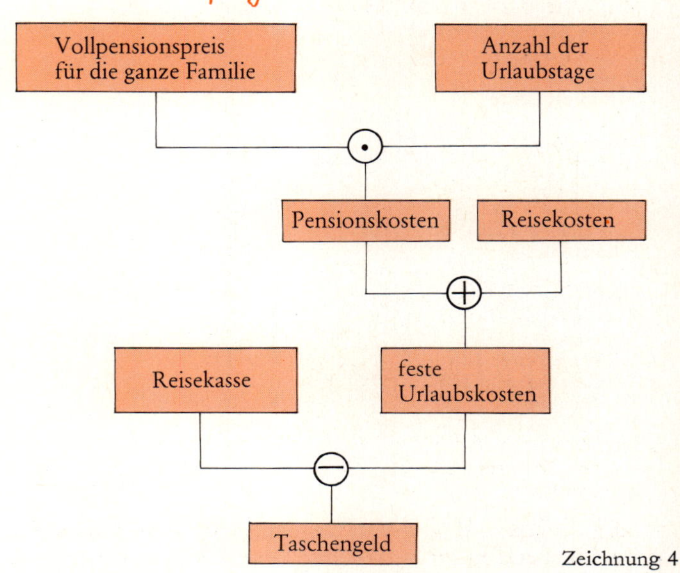

Zeichnung 4

16. Herr Breitenbach besitzt ein Mietshaus mit 10 Wohnungen. Die Monatsmieten betragen für eine Wohnung im Erdgeschoß 650 DM, für eine Wohnung im 1. Stock 700 DM und für eine Dachwohnung 450 DM. Im Erdgeschoß befinden sich 4 Wohnungen, ebenso im 1. Stock. Unter dem Dach liegen 2 Wohnungen.
Als durchschnittliche monatliche Belastung für das Mietshaus (Renovierungen, Steuern usw.) muß Herr Breitenbach mit 5 500 DM rechnen.
Wie hoch ist sein monatlicher Reingewinn?

17. Die Baugesellschaft ‚Wohnglück' errichtete 1980 415 Wohnungen mit einem umbauten Raum von insgesamt 122 380 m³. Bei der Baufirma ‚Grünland' waren es 580 Wohnungen mit insgesamt 158 720 m³ umbautem Raum.
Bei welcher Firma waren die Wohnungen im Durchschnitt größer?

Schätze zuerst.

Register

Wir haben dieses Buch für Dich gemacht.

Joachim Jäger
geb.: 1946

Lothar Kramer
geb.: 1943

Reinhard Mauve
geb.: 1939

Hans Schupp
geb.: 1935

Jürgen Schönbeck
geb.: 1936